MARIA RESSA

HOW TO STAND UP TO A DICTATOR

THE FIGHT FOR OUR FUTURE

マリア・レッサ

竹田円訳

偽情報と独裁者

SNS時代の危機に立ち向かう

河出書房新社

偽情報と独裁者　目次

偽情報と独裁者――ＳＮＳ時代の危機に立ち向かう

「一線を死守する（#HoldTheLine）」ジャーナリストと市民に

序文

アマル・クルーニー

「スーパーヒーロー」という言葉から、あなたがイメージするのはおそらく、身長一五七・五センチのペンを手にした女性、ではないだろう。しかしこんにち権威主義国家で活動するジャーナリストには、超人的な力が求められている。

　ジャーナリストたちは、名声、自由、そして場所によっては命までも日々脅かされている。マリア・レッサもそうしたひとりだ。

　マリアは分の悪い戦いに挑んでいる――そんな生やさしい言葉では足りない。独裁国家におけるジャーナリストの敵は、政策を決定し、警察を操り、検事を雇い、刑務所を用意している国家なのだ。国は、敵と見なした者なら誰でも誹謗《ひぼう》中傷し、攻撃するネットのボット軍団も擁している。国には放送局を閉鎖し、オンラインサイトを削除する力もある。何より重要なことがある。国は、存続するためにメッセージを統制しなければならない。独裁国家の命運は、あらゆるストーリーにはたったひとつの側面しかないと国民を納得させられるかどうかにかかっているのだから。

　かつて有名な哲学者が言ったように、法律を盾に、正義の名前を借りて行なわれる暴政以上に非道なものはない。しかしドゥテルテ大統領の下で、フィリピン政府は躊躇《ちゅうちょ》することなく法律という道具を使って、自分たちの敵を恫喝《どうかつ》した。政府は、マリアが運営するメディアの営業免許を取り消し、彼女を破産させるために複数の民事訴訟を起こした。マリアはいまも、刑務所から一生出られなくしてやると脅すいんちき裁判をいくつも抱えている。

マリアが罪を犯したからではない。国の為政者たちが、彼女の批判を聞きたくないからなのだ。彼女の前にはふたつの選択肢が並べられている。政府の言いなりになって保身を図るか、あらゆる危険を冒して自分の仕事を続けるか。マリアはためらうことなく仕事を選んだ。これからもけっして投げ出しはしないだろう。

歴史を振り返れば、社会のなかでもっとも重要な声をあげた者が迫害される、そういった例がいくつも挙げられる。ガンディー、ネルソン・マンデラ、マーティン・ルーサー・キング・ジュニア。彼らはみな、時の政府を批判したために裁判にかけられた。インドで扇動罪に問われたガンディーは、人権を蹂躙《じゅうりん》する政府に立ち向かったことについて、慈悲を乞うつもりはないと裁判官に言った。「私がいまここにいるのは……自分に科されるもっとも重い刑罰を請い、それに喜んで従うためである」。なぜなら、「悪に協力しないことは、善に協力することと同じくらい重要な義務だから」。その結果、ガンディーは牢獄《ろうごく》で二年間過ごしたが、彼のおかげでインドはより公正な社会になった。マンデラは、政府の怒りを買って逮捕され、国家反逆罪の容疑で二七年間の獄中生活を送ったが、アパルトヘイトという悪しき政策を撤廃した。

マリアの戦いはいまのこの時代を象徴している。ここ数年間に集められたデータによれば、世界中で逮捕あるいは殺害されたジャーナリストの数は、記録がつけられるようになって以来もっとも多いことがわかっている。そしてこんにち世界全体で、独裁国家は民主主義国家よりも多い。

マリアがあくまでフィリピンに留まり、自分に対する告発に抗議すると決めているのはそのためだ。彼女は知っている。自分のような独立不羈《ふき》の声はいつの時代にも貴重であるが、ほかの人たちが沈黙しているときには、とりわけ不可欠だということを。そうやって、勇気を出して発言しようとする誰かのために天井を支え続けている。アメリカ国籍を持ちノーベル平和賞受賞者でもある自分が、仕事をしていて逮捕されるのなら、ほかの誰にも発言するチャンスなどないとわかっているから。

独裁的な為政者がしばしば「強者《ストロングマン》」と呼ばれるのは皮肉だ。実際は、彼らは反対意見を容認できず、相手が同じ土俵に立つことさえ許せない。強さを称《たた》えられるべきは、独裁者に立ち向かう人々のほうだ——そして、そういった人々のなかには、身長わずか一五七・五センチの女性もいる。

エリ・ヴィーゼル〔一九二八〜二〇一六年。ルーマニア生まれのアウシュヴィッツ生還者。アメリカで作家および人権活動家として活躍した。一九八六年にノーベル平和賞受賞〕は、不正を阻止する力がないときはあっても、不正に抗議しないときは断じてあってはならないと警告した。これから幾世代にもわたって、マリアのレガシーは人々に感銘を与えるだろう——彼女はけっして抗議することをやめず、歴史の弧を正義の方角に向けようとした。歴史を勉強するフィリピンの若い学生たちは、ノーベル平和賞を受賞した最初のフィリピン人が、真実を語ろうと決意した勇気あるジャーナリストだったと知るだろう。マリアが示してくれた手本に彼らが奮い立つことを、未来の世代のために願っている。

序章　透明な原子爆弾——（過去のなかのいま）この時を生きる

二〇二〇年三月にパンデミックによる都市封鎖がはじまってから、いつになく感情的になっている。こんな風に、感情の波に自分を委ねたことはこれまでないのだが。受け入れるしかなかった不正への鬱積した怒りを感じる。不正とはすなわち、政府が六年前から繰り返してきた攻撃のことだ。

刑務所に入れられて、そのまま一生、いや、私の弁護士たちによれば一〇〇年以上出て来られないかもしれない。そもそも法廷で争われることさえおかしい罪状のために。法の支配の崩壊は世界的現象だが、私にとっては個人的な問題だ。二年足らずのあいだに、フィリピン政府が私に対して発行した逮捕状は一〇通にのぼる。

暴力のターゲットになるおそれもある。警察は、フィリピン政府は、私をターゲットにするほど愚かなのだろうか？　残念ながら、そうなのだ。フィリピンの人権委員会の見積もりによれば、二〇一六年から一八年にかけて、ロドリゴ・ドゥテルテ前大統領が非道な麻薬撲滅戦争を行なった三年足らずのあいだに殺された人は二万七〇〇〇人[1]。数字の真偽は確かめようがない。この数字が示しているのは、私の国で行なわれている真実を懸けた戦いの最初の犠牲者だ。二〇一八年、私は外出時に防弾チョッキを着用するようになった。

オンラインの暴力は現実世界の暴力だ。無数の研究と、世界各地で起きている無数の悲劇的な出来事がそれを証明している。日々私はネット上で攻撃にさらされている。フィリピンと世界中の、幾千人ものジャーナリスト、活動家、野党党首、そして何も知らない市民たちとともに。

それでも、目が覚めて窓の外を見ると、体のなかに力がみなぎってくる。私には希望がある。いくつもの可能性が見える——そう、たとえ闇に閉ざされていても、いまは、自分たちの社会を再建できる時代でもある。自分の目の前にあるものから、自分たちの力のおよぶ範囲からはじめよう。

かつて私たちが知っていた世界は粉々になってしまった。だからいま私たちは、これからどんな社会を作っていきたいか、自分たちで決めなくてはならない。


私の名前はマリア・レッサ。ジャーナリストになって三六年以上が経つ。フィリピンで生まれ、アメリカのニュージャージー州で育ち、教育を受け、一九八〇年代後半に大学を卒業したあと、生まれ故郷に帰ってきた。最初に就職したのはCNN。一九九〇年代には東南アジアでふたつの支局の開設と運営に携わった。それはCNNの黄金期、国際ジャーナリストにとって活気あふれる時代だった。東南アジアを拠点にして、私が目撃した数々の劇的な出来事は、その後世界各地で起きる事件の前兆だった。かつて植民地の前哨《ぜんしょう》基地だった都市で発生した民主化運動、アメリカ同時多発テロ事件が起きるはるか前の、イスラム・テロリズムのおそるべき台頭、民主的選挙で選ばれながら、自分の国を準独裁国家へと変貌させたあらての政治的指導者、ソーシャルメディアの息をのむばかりの可能性と力——それはすぐに、私にとってかけがえのないすべてを粉々にするうえで、中心的役割を果たすことになる。

二〇一二年、私は仲間たちと「ラップラー」を立ち上げた。フィリピンを拠点とする、デジタルのみを媒体としたニュースウェブサイトだ。自分の国にまったくあたらしい規格の調査ジャーナリズムを創造する、それが私の野望だった。ソーシャルメディア・プラットフォームを足がかりにして、より良い統治とより強固な民主主義のために活動する共同体を構築するのだ。当時、私は、世の中を良くするソーシャルメディアの力に全幅の信頼を寄せていた。私たちは、フェイスブックやその他のプラットフォームを駆使して、あらゆる方面から幅広く最新のニュースを集め、重要な情報源や助言を見つけ、気候変動対策や良い統治を実現するために集団の行動を結びつけ、有権者の知識を増やして選挙への参加を促すことに成功した。私たちはすみやかに目標を達成したが、創業から五年目を迎えるころには、ラップラーはアイデアを称賛される立場から一転して、政府のターゲットになっていた。私たちがジャーナリストとしての仕事を、すなわち、真実を語り、政府に説明責任を負わせる仕事を続けていたというだけの理由で。

私たちは汚職と不正を暴いた。追及の手は、フィリピン政府だけでなく、すでに私たちの生活を支配するようになっていたテック系企業にも徐々に広がっていった。二〇一六年から、私たちはふたつの方面における「免責《インピュニティ》」を大きく取り上げるようになった。ひとつはロドリゴ・ドゥテルテ大統領の麻薬撲滅戦争、もうひとつはマーク・ザッカーバーグのフェイスブックだ。

なぜ世界のほかの国々も、フィリピンでいま起きていることに注意を向ける必要があるのか説明しよう。二〇二一年、フィリピン人は――世界中のあらゆる国民のなかで――インターネットとソーシャルメディアに費やす時間がもっとも長いという記録を六年連続で更新した。[2] 回線速度が遅いにもかかわらず、二〇一三年にはユーチューブの動画をアップロードもしくはダウンロードした回数がもっとも多かった。その四年後には、国民の九七パーセントがフェイスブックに登録していた。二〇一七年、マーク・ザッカーバーグにその数字を伝えると、彼は一瞬沈黙したあとで、私の目をまっすぐ見つめて言った。「ちょっと待って、マリア。残りの三パーセントはどこにいるんだ？」

そのとき私は、彼の気の利いた台詞《せりふ》に笑ったけれど、いまはもう笑えない。

これらの数字が示すように、そしてフェイスブックが認めているように、フィリピンは、ソーシャルメディアが、ひとつの国の制度、文化、そして国民の精神におよぼし得るおそるべき効果のグラウンド・ゼロ〔原水爆爆発の直下地点など、さまざまな惨事の現場〕なのだ。[3] 私の国で起きていることは、いずれ世界のほかの国でも起きる――明日でなくとも、一年か二年後には。すでに二〇一五年には、フィリピンで複数のアカウント工場が、携帯電話番号認証システムを利用してソーシャルメディアのアカウントを生成しているという報告があがっていた。同年、ドナルド・トランプのフェイスブックの「いいね!」は、大半がアメリカ国外でつけられたものであり、トランプのフォロワーの二七人にひとりがフィリピンに住んでいることを、ある報告書があきらかにした。

　ソーシャルメディアは、私たちが共有する現実を、民主主義が行なわれている場所を破壊している。世界中の人々に口を酸っぱくしてそう警告していると、自分がシジフォスにしてカッサンドラになってしまった気分に襲われるときがある。

　ヴァーチャル世界における法の支配の欠如がいかに破壊的か、本書を通じてみなさんにそのことをお伝えできればと思っている。私たちはたったひとつの現実を生きている。そして現在、法の支配が世界的になし崩しになっているのは、二一世紀のインターネットに民主主義的ヴィジョンが欠けていることが発端だ。オンラインの「免責」は、おのずとオフラインの「免責」を導き、既存の抑制《チェック》と均衡《バランス》を破壊した。この一〇年間、私は、テクノロジーの神のごとき力が、嘘というウイルスを私たちに感染させて、互いに争わせ、恐怖、怒り、憎しみを煽《あお》り、あまつさえこれらを作り出して、世界中で権威主義者と独裁者の台頭を加速させてきたのを目撃し、記録してきた。

　私はこの現象を「民主主義のなぶり殺し」と呼ぶようになった。私たちが必要としているニュースを届ける、まさにそのプラットフォームが、事実に対して偏向している。早くも二〇一八年には、怒りや憎しみを織り交ぜた嘘は、事実より速く広範囲に拡散することが研究によってあきらかにされている。[4] 事実《ファクト》なくして真実《トゥルース》は得られない。真実なくして信頼《トラスト》は得られない。事実、真実、信頼の三つがそろわなければ、私たちは現実を共有できない。そうなったら私たちが知る民主主義は――人間のあらゆる有意義な企ては――おしまいだ。

そうなってしまう前に、すみやかに行動に移らなければならない。本書が説明しているのはそういうことだ。ジャーナリズムとテクノロジーだけでなく、事実を懸けた戦いに勝利するために私たちが一丸となって取るべき行動の価値観と原理についても詳しく考えていこう。この発見の旅はごく個人的なものだ。そのためどの章にも、ミクロとマクロの視点が、すなわち個人的教訓とより大きな全体図が取りあげられている。これからご紹介するのは、私が大切にしているシンプルな信念だ。長い年月のあいだ、過去のなかのいまこの時というあたらしい経験を積み重ねながら、直感的ではあるが思慮深い決断を下せるようになったのは、これらの信念があったからだろう。

二〇二一年、ふたりのジャーナリストにノーベル平和賞が贈られた（私はそのうちのひとりだった）。この賞がジャーナリストに贈られるのは一九三五年以来で、そのとき受賞したカール・フォン・オシエツキーというドイツ人記者は、ナチスに出国を認められず、授与式典は受賞者不在で挙行された。ロシアのドミトリー・ムラトフと私に栄誉ある賞を贈ることで、ノルウェー・ノーベル委員会は、世界が一九三五年と同じような歴史的瞬間に、またしても民主主義の存亡が懸かった岐路に立たされているというメッセージを送った。ノーベル賞受賞講演で私は、[5]透明な原子爆弾が私たちの情報エコシステムで爆発し、テクノロジー・プラットフォームは、私たちひとりひとりを個別に操作する手段を地政学的勢力に与えてしまったと語った。

ノーベル賞授賞式から三か月も経たないうちに、ロシアがウクライナを侵略した。二〇一四年にクリミア半島に侵攻し、ウクライナからこれを奪って併合し、傀儡《かいらい》政府をねじ込んで以来、オンラインでばらまいてきたメタナラティブ〔「ナラティブ」は語り手視点の物語の意味。「メタナラティブ」は、歴史の解釈と記述を有機的に編成するためのさらに高位の認知の枠組みで、「大きな物語」と訳されることもある〕を利用して。[6]その戦術とは？　情報を隠蔽して、嘘と交換する。ロシアは、安価なデジタル軍団を使って事実を激しく攻撃し、真実を跡形もなく消し去り、沈黙させられたナラティブを、「じつはクリミアは、みずからの意思でロシアの支配下におさまった」という自分たちのナラティブと交換した。ロシアは、架空のネットアカウントを作り、ボット軍団を展開し、ソーシャルメディア・プラットフォームの脆《ぜい》弱《じゃく》性につけ込んで生身の人間を欺いた。世界のあらたな情報の門番《ゲートキーパー》となった、アメリカ人が所有するプラットフォームにとって、こうした活動はさらに多くのエンゲージメント〔ＳＮＳや広告などのマーケティングではユーザーの興味・関心の強さを示す指標。シェアやコメントなどのリアクションを指す〕を作り出し、さらに多くの金をもたらした。門番と偽情報工作員の目標が合致した。

このときはじめて、私たちは情報戦争の戦術に気づいた。その戦術はすぐに世界中で展開されるようになる。フィリピンのドゥテルテ、イギリスのＥＵ離脱、カタルーニャ州の独立運動、「選挙泥棒を止めろ《ストップ・ザ・スティール》」〔二〇二〇年のアメリカ大統領選挙の結果について不正工作があったと主張する抗議運動〕。八年後の二〇二二年二月二四日、クリミアを併合したときと同じ手口、同じメタナラティブを使って、ウラジーミル・プーチンはウクライナそのものを侵略した。このように偽情報は、ボトムアップとトップダウンで、まったくあたらしい現実を製造できる。

それから三か月も経たないうちに、今度はフィリピンが奈落の底に転落した。二〇二二年五月九日の選挙の日、私たちの国はドゥテルテの後継者を大統領に選んだ。大統領選には一〇人が出馬したが、実質的には、野党党首で副大統領のレニー・ロブレドと、独裁者フェルディナンド・マルコスのひとり息子で、父親と同じ名前を持つフェルディナンド・マルコス・ジュニアの一騎打ちだった。一九七二年に戒厳令を敷き、二一年近く政権の座に居座り、盗賊政治〔国の資源や財源を権力者が私物化する政治〕の世界記録を誇り、国民から一〇〇億ドルを盗んだと言われ、一九八六年にピープルパワー革命で追放されたあのマルコスの息子だ。

選挙当日の夜、マルコス・ジュニアは最初から圧倒的なリードを奪い、その優位は一度も揺るがなかった(7)。午後八時三七分、選挙区速報四六・九三パーセントの時点で、マルコスの得票数は一五三〇万、対するロブレドは七三〇万。午後八時五三分、開票率五三・五パーセントの時点で、マルコス一七五〇万票、ロブレド八三〇万票。午後九時、開票率五七・七六パーセントの時点で、マルコス一八九八万票、ロブレド八九八万票。

「なんてあっけない」。その晩、私は心のなかでつぶやいた。選挙は、二〇一四年から二二年にかけて、マルコスを世間の鼻つまみ者から英雄に変貌させた、ソーシャルメディア上の偽情報および非道な情報操作の影響力をみごとに示していた。偽情報ネットワークには、フィリピン国内だけでなく、二〇二〇年にフェイスブックに利用を停止された中国のものなど(8)、国際的なネットワークも関与していた。私たちの目の前で、彼らは歴史の書き換えに手を貸した。

二〇二一年年末のノーベル平和賞受賞講演以来、私は、選挙に勝利する人物が、私たちの未来だけでなく過去も決めることになると繰り返し述べてきた。しかし、事実にインテグリティ〔真摯で倫理的な原則、価値観、行動〕がなければ、選挙にもインテグリティはあり得ない。

事実は負けた。歴史は負けた。マルコスが勝った。

潜伏している人、亡命している人、刑務所に入れられている人。その人たちに比べれば、私は幸運だ。真実に光をあてて嘘を暴く。それがジャーナリストにとって唯一の盾であり――私にはまだその仕事ができるのだから。じつに多くの人が、光のあたらない場所で、世間に知られることも、支援を受けることもなく、迫害されている。その一方で、彼らを虐げる政府はいよいよやりたい放題で、罪に問われることもない。政府とぐるになっているのは、私たちの情報エコシステムで音もなく爆発して、核爆弾並みの大量殺戮《さつりく》を行なっているテクノロジーだ。第二次世界大戦によって荒廃した世界を人々が再建したように、私たちもこれらの後遺症に対処しなければならない。NATO、国連、もしくは世界人権宣言のような機関もしくは協定を作るのだ。いま、私たちに必要なのはあらたな国際的制度と、自分たちにとってかけがえのない価値観の再確認だ。

私たちは過去の世界の瓦礫《がれき》の上に立っている。私たちに必要なのは未来への展望と、あるべき世界の姿を——もっと互いを思いやり、もっと平等で、もっと持続可能な世界、ファシストや暴君をおそれないで済む世界を——想像し、創造していく勇気だ。

この本は、そうした世界の実現に向かう私個人の旅の記録であると同時に、親愛なる読者のみなさんに関わるものでもある。

民主主義はもろい。あらゆるもののために、あらゆる法律、あらゆる安全装置、あらゆる制度、あらゆるストーリーのために、あなたは戦わなくてはならない。どんな小さな傷も致命傷になり得ると知らなければならない。「一線を死守しなければならない」と私がみんなに呼びかけているのはそのためだ。

民主主義を水か空気のように当然のものと考えている多くの西洋人は、私たちから学ぶ必要がある。この本は、民主主義をあたりまえと考えている人のために、民主主義があたりまえだなどと一度も考えたことのない人間によって書かれた。

記憶がいとも簡単に書き換えられてしまう、過去のなかのいまこの時、あなたが何をするかが重要だ。私と私の仲間たちが、毎日問いかけている質問をあなたも自分の胸に問いかけてみてください。

真実のために、あなたは何を犠牲にしますか？

第Ⅰ部　帰郷——権力、プレス、フィリピン　一九六三〜二〇〇四年

第1章　黄金律――学ぶという選択をせよ

自分はいったい何者なのか。そのために戦わざるを得ない状況に追い詰められるまで、答えはわからない。

何のために戦うと、どうやって決めるのか？　ときにそれは、あなたの選択でないこともある。あなたの人生がいまあるのは、あらゆる選択が積み重なった結果、そこに導かれたからなのかもしれない。運が良ければ人生の早い段階で、自分が下す決断のひとつひとつが、誰もが頭を悩ませる問い、「人生のなかでどうやって意味を築いていくか」への答えになっていると気づくだろう。人生の意味は、道ばたにころがっていたり、誰かからもらったりするものではない。あなたが下すすべての選択を通じて、すなわち、人生を何に捧げるか、誰を愛するか、どんな価値観を大切にするかといった選択を通じて築いていくものだ。

自分の人生を振り返ると、一〇年ごとの節目が見える。一〇歳のとき、人生が一変した。それから二〇歳までは発見と探究の連続。二〇代は選択の時代で、大学を出たらどうする、どこに住む、誰のために働く、誰を、どのように愛するかを決めなくてはならなかった。三〇代は、私の天職となったジャーナリズムの世界で、そして、その使命とも言える正義の追求において専門知識に磨きをかけた。どんなときも心がけたのは勤勉に働くこと。それが、自分でコントロールできるとわかったただひとつのものだ。

そして迎えた「不惑」の四〇代。四〇代までには定住する場所を決めようと思っていた。そして私はフィリピンに人生を捧げることにした。そしていま、五〇代になった私は、活動家として生まれ変わった。自分が心の底から信じている価値観を守るために声をあげるようになった。「カミングアウト」の一〇年と人は呼ぶかもしれない。殺人、恥知らずな権力の乱用、テクノロジーに潜む闇に反対の声をあげ、自分の政治的見解とセクシュアリティをカミングアウトした。

一九六三年一〇月二日、フィリピンのマニラ首都圏パサイ市の木造住宅で私は生まれた。フィリピンは、異質な言語と文化が混在する巨大な島嶼《とうしょ》国家で、カトリック教会がこれをひとつにまとめている。この封建国家を支配してきたのは、かつて数世紀にわたりこの国に植民地支配を敷いたスペイン人から土地を譲り受けた有力地主たちだった。一八九八年にアメリカ＝スペイン戦争が終結してパリ条約が結ばれると、スペインはアメリカにフィリピンを譲渡した。翌年、フィリピンで「フィリピン＝アメリカ戦争」と呼ばれている戦争がはじまった。アメリカの歴史書では、長らく脚注でしか触れられなかったこの戦争――そこでは「反乱」と記されていた[1]。

当時、アメリカでは「マニフェスト・デスティニー（明白な運命）〔もとは、アメリカの入植者の西部開拓、領土拡張を正当化するスローガンで、アメリカの膨張主義、帝国主義の代名詞になった〕」がもてはやされていた。ラドヤード・キップリングの有名な帝国主義的な詩、「白人の責務」に奮い立ったアメリカ人は、一八九八年にフィリピンを統治下におさめ、一九三五年に、フィリピンが自治連邦《コモンウエルス》となるまでその状態が続いた。アメリカ大統領フランクリン・D・ローズベルトに承認されなければならなかったフィリピンの憲法は、アメリカ合衆国憲法のほぼ焼き直しだった。植民地支配を揶揄《やゆ》したこんなジョークがある。フィリピン人は修道会で三〇〇年、ハリウッドで五〇年を過ごした。

一九六四年、私の父、マヌエル・フィル・アイカルドが交通事故で亡くなった。二〇歳だった。そのとき私は一歳で、母エルメリーナのお腹には妹のメアリー・ジェーンがいた。

母は私たちを連れて婚家を出た。母と私と妹は掘っ立て小屋のようなひいお祖母さんの家で暮らすようになった。ひいお祖母さんはいつもお酒の匂いをぷんぷんさせていたけれど、私たちの面倒をみてくれた。とても貧しくて、塩で歯を磨き、どこに行けば次の食事にありつけるのかといつも心配していた。労働省の黄色い制服を着た母が（省の職員だった）、給料日に買ってきてくれる一箱のケンタッキーフライドチキンがごちそうだった。

私が五歳のとき、家族の確執が再燃して、母がアメリカに移住した。ニューヨーク市に引っ越したばかりだという実の母親のもとに身を寄せると言って。一九六九年四月二八日、サンフランシスコに到着したとき、母は二五歳だった。

私と妹は、マニラ首都圏ケソン市のタイムズ通りに面した父方の祖父母の家に引き取られることになった。祖父母の家は、大通りから少し離れた、中産階級向けの質素な家が建ち並ぶ、静かな住宅街にあった。

父方の祖母、ロザリオ・スニコは信仰心の篤《あつ》い人で、私の価値観の形成に少なからぬ影響を与えた。祖母からは父のいろいろな話を聞かされた。おまえのお父さんは、若くて、頭が良くて、ピアノがとても達者だった、うちは音楽家の家系なんだ、と。学校では熱心に勉強するようにと言われた。お楽しみはあとにとっておくという考え方も祖母から叩《たた》き込まれた。教材用のお小遣いのうち、使わなかった小銭を瓶に入れて、少しずつ貯まっていくのを私たちは見守った。私のものの感じ方も、祖母は思いどおりにしようとした。おまえのお母さんは悪い女だ、アメリカに行ったのは娼婦《しょうふ》になるためだと言われた。

それはややこしい、娘の手に余る問題で、とくに母が定期的に祖父母の家を訪れるあいだはたいへんだった。少なくとも年に一度は娘たちと過ごすと母は決めていて、そのたびに家のなかは蜂の巣を突いたような騒ぎになった。母と祖母のあいだに流れるぎすぎすした空気は、幼い私にも伝わってきた。どっちの味方かとよく聞かれたが、そのたびに答えをはぐらかした。

母が帰国したときの記憶は、モノクロの映像となっておぼろげに心に残っている。私は七つか八つで、母と妹と一緒にベッドに腰掛けている。母は実際より大きく見える人で、小柄で、美人で、いつも笑ってばかりいた。あるとき、母が妹に何かを話している最中に、覚えたてのあたらしい言葉を自慢したくなったことがあった。そこで、ここぞというところでふたりの会話に割り込み、「アメージング！」と叫んだ。母は一瞬、ぽかんとしてから大笑いして、私を抱きしめてくれた。

私が通っていたセント・スコラスティカズ大学初等部は、カトリック系の女子校で、ドイツ系のベネディクト会宣教団の修道女たちによって設立、運営されていた。私は特進クラスに入っていた。特進クラスの子どもたちは、テストの成績が良く、ほかの子どもたちより「利口」だからなのだそうだ。少なくとも、私と同級生のトゥインク・マカライグは、よくそれをネタにして大笑いしていた。

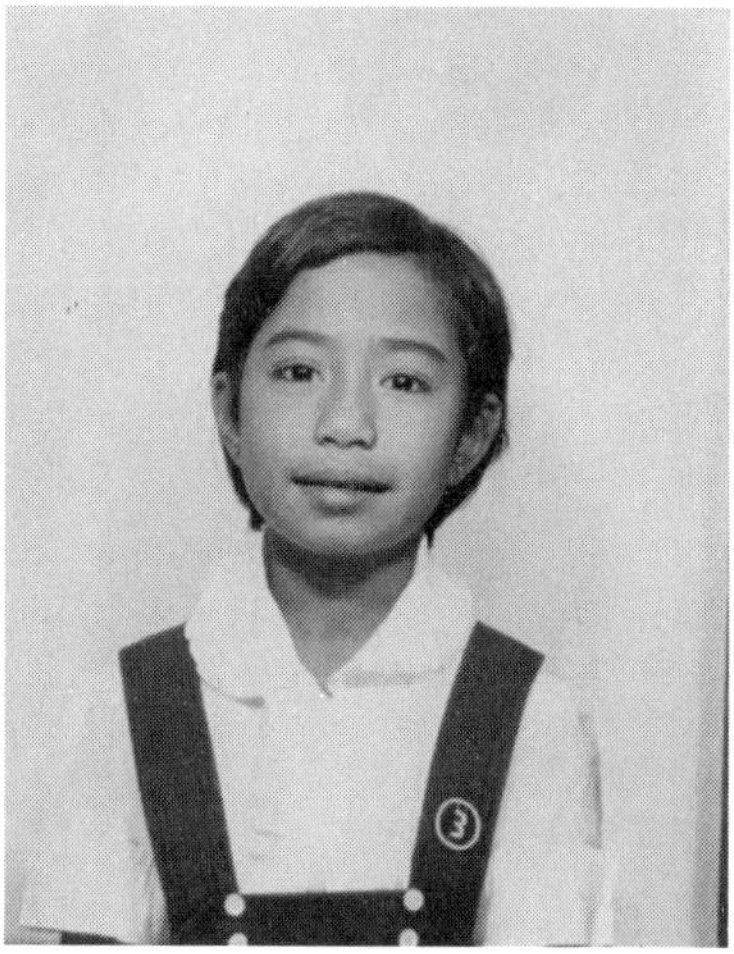

1973年、セント・スコラスティカズ大学初等部３年時のクラス写真。

こうした日常は、母が学校に現われて、私と妹をさらった日に終わった。

教室に入ったときは、その日もふだんと何も変わりないように思えた。窓から太陽のくっきりとした光が差し込んでいる。私は鞄《かばん》を下ろして木の机の天板を上げた。そのとき、名前を呼ぶ声がした。「メアリー・アン！」

本名のマリア・アンへリータを縮めて「メアリー・アン」と呼ぶのは家族だけだ。驚いて振り向くと、母と校長先生のシスター・グラシアが教室の前方に立っている。ふたりは私の机のところまで来て、教材をすべて鞄に戻すのを手伝ってくれた。教室を出て行くとき振り向くと、友達みんなが私を見つめているのが見えた。

それから妹のメアリー・ジェーンのクラスに向かった。すでに妹は、母の姉妹のメンチー・ミロナドと、修道女の先生と一緒に教室の外で待っていた。母の姿を見るなり、妹は駆け寄って抱きついた。廊下にはもう私たちしかいなかった。メアリー・ジェーンも母も泣いていた。これからあなたたちをアメリカに連れて行く、母が小声で囁《ささや》いた。

そのとき、学校をぐるりと見わたして、もう二度とこの景色を見ることはないんだな、と直感的に悟ったのを覚えている。そんなとき、人はよりどころになるものを探す。私の場合それは、返却期限を翌日に控えた、鞄のなかの図書館の本だった。

校門に向かって歩いていたとき、私は中庭の真ん中で立ち止まって図書館を指さし、本を返してきていいかと母に聞いた。「また今度にしよう」と母は答えた。

歩道脇に止まっていた車に乗り込み、私たちが落ち着くが早いか、母が、助手席に座っていた男性を紹介した。「メアリー・アン、メアリー・ジェーン、こちらがあたらしいお父さんよ」

すべてが一瞬で変わることがある。

それっきり、祖父母の家にも学校にも、私は戻らなかった。ある日、それは私の全世界だった。次の日には、そうでなかった。そちらの世界に通じる扉は永久に閉ざされ、あたらしい現実が目の前に開けていた。私は一〇歳だった。

それから二週間も経たないうちに、私たちはノースウエスト航空の飛行機に乗っていた。飛行機は給油のためにアラスカで着陸した。一九七三年一二月五日。窓の外をじっと見つめながら、この日付を覚えておこうと心に決めた。次に何が起きるか見当もつかなかったが、メアリー・ジェーンも私も雪を見るのははじめてだった。

ニューヨークのジョン・F・ケネディ国際空港に着陸したとき、外は真っ暗で、凍えるように寒かった——これまで一度も感じたことのない寒さだ。継父が私たちのスーツケースを運んでくれた。この人のことをなんて呼んだらいいだろう。私は心のなかでまだ葛藤していた。母は「お父さん」と呼びなさいと言い、メンチーおばさんは「『ピーター父さん』はどう?」と助け船を出してくれたけれど。マニラにいたとき、継父は通りすがりの人から、一緒に写真を撮ってもいいですか?と頼まれていた。「エルヴィス・プレスリーだと思ったのね」、母が耳打ちした。

空港の駐車場で、私たちは濃紺のフォルクスワーゲン・ビートルに乗り込んだ。そこから一時間半、南に向かってのドライブ。車のヒーターから出てくる温風が頬をなでる。妹にも私にもはじめての体験だった。地球の裏側を出発してから二四時間あまりを経て、目的地に到着した。ニュージャージー州トムズ・リヴァーにたたずむ郊外の新築一軒家。車から荷物を降ろして、私道にうっすらと積もった雪の上に、私は完璧な足形をつけた。それから妹とあたらしいわが家に入った。しばらくしてから母とあたらしい父が、養子申請の手続きについて説明してくれた。私たちの苗字は正式に「レッサ」になった。

私があとにした国は動乱のさなかにあった。一九七二年九月二一日——私たちがフィリピンを出発する一年と少し前——フェルディナンド・マルコス大統領が戒厳令を宣言し、フィリピン最大のテレビ局で、これまでずっとメディアの中核となっていたABS‐CBNを閉鎖した。マルコスの独裁体制は、これまでアメリカの圧倒的影響下にあったフィリピンにあらたな時代が到来したことを示していた。「領土の征服はフィリピンにはじまり、フィリピンで終わった」。友人のスタンレー・カーノウは、壮大な歴史書『私たちの想像のなかで——フィリピンにおけるアメリカの帝国（*In Our Image: America's Empire in the Philippines*）』にそう記している。「アメリカは有能で公平な行政府の設立を怠った……そのため、フィリピン人は役人ではなく政治家に助けを求めるようになり、こうした慣習が利益誘導型政治と汚職を助長した(2)」

その後も、封建的な利益誘導型政治と、この国を風土病のように蝕《むしば》む汚職がフィリピンから消えてなくなることはなかった。マルコスは、フィリピンが深刻な経済不況に喘《あえ》いでいた一九六五年に大統領に選ばれ、その後再選を果たした最初の、そして唯一の大統領となった。彼は選挙戦で、フィリピンの国としてのアイデンティティを取り戻し、アメリカから独立しようと訴えた。

マルコスが戒厳令を宣言したあと、国会は「一九七三年憲法」を承認した。アメリカ合衆国憲法を模範とする点はこれまでと変わりなかったが、マルコスの権力を安泰にする修正があらたに盛り込まれていた。憲法はその後最高裁判所に承認され、その結果マルコスは、それから一四年間「合法的に」権力の座に留まり、力を強化した。その一四年間、私はアメリカであたらしい現実を生きることになる。

私たちの家族はアメリカという国を信じていた。勤勉に働き、税金を納めれば、それに見合うだけのものが得られる国だ、と。世界は公正な場所だ――それが、この国で暗黙のうちに差し出されていた社会契約だった。私の両親は、それから数十年のあいだに、この契約が少しずつ蝕まれていくのを身をもって経験した。だから私にはわかる。それが人にどんな作用をおよぼすか。不安と恐怖がどうやって膨らんでいくか。勤勉に働き、ルールを守っている人が、約束を反古《ほご》にされたとき、騙《だま》されたことをどんな思いで嚙《か》みしめるか。ソーシャルメディアや情報操作に加担する人間に、ターゲットにされ、影響を受けるのはこういった人たちだ。彼らは嘘を信じる。

ピーター・エイムズ・レッサは、ニューヨーク生まれのイタリア系アメリカ人二世だった。一六歳のとき、家計を助けるために高校を中退して、ブラウン・ブラザーズ・ハリマン社という投資信託会社でデータ入力の仕事に就いた。そこでこつこつ働いて、出世の階段を昇っていった。メインフレーム・コンピュータ上級IT管理者まで昇りつめたあと、IBMに転職した。出世の原動力となったのは持ち前の勤勉さ、さらに、どんな細かいことも忘れない、驚異的な記憶力の持ち主でもあった。

私の母エルメリーナとピーターは、ニューヨークの街角で文字どおり鉢合わせした。約二年の交際を経て、ふたりは一九七二年に結婚し、翌年、妹のミシェルが生まれた。そのわずか一週間後、両親は生まれたばかりの妹をアニーおばさんに託して、マニラ行きの飛行機に乗った。メアリー・ジェーンと私を連れ帰るために。母にとってそれは、困難ではあったが、輝かしい勝利の旅だった。

ピーターとエルメリーナはまったく見上げた夫婦だった。両親のうえにはいつもスポットライトが降り注いでいるかのように、子どもたちには感じられたものだ。当時の私は、勤勉で、華々しく活躍する両親の目を通してアメリカを見ていた。夜明け前に家を出て、二時間かけてニューヨーク市の職場に通い、日が暮れてから帰宅する。ふたりはいつも働きどおしだった。

デート中のピーター・レッサとエルメリーナ・デルフィン。自由の女神像を背にして。1971 年。

一時期、節約のために、母が子どもたちの服を縫っていたことがある。しかし、しばらくすると、時間がかかるわりに節約にならないと気がついた。そこで、弟のピーター・エイムズ・ジュニアと末っ子のニコールが生まれるころには、新学期に備えて買い出しに出かけるのが年中行事になった。八月が来るたびに、ショッピングカートを押す母親を先頭に、グランドユニオンやシアーズなど安売り店に繰り出したものだ。底値の服や靴の目利きになったのはそのときだ。

ちょうどそのころ、会社が教育費を負担してくれたおかげで、父は高校を卒業することができた。私が高校に進学したとき、父は夜間大学に通っていた。子どもたちに戦うチャンスを与えるために、両親がどれだけ多くの犠牲を払ってきたか、それがわかったのは大人になってからだ。子どもたちが良い暮らしを送り、良い学校に進めるように。それが両親の願いだった——そして私たちは両親の期待に応えた。

不規則に広がるシルヴァー・ベイ小学校の赤煉瓦《あかれんが》の校舎、その三年生の教室にはじめて足を踏み入れたとき、私は身長一二七センチ、クラスでいちばん背が低かった。褐色の肌の生徒は私だけ。英語はわかったし、話すこともできたけれど、家族との会話はおもにタガログ語、すなわちフィリピノ語だった。騒々しくて、自信満々なアメリカの同級生たちに目を丸くし、先生に対する彼らのひどくぞんざいな態度にショックを受けた。

この学校でも、フィリピンのセント・スコラスティカズ大学初等部のように、SRAのリーディング教材を使っていると知ったときは嬉しかった。SRAリーディング教材は、読解力、記述力、理解力を高めるために考えられた、もっとも初歩的な英語の個別学習プログラムで、生徒は思い思いのペースで進めることができる。私は、自分自身とも同級生とも競争するのが好きだったので、セント・スコラスティカズではかなり先まで進んでいた。あたらしい教室のうしろに行って、進度を記した自分の理解カードを手に取ると、クラスでいちばん背が高くて騒がしいひとりが、クラス中に響き渡る声で、この子のために、まだ誰も使っていない、あたらしいレベルの箱を開けることになったぞと叫んだ。そのときはじめて、クラスのみんなは、私が先に進んでいることを知った。

もともと私は内気で引っ込み思案な性分だ。ふいにはじまったアメリカでの生活は、とまどいと衝撃の連続で、担任の先生たちによれば、私は一年近く口をきかなかったらしい。私の沈黙は、学習の成果によるものでもあったと思う。フィリピンの家庭と学校で叩き込まれた「話しかけられるまでしゃべるな」の精神を引きずっていたのだ。けれど、スポンジが水を吸い込むように、私はあたらしい世界をぐんぐん吸収していった。

どういうわけか、シルヴァー・ベイ小学校の先生たちは、私の沈黙の本質を理解してくれて、私が周囲になじめるように助けてくれた。ラリック先生は、毎週、無償でピアノを教えてくれて、それが私の支えになった。祖母はいつも、私の父がピアノを弾いていたこと、祖母の家系は芸術の庇護《ひご》者(3)で、おじはコンサート・ピアニストなのだと力説していた(4)。どういうわけか、人は、自分の周りにふわふわと漂っている夢を採用するものらしい。

ピアノは私を過去とつなげてくれた。ピアノを弾いているあいだは自由でいられた。あたらしい言語を話したり、覚えたりする必要がなかったから。曲が弾けるようになって、自分のなかから音楽が湧き出てくるまで、ひたすら練習すればいいのだ。ほんとうに上手く演奏するには、何時間も練習しなければならない。そうすれば、何も考えなくても演奏できるようになることを私は早い段階で理解した。周囲に押しつぶされそうになると、精神を集中して何時間でもピアノの練習に打ち込んだ。

とはいえもちろん、ほかのみんなのようになりたいという思いもあった。鏡の前に立って、英語の正しい発音を練習したり、もっと肌が白くて金髪だったら良かったのにと思ったりした。自分が何者なのかがわからないとき、そして自分の世界がひっくり返ってしまったとき、人は目立ちたいとは思わないものだ。

アメリカに引っ越した年から、ずっと胸に刻んでいる三つの教訓がある。それらの教訓は、状況は変わっても、人生のさまざまな場面に繰り返し現われて、そのたびにあたらしい意味を獲得するのだった。

ひとつめの教訓は「つねに学ぶという選択をせよ」というもの。すなわち、変化を受け入れ、失敗する勇気を持つということだ。成功と失敗は同じコインの表と裏。どこかの時点で失敗しなければ成功はあり得ない。しかしほとんどの人は、昔ながらの友人、日課、習慣といった、自分が慣れ親しんでいるものから抜け出そうとせず、快適な状態に居座ることを選ぶ。

私はいったい何者なのか。アメリカへの移住はその問いを突きつけた。何を持っていき、何を置いていくか。私はいったい何者なのだろう？ 名前さえ変わってしまった。マニラの教室をあとにしたとき、私はアンヘリータ・アイカルドだった。それがいまではマリア・レッサだ。移住した先は何もかもがあたらしい世界。あたらしい言語、あたらしい風習、あたらしい文化的記号があって、私以外のみんながその意味を理解している。あまりの重圧に、アメリカに移住した最初の年、家から出たくなくなってしまった時期があった。

そこで私は、自分で測定できるものに集中することにした。SRAリーディング教材の進度、ピアノの教則本ハノンを仕上げる速度。本からもたくさんのことを学んだ。バスケットボールのプレイ方法まで。週末が来るたび、私はテキストを手に、学校のバスケット・コートに足を運んだ。そしてコートの外で、テキストを地面に置いて、ドリブルのやり方、フリースローの打ち方などの指示にひとつずつ従った。本で学んだことはすべて実践した。あとは試合に出るだけだった。

あたらしい環境になじんでから二、三か月が過ぎたころ、憧れていた担任のアグランド先生[5]から、別のクラスに移ってみないかと言われた。学校は私に飛び級させたがっていた。ようやく居心地が良くなってきたところなのに、また慣れない環境に飛び込まなくてはならないのかと思うと、ぞっとした。そのときアグランド先生が言ったのだ。「マリア、おそれないで。どんなときも、学ぶために前に進むのよ。この教室であなたが学ぶことはもう何もないんですもの」

こうして年度の半ばで、私は三年生から四年生に飛び級し、すべてがまた振り出しに戻った。そして私はふたつめの教訓を学んだ。「恐怖を受け入れよう」

きっかけとなったのは、「パジャマ・パーティ」だった。パジャマ・パーティがどんなものか、私は知らなかった。マニラにそんなものはなかったし、少なくとも、私たちはそういう呼び方をしていなかった。ところが、シャロン・ロコズニーといって、三年生のなかでいちばんかっこいい女の子が、パジャマ・パーティに招待してくれたのだ。それって、どんなパーティなの？と母に尋ねると、「パジャマを着ていくパーティのことよ！」という答えが返ってきた。なるほど、そういうことか。パジャマ・パーティの意味はわかったが、シャロンが自分を誘ってくれるなんて、なんだか夢を見ているような気がした。

約束の日、私はパジャマを着て、父と母と妹と車でシャロンの家に向かった。路地に入ると、シャロンの家の芝生で、クラスメートたちがキックボールをしているのが見えた。パジャマを着ている子なんてひとりもいない。

驚いて母の顔を見ると、気まずそうに、じつは自分もパジャマ・パーティがどんなものか知らなかったと言うではないか。すでにクラスメートたちがうちの車に気づいているので、引き返すわけにもいかない。車が止まり、私は両親と顔を見合わせてから、ドアを開けて外に出た。

クラスメートたちは遊ぶのを止めて、こっちを見ている。いったいどうすればいいんだろう。するとシャロンが車まで来て、「あれ、パジャマを着てきたんだ」と言った。

「そういうものかと思って」。私はもごもごとつぶやいた。目に涙がこみ上げてきた。ありったけの勇気を振り絞って車から出たいま、自分のなかには何も残っていなかった。

するとシャロンが私の手を取り、もう一方の手で私の鞄をつかむと、家に案内してくれた。そして「家のなかで着替えるといいよ」。涙をぬぐう私にそう声をかけて、車の両親に手を振った。ありがたいことに、鞄には着替えが入っていた。

危険を冒すときは、誰かが助けに来てくれると信じなければならない。そして逆の立場になったら、今度はあなたが手を差し伸べるのだ。こわいと思ったら、逃げ出すのではなく、立ち向かうほうがいい。走って逃げても、問題は消えてなくならないのだから。恐怖に立ち向かえば、克服するチャンスが得られる。それが、私が勇気という言葉の意味を理解しはじめた最初の一歩だった。

三つめの教訓は「いじめっ子に立ち向かう」というものだった。それには多くのことが関係している。恐怖、受容、集団に所属して、人気者になること。すべてが自分には縁のないものだったので、私はいつも、じっと静かに、観察して、学習しているしかなかった。そもそもがほかの子たちとかなり違っていたので、周囲に溶け込む必要をあまり感じず、どこにも所属しないまま、同級生たちを観察して理解する恵まれた立場にあったとも言える。

その年、同じクラスに地味でおとなしい女の子がいた。仮にデビーと呼ぶことにしよう。その子はポリエステルのズボンをはいているという理由で馬鹿にされていた。みんなが彼女を笑いものにしていたが、私にはその理由がさっぱりわからなかった。けれど、あえて口に出して尋ねてみる気にもなれなかった。同級生の矛先がこちらに向かったらと思うと、不安だったのだ。

いまならその状況をひと言で表現できる。「沈黙は共謀と同じ」だ。

学校のオーケストラで、私はヴァイオリンを、デビーはヴィオラを担当していた。ある日、練習が終わったあと、音楽室の隅で泣いているデビーを見かけた。とっさに、立ち去ってしまおうかと思った。デビーを気遣って話しかけているところを誰かに見られたら、私までターゲットにされてしまうかもしれない。笑いものにする場合以外、デビーに話しかける子はひとりもいなかった。そのとき、聖書の黄金律が頭に浮かんだ。「人にしてもらいたいと思うことは何でも、あなたがたも人にしなさい」

私は決心した。音楽室を出て、廊下を突っ切ってトイレからティッシュを取ってくると、デビーに手渡した。「どうしたの？」　そう尋ねると、父親が何か月も入院したままなのだとデビーは教えてくれた。

一度話しかけると勇気が湧いてきて、それからはずっとデビーとおしゃべりするようになった。あるとき、うちに泊まりにおいでと誘った。そのとき、デビーがポリエステルのズボンをはいているのは、デビーの家がやりくりに苦労していて、ポリエステル製のズボンが安いからだとわかった。

そうとわかってから、私はデビーのために声をあげるようになった。あるとき、オーケストラの練習中に、いちばんたちの悪いいじめっ子がデビーをねちねちとからかっていたので、やめろと言った。今度は私がターゲットにされる、そう思った瞬間、友達の何人かがさっと加勢してくれた。ひとりが立ち上がって戦うだけで良かったのだ。いじめっ子は、公然と非難されるのは好まないのだから。

それが、群集心理の残酷さに反撃して得た最初の教訓だった。このとき、私は「人気」についても学んだ。人が望むものを与えれば、相手は自分を好いてくれる。問題は――それがあなたの望んでいるものなのか、ということだ。

トムズ・リヴァー公立学校のシステムのおかげで、私は無償で音楽のレッスンを受け、コンピュータのプログラミングを学び、アドバンスト・プレイスメント・クラスに入ることができた。このクラスに入れば、アイビー・リーグに入学するのも夢じゃない――それは、充分勤勉に働けば、なんでも実現できる約束された未来を意味した。高校を卒業するとき、私は三年連続でクラス委員長を務め、「将来いちばん成功しそうな人」に投票で選ばれた。

両親は年中休みなく働いていたので、先生たちと過ごす時間が長くなった。いまの私があるうえで、たいへんお世話になったひとりが、トムズ・リヴァー地区学校夏期弦楽プログラムの責任者を務めていたドナルド・スポールディング先生だ。ずんぐりしているのに敏捷《びんしょう》で、ひげもじゃのお顔をいつもくしゃくしゃにして微笑《ほほえ》む方だった。先生は、私のヴァイオリンの先生で、学生オーケストラの指揮者でもあった。先生のおかげで、私は八つもの楽器が演奏できるようになった。先生は私と、私のように、自分の居場所を世界に探し求めている子どもたちを育んでくれた。生のライブに参加できるように、町の反対側に住む私の家まで車でよく迎えに来てくれた。私たちは日曜のお昼時に、ピーナッツの殻が床に散らばったグラウンド・ラウンドというレストランや、オーシャン郡の地元のショッピングモール、シックス・フラッグス・グレート・アドベンチャーという遊園地で演奏した。(6)

先生は、私がひとりの人間として、また音楽家として成長できるように背中を押してくれた。どんなアイデアを提案しても、何を夢みたいなことを、と頭ごなしに否定されたことはない。

「スポールディング先生、『悪魔はジョージアへ』を演奏してみたいんですが」。ふと耳にしたテーマを弾けるようになりたいと思って聞いてみると、先生はちょっと考えてから、ヴァイオリンと五線譜を取ってきて、私がたどれるように音符をかき出していった。

「いいじゃないか」。何かを提案するたびに、先生はかならずそう言うのだった。どんなときも、学ぶという選択をせよ、と。

ドン・スポールディングの縄張りで学んだことはほかにもある。「誰もひとりでは意味のあることを成し遂げられない」。オーケストラはまさにそのことを教えてくれた。そしてのちに、バスケットボールやソフトボールのチーム、演劇の上演、生徒会活動でも、私は同じ教訓を学んだ。ただしチームにどれだけ貢献できるかは、あなたの技能、意欲、辛抱強さによって決まる。

音楽の渦のなかにいるのが好きだった。私の一部は音楽に耳を澄ませて高揚している。そうかと思えば、足はリズムを刻み、目は団員たちが上げ下げする弓の動きを追っている。そして、つねに指揮者の動きに集中して、ついていこうと身構えている自分と、コンサートミストレス〔オーケストラの女性首席第一ヴァイオリン奏者、楽団員全体の指導的立場にある〕として、オーケストラを引っ張っていこうとする自分がいる。ふとした瞬間に魔法が起きて、すべての作業が背後に退き、私たちは音楽のただなかにいる。一緒に音符を解釈して音楽を創造している。ただしその境地に達するには、気が遠くなるほどの練習時間が必要だ。

のちに気づいたのだが、オーケストラは、機能している民主主義の完璧なメタファーだった。音楽は各自に音符とシステムを与えてくれるが、どう演奏し、どう感じるか、指導者にどうついていくか——みんなをどう引っ張っていくか——すべてはあなた次第だ。

スポーツを続けていたのは、オタクと呼ばれたくなかったからでもある。とはいえ、私はとんでもないオタクだった。とくに本は、人には説明できないこと、いや、人には聞けないことを何でも教えてくれた。とくに好きだったのが、ハーレクイン・ロマンスとSFで、SFは、アイザック・アシモフが構築してみせたようなまったく違う世界を想像する手がかりを与えてくれた。だが何と言っても私が夢中になったのは、『スター・トレック』だった。

ジェイムズ・ブリッシュが手がけたノベライズ版『スター・トレック』はすべて読破し、家には私が集めたシリーズをおさめる専用の本棚もあった。『スター・トレック』の本を読んだおかげで、自分の心を理解する手がかりが得られた。ときに私は、感情と直感に従うリーダーのカーク船長で、ときに私は、問題を冷静に分析する論理的なヴァルカン人、ミスター・スポックだった。だいぶあとになってからこのふたりが、ダニエル・カーネマンがのちに速い《ファスト》思考と遅い《スロー》思考と名づけた、人間の本性と脳のふたつの側面を表していることに気づいた。理想とする人は誰ですかと聞かれたら、いまでも私は、カーク船長とミスター・スポックが合体した人と答えるだろう。合理的で論理的な分析力が、共感、本能、感情によって適度に中和された人、それが私の理想だ。

だいぶあとになるまで気づかなかったのだが、私は、怒りのようなネガティブな感情を昇華させていた。自分はあくまでも部外者で、周囲に溶け込めるように、そこで起きていることを理解しようと努めているのだという思いが、つねに拭いきれなかった。おそらくその反動で、課外活動ではフィリピンに関係するものを選んだのだろう。バスケットボール（フィリピンでいちばん人気のあるスポーツだ）をしたのも、チェス〔フィリピンでチェスは人気のゲームで、路上や公園でも勝負に興じる人たちの姿が見られる〕のチームに入ったのも、それらが、記憶のどこかで、私が帰ることのできない、そしてまだ完全に理解できていない過去の重要な場所を占めていたからだろう。

大学に願書を出すときになって、こういった感情の一部が表面化した。大学に提出する願書のエッセイに、私は、自分がこれまで達成してきたこと、そしていまの自分という人間の大部分は、教師や両親といった他人が私に望んできた姿の反映に過ぎないことを残念に思っていると書いた。成績が重要な場面ではオールAを取った。しかしそうしているあいだも、自分の肩の上に悪魔がいて、その悪魔が、もっとうまくやれ、もっとやれ、実績を積み上げて、最高を目指し続けろ、さもないとそこにいられなくなるぞ、と絶えずけしかけている気がしてならなかった。

私は一三の大学に願書を提出した。そのなかには、卒業まで六年かかる医学部、陸軍士官学校、アイビー・リーグの大学も数校あった。両親は私が医者になることを望んでいた。私自身は、自分には修練が必要だと考えていた。結局、自分が何者なのか、まったくわかっていなかったが、なんらかの成果を出さなければならないとは感じていた。何かを。何でもいいから。

自分を駆り立てているのは不安だとわかってはいた。それでも、私は実務家だった。肩の上の悪魔の正体がなんであれ、学びは——標準的な教科書を超えた学びは——役に立つに違いない。学ぶという選択をすれば間違いない。私はそう結論した。

第2章　倫理規定《オナーコード》――線を引け

大学入学を機に、私は自分で道を切り開き、自分で考えるようになった。マニラで受けた教育は機械的反復学習と暗記に重点を置いていた。規則に従い、話しかけられたときだけ発言するシステムだ。アメリカに来てからも、私はその方針を守っていた。大学に入るまでは。

私が学びの場に選んだのは、プリンストン大学だった。世界的に名の知れた教授陣から――ノーベル賞受賞者さえいる――対面で授業が受けられる、もしくは少人数のゼミに参加できるというのが魅力的だった。トムズ・リヴァーからプリンストンまでは車で約三時間だから、実家からもそう遠くない。折々に変化する木々の葉を眺めながら、歴史を感じさせる重厚な建築物が並ぶ美しいキャンパスを何時間も散策したものだ。礼拝堂のなかで座っていると、心が落ち着いた。ときおり、周囲に誰もいないのを見計らって、堂々たるブレア・アーチの下で足を止め、自分の囁き声が四方の壁に反射する中心点を見つけようとした。夜遅く、図書館からの帰り道、一八七九年に建造されたというそのアーチの下で立ち止まり、合唱サークルの即興演奏に耳を傾けて、最後の曲を口ずさみながら寮に帰ったこともあった。

私が入ることになった寮の部屋は、広さが八八平方フィート〔約五畳〕で、ベッドと衣装ダンスと机を運び込んだら、あとはもう何も入らなかった。母がタンスの上に置いた巨大な聖母マリア像がベッドを見下ろしていて、私はとくに変だとも思わなかったが、部屋に遊びに来たボーイフレンドたちはみな気になるらしく、ふたりでマリア像の話題で盛り上がってから眠りに落ちたものだ。
宗教は私にとって巨大で厄介な問題だった。信仰心篤い祖母は、私と妹に体系的な宗教を叩き込んだ。私たちは一日に二回、朝と晩にロザリオの祈りを唱え、ほぼ毎日ミサに出席しなければならなかった。大学に入った最初の年、私は世界の五大宗教――キリスト教、仏教、イスラム教、ユダヤ教、ヒンドゥー教――をすべて学んだ。自分が信じるものを論理的に説明できるようになりたかったのだ。しかし言うまでもなく、宗教は理屈では割りきれない。一時期、仏教徒になろうかと思ったこともあったが、日々の生活に紛れてそのままになってしまった。むしろ私の信仰は、私が学んだことと密接に結びついていた。

プリンストン大学医学進学課程に進んだ私は、最初の二年で医学部の必修単位をすべて履修した。科学の法則が、具体的には物理学の法則が、哲学に通じることを理解した。たとえば熱力学の諸法則。あらゆるものはエントロピーが最大化する方向へ、すなわちカオスへと向かう。また、秩序を維持するためにどれだけのエネルギーが必要かを説明する法則。あるいはニュートンの運動の法則。私のお気に入りは第三法則だった。「あらゆる運動には、同じ大きさの、逆向きの力が働く」。あるいは、私が最初の著書のエピグラフに引用したハイゼンベルクの不確定性原理。「観察するという行為そのものが、観察している対象を変化させる、掘り下げれば掘り下げるほど、あなたが探究しているものは知り得なくなっていく」。宗教と科学は両立しないなんて、誰が言ったのだろう?

とはいえ学生時代、私の価値観と人格形成にもっとも影響を与えたのは、倫理規定《オナーコード》だった。プリンストン大学の学生は、提出するすべての論文と試験用紙に、倫理規定の誓いを書かなければならない。それは次のような文言だった。「この試験のあいだ、私は倫理規定に違反しないことを名誉にかけて誓います」

誓約を書いた学生は、自分自身の行為だけでなく、周囲のすべての学生の行為についても責任を引き受ける義務を負う。教授は、試験用紙を配り終えると教室から出て行ってしまう。この誓いは、たとえ自分がカンニングしていなくても、カンニングしている人を見かけたら報告しなければならない、それを怠れば、自分の名誉を傷つけることになると言外に言っていた。あなたは自分だけでなく、自分の周りの世界について、すなわち、自分の影響力がおよぶ範囲について責任を負っている、と。

　この考えが、私は気に入っている。大学にいるあいだは、倫理規定の誓いについてあまり深く考えなかった。すでに自分は実践していたからだ。あとになって、みんなも同じことをしている、つまり、周囲の世界について責任を引き受けていると考えていたのは、勝手な思い込みだったとわかった。その後、一部の友人や家族から、私のこういうところが独善的でエリート主義的なのだと批判される。たしかに、鼻につくのかもしれない。しかし、厳格な倫理規定のおかげで、私にとって世界は単純なものとなり、私はすばやく決断が下せるようになった。

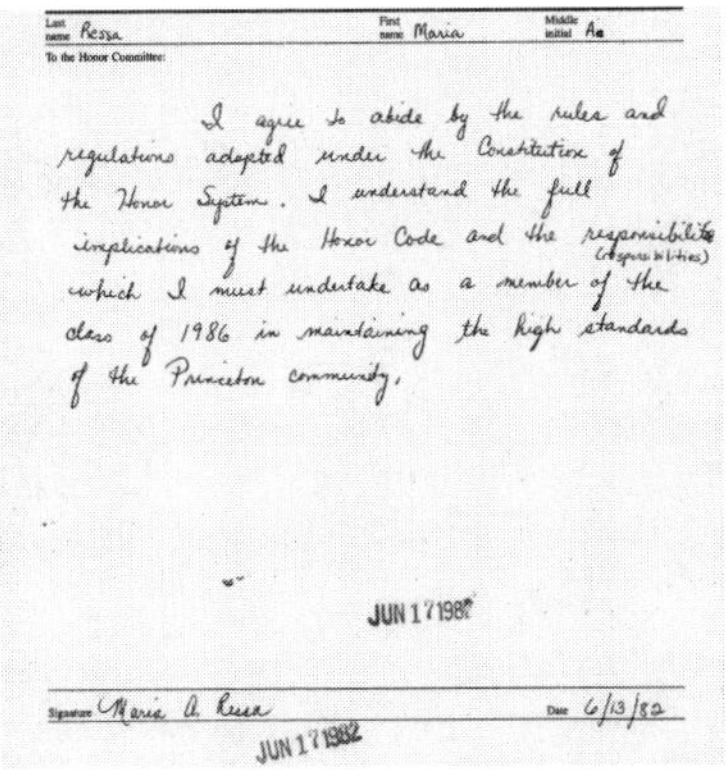
Last name Ressa　First name Maria　Middle initial A.
To the Honor Committee:
I agree to abide by the rules and regulations adopted under the Constitution of the Honor System. I understand the full implications of the Honor Code and the responsibility (responsibilities) which I must undertake as a member of the class of 1986 in maintaining the high standards of the Princeton community.
JUN 17 1982
Signature Maria A. Ressa　Date 6/13/82
JUN 17 1982

プリンストン大学では、出願書をはじめ試験の解答や論文を提出する際には、「倫理規定」を遵守するという誓約書を書かなければならない。


　この倫理規定のおかげで、私は人生の早い段階で、自分の価値観を明確に定めることができた。倫理的ジレンマに陥り、利己的で不正な行ないを正当化する誘惑を受ける前に。のちの人生において、状況に応じて倫理的規範をころころ変えるような真似もしなくて済んだ。それは単純だった。線を引け。一方の側は善、もう一方の側は悪である。

　プリンストン大学で、自分の情熱の対象は、科学ではなく芸術だとわかった。手当たり次第に授業を受けてみた結果、夢中になれそうなものを絞り込むことができた。比較文学、シェークスピア、演劇、演技、劇作、心理学、歴史。これらの科目は、日常のストレスとのつきあい方を教えてくれた。自分の過去とアイデンティティを理解する方法も。私はアウトサイダーで、帰属する場所がないことを埋め合わせるために、つねに完璧を目指してきた、そのせいで、どれだけ多くの代償を払ってきたかにも気づかされた。これらの科目を通じて、なぜ私たちがこの星に生まれてきたのか、何をするために私はここにいるのか、その問いの答えを知りたいという思いがますます募った。

なかでも、もっとも多くのことを演劇から学んだ。呼吸するといった単純なことさえも。床に横になって、深く呼吸をする。体のなかに入ってくる空気と出ていく空気、エネルギーの流れをイメージして、いまこの瞬間の自分に集中する。心と体を連動させて、完全にいまとひとつになる。もうひとつの演劇の訓練は鏡だった。そこでは、リーダーとフォロワーは、リードし、フォローし、創造するという行為のあいだに存在する境界線を見つける。これらは単純な訓練に思えるかもしれないが、私の人生に訪れたいくつかの最悪の瞬間に、信じられないくらい役に立った。

やはり演劇の授業で、不正と思われる行為に声をあげ、結果的に、人生においてもっとも重要な絆のひとつを育むことができた出来事があった。

レスリー・タッカーは、肌の色の薄い黒人アメリカ人で、プリンストン大学で最初に知り合った仲間のひとりだった。背が高くて、美人で、愛嬌《あいきよう》があって、私とは正反対に思えた。面白くて、根っからの話し上手、周囲の注目が自然と集まるタイプだった。歯に衣着せない一面もあり、意地悪いと感じられる場合さえあったが、なぜか周りの人たちは、こうした発言に気を悪くするどころか、一緒になって大笑いするのだった。

戯曲創作の授業では、毎週、劇の数場面を書いてきて互いに批評し合うことになっていた。レスリーのコメントはつねに洞察力にあふれていた。彼女と、親友のハンサムなアンドリュー・ジャレッキー〔現在は映画監督、ミュージシャン〕は、いつも互いをネタにして笑い、そしておそらく、ほかの人たちのことも笑いものにしていたのだと思う。あるときから、レスリーは課題を提出しなくなった。そして、自分の担当する場面が回ってきても、あいかわらず批評する側にいた。ある日、私は我慢できなくなった。

私たちは円形に並べた椅子に座り、レスリーは例によって辛辣《しんらつ》な、しかし教授たちをきまって魅了する意見を披露していた。

「すみません」と私はさえぎった。「レスリー、あなたが担当している場面をまだ読ませてもらってないわ」

教室が静まり返った。私も呆然《ぼうぜん》としていた。ついに口に出してしまったことに。続けてクラスのみんなに問いかけた。「レスリーは、自分が担当している場面を提出すべきだとは思いませんか?」

レスリーは当惑した顔で私を見つめ、反論しようとした。「マリアは何が言いたいのかしら」

私はふたたび彼女の言葉をさえぎった。心臓が喉から飛び出しそうだった。「ここ数週間、こんなことが繰り返されています。はたして公平と言えるのでしょうか」。この発言をきっかけに、担当の教授はこの問題に対処せざるを得なくなり、私は、ささやかながらも不正がただされたように感じた。

授業のあとで、なぜ自分を非難したのかとレスリーに聞かれ、その言葉をきっかけに私たちはいろいろと話し合うようになった。レスリーはすぐに笑い、鋭い批判をさらりと展開するので、こわかった。しかし、彼女の怜悧《れいり》さや、歯に衣着せない正直さから、私はほかのことも学んだ。曇りのない目で世界を見るには、自分自身にもっとも厳しい質問を投げかけなくてはならない。レスリーはつねに相手の急所を攻撃した。そして私は彼女の洞察を通じて、自分の内面を振り返ることができた。

あの日、教室で、私はレスリーの急所を攻撃しただけでなく、線を引くことを学んだ。不正に声をあげて、正直であろうとすれば、そのときは気まずい思いをするかもしれないが、多くの場合、人生を前進させ、実りにつながるあたらしい何かをもたらす。

レスリーに抗議し、彼女独自の正直さの規範を理解することによって、私のもっとも大切な友情がはじまっただけでなく、世界のなかの私のあり方も変わった。沈黙したまま、周囲に迎合しているだけでは何も変わらない。声をあげることこそ、何かを作り出す行為なのだ。

劇作の授業では、もっと意識的に創造的になるにはどうすればいいか、不安を抱えているときも心を安定させ、探究を続けるにはどうすればいいかを学んだ。これまで私は、怒りのようなネガティブな感情をつねに避けようとしてきた。しかし演技の先生は、自分をもっと怒りに委ねてごらん、と背中を押してくれた。ある日、授業である場面を取り上げている最中、体のなかから何かが激しくほとばしるのを感じた。これまで昇華させてきたあらゆる怒りが奔流となってあふれ出たのだ。こうして、大学三年生の二週間、コントロールがきかなくなって、不意に何度も怒りを爆発させたことがあった。

その原因を理解しようとして、私は過去に引き戻された。ボーイフレンドが勧めてくれたアリス・ミラーの『才能ある子のドラマ——真の自己を求めて』は、私に重要な洞察を与えてくれた。ミラーによると、成功者のなかには、幼少期の経験が原因で、感情を抑圧することを学び、そのために、成功に彩られた人生を送っている人がいるという。「彼らは引き受けたことはなんでもうまくやる。並外れた手際を発揮することさえある。称賛や羨望のまなざしを向けられる。ここぞという場面でかならず成功する」とミラーは記している。「しかし、そうしたすべての背後には抑うつ、空虚感、疎外感、そして自分の人生にはなんの意味もないという感覚が潜んでいる[1]」

「こうした人たちは、幼児期の感情世界にきちんと向きあえていない。それは、自尊心の欠如、人を支配し操作したいという強い衝動、成果への要求に現われる[2]」。このくだりを読んで、私は、もっとうまくやれといつも自分をけしかける肩の上の悪魔を思い出した。

私は、生き延びて成功者になるために、それどころか権力者になるために、幼少期の体験の多くを――ふいに故郷から引き離され、ニュージャージー州でよそ者になるという恐怖を味わった体験を――封印してきたのかもしれないとわかってきた。こうして、私にとっては、他人を意のままに操ったり、権力を乱用したりしないことが、きわめて重要になる。自分の野心と黄金律（「人にしてもらいたいと思うことは何でも、あなたがたも人にしなさい」）を両立できるようになりたいと思った。

もうひとつ、この時期の私に大きな意味を持ったテキストが、T・S・エリオットの「伝統と個人の才能」という評論だった。シェークスピアをどう読むかは、あなたが直前に読んだ小説に影響される、そして、あなたが直前に読んだ小説は、シェークスピアを読んだという事実に影響される、とエリオットは主張する。彼の見方は、時間、空間、伝統の概念を崩壊させる。過去と現在は共存していて、互いを変化させながら、未来を作り出していくというのだから。「芸術の感情は個性を超えたものだ」とエリオットは記している。「そして詩人は、なすべき作品に自分を完全に明け渡さなければ、この個性を超えた境地に到達できない。そして、いまだけでなく、過去のなかのいまこの時を生きるのでなければ、すでに死んでしまった者ではなく、前から生きている者を意識するのでなければ、どんな作品をなすべきかを知ることはあるまい」

過去のなかのいまこの時。

あなたが創造している芸術とは、自分自身の人生なのだということがわかりかけてきた。今日のあなたという人間は、過去の自分（たとえば一〇歳のときのあなた）の総体によって作られている。しかし、今日のあなたの行動は、過去にあなただったものを変えている。もはや私は成果をあげることばかり考えていた子ども、自分からも、自分の過去からも、自分の感情からも切り離された子どもでいる必要はなかった。いまここにいる私だけが創造という行為の主体なのだ。私は過去をつかまえて、これまで学んできたことをすっかり変えて、あたらしい何かにできる。いまの自分、なりたい自分を自分で決められる。

筋金入りの実務家である私は、問題の正体があきらかになったいま、できるだけ建設的な方法で——カーク船長とミスター・スポックを合体させた方法で——これを解決することにした。

私はふたつの課題を考えた。世界を理解してそのなかに自分の居場所を見つける。エゴをコントロールしながら自信を培う。仏教の僧院に関する本で知った「空っぽの鏡」(3)という考えを実践できるようになりたいと思った。それは、鏡の前に立って、視界をさえぎる自分の姿が映っていない世界を鏡のなかに見るというものだった。周囲の世界に接近して、これに反応するとき、自分を計算に入れなくても済むくらい、自分自身を深く知りたいものだと思った。自我を滅却する能力こそ、明晰《めいせき》さの源に違いない。

当時の私は、政治や世界情勢にまったく関心がなかった。南アフリカ共和国のアパルトヘイトに抗議する学生たちの集団をキャンパスで見かけても、立ち止まって署名しようとは思わなかった(4)。アパルトヘイトについて何も知らなかったし、授業に駆けつけるのに夢中だったのだ。フィリピンは、私にとって魅力的だが、ぼんやりとした記憶でしかなかった。

それにもかかわらず私は、卒論に選んだ「射手座」という戯曲のためにフィリピンに関する調査を開始した。それは、自分の個人的な悪魔たちを厄介払いするための試みで、フィリピンの現状と、私自身の家族の歴史を考察する政治寓意劇《ぐうい》になる予定だった。

私が大学に入ってからも、フェルディナンド・マルコスはフィリピン大統領の座に居座っていた。すでにそのころには、選挙を不正操作し、軍隊を利用して権力を乱用し、盗賊政治を確立して国庫から一〇〇億ドルを盗み出す独裁者だった。悪名高い靴コレクションで知られる妻のイメルダは、高価な香水をオンスではなくガロン単位で購入していた。大統領夫妻の虫唾《むしず》が走るほどの華美な生活ぶりをフィリピン国民は恥じていた。

一九八三年八月二一日、国外追放されていた野党の指導者で、マルコスの長年の仇敵《きゅうてき》でもあるベニグノ・〝ニノイ〟・アキノ・ジュニアがフィリピンに帰国した。帰国に伴うリスクをアキノは察知して、防弾チョッキを着用する予定だとマスコミに話していた。彼はマニラ国際空港で、飛行機のタラップを降りているとき、マルコスの警備隊に頭部を撃たれた。(5) フィリピン史上もっとも衝撃的な瞬間のひとつだった。

アキノの妻だったコラソン・アキノ(「コリー」の愛称で親しまれた)が野党のリーダーになった。一九八六年、コラソン・アキノはあらゆる困難をものともせず、独裁者に反旗を翻《ひるがえ》した。私がプリンストン大学を卒業する年、すでに二〇年以上権力の座にあったマルコスは、議会を解散して、大統領の繰り上げ選挙を行なうと宣言した。コラソン・アキノは対立候補として名乗りをあげた。それは小さなダヴィデ対巨人ゴリアテ、善対悪の戦いだった。

マルコスは勝利宣言したが、アキノとその支持者は受け入れなかった。数十万、のちに一〇〇万人に膨れ上がった市民が、マニラ最大の環状道路、通称エドゥサ通りに押し寄せた。警視庁と国防省に挟まれた、緑濃いアカシアと高層ビルが縁取る複数車線の騒々しい通りを、抗議者たちが埋め尽くした。人々は、マルコスが住むマラカニアン宮殿(アメリカのホワイトハウスに相当する)にも詰めかけた。軍が群衆に発砲するものと多くの人が思っていたが、予想に反して、兵士たちは国民に銃口を向けろというマルコスの命令を公然と無視した。

「ピープルパワー」と呼ばれるこの抗議運動は、フィリピン史上もっとも英雄的かつ民主的な瞬間として、フィリピン人の集団的記憶に刻まれる。最悪の弾圧に直面したとき、フィリピン人に何ができるか、この運動は証明したのだった。

二一年近くにわたり政権の座にあった独裁者が、平和的蜂起によって追放されたことをきっかけに、(6)世界各地で民主化を求める反乱の火の手が上がった。一九八七年、韓国。一九八八年、ビルマ（当時）。一九八九年、中国と東欧。反体制派の闘士で、チェコ共和国の初代大統領になったヴァーツラフ・ハヴェルは、民主化革命の口火を切ってくれたとフィリピン人に感謝した。(7)

私の戯曲のなかで、マルコス（＝祖母）は、フィリピン国民（＝子ども）の養育権と愛情をめぐってコラソン・アキノ（＝母）と争う。戯曲を書き、家庭内の真実を求める個人的探究を、ブレヒト風の構図にあてはめてみることで、人生のミクロとマクロ（と私が考えるもの）に通じる道が見つかった。戯曲を書くうちにあきらかになったのは——自分では意識していなかったかもしれないが——個人的な問題と政治的な問題は同じひとつのものだという根源的感覚だった。戯曲の登場人物への思慕をめぐって葛藤するうちに、私は、政治活動や政治活動家に以前よりもずっと共感を抱くようになっていた。それは私の個人的な悪魔払いでもあった。家族がなんとしても答えようとしなかった問いに答える道を私は見つけたのだった。

初演の夜、家族が来てくれた。劇が上演されたのは、キャンパスにあるインタイム・シアターという学生用の劇場だった。幕が下り、スタッフの一員として舞台に上がったとき、客席の両親が泣いているのが見えた。私も泣いていた。数か月後、私の劇は、スコットランドで開催されるエディンバラ・フェスティバル・フリンジの開幕を飾った。

この「過去のなかのいまこの時」は、おおいなる知的探検の時間だった。しかし、そのときでさえ私は、感情を伴わない知性は不完全であり、もっとも深い洞察のいくつかは、手放すことでしか得られないと知っていた。当時の私は、手放すことにまだ積極的でなかったが。そのころは私のなかのミスター・スポックが、行動の多くを支配していた。決断を下す方法を学んでいる最中だったが、失敗をおそれて時間がかかりすぎることもあった。卒業までに決めなければならないことが多すぎる気がした。

それでも、迷ったり、すばやく決断を下さなければならなかったりしたときはつねに、ある公式を頼りにするようになった。自分がおそれているものを見つめて、エゴを捨て、黄金律と倫理規定に従うのだ。

それはつねにうまくいく。


人はみな誰もが、どこかに帰属したいと思うものだ。

心の底から自分がアメリカ人だと感じたことは一度もなかった。何かが足りないとはわかっていた。それなら探しに行こう。アメリカ人でないなら、フィリピン人に違いない（そのころの単純な自分が懐かしい）。大学を卒業した年、課題をすべて片付けると、企業の内定、メディカルスクール、ロースクールには目もくれず、私はフルブライト奨学金に応募した。あの戯曲が扉を開いてくれた旅を続けるのだ。フィリピンに帰ろう――祖母を探しに、私のルーツを、故郷《ホーム》を探しに。

故郷《ホーム》。心安らげる場所。聖域。胸の奥に響きかけてくる言葉。それは安全という意味。私たちが何をしようと、ありのままの自分を受け入れてくれる場所。一〇歳のとき、セント・スコラスティカズ大学初等部から、母とあたらしい父とともに走り去る車のなかで、私は考えていた。このまま逃げていいの？　おばあさんの家に帰る道を探さなくていいの？　「あなたの家《ホーム》はどこ？」　先生にそう聞かれると、私は実存的な問いを避けて左脳で答えた。自宅の住所を伝えた。

故郷――それは感情の根源に関わるもの。文化、食べ物、暗黙の価値観、勝手知ったる者どうしのぬくもり。あなたが属している場所。そこには時間の経過の指標となり、意味を与える儀式がある。

私は、外側から覗《のぞ》き込む部外者という立場に居心地の良さを感じるまでになっていた。どこかに帰属したいと思う反面、観察している状態が快適でもあった。人の話に耳を傾け、学び、一定の成果を出し、他に抜きん出るようになった。しかし、大学を卒業してやっと、ほんとうの意味で世界を探検する勇気を持てるようになったのだった。

第3章　信頼の速度——鎧を外せ

『スライディング・ドア』〔一九九八年公開のイギリス・アメリカ映画。目の前で地下鉄のドアが閉まった場合と閉まらなかった場合で、主人公の運命がどう変わるかを並行して描く異色のラブ・ストーリー〕。両親が私をフィリピンに置き去りにしていたら、私はどんな人間になり、どんな人生を送っていただろう。マニラ国際空港を出て、湿気と熱気と騒音が一気に押し寄せてきたとき、いつも頭のなかにあったその問いが甦《よみがえ》った。一三年ぶりの帰郷だった。

まずはケソン市にある父方の祖母の家に向かった。子ども心に、とても大きくて、とても立派だった家。自分たちが住んでいた場所が、タイムズ通りに面したコラソン・アキノの家から数軒しか離れていないと知ったとき、過去と現在が衝突した。いまや大統領になったアキノの私邸は警備員に囲まれていた。居間で祖母を待つあいだ、私は大理石の床を見つめていた。かつてははてしなく広く感じられた床。窓の外の庭は荒れていた。何もかもが小さく見えた。

祖母が部屋から出て、みんなで一緒にお祈りした廊下の祭壇の前を歩いてきた。そして私の前に腰を下ろした。根が生えたかのように、私は椅子から立ち上がることができなかった。記憶にあるより、祖母はずっと小さくて、腰が少し曲がっていた。まったく威圧的ではなかった。祖母が話し出した。言葉に強い訛《なま》りがあって、耳障りだった。なぜか私の頭のなかの祖母はアメリカ英語を話していた。裏庭のぼうぼうに伸びた草を眺めていると、裏手にあったお手伝いさんの家に行ったときのことが思い出された。その記憶も、私が考え出したものなのだろうか。家の空気は澱《よど》んでいた。すべてが、チャールズ・ディケンズの小説『大いなる遺産』に登場するミス・ハヴィシャムを連想させた。すべては、過去のなかのいまこの時に合わせて変化する。

祖母の家を訪れたのは、いまの私の土台となった価値観を与えてくれたことに感謝するためでもあった。しかし現実は思うようにはいかない。記憶はあてにならないものだ。しばらくすると祖母は、私のしつけについて暗に批判めいたことを言いはじめた。この期に及んでもまだ、母に対する反感を植え付けようとするつもりなのだ。祖母の話に耳を傾け、相槌《あいづち》を打ちながら、私は頭のなかで実況解説をはじめた。途方に暮れた。ひとつには、私があまりにもアメリカ文化に染まっていて、一方祖母は典型的なフィリピン人だったからだ。私が祖母に失望したように、祖母も私に失望していたと思う。なぜか私は、フィリピンに帰国したら、自分のアイデンティティへの答えがすぐに見つかる気になっていたのだ。

そこで自分探しはやめて、フルブライト留学に集中することにした。フィリピンに帰国する前に、私は、スコットランドのエディンバラで開催されたフェスティバル・フリンジで、卒業論文の戯曲「射手座」を上演した。劇のポスターに使ったのは、フィリピンの英語報道誌『フィリピン・フリープレス』最終号の表紙。最終号が発行されたのは、フェルディナンド・マルコスが戒厳令を宣言する前日で、表紙に掲載された漫画は、「きみたちは独裁者の下で暮らしたいか？」と問いかけていた。留学の研究テーマは、政治的変化を牽引《けんいん》する政治演劇の役割の探究に決めた。

設立一九年目のフィリピン教育演劇協会（ＰＥＴＡ）に私は加入した。同協会は、アジプロ演劇〔アジプロはアジテーション（扇動）とプロパガンダ（宣伝）の略〕の拠点として、民衆が通りに飛び出してマルコスを引きずり下ろしたピープルパワーの発展に重要な役割を果たしていた。この国はいっとき歓喜に包まれた。フィリピン人は自分たちの勇気に誇りを抱き、未来が運んでくるものに希望を寄せていた。

母によれば、一九七三年一一月、私たちを学校から連れ出したとき、私は母に「トゥインクはどうなるの?」と尋ねたのだそうだ。

ミュリエル・「トゥインク」・マカライグと私は、四歳か五歳のころからの幼馴染《おさななじ》みだった。フィリピンでは変わったあだ名が珍しくない。いい歳をした大人が「ボーイ」という名前だったり、政府高官が「ジョーカー」と呼ばれたりする。私の記憶のなかのトゥインクは、三年生のクラスでいちばん背が高くて、騒がしくて、いつも走り回っていて、唇のうえに細いビーズのような汗を浮かべていた。けれど、一三年前に私が教室から連れ去られてからは、一度も会っていなかった。私のいとこを通じて、トゥインクは私が帰国していることを知った。その後本人から、一九七三年に私たちが「誘拐された」ときはすごい騒ぎになって、私の身に何が起きたのかとても気になっていたのだと言われた。

トゥインクは、小柄で、美しい、自信に満ちあふれた女性に成長していた。ピープルパワー後、政府が運営するピープルズテレビ4(PTV4)というテレビ局のオーディションを受けて、応募した多数のなかからニュースキャスターに選ばれた。トゥインクの実家は、法曹界や報道業界の人材を輩出していて、本人も報道に強い関心を持っていた。彼女が集めた、面白くてためになる市井の話は、フィリピンについて多くを教えてくれた。

トゥインクが連絡してきてくれたおかげで、私たちの友情は復活した。そして彼女は、私を自分の世界に引き込んでくれた。ある日の午後遅く、出演する夕方のニュース番組があるからと言って、トゥインクがテレビ局に連れて行ってくれた。編集室に着くと、手動式のタイプライターがカチャカチャ音を立て、背後にずらりと並んだ、眩《まぶ》しく輝くテレビの画面に、それぞれ違う局の番組が映し出されているのが見えた。部屋の右手で、テレタイプ〔電信印刷機。着信電文を自動で印字する〕が文字どおり、記事を吐き出している。かすかに煙草の臭いがした。

トゥインクに続いて、真っ暗な廊下を通って、スタジオに向かった。ピープルパワー後に制圧されたこの建物は、割れたタイルや破損した電球の修理にほとんどお金をかけていなかった。暗い廊下には尿の汚臭が染みつき、野良猫が徘徊《はいかい》していた。

けれど、テレビで生放送されるニュース番組の興奮といったらなかった！　ニュース編集室で原稿を書く人、走って台本を届ける人、技術者、カメラマン——てんでばらばらの作業をしている部署がひとつになって、フィリピンの家庭に生番組を届けているところもすごく気に入った。放送がはじまるわずか数分前に、それどころか放送している最中に台本が書かれていることもある。さっとちぎられた原稿がキャスターに手渡され、数秒後にカメラの前で読み上げられる。ビデオテープを担いだ使い走りが——テープの幅は四分の三インチ（一九ミリ）だった——あわやというところで駆けつけて、Uマチックプレーヤーにテープをセットする。数秒後にディレクターが叫ぶ。「回せ！」

学生時代に参加したオーケストラのようだった——オーケストラでは団員が一丸となって音楽を作り出す——ただしここで作り出されているのは、はかりしれない影響力を持つ、歴史の最初の一ページだった。しかしそのシステムは、最新ニュースを放送できるように変わる必要があった。チームの人たちと同様に、長所もあれば短所も多かったからだ。

トゥインクが同じ番組に出演しているニュースキャスターを紹介してくれた。ベッツィ・エンリケは局のアナウンサーのなかでいちばんのベテラン。ジュディス・トレスは、元歌手で、訛りのない英語を話した。あとでわかったのだが、彼女は原稿を簡潔で、明瞭な文体に書き直す作業もしていた。その後、人生でも仕事でも、私たちが深く関わり合うことになるとは、当時は思いもしなかった。

トゥインクは深夜のニュース番組も担当していたので、番組と番組の合間に夕食を食べに行くのがほとんど日課になった。午後一〇時にはじまるニュース番組のディレクターは、白髪交じりのベテランで、みんなに好かれていたが、調整室で居眠りばかりしていた。彼が寝ているあいだも、スタジオのスタッフが仕事を続けていることに私は驚愕《きょうがく》した。ニュース番組を制作した経験はないが、居眠りばかりしている人間よりはましな仕事ができるだろう。数週間のうちに、私はＰＴＶ４の上層部を説得して、深夜ニュースのディレクターになっていた。

フィリピンのメディア産業の問題は、この国の政治や企業の文化が抱える問題をそのまま反映していた。国の民主主義の実態は、その国の制度を見ればわかるというのは、どの民主政体にも言えることだが、独裁体制を脱して、民主主義的風土を作り出そうと奮闘している国にはとりわけ顕著だ。メディアの力、透明性、信頼性は、民主主義国としてのフィリピンの存亡に直結していた。それがどんなに重要か、私はすぐに理解した。フィリピンのジャーナリズムに身を投じれば、ほかの何をするよりもこの国の進歩と繁栄に貢献できるだろう。こんな考え方は、いまはもう通用しない。ソーシャルメディアのプラットフォームが、かつては普遍的だったこうした価値観を寄ってたかって破壊してしまったからだ――しかし一九八〇年代には、いまとは違う合意された事実が、私たちが共有する現実の基盤があったのだ。それは、すぐれたジャーナリズムがなければ、すなわち、事実と情報が健全に作り出されなければ、そこに民主主義は存在しないというものだった。ジャーナリズムは天命だった。

汚職は、フィリピンを根底から蝕む問題のひとつだった。政府にも、報道業界にも、日常生活にも、汚職が蔓延《まんえん》していた。政治家と警官は自分たちの権力を悪用して何の咎《とが》めも受けず、テレビ局は、政治家や官僚とのパイプを太くするために自己検閲を行ない、役人は庶民からはした金をせびった。メディアで起きたことは、フィリピンのすべての産業で起きていることだった。人々は事実より人間関係を優先した。コラソン・アキノ大統領でさえ、これは自分の哲学であるとして、マルコスの時代への報復ではなく和解を優先しようと国民に呼びかけた。当時、こうした姿勢に意味がなかったわけではない。独裁体制を脱したばかりのこの国は、癒しを必要としていた。

メディアは、マルコスの下で長年政府の言いなりになっていたが、それだけでなく、独自の汚職の伝統があった。当時、「封筒ジャーナリズム」と呼ばれていたもので、記者会見が開かれるときは、主催者が封筒に現金を入れて記者に手渡す慣例があった。良心的なジャーナリストは封筒を拒否したが、受け取る者については黙認していた。当時現役だったジャーナリストのほとんどが、仲間内に汚職が存在することを個人的に知りつつも、見ないふりをしていた。つまるところ、その人には養わなければならない家族がいるのだから、と。汚職を告発したジャーナリストはたいてい真っ先にやり玉に挙げられた。その風潮はいまも変わらない。

ケソン市にあるPTV4のスタジオと放送施設は、フィリピン現代史の中心舞台で、民主化のシンボルだった。フィリピン最大の民間放送局ABS－CBNによって一九六八年に設立されたまあたらしいスタジオは、一九七二年にフェルディナンド・マルコスが戒厳令を宣言したあと、政府に閉鎖・接収された。マルコスの取り巻きは、ABS－CBNのオーナーだったロペス一族から施設を奪い、「マハルリカ放送」（MBS）に改めた。ピープルパワーがマルコスを追放したあと、マハルリカ放送は「ピープルズテレビ4」になった。

トゥインク、ジュディス、私のような新参者と、マルコス支配下でこの放送局がマハルリカ放送と呼ばれていた時代から働いていた古参とでは、話がまったく嚙み合わなかった。古い世代には、必要最低限の仕事しかしない体質が染み込んでいた。余計に仕事をしたところで、給料が増えるどころか罰せられるのが落ちなら当然だ。

しかし時代は変わり、マルコス時代の看板司会者たちの居場所はなくなった。これまでカメラの前で原稿を読んでいた、マルコス政府の覚えめでたき司会者たちは、汚職にまみれていたため全員解雇された。トゥインクとジュディスは、ピープルパワー後、大勢の人たちとオーディションを受けて、司会者のポストを射止めた女性たちだった。オーディションでは、数日間にわたって視聴者による投票が行なわれ、その後、局の幹部があたらしい国を代表するニュース番組のあたらしい顔を選んだ。国民の審査を経て選ばれたあらたなキャスターは、マラカニアン宮殿を襲った抗議者たちと同じく、あらたなフィリピンのシンボルとなった。トゥインクとジュディスは、フィリピン人女性の従来のイメージを覆した。実力と知性を兼ね備えたふたりはくっきりと線を引いた。はっきりと声に出して偽善を非難し、白か黒かをはっきりさせた。マルコスのあとでは、その姿勢はことさら際立った。

ピープルズテレビ4が私を採用してくれたのには、いくつか理由がある。ひとつは、私がフルブライト奨学生だったために給料を必要としなかったこと。もうひとつは、トゥインクとジュディスと私がすでにチームとして即戦力になったこと。数か月のあいだに、私たちは、毎日生放送されるニュース番組の台本の執筆、編集、監修、さらに現場の指揮と制作まで任されるようになっていた――すべて私たちだけでできた。

フルブライト奨学金はまさにこのためにあったのだ。現実の劇場。私はジャーナリズムに生きることにした。

朝の七時から深夜まで、ニュース編集室とスタジオを行ったり来たりする日々が続いた。最初に学んだのは、すぐれた放送番組を制作するには、報道機関はあくまでも自由でなければならないということだった。番組制作の基本に加えて、私は、番組水準の向上と構成の改善を訴えた。しかし、ニュース部門の責任者は首を振って、外国人が何を言うかと私の意見に耳を貸さなかった。しかし、トゥインクとジュディスは同じフィリピン人でも、向上心に燃えていた。やればやるほど、私たちは貪欲になった。

すぐれた報道記事を作るための、統一された細かい作業のステップ――「ワークフロー」という概念が少しずつ飲み込めてきた。どの段階でも、クオリティの妥協は許されない。フィリピンでは、ミスを指摘したり、改善を要求したりすると、個人的にしっぺ返しを食らう企業風土があった。昔から「円滑な人間関係」が優先される国なのだ。そこで私たちは、自分たちだけでチームを作り、理想とするニュース番組のヴィジョンを掲げて励まし合った。

私たちが望んだのは、ぐだぐだと無意味に展開されるB級品ではなく、簡潔かつ、わかりやすく編集された映像だった。私たちのニュースの原稿は現在形で書かれた。慣例になっていた、途切れなく続く複雑な文章ではなく、短く、簡潔で、たたみかけるような、きびきびとした文章で。ワンショットはできるだけ短くしてくれと伝えた。つまり、スタジオのカメラマンたちは――そう、彼らは全員男性だった――生放送のあいだ、うかうか座っていられなくなった。

「自己検閲」という言葉の意味もあらためてわかってきた。独裁制の下で長年かけて築き上げられた習慣をさっと取り除くのは難しい。ニュースを聞けば、自己検閲がかかっているかどうか、すぐにわかった。上司に媚《こ》びを売るのはまだいいほうで、権力者の顔色をうかがうという最悪なものもあった。自己検閲の一例をはじめて指摘したときは、なぜ台本にこんな回りくどい表現が使われているのか、まったく理解できなかった。政府系のニュース編集室には、政府の責任をうやむやにする体質が染み込んでいるようだった。そのときトゥインクがさっとペンを執って、私が指摘した箇所を書き直してくれたが、おかげで彼女は報道局の上司に呼び出されて、自分の決断について弁解しなければならなかった。

四か月もしないうちに、私は、「フォーサイト」[1]というネットワーク初のニュース報道番組を立ち上げて、指揮を執るようになっていた。番組の制作スタッフは、若く、活力にあふれたクリエイターたちだった。いまでも私はこの番組を、その後手がけたあらゆる試みの原点だったと思っている。現場には信じられないほどの使命感がみなぎっていた。自分たちは現在を記録し、歴史を書き直している、過去の不正をただしている、みんながそう感じていた。それは、公共空間の門番だったジャーナリストが、自分たちの責任を真剣に考えていた時代だった。スタッフ全員が——はじめに記者、次いでプロデューサー、エグゼクティブ・プロデューサー、最後に法務部門の順番で——番組の台本を一字一句チェックしていった。番組で報道されるすべての文章のすべての単語に、私たちは説明責任を負っていた。

ＰＴＶのためにもっと財源が必要だと呼びかけることもした。廊下を掃除して、割れた電球を交換し、野良猫を追い払って悪臭を断つことはできないだろうか、と。その結果、政府の財源と予算についてこんこんと説教された。現状を維持するだけで、どれだけの労力と費用が必要だと思っているのか、と。そんなもの、上を目指す代わりに現状に安住している凡人の発想だと思った。

独裁制から民主制への道のりは波乱に満ちていた。私が帰国した年から翌年にかけて、コラソン・アキノ大統領に対するクーデター未遂が六回起きた。マルコスのような長期独裁者を追い出したことで、同じことを繰り返す力が自分たちにあると軍が気づいたとき、こうしたことが起きる。マルコスを首尾良く追放し、国軍改革運動（ＲＡＭ）と名乗るようになった兵士たちの目に、コラソン・アキノは弱い女性指導者と映った。彼らはアキノに不満を抱き、彼女のことも執拗《しつよう》に追い出そうとした。最初の五回の企ては未然に露見し、比較的すみやかに、たいした暴力沙汰にもならずに鎮圧された。

クーデター未遂が繰り返されるあいだには、必然的に巻き込まれてしまったことも何度かあった。すぐに私が学習したように、反乱を起こした兵士たちは、情報統制を敷くために、政府系のラジオ局やテレビ局を真っ先に乗っ取ろうとするからだ。いつの時代も、政権維持の鍵を握るのはメディアだ。そのためどんな独裁者も、何はさておき公共電波を支配しなければならない。現にピープルパワーのきっかけとなったのは、マニラ大司教のハイメ・シン枢機卿《すうききょう》がラジオを通じて人々に、通りに出るように呼びかけたことだった。このようにして私は、報道機関がきわめて重要であり、メディアの存続とインテグリティが、民主主義の要であることを理解した。

一九八七年八月二八日早朝、アキノに対する六度目にしてもっとも激しいクーデターがはじまった。私たちのいる放送局の建物も、マラカニアン宮殿、ヴィラモア空軍基地などの戦略的拠点とともに、反乱軍の兵士に占拠された。前日の夜、オフィスの地下で編集作業をしていた私は、何が起きつつあるのかを察知すると、放送局をこっそり抜け出して、近くのキャメロットホテルに滞在していた大学時代のボーイフレンドの部屋に行った。反乱軍の兵士と警察のあいだで短い銃撃戦があり、テレビ局の建物を政府が奪い返す様子を私たちはテレビで観た。今回のクーデター未遂では五〇人以上の死者が出た。こうして早い段階で、メディアと政治のつながりが心に刻みつけられた。とくに、過去の政治が亡霊のように絶えず甦ってくるフィリピンでは、メディアと政治のつながりが重要だった。

そのころ、チェチェ・ラザーロから電話がかかってきた。チェチェは、活動を再開したばかりのABS－CBNの広報部長で、「プローブ〔探針〕」という、世間に高く評価されているニュース・ドキュメンタリー番組のキャスターも務めていた。フェルディナンド・マルコスの広告塔になっていた、ケソン市の放送局の建物をアキノ政権がABS－CBNに返還すると、ABS－CBNは、PTV4が同じ建物を使うことを期限付きで認めた。当時のニュース番組は英語を使っていたが、ABS－CBNは、フィリピノ語によるニュース番組をゴールデンタイムに放送して視聴率を独占した。チェチェから一緒に仕事をしないかと誘われて、私は快諾した。こうして、PTV4のニュース番組のディレクターの仕事に加えて、チェチェと一緒に「プローブ」のドキュメンタリー番組の現場指揮、制作、編集の仕事もするようになった。

目が回るように多忙な日々だった。その年齢にしては不相応な力を行使し、貪欲に経験を吸収していった。その一方で、フルブライト留学の期限が近づいていた。大学時代のボーイフレンドが遊びに来たのは、私がアメリカに帰ってくるのか確認するためでもあった。

そのころ、チェチェは起業を決意していた。そして、一緒にやらないかと声をかけてくれた。チェチェには本格的な調査報道番組を制作したいという夢があった。その熱意が私にも感染した。フィリピン人はもっとすぐれた番組を視聴するに値する国民だ。私たちはそのことを証明したかった。ピープルパワーを経て、より良い指導者を求める人々の声が、良い統治によって応えられるべきいまこそ、自分たちの夢に挑戦する絶好の機会だった。

ひとつ問題があった。私は返済義務のある多額の奨学金を抱えていたが、「プローブ」の給料では、アパートの家賃の支払いさえままならない。するとチェチェがこんな提案をした。うちの会社で働くだけでなく、うちの家族と暮らしてみない？　その提案に私は飛びついた。

両親には正気を疑われた。プリンストン大卒という肩書きを棒に振るのか、と言われた。フルブライト留学を終えてアメリカに帰国した私は、実家に立ち寄り家族と友人に別れを告げると、チェチェが買ってくれた往復航空券でマニラに戻った。人生を一変させる決断だったが、人生最良の決断のひとつだったと思っている。

私は学ぶという選択をした。しかしそれ以上に、信頼することを学んだ。鎧《よろい》を外して、弱みをさらけだすことを。その結果、期待を裏切られたことはこれまでほとんどない。それは、私にとって強みであり、私が人間の善性を信じる理由でもある。弱みをさらけだせば、最強の絆と、心を奮い立たせる可能性が作り出せる。

ジャーナリストとして、またリーダーとしての私は、「プローブ」時代に形成されたようなものだ。「プローブ」で、私は、ライター、ディレクター、プロデューサー、映像編集者、エグゼクティブ・プロデューサーの仕事をひととおりこなしながら、システムを立ち上げ、番組のテンプレートを作っていった。二〇代前半で、私は、個人個人をたんに足し合わせたよりも強力なチームを編成し、鍛える術《すべ》を学んだ。「プローブ」では、放送業界でもっとも苛酷な訓練を受けた。アメリカのテレビ局に就職したとしても、これほど多くを得ることはできなかっただろう。現場で学ぶだけでなく、部下を引っ張っていく方法も学んだ。もっと上の世代の人なら却下するような、プロジェクトや締め切りに私たちは挑み、死に物狂いの速度で仕事を進めた。夢にのぼせた若者にシステムの立ち上げを任せると、こういうことになる。

チェチェの家には二年以上居候させてもらった。チェチェと家族の住む家は、高級住宅が建ち並ぶ、緑豊かなダスマリニャス・ヴィレッジの一画にあった。チェチェはすでに著名なジャーナリストで、国民的有名人だった。夫のデルフィン・ラザーロ(2)は、フィリピンのエネルギー省長官だった。つまり、政府高官とふたりのジャーナリストが、毎日食卓で顔をつきあわせていたことになる。私たちは、ジャーナリストとしていくつか線引きをした。たとえば「食事中の質問はなし」といったルールを、自分たちでいくつか決めた。目をいくら皿のようにしても、チェチェとデルには、汚職、強欲、利己心の片鱗《へんりん》も見当たらなかった。ふたりとも有名人だったが、地味で質素な生活を送っていた。

デルとチェチェは世のマルコスたちとは大違いだった。ふたりは、間違った使われ方をされることの多かった「デリカデザ delicadeza（君主は義を行なう）」、「ウタン・ナ・ローブ utang na loob（心の借金）」といったフィリピノ語に、あたらしい意味を与えた。デルとチェチェは、これらの言葉をもっとも純粋な形で体現していた。デリカデザはふたりのプロ意識と誇りを、ウタン・ナ・ローブは縁故贔屓《びいき》や汚職にけっして堕することのないその姿勢を示した。

夫妻の価値観にはチェチェの血筋も影響していたように思う。チェチェの祖父、ビセンテ・リム将軍は、ウェストポイント〔米国陸軍士官学校〕を卒業した最初のフィリピン人だった。私はチェチェから、第二次世界大戦中、リム将軍が対日地下抵抗組織を指揮して、最後は逮捕され、斬首されたという話を聞いた。それは、信念と勇気、そして自由を求めて戦う国民に寄せる情熱的な信頼の物語だった。

人生のこの時間が、自分の理想を生きることは可能なのだと私に教えてくれた。自分が選んだ生き方と、幾層にも分断された、階級意識のはびこる、封建的なフィリピン社会の現実とを隔てている溝は埋められる、と。チェチェとデルは、理想を曲げなくても夢は実現できると教えてくれた。それはより良くなることを選ぶというひとつの選択なのだ。

チェチェのエネルギーがみんなの原動力だった。チェチェはつねに公平で、率直で、無謀な締め切りを守るために必要なことをなんでも進んでやった。フィリピンの人々を――たとえ欠点はあっても――受け入れて、愛することも教えてくれた。ほとんどのフィリピン人と同様、チェチェの生活も家族を中心に回っていたが、その体を流れる血のために、彼女の愛は家族だけでなく祖国にも注がれていた。この祖国への愛が「プローブ」の魂だった。そして私たちは若かったので、自分たちが持てるすべてをそこに注ぎ込んだ。

合理的な議論を尽くしたあとで、複雑で厄介な問題について判断を下すとき、私はいつも黄金律と自分の価値観に立ち返った。善と悪のあいだのどこに線を引くか？

一九八八年、熱帯魚輸出組合が「プローブ」を訴えた。シアン漁法〔強い毒性をもつシアン（青酸）化合物をサンゴ礁などに撒《ま》いて、熱帯魚を生け捕りにする漁法〕を批判した「プローブ」の報道記事は、事実無根だというのだ。二〇分のニュースの台本を書き、現場で指揮を執り、制作したのは私だった。会社の弁護士はすみやかに弁護側の証人リストに私の名前を載せた。訴訟を起こされるのははじめてだったので、私は怖《お》じ気《け》づいた。

そのときチェチェが、代わりに証言しようと申し出てくれた。そして、私のために法廷で戦ってくれた。裁判官は、アメリカを手本にしたフィリピンの権利章典を支持して、「プローブ」に有利な判決を下した。

そのときのチェチェの言葉はいまも私の胸に刻まれているし、ジャーナリズムを擁護する姿勢にも影響を与えている。「私たちのインテグリティと信頼性が、この一線にかかっている」。チェチェはそう言ったのだ。「誰かがやって来て、この番組は放送できない、とか、前もって見せてみろと言われたら、それは報道の自由を封じられたも同然なのだ……相手が誰であろうと、私たちはけっして、けっして、けっして、脅しに屈してはならない」

時とともに、そのときのチェチェの言葉は私のなかで熟成され、過去を振り返るたびに、過去のなかのいまこの時のなかでますます重い意味を持つようになった。相手が誰であろうと、けっして、けっして、けっして、脅しに屈してはならない。


あいかわらず私は東洋と西洋の文化の違いに振り回されていたが、みんなは東西双方の力を結びつけて、「プローブ」を軌道に乗せることに成功した。一九八八年、「プローブ」は大きく躍進した。CNNと業務提携を結んだのである。

CNNのナイロビ支局長ゲイリー・ストリーカーは、マニラ在住のレポーターを探していて、カメラ・テストと面接を受けてみないかとチェチェに声をかけた。当時、CNNは創設七年目で、アメリカの三大ネットワークのひとつではないものの、名前が知られはじめていた。チェチェに頼まれて私もくっついていくことになった。するとゲイリーが、私も応募してみないかと言う。カメラの前でしゃべったことなんてありません、と尻込みしたが、チェチェに説得されて、カメラ・テストを受けることになった。チェチェは、カメラの前に私を座らせて、どうふるまえばいいかアドバイスしてくれた。私は採用された。

カメラの前でしゃべり続けるのは、きわめて不自然な形で自然らしさを装うことだ。要するに、偉そうな顔をしていなくちゃいけないんだな、と思った。ニュースを読み上げるときに求められるテンポも、ふだんの話し方とはかけ離れていたが、いつもどおりにしていたら、私が読む記事は、覇気にも説得力にも欠けると視聴者に思われてしまう。はじめて実況中継したときは、アトランタの上司から電話がかかってきて、私はあまりにも幼く見えるし、声が高すぎると言われた。スーツを着て、化粧をしろ、低い声が出せるようにブランデーを飲めと言われた。はじめの何回かは、カメラが回っているうちに酔っ払ってしまったこともあったと思う。

はじめはへたっぴいもいいところだった。CNNが雇ってくれたのは、アメリカ英語が話せて、給料が安くて済むからだろうと思っていた。最初は「プローブ」の仕事を続けながら、フリーランスの記者として働かせてもらった。双方にとって得な取り決めで、私にとっては、思いもかけない貴重な経験であったのは間違いない。

1980年代後半、ジャングル・トレーニング。

経験に恵まれたというだけではない。あなたがやると決めたことが、未来のあなたを形作る。最新ニュースを報道する記者になったことは、私の人格形成に、いや、さまざまな脅威に耐える力を培ううえで何よりも役立った。記者として、実況中継を行なうあいだは、文字どおり目の前で銃弾が飛び交っていても平静さを保つことを学んだ。それは私の特別な力になった。テレビ速報を伝えるとき、パニックを起こしたら、映像をものにすることはできない。生中継では一秒にすべてがかかっている。その後の人生で、私はこのスキルに何度も救われることになる。感情を押し殺し、冷静さを保ち、ひとつの出来事を三つの箇条書きに要約する。条件反射のように、危機に襲われるたびにこのスキルが作動して、私の命を救ってくれる。

ＣＮＮでは、現実に何かをやり遂げなければならないとき、理想に従って生きるのは難しいことも学んだ。ＣＮＮに就職してまもないころ、アメリカから半年分のＵマチックテープが送られてきた。大きくてかさばる撮影用のビデオテープだ。荷物を受け取りに行くと、税関職員のひとりに賄賂を要求された。私は断った。しかし、荷物を受け取れない状態が数週間続き、数週間が数か月になると、テープを受け取らなくてはという重圧が、業績にまで響くようになった。ＣＮＮは、テープを受け取るために必要なことは何でもやれと言うが、賄賂を払えと正式に許可を出すことはしない。海外腐敗行為防止法（ＦＣＰＡ）によって、アメリカの企業が外国の役人に賄賂を渡すことは違法だからだ。あとで知ったのだが、アメリカの企業は、通常、代理人を雇ってこういった問題を肩代わりさせているのだという。

それでも私は支払いを拒んだ。そんな風に頑固なところはいまも変わらない。誰かに任せて、悪事を見逃すのは嫌だった。これは原理原則に関わる問題ではないか？

こうしてテープは税関に留め置かれた。一年半近く経ってから、チェチェがあいだに入ってくれて、賄賂を渡さずにようやくテープを回収できた。このときはじめて考えた。法律を遵守する気がないのなら、わざわざ法律を作る意味なんてあるのだろうか。汚職に潜む陰湿な精神によって、民主主義が、そして報道機関が滅ぼされないためには、毎回線を引く必要があるのではないだろうか。真実が傷つけられたら、かならず抵抗しなければならないのではないか。

一九八九年一二月、コラソン・アキノ大統領に対して、軍が七度目のクーデターを試みた。過去のクーデターから、マルコスに忠誠を誓う軍人と、マルコス体制の幕引きに手を貸した軍人のあいだに、汚らわしい同盟関係が結ばれていることはあきらかだった。わずか数年前には対立していた軍人たちが勢力を結集し、さらに数千人の兵士を味方につけていた。そのなかにはエリートの偵察兵や海兵隊員もいた。彼らはアキノの無能と腐敗を非難したが、ほとんどが根も葉もない言いがかりだった。

私は二六歳だった。現場記者になって約二年が過ぎていた。あいかわらず「プローブ」とCNNの仕事を掛け持ちしていた、ということは、プロデューサーとしては優秀だったのだろう。しかしテレビレポーターとしてはあいかわらずひどいものだった。とはいえ仕事を掛け持ちしていたおかげで、情報源は倍増した。情報源の数が、記者の腕を測る目安になる。事実を手に入れるための土台となるのは信頼だ。ソーシャルメディアが登場するまで、信頼の土台になっていたのは、記者としての実績と記者が所属する報道機関のインテグリティだった。フィリピン社会に深く根を下ろしていたチェチェと「プローブ」のおかげで、私は信頼の範囲を拡大できた。一方、CNNの世界的到達範囲《リーチ》のおかげで、私は重要な報道記事を拡散することができた。こうして、私は駆け出しのころに、局地的《ローカル》であると同時に世界的《グローバル》でもある独自の視点を身につけた。

クーデターがはじまったとき、私はCNNの記者として取材に出た。アドレナリンが全身を駆け巡るのを感じた。突発的な事件や紛争を取材するときはいつもこうだ。紛争地域を一度でも取材したら、その経験はやみつきになる。しかし、最初は気づかない。突発的な出来事が次々と起きるので、ジャーナリストには臨機応変の明晰な判断力が要求される。ラジオに耳を傾けながら、情報源に接触して（当時は現場に足を運んで）、彼らが何を経験しているのかを知り、取材した内容を発表してもらえるように、CNNのアトランタ本社にすみやかに中継する。その一方で、事件が起きたとき奇跡的に現場に居合わせて、カメラにおさめられるように、次に何が起きるかを予測しながら駆け回る。それが、この仕事のなかで私が大好きな部分だった。カメラにおさめるためには、現場にいなくてはならなかった。

のっぽで寡黙な相棒のカメラマン、レネ・サンティアゴが特ダネ取材の教師だった。口数は少ないが、繰り返し手本を示して教えてくれた。人混みをかき分けて進むレネのズボンのベルトにしがみついていくことを覚えた。周囲の人に文句を言われても、レネはどこ吹く風でカメラを回していた。

まもなく、金融センターの高層ビルに囲まれた、インターコンチネンタル・ホテルを反乱軍が占拠したという情報が入ってきた。夜が明ける少し前、私たちはひと気のない現場に向かって慎重に車を走らせた。その前日、ホテル周辺では銃弾と迫撃砲が飛び交っていた。スナイパーの銃弾がどこから飛んでくるのか、まったく予想がつかない。そのため、ほとんどのジャーナリストが現場に近づこうとしなかった。しかし私は、反乱軍の指令系統にいる兵士たちに接触したかった。そこで白いシーツを車に運び込み、ブームマイク〔先端にマイクがついた長い棒〕に結わえ付けた。レネがハンドルを握り、エアコンのスイッチを切って、車の窓を開けた。

通りは静まり返っていて、鳥のさえずりが聞こえるほどだった。いつのまにか、私は息を殺していた。車がアヤラ通りに入った。金融街を突っ切る六車線の大通りだが、今日は人っ子ひとりいない。高層ビルに両側を挟まれたこの通りを、一九八三年には、憤怒《ふんぬ》に燃える人々が見守るなか、ベニグノ・アキノ・ジュニアの亡骸《なきがら》が粛々と運ばれ、その三年後には、マルコス政権の幕引きを祝って、人々が紙吹雪をまき散らしながら凱旋《がいせん》した。

「レネ、窓枠に座ってもいいかな?」私は尋ねた。白いシーツを結わえたブームマイクを振れば、軍人でないとスナイパーにもわかってもらえるだろうと思ったのだ。

周囲のビルのなかでスナイパーが潜んでいそうな場所を、レネが次々と指さしていった。

私は白旗を振れるように窓枠に腰掛けた。車はのろのろと進んだ。拷問のような数分が過ぎていった。

車から飛び降りるのが、こんなに嬉しかったことはない。私は、ブームマイクから白旗を外して、レネと一緒に、インターコンチネンタル・ホテルのロビーにすばやく入っていった。ラファエル・ガルベス大佐という反乱軍の指揮官が、インタビューに応じてくれた。世界の視聴者の前に彼が姿を見せるのははじめてだった。その後、彼が指名した反乱軍兵士に付き添われて、私たちは、マカティのペニンシュラ・ホテルとその周辺の建物に車で移動して、反乱軍の兵士たちと、危険を顧みずひと気のない通りに潜り込んだ数人の市民にインタビューした。こうしてレネと私は特ダネを手に入れた。

一九八九年のクーデター未遂事件を通じて、レネと私の信頼は深まった。私たちはチームとして信頼関係を築いた。それは、すぐれたジャーナリズムを作るための第一歩だ。私たちの協力関係は、その後二〇年近く続く。

クーデターは九日間続いた。それは、これまででもっとも血なまぐさいクーデターだった。死亡した九九人のうち五〇人は通りがかりの一般市民だった。五七〇人が負傷した。コラソン・アキノ政権は持ちこたえたが、統率力は回復できなかった。アキノは、独裁制のあと、民主的リーダーシップの足場を固めようとした。しかし、ピープルパワーのあいだに強まった、何にでも楯突《たてつ》こうとする軍部の体質を改めさせることはできなかった。

一九九二年、フィリピンはあらたな指導者を迎える。フィデル・ラモス大統領。コラソン・アキノに指名されたラモスは、いとこ違いのフェルディナンド・マルコスの追放に協力したあと、アキノ政権下で国軍参謀総長を務めていた。彼のリーダーシップの下で、フィリピンは繁栄に向かい、当時、東南アジアの理想とされていた「アジアの虎」を目指す。軍とのいさかいは絶えなかったが、アキノは、フィリピンの安定と繁栄の足がかりを作ったと言える。

それは仕事と自己発見の時代だった。やりたいことが山のようにあって、時間がいくらあっても足りなかった。「プローブ」ではディレクター兼プロデューサーとして、CNNでは記者として、マニラ支局長として働いた。チェチェの撮影を現場で指揮して、そのあとでみずからマイクを握って現場中継を行ない、チェチェの二〇分番組の台本を書いて編集し、今度は自分が出演したCNNの記事を編集した。仕事はほぼ毎日午前八時から午後九時まで。そのあと夕食を食べに行って、少なくとも午前二時までクラブをはしごする。眠ってなんかいられない。毎日二四時間をめいっぱい使った。これぞ輝かしき二〇代――一瞬たりとも無駄にしたくなかった。

挙げ句の果てに演劇や音楽が恋しくなって、音楽会の企画まで手がけるようになった。私が手がけたなかで、もっとも盛大なイベントのひとつが、マニラ音楽博物館で開催されたコンサートで、ジャネット・バスコ、ホセ・マリ・チャン、アリエル・リベラといった当時の一流歌手が出演してくれた。自分のセクシュアリティを模索するようになったのはそのころだ。それさえ、なんとかしてスケジュールに詰め込まなくてはならなかった。

三〇歳が目前に迫っていたため、結婚は大問題だった。フィリピンでは、三〇歳になっても結婚していない女性は行き遅れと呼ばれる。CNNに勤めていたおかげで、アメリカとフィリピン両方の、いちばんいいところを味わうことができた。年に一回帰省休暇を取って、アトランタの本社に一週間顔を出し、そのあとアメリカで一か月過ごすことができた。あるとき帰省中に、高校時代のボーイフレンドとよりを戻し、またデートするようになった。彼はマニラにやって来て、私たちは数か月同棲した。しかし、結婚を申し込まれて、壁にぶち当たった。

自分でも何かがおかしいとわかってはいたが、プロポーズ、自分の年齢、社会が女性に寄せる期待、こういったものが一気にのしかかってきた。プロポーズに応じてしまえば、話は簡単だ。ボーイフレンドはマニラに引っ越す気でいたし、私たちの関係は申し分なかった。けれど、自分が恋愛とセックスを区別しているのに気づいた。彼を愛してはいない。そして、愛という言葉の意味を私は知らなかった。

そうなってしまったのはおそらく、これまで私が、人から正気を奪う恋愛沙汰を全力で避けてきたからかもしれない。愛の威力と、理性で割り切れないその衝撃について書かれたものは数知れず、恋に溺れて自分を見失った友人たちを見ては、恋とはなんと危険で激しいものだろうと思った。そこで恋愛には触れないようにした。こうして私は、自分でコントロールできる関係を選んだ。愛が要求するコントロールの喪失とは反対のものだ。少なくとも一度は恋愛を経験する必要があるとわかってはいた。結婚したら、鍵のかかった部屋に入れっぱなしにした未解決の問題を探究する機会は二度と巡ってこない。

トゥインクと私は、仕事や人間関係について悩みができるたびに助け合ってきた。今回の分岐点でも、彼女が私を助けてくれた。

「彼を愛しているの?」トゥインクが聞いた。

「どうだろう」

「簡単な答えのはずだよ」とトゥインク。「そうじゃなきゃ、愛じゃない。自分が望まないことを、誰かに強制されてするのはよくないよ」

人生でもっとも重要な選択は、人生をともに過ごす相手を誰にするかだ。その人の価値観と選択は、あなたが自分自身を創造するとき、すなわち、自分が何者であるかについて、きわめて重大な決断を下すときに影響をおよぼす。

こうして私はプロポーズを断った。つらかった。長年の友人をひとり失った。結婚してくれと彼が言わなければ、私たちの関係はもっと続いたかもしれない。しかし、プロポーズはきっかけを与えてくれた。それまで複数の男性と付き合ったが、恋に落ちたことはなかった。はじめて恋に落ちた相手は、はじめて付き合った女性。私は三〇歳になっていた。それまで恋に落ちたことがなかったのは、人に弱みを見せたくなかったからかもしれない。それとも、私が同性愛者だからかもしれない。

ついに、あるひとりの女性と付き合うようになったとき、周囲の人たちはショックを受けた。その人は、美しくて、セクシーな歌手だった。恥ずかしそうに笑うと頬にえくぼができた。大学ではコンピュータサイエンスを専攻していた。女性と付き合うのはふたりともはじめてだったが、一緒に飛び込んでみた。

最初に、基本的な問題を考えなくてはならなかった。デートには何を着ていったらいいだろう。スーツだろうか、ワンピースにストッキングだろうか？　それともジーンズにシャツ？　口紅はつける？　男役と女役のどちらを担当する？　一〇代に戻ったみたいだった。マニラの女性同性愛者のコミュニティは、一九五〇年代のアメリカの状況に似ていて、同性愛者の女性はだいたい「男役」か「女役」のどちらかに割り振られた。自分はどちらでもないし、どちらでもある。そう考えるとますます疑問が湧いてきた。「男役」と「女役」という役割分担は、性別という概念をそのまま受け入れて、異性関係の紋切り型にあてはめているだけに思えた。

生まれたときから植え付けられてきた性差の目印を捨て去るとき、人は混乱する。それは、どんな文化的規範よりもはるかに根源的で、人のアイデンティティに組み込まれている。性差は、世間に対して自分をどう表現するか――どんな服を着て、どんな風にしゃべり、どんな風にふるまうか――に影響を与える。私は根本的に変わらなくてはならないのだろうか。

こうした疑問を考えても答えは見つからなかった。そこで、気長に考えてみることにした。信頼していた人からも、まったく知らない人からも抵抗された。彼らの目に、激しい非難の色が浮かんでいるのを感じた。これまで「頑張り屋さん」として称賛されるのに慣れていた私には、はじめての経験だった。

それでも、私は恋に落ちていた。ふたりの関係は五年続いた。ふたりともフィリピンから引っ越さなければならなくなって、一七時間以上飛行機に乗らなければ会えなくなっても、遠距離交際を続けた。

結局のところ、私たちはどちらも世間の規範から完全に自由にはなれなかったのだと思う。ふたりとも、やはりある程度は世間の慣習を気にしていた。最後の数か月間、彼女が繰り返し口にした言葉が、ふたりの関係の終わりを暗示していた。「あなたが男でさえあったら」。私は男ではない。彼女にも、ありのまま以外の何かになってほしいと思ったことはない。友人たちはその女性を「魔性の女」と呼び、私は弄ばれたのだと言った。両親は、早く私がその女性を忘れてしまうようにと祈っていた。社会の呪縛は目に見えない。しかし鋼の縄のように私たちを縛りつけている。

この時期、美についても多くを学んだ。美とのつきあい方、美に魅せられてしまう気持ちについて。私が育った家では、美しさが重視された。母と、妹のメアリー・ジェーンとミシェルにとって、美しくて女らしいことはアイデンティティの本質に、すなわち、物の見方や身の処し方に深く関わっていた。私たちの世界では、容姿の優れた人は男女に関わりなく得をする。人間的な魅力があればなおさら、はるかに少ない努力で多くを手に入れられる。この世には、生まれながらにして有利な人たちがいる。私が人一倍仕事に打ち込むのは、そのせいもあるかもしれない。肉体的な美しさだけで評価される世界に生きるのはごめんだった。

女性の魅力は、白い肌（私は色黒）、料理の腕前（私は料理ができない）、そして従順さ（何言ってんだか！）と無条件に結びつけられていた。そのすべてに私は反発した。どこに性的魅力を感じるかは十人十色だ。私を惹《ひ》きつけたのは、情熱と知性、バイタリティと思いやりの深さだった。男か女かは問題じゃない。こうした心を奮い立たせる火花を分かち合うために、心の深い部分で人とつながるのが好きだった。あるときから私は、異性愛者か同性愛者かといった二項対立のレンズで物を見るのをやめて、あるがままを受け入れるようになった。

彼女と別れたあと、年輩の男性としばらく交際した。その次に付き合ったのは、当時、投資銀行家として鳴らしていた大物女性だった。私たちには多くの共通点があった。たとえばふたりとも、異なるふたつの文化で育った。よく似た価値観と野心を持っていた。その女性は、同性愛者であることを恥じなかった。そして、そこから派生する問題に対処する方法を教えてくれた。

愛は強力で理不尽なもの。それでいいのだ。楽器の演奏を学んだときのように、私は愛に近づいていったのかもしれない。技術的な練習を重ねて自分を鍛えれば、音楽の流れに手放しで身を委ねられるようになる。充分に強くなったとわかってから、はじめて私は自分を信頼して手放した。自分の世界を構築したほとんどの場合と同様に、頭のなかで組み立ててから選択するのだ。

女性をパートナーとして選んだとき、ふたつの事件が起きた。両親から、彼女を家に連れてくるなと言われた。そして、人生の師であり、友人であり、私を一人前のジャーナリストに育ててくれたといっても過言ではないチェチェが、私と距離を置くようになった。

何かを選択すれば、かならず波紋が生じる。私にプロポーズしてくれたボーイフレンドは、私が女性に性的魅力を感じると打ち明けると、ひどく腹を立てたので、あまり正直になるのも考えものだろうかと思った。しかし、正直であることは、良い人生を送るうえで不可欠なのだと、私は少しずつ学んでいった。

正直にふるまい、かつ、すべてをぶちこわしてしまわないためには、どうすればいいだろう。恋人と別れるとき、あなたはどれだけ正直になれるだろうか。相手が浮気していたら？　あなたが自分の気持ちをごまかしているときは？　会社で誰かを首にしなければならないときは？　あなたの国、もしくはあなたの会社で、周囲の出来事が集団全体の未来を脅かしているとわかったときは？　そしてあなたがその悪事に加担しているかもしれないとしたら？　しかも、その前にもっとも手ごわい質問を乗り越えなくては、これらの問いにたどり着くことさえできない。「あなたは自分にどれだけ正直になれますか？」

私たちはしばしば自分のことは棚に上げて、自分にとって厄介な真実や不都合な真実から目を逸らす。自分の行動を正当化する。しかし嘘をついたところで、世界が変わるわけではない。だから、自分の恐怖を受け入れよう。正直であることは、自分自身の真実を――すなわち、自己評価、自己認識、他者への思いやりの深さを――知るところからはじまる。この世であなたがコントロールできるのは、自分だけだ。

一年後、両親は私たちを――ふたりそろって――家に招待してくれた。チェチェと話してみると、私たちのことで不快な思いなんてしていない、そう言って、私たちを歓迎してくれた。


セクシュアリティで、私という人間を決めつけてほしくない。それは私という人間全体の一部に過ぎないのだから。おまけに、CNNの記者として訪れる国のなかには、同性愛を違法としているか、せいぜい良くて、白眼視している国もあった。

一九九八年九月、マレーシアで、私はある記者会見に出席した。マハティール・モハマド首相が、これまで息子のように目をかけ、後継者として教育してきた副首相のアンワル・イブラヒムを罷免したのである。アンワルと私邸の男性運転手の性的関係疑惑が原因だった。マレーシア情報部の長官が撮影した、アンワルの家から運び出される染みのついたマットレスが証拠だった。染みは、同性愛行為の最中についた精液の痕跡と言われていた。

マハティールは記者会見で、アンワルは指導者に「ふさわしくない」と語った。その顔はいまにも泣き出しそうに歪《ゆが》んでいた。記者会見にはごくわずかの記者しか招かれなかった。私がそこにいたのは、マハティールから信頼を得ていたから、私がCNNの記者で、アジア系アメリカ人だったからだ（それはきわめて重要なことだった）。私も――プライベートでは――女性と交際していた。挙手したとき、心臓が早鐘を打つのを感じた。

「マハティール首相、マレーシアでは、同性愛は許されないということでしょうか?」

質問に対して、マハティールは私の目を見ながら、欧米と違ってマレーシアには、「伝統的な価値観」があるのだと説明した。彼は気詰まりな様子だったし、私も落ち着かなかった。私は続けて、マレーシアの同性愛者のコミュニティについて質問した。しかし、マハティールはその質問をはぐらかすと、私の背後に設置されたCNNのカメラをひたと見据えて、全世界の視聴者に演説をぶった。一九八一年から首相の座に留まるマハティールは、老獪《ろうかい》かつ攻撃的な弁舌家で、アジアを見下す欧米の高慢な態度をたびたび批判してきた。アンワルは、同性愛行為および汚職により、懲役九年の刑を言い渡される。ただし本人は、罪状の一部は上層部による捏造だと主張している。

そのとき、私は、自分が同性愛者だと言わなかった。公私のけじめをつけていたからだ。最初は難しくなかった。私が住んでいる場所は、CNN本社から見て、地球の反対側にあったからだ。しかし何年か経つと、それは公然の秘密になった。私は自分のセクシュアリティを隠しも吹聴もしなかった。

世間に毒づくのは性《しょう》に合わない。私は世間を受け入れた。しかし世間に自分を止めさせる真似はさせなかった。そして、自分がやらなければならないことを続けた。他人のストーリーを伝えることにこれまで以上に集中し、報道の技術に磨きをかけた。

第4章　ジャーナリズムの使命──正直になれ

目の回るような数年間のあと、帰省中、アトランタの本社に立ち寄った私は、CNNの上司であるイーソン・ジョーダンに呼び出された。イーソンはアジアに造詣が深く、彼が担当するようになってから、アジア系アメリカ人女性が次々と支局長に採用されるようになった。はじめて抜擢《ばってき》されたのが私で、そのとき彼に、その国の実情を正確に伝えられる人にレポーターになってほしいのだと言われた。ジャーナリストとしてこんにちの私があるのは、イーソンがチャンスを与えてくれたおかげだ。

しかしその日、彼はいつもと違うことを言い出した──私に最後通牒《つうちょう》を突きつけたのである。「マリア、ニュースを仕上げるのにずいぶんと時間がかかっているそうじゃないか。六か月やろう。それで状況が改善されなければ、契約を考え直させてもらうよ」

私は仰天して、マニラに戻ると生活を仕切り直し、仕事の重心を「プローブ」からCNNに移した。イーソンとの約束には、一年以内に、CNNの同規模の支局のなかで、マニラ支局はどこよりもたくさんの報道番組を制作するというものもあった。

フェイスブックが初期に重ねた失策に私が寛大だったのは、CNN時代は自分たちもベテランから「チキン・ヌードル・ニュース」と呼ばれて笑いものにされていたからでもある。世間に信頼される最新国際ニュースを報道する機関として、私たちが世界の頂点に立つのはまだ数年先の話だった。そういうわけで、組織の規模が急速に拡大するときに何が起きるか、私にはわかっている。みんながあたりと外れを連発するのだ。とはいえ、優秀なスタッフがそろっていて、やり方が間違っていなければ、外れよりあたりが多くなる。しかし何よりも重要なのは、強いリーダーがはっきりと口に出し、組織全体で共有される使命だ。

CNNの成功は、創業者であるテッド・ターナーのおかげだとイーソンは言っていた。[1]「テッドが、『われわれはできるだけたくさん金を稼がなくてはならない』などという立場を取ったことは一度もない」とイーソンは言った。「彼は心から世界のことを気にかけていて、報道を、この星にとって有益で頼りになるものと考えていた」、と。この世界に「外国」と呼んでいい場所などない、テッドはそう断言して、「外国」という言葉を使った人から罰金一ドルを徴収した。

さらに、CNNが創設されたばかりのころは、事実に基づき、調査報道に重点を置いたニュースの厳格な基準が、人々の生活を支配していた。一九八〇年にCNNが創業されてから、世論を焚《た》きつけるFOXニュースや、MSNBC〔アメリカの三大ネットワークのひとつNBCとマイクロソフトが共同で設立したニュース専門放送局〕がアメリカで放送を開始する一九九六年まで、居並ぶ二四時間ニュース専門放送局のなかで、CNNは別格だった。とくに素晴らしかったのは、他社とまったく違う報道基準を備えていた点だ。CNNは真摯な態度で、全世界の出来事をくまなく報道していた。

イーソンに呼び出されてから三週間ほど経ったころ、フィリピン以外の国で取材をしてはどうかとCNNから申し出があった。出張先はシンガポールだった。その旅は私を覚醒させた。道行く人に追いすがって質問し、見知らぬ人々に出会い、未知なる文化や制度を勉強するのは、なんて楽しいんだろう！　マニラ支局に出張依頼が来るようになると、私の縄張りは、マレーシア、ブルネイ、インドネシアにまで広がった。仕事の依頼を断ったことは一度もない。深夜二時に電話がかかってきて、ニューデリーに飛べと言われる。みんなでパスポートにビザを用意して、夜明けとともに飛行機に搭乗できるように手配する。アジアでネタになりそうな事件が起きたら、何も言われなくてもチームのためにビザを申請するようになった。行き先は、パキスタン、中国、韓国、日本、それ以外にもたくさんの国があった。

一九九四年のあるとき、ジャカルタ支局の開設に必要なものをリサーチするように、イーサンから指示された。統計によると、当時、世界でもっとも人口の多い国は、中国、インド、アメリカ、次いでインドネシアだった。「世界でいちばんイスラム人口の多い国に支局を置かないなんて、おかしいだろう?」とイーサンは言った。

当時、私にとって重要になったことがふたつあった。世界に橋を架けること、そして、欧米以外の文化にスポットライトを当てることだ。自分はいわばパイプとなって、グローバル・サウス〔おもに南半球に偏在する発展途上国〕の国々から、欧米に向けて情報を発信するのだ。どちらの文化にも――私の記事に登場する人々にも、それを観ている視聴者にも(両者の隔たりはいまでも途方もなく大きい場合が多いが)――受け入れてもらえるストーリーが欲しかった。人や出来事や習慣を評価するのは私の仕事ではない。それは僭越《せんえつ》というものだ。時間をかけて背景を学び、社会や人々の営みを観察する、そうやってはじめて、いま何が起きているのかを判断できる。

国際的なメディアはこれまであきらかに欧米の見方に支配されていた。結局、世界各地の情報収集を最優先できる豊富な資金源とネットワークを持っていたのは欧米諸国だった(少なくとも当時は)。つまり、CNNやBBCのような企業が、報道する価値があるのは何かを、自分たちの文化的色眼鏡を通して決定していた。

そのときまで、アジアと、多くの非欧米諸国には、欧米のような財源もなく、自分たちの考えを強く訴える技術もチャンスもなかった。私たちには、国際的な舞台を追求する理由がなかった。しかし時代は変わった。世界に通用する報道を行なうために、自分たちのメッセージを洗練させ、世界観を拡大する必要があると私は確信した。

CNNがジャカルタ支局を開設するまで、インドネシアには五つのテレビ局があった。ほぼすべてが、長期独裁政権を維持するスハルトの息がかかった放送局だった。民間のテレビ産業はかなり後れていた――つまり未熟な技術しかなかった――というのが、一九九五年に、マニラのチームをインドネシアに引き連れていったとき、私が使った言い分のひとつだった。

ジャカルタのシャングリ・ラ・ホテルで開局を祝ったとき、駆けつけてくれたCNNの大物のなかにピーター・アーネットがいた。一九九一年の湾岸戦争のさなかに、テレビでもっともよく見かけた顔でもある。一九六二年から六五年にかけて、AP通信の記者としてベトナム戦争を取材した功績により、一九六六年にピューリッツァー賞（国際報道部門）を受賞した。ベトナムに配属されるまではジャカルタで取材活動をしていて――国外追放された。

私は行きつけのインドネシア料理店にピーターを誘って、ランチを食べながら質問を浴びせた。そのときピーターは六一歳で、私の倍近い年齢だった。私は、フィリピンをはじめ自分が取材する国々で、ジャーナリズムが果たしている役割について、見たままを詳しく説明した。

「現代の民主主義にジャーナリズムが果たしている役割を、きみは知り、理解する必要がある」とピーターは言った。「ジャーナリズムの仕事はとても重要だ。きみはどんな危険を冒してでも、ネタを手に入れなければならない」

湾岸戦争中、CNNは、イラクの砂漠を通って、ヨルダンの首都アンマンのマイクロ波アンテナにつながっている四つの通信回線を持つ、ただひとつのネットワークだった。二本の直通電話線がふた組（それぞれの方向にひと組ずつ）あった。電話線で送られてきた信号を、アンテナが衛星を介してアトランタのCNN本社に中継し、プロデューサーがその映像を見ながら、バグダッドで中継している記者に話しかけることができた。世界の目はCNNに、とりわけピーターに釘付けだった。

それはピーターが、アメリカ政府と軍の集中砲火にさらされることも意味した。政府の攻撃は、ピーターが民間人犠牲者について報道したときからはじまった（イラク人はピーターに、アメリカ軍が攻撃したのは乳児用粉ミルクの工場だったと言った）。当時ＣＮＮも、視聴者にニュース番組の限界をわかってもらえるように、ピーターの取材は、イラク政府が主催する「ガイドツアー」の最中に行なわれたものであり、話の内容は「イラクの検閲官の許可を得ている」と明言していた。

それにもかかわらず、統合参謀本部議長コリン・パウエル大将は、「粉ミルク工場」は、大量破壊用兵器として使用される、毒素、細菌、ウイルスなどの生物兵器を製造する秘密工場の隠れ蓑《みの》だと断言し、ホワイトハウス報道官マーリン・フィッツウォーターは、ピーターを「イラクの偽情報の代弁者」と呼びはじめた。

権力の中枢にいる人間は、つねにナラティブをコントロールしようとする。戦争中はとくにそうだ。ソーシャルメディアが生まれる前からそれは変わらない。ピーターは、その後過ちを犯す（内部告発者によれば「チームを裏切った」こともあるという）。しかしその日、彼は私にひとつの教訓を教えてくれた。いついかなるときも、権力者に説明責任を取らせること。たとえそのためにキャリアを棒に振ることになろうとも。死守しなければならない一線がある。それがジャーナリストの任務なのだ、と。

同じころ、ジャーナリストが情報を収集して報道する方法を何かが変えようとしていた。テクノロジーだ。一九八八年にマニラ支局を立ち上げたときは、アトランタにテープを送るのに船で二週間かかった。一九八九年に香港支局を開設したときは、ひと晩で届けることができた。スーツケースのように重くてかさばる巨大な携帯電話が送られてきたのもそのころで、肩からぶら下げなくてはならず、走るとよく地面にぶつかった。

一九九〇年代半ばに私たちが移動したジャカルタは、ＣＮＮがあらたなテクノロジーを試験的に導入する場所になった。第一世代衛星電話のおかげで、私たちはアトランタとつながって、無線で声による中継を行なうことができた。白くて巨大な「トコボックス」は、映像を圧縮し、ＩＳＤＮ回線（地上データ電話回線）を介してもう一台のトコボックスに転送する機械だった。ひとつのネタを送るために、粗い動画を何時間もかけて転送し、それから音声信号の転送が終わるまで、さらに長い時間待たなくてはならなかった。

それは「テレビ電話中継」の黎明期《れいめい》だった。テレビ電話中継は、楽しくて、比較的簡単で、安価だった。いまやどこでも――世界でもっとも辺鄙《へんぴ》な場所からでも――ライブ中継ができるようになった。それは、世間で「ＣＮＮ効果」(2)と呼ばれるものを生み出した（ただしその言葉は、ＣＮＮだけでなく世界中の二四時間ニュース専門放送局を指していた）。その直接の原因は、衛星による情報収集の急速な増加と影響だった。

こうしたテクノロジーの進歩には、はかりしれない影響力があった。とくに、マスメディアが政策をどれだけ形成しているかという白熱した議論が行なわれるようになった。あらたなテクノロジーのおかげで、私たちは、政府が独自に情報を入手するよりも早く、一般の人々に情報を届けられるようになった。つまり、政府高官が、自分たちの立場を表明し、それに基づいて行動を起こす前に考える時間が以前よりも減った。そして政府は、こうしたテクノロジーの進歩を逆手に取って、世論を形成する方法をすみやかに学習する。

それは同時に、私のような記者が、以前ほど学ぶ時間を取れなくなったということでもあった。ネタを探したり、見つけたりする時間をぎりぎりまで切り詰めなければならなかった。比較的早く、手軽に入手できる扇情的なネタはどれも、報道から深みをなくしてしまうように思えた。どういうわけか、テクノロジーのおかげで、私たちは時間を節約できるようになると同時に、時間を奪われてしまった。
二四時間ニュース専門放送局の需要により、現場に到着する前に予習を完全に済ませておく必要があった。ライバルの記者たちは、自分たちが報道する国について書かれたもののすべてに目を通そうとしていたかもしれないが、私には一日の長があった。私はすでにその国々を十数年間取材してきていた。飛行機が着陸して、空港を出てから一時間もしないうちに中継をはじめることも珍しくなかった。

1999年初頭、東ティモールのファリンティル〔東ティモール独立革命戦線の軍事組織〕への極秘インタビューに向かう途中の辺境にて。電話を収納する箱から上を向いているのは衛星放送受信アンテナ。私はコンパスを使ってLOS〔送信機と受信機を結ぶ直線距離〕を見つけ、川を横断中に私たちの車が故障してしまったことをアトランタに伝えようとしている。

それは報道にとっても、われらがジャカルタ・チームにとっても、信じられない奇跡のような時代だった。インドネシアは激変の時を迎えていた。一九六五年以来この国は、スハルトに支配されていた。彼はインドネシア大統領として史上最長の在職期間記録を打ち立てる。トランスペアレンシー・インターナショナル〔汚職・腐敗防止活動を展開する国際NGO。毎年「腐敗認識指数」を発表している〕によると、スハルトは現代史上もっとも腐敗した指導者で、次点はフェルディナンド・マルコスなのだそうだ。CNNで働いた経験は、国とメディア企業両方のリーダーシップについて学ぶだけでなく、リーダーが率いる人々の浮き沈みを理解するうえでも役立った。リーダーがまいた希望という種から芽を出す安定と変化のバランスは、実を結ぶまで、ときに何世代もかかった。

一九九五年にジャカルタ支局を開設してから、毎年あたらしい何かが起きた。一九九六年、ジャカルタで民主党暴動が起きた。きっかけはひとりの女性〔メガワティ・スカルノプトゥリ、インドネシア初代大統領スカルノの長女。一九九六年当時はインドネシア民主党の党首だったが、スハルトが介入した党内抗争をきっかけに、反スハルト民主化のリーダーとして国民的人気を獲得する。詳しくは後述〕がスハルトの支配に反対の声をあげたことだった。一九九七年、アジア通貨危機とインドネシアの森林火災。インドネシアの森林火災は、東南アジア全域に煙害をもたらした。それは環境問題と政治問題がひとつになった壮大なストーリーにまとめられた。そして一九九八年には、三二年近くインドネシアを支配していたスハルトが失脚、これをきっかけに社会が大きく変化し、これまで見たこともない激しい暴力の連鎖が生じた。

リーダーたちにインタビューするうちにわかってきたことがある。彼らの欠点は、彼らが率いる国民の文化に埋め込まれていた。ＣＮＮで、私たちは過渡期にあるいくつかの社会を詳細に記録した。マルコスのフィリピン、リー・クアンユーのシンガポール、スハルトのインドネシア、マハティールのマレーシア。これらの社会は、強権的な為政者の支配を脱して、独自の民主主義に向かって発展しようとしていた。

マルコスとスハルトがあとに残した問題は、表面の皮を一枚むけば中味はそっくりだった。フィリピンでは、縁故贔屓と利益誘導型の政治、インドネシアでは、腐敗（corruption）と共謀（collusion）と身内贔屓（nepotism）。頭文字を取って、インドネシア語ではＫＫＮ（カ・カ・ン）と呼ばれていた。トップダウンの抑圧的で管理支配型の政治システムは、国民に深刻なダメージを与えた。二国の指導者の最大の罪は、国民の教育を怠ったことだった。

フィリピンでもインドネシアでも、従業員のやる気と創造力のなさにはがっかりさせられた。しかし、こうした資質を備えていたところで、何の意味があるのか？　マルコスやスハルトの時代には、頭角を現わした者には災いが降りかかってきた。唯々諾々と従っているほうがいいのだ。国の文化的価値観が、こういった考え方を強制するのだからどうしようもない。

「プローブ」で働いていたころ、フィリピン大学で数年間教えていたことがある。学生が何を——そしてどんな風に——学んでいるのか知りたかったのだ。彼らはどんな価値観を持っているのだろう。その結果、私が目にしたのは、権威への敬意——けっして出しゃばらず、教わったことを機械的に学習し、教師の言うことを記憶してオウム返しにする学生たちの姿だった。こざっぱりとした服を着て、時間に正確で、何より、教師とその意見にぜったい逆らわない。学生たちが本音をはっきり口にすることはまれだった。

インドネシアでは、創造性と独立した思考の欠如はさらに顕著だった。CNNの支局を立ち上げるにあたり、戦力になりそうな人材を求めて、インドネシアに七回足を運んだが、面接した人のなかに、私が求める、スキル、経験、労働倫理を備えた人はいなかった。

「アモック〔殺気立って暴れ狂い無差別殺傷を犯す一種の精神錯乱を意味する〕」という言葉が生まれた国の街路で、教育の欠如が暴力に姿を変えるようになる。私は、この国に吹き荒れる暴力を報道していた。しかし、街角で出会う人々はみな、親切で礼儀正しかった。この食い違いは何なのか。理解に苦しんだ。そして次第に、大規模な集団のふるまいを理解するのと、個人とつきあい、その人を理解するのは別次元の問題なのだとわかってきた。

私がインドネシアで学んでいたのは「創発的行為」と呼ばれるものだった。システムは、あなたが個々の部分について知っていることからは予測できないふるまい方をする。事実、システムは全体として個人に圧力をかける。それは、集団力学が行使する同調圧力の一種で、しばしば人間に、その人がひとりでいるときには考えられない行動を取らせる。

ネットであれ現実世界であれ、圧力がかかって集団が暴徒化するとき、創発的行為は予測不能な、危険なものになる。それまで韓国や中国など数多くの国で取材を行なってきたが、これほど気まぐれな暴力は見たことがない。私は目撃した暴力の分類をはじめた。そこには政治的暴力以外に、経済的暴力、宗教的暴力、分離主義的暴力、そして民族間の暴力があった。

一九九〇年代後半、私は毎週、インドネシアにある二七州のどこかに足を運び、群衆暴力という現象を取材した。群衆暴力のきっかけは、一九九六年にジャカルタで発生した、過去二〇年間に類のない大規模な暴動だった。暴動は、最初はまったく無害なものだった。ある週末の夜明け前に情報提供者のひとりから電話がかかってきて、野党党首メガワティ・スカルノプトゥリの支持者になんらかのアクションが取られるらしい、と警告した。メガワティはインドネシア初代大統領スカルノの娘で、当時インドネシアに存在した三つの公認政党のなかでもっとも小さいインドネシア民主党（ＰＤＩ）を率いていた。政府は、スルヤディという元将校を担ぎ出して、党の乗っ取りを謀っていた。メガワティとその支持者たちはスルヤディを党首として認めず抗議した。抗議自体に違法性はなかった。

このときはじめて、スハルトがどうやって政権を強固にし、維持してきたかがわかった。その後、ほかの国々でも同じ戦術が繰り返し展開されるのを私は目撃する。その戦術とは、軍や、半軍事組織の勢力が、民主化運動に潜入し、運動を骨抜きにしてから暴力を扇動するというものだった。

私は相棒のカメラマン、レネに電話をかけ、ジャカルタにはじめて遊びに来ていた妹のミシェルとニコールを起こした。週末は観光に連れて行くと約束していたので、取材についておいでと言った。そうすれば機材を運ぶのを手伝ってもらえるし、妹たちは取材班の仕事ぶりを学ぶことができる。

ＰＤＩ本部に駆けつけたのは、私たちが一番乗りだった。本部にはメガワティの支持者たちが立て籠《こ》もっていた。私たちの目の前で、トラックが次々と到着し、体格のいい男たちが路地でＰＤＩの赤いＴシャツに着替えていた。あなたたちは何者かと質問すると、スルヤディの支持者だと言う。それならば、インドネシア民主党党員のはずだが、彼らが履いているのは軍が支給しているブーツだった。

私は中継でそのことに触れたが、それ以上は踏み込まなかった。

スルヤディの支持者たちはＰＤＩの看板に石を投げていた。しばらくすると、トラックに満載されてやって来た警官たちが、メガワティの支持者がこれ以上建物に入れないようにバリケードを築いた。午前八時ごろ、警官が一斉に突入して、スルヤディの支持者たちを内部に招き入れ、メガワティの支持者たちを逮捕した。午前一一時までに、メガワティの支持者たちは、軍の封鎖を突破して、治安部隊と散発的な戦いをはじめた。午後三時過ぎ、クラマット・ラヤ通りというジャカルタ市の目抜き通りに面した複数の建物で火の手があがり出した。

日没を迎えるころには、一万人近い暴徒が通りで荒れ狂い、手近な建物に火を放っていた。暴徒たちの前を走っているうちに、私とふたりの妹は、レネとも、音響担当兼運転手のイクバルともはぐれてしまった。私は妹たちを通りから引っ込んだ場所にかくまい、私と一緒だったことはお父さんとお母さんには内緒だよと約束させた。まさかこんな危険な状況になるとは、妹たちも思っていなかっただろう。ふたりは一連の出来事に呆然としながらも、自分たちの姉が、生活のためにどんなことをしているかを知って興奮していた。

当時、評論家たちは、暴力の原因は政治的弾圧だ、民衆の抑圧された怒りが暴力に結びついたのだと分析していた。その日、五人が亡くなり、一四九人が負傷し、一三六人が逮捕された。この事件をきっかけに、なぜスハルトが「ダラン（人形遣いという意味。インドネシアの影絵芝居「ワヤン」で、スクリーンに映し出される人形を陰で操作する）」と呼ばれているのか、私は考えるようになった。ワヤンでは、観客にはスクリーンに映し出される影しか見えない。この国では、政権に抗議する声があがると、為政者はマスコミをコントロールして、ナラティブを形成しようとするのだった。

一九九八年五月にスハルトが辞職するまで、ジャカルタでは暴動で一四〇〇人が死亡した。スハルトの退陣後も暴力はエスカレートする一方だった。もはや軍の手には負えなくなってしまったらしい。一九六〇年代と同様、暴徒たちは華僑《かきょう》をターゲットにした。アジア通貨危機をきっかけに困窮者が急増すると、人種差別は日常化し、拡大した。ジャカルタをはじめ各地で、群衆暴力が常態化した。近所のいがみ合いが都市の戦争に発展した。マチェーテという鉈《なた》を手にした男たちが、ジャカルタの通りで互いを切り刻んだ。意味もなく人々が殺し合い、首をはねる光景を見て、スハルトの弾圧が圧力鍋のような働きをすることを知った。暴力を隠蔽しようとする動きは、さらなる暴力を生み出した。

西カリマンタン州では、マドゥラ人とダヤク人による民族間抗争で数百人の死者が出た。ダヤク人は、かつてボルネオ島〔インドネシア語名カリマンタン島〕の「首狩り族」と呼ばれていた人々で、敵の首を切り落として肝臓を食べれば、相手の力が自分に乗り移ると信じていた。インドネシアでは、こうした古くから続く伝統的なアニミズム的信仰が依然として盛んで――一度として対策が取られてこなかった。スハルト体制下では、人種、宗教、民族の問題を論じることが禁じられていたからだ。それは、あまりに「情緒的」で、物議を醸す問題であるため、軍隊によって秩序が保たれていると言っても過言でない社会では、こうしたデリケートな問題を取り上げても、事態を悪化させるだけなので、議論する必要はないと言われていた。

ある週末には、自分たちの民族の色のバンダナを巻いた無法者の集団が、浮かれ騒ぎながら、八人の首を切り落としている現場を目撃した。またあるときは、少年たちがサッカーをしている野原を通りかかった。子どもたちはとても楽しそうだった。しばらくしてから、彼らが蹴っているボールは老人の頭部だと気づいた。

イスラム教徒とキリスト教徒が共存するアンボンでは、一年ほどのあいだに、宗教抗争によって四〇〇〇人以上が殺害された。二〇〇二年までに、犠牲者の数は一万人を超えた。戦いに疲弊した人々にあるとき尋ねたことがある。彼らは検問所を挟んで、イスラム教徒どうし、キリスト教徒どうしで分かれて暮らしていた。暴力はどうやってはじまったのか。そう尋ねたのは、根本的な原因があきらかになれば、共同体の暴力を止める糸口になるかもしれないと思ったからだ。「よそ者の仕業だ。私たちのせいではない」。返事はいつも同じだった。

とうとつに暴力がはじまったときは、かならずこうした答えが返ってきた。暴徒の力は個人の抑制を破壊し、最悪の自分をさらけだす自由を人々に与える。そのときインドネシアで私が見ていたものは、かつてフィリピンで見たものであり、やがて、偽情報の力が人々の心を荒廃させ、行動を変容させはじめてからは、世界中の国々で目にするようになる。偽情報に操られるのは、たいてい、十分な教育を受けておらず、インターネットの仕組みにあかるくない人々だ。教育が統治の質を決定する。そして教育への投資が実を結ぶには一世代かかる。裏返すと、教育を侮った国には、一世代後にそのつけが回ってくる。教育が、国の生産性、労働力の質、投資、最終的には国内総生産（ＧＤＰ）を決定する。国の教育予算は、その国の国民への投資なのだ。

本質を見抜く能力、疑問を持つ能力——どちらも、ジャーナリズムにとっても、民主主義にとっても欠かせない力だ。これらの能力の決め手になるのも教育だ。ジャーナリストと報道機関は、国民が、為政者に説明責任を負わせる力を反映している。要するに、民主主義の質は、そ

1998年5月、ジャカルタのサリ・パン・パシフィックホテルの屋上でCNNの中継を行なっているところ。24時間体制で取材にあたっていたため、いちばんましなときで3、4時間しか眠れなかった。

の国のジャーナリズムにおのずと現われる。

ジャーナリズムでの私の経験は、同世代のジャーナリストに比べて、特別なものではない。私がこの業界に入ったのは、ジャーナリズムの黄金時代で、報道機関は自社のスタッフに、仕事をするうえで潤沢な資源と保護を与えてくれた。

報道の仕事が好きだった。記者になったおかげで、二〇代と三〇代は、意味を求めて、とてつもない量のアドレナリンが駆け巡る日々を送った。それは締め切りに追われる学校であり、学びの対象は世界だった。記者の特権で、多くの人の人生のもっとも強く琴線に触れる瞬間に――むき出しの悲劇あるいは喜びの瞬間に――幾度も立ち会い、その瞬間を映像におさめることができた。こうした瞬間をともに過ごすことによって真の絆が育まれた。どんな現場に足を運ぶときも、人々の話に耳を傾け、学ぶ覚悟を持って臨んだ。心を開いて、鎧を外す――すぐれたジャーナリズムは信頼からはじまるのだから。あなたは取材相手に信頼してもらわなくてはならないし、あなたが伝える記事は、長い時間をかけて、視聴者との信頼を培うものでなければならない。

体力、知力、社会性、精神性、あらゆる面で自分は試されているのだと思った。知識の面では、長年、ネタを追いかけて、政治、経済、統治、安全保障、気候、持続可能な開発など、幅広い分野を記事に取りあげて専門性に磨きをかけたつもりだ。

社会性の面では、情報源のネットワークを構築して、政策決定が下される理由と過程について、内部情報を得られるまでになった。結局、記者が優秀かどうかを決めるのは、その人が持っている情報源なのだ。そこが記者会見と独自調査の違うところだ。自分が発表したいと思っていることについて、正直に、はっきりと趣旨を説明して許可を求めるのは、情報源を開拓するときの鉄則だ。私は、執念深い、あるいは独裁的な指導者に対して身の安全を保証できると、すべての情報提供者に知らせる前に、細心の注意を要する記事を公共の電波に乗せたことは、ただの一度もない。情報源のネットワークが構築できて、あなたの報道の精度が高まれば、一般の人々はあなたに信頼を寄せるようになる。長い時間をかけて、あなたと情報提供者は互いの価値を知る。あなたたちはインテグリティと正義の戦いをともに戦いさえするかもしれない。

相次ぐ事件と締め切りに追われて、肉体をとことん酷使した。紛争地域や災害の取材には、綿密な計画と回復力が必要とされる。それは何週間も連続してインスタント麺と缶詰食品を食べ続けること（それも食料を積んだ車を一台余分に手配できればの話）、何週間も仮眠しか取れないことを意味する。最新ニュースを放送する合間を縫って、せいぜい二、三時間の睡眠しか取れない。暑さ、寒さ、餓《う》え、渇きに極限まで耐えなければならない。背筋の凍る思いをすることもある。たとえば、武装した民兵に追いかけられて、真っ暗な家で、ベッドの下に隠れて息を潜めた、なんて経験をしたこともあった。

一九九一年、フィリピンのレイテ島オルモックで鉄砲水が発生し、市街地の一部が、深夜、海に押し流された。私はえんえんと車を走らせて現場に向かった。そのときの取材は、山肌が露出するほどの森林伐採、気候変動、地方自治体の災害処理能力、そして環境破壊の顚末《てんまつ》に関する報道記事にまとめられる。犠牲者の数は四〇〇〇とも一万とも言われた（数字に開きがあるのは、犠牲者の数を少なく抑えておきたい人間の思惑によるものだった）。町には死臭が立ち込めていた。橋を渡って町に入ってから、車を停めて、崩れた地平線をビデオカメラで撮影した。寝ぼけ眼で車を降りたとき、靴底にぐにゃりとした感触があった。足下を見た瞬間、胃液がこみ上げてきた。それは人間の手だった。

無意味な死、暴力、残虐な行為を目撃すると、神の存在に向き合わざるを得なくなる。オルモックの共同墓地に六〇〇〇人を超える死者が埋葬されるのを私は見た。犠牲者の遺族の慟哭《どうこく》を聞いた。腐りかけた肉のにおいが周囲に立ち込めていた。

私が神を信じるという選択をしたのはそのときだ。激しい怒りを感じていた。これほど多くの人が、眠っているあいだに鉄砲水で命を奪われるなんて——神がいるなら、なぜこんなことをお許しになるのか、と。人類を滅ぼしかねない苛酷な教訓を与えたノアの箱舟の神のことも頭に浮かんだ。私たちは、さっと捨てられる使い捨てティッシュであるはずがない。ところが、そんな思いとは裏腹に、私は犠牲者の魂のために祈っていた。怒り以上の何かが必要だったのだ。こうした瞬間が、信仰とは——その神が、仏陀であろうとアッラーであろうと、ヤハウェ、エホバ、エル・シャダイ〔三つとも旧約聖書の神の名〕であろうと——宗教を超えたものであることを私に教えた。

ジャーナリストとしての経験が、私に、自分自身と、すべての人に備わっている人間性を信じることを教えてくれた。

二〇〇〇年を迎えるころ、私は東南アジアでCNNの顔として認知されるようになっていた。その年の七月、フィリピンに帰国して、マニラのロータリークラブで、教育、ジャーナリズム、民主主義に関する講演を行なった。ジャーナリズムの未来について、自分の考えをはっきりと口にしたのは、そのときがはじめてだったと思う。

講演では、紛争にまつわる話ではなく、「客観的なジャーナリスト」の神話というもっと観念的な問題を取り上げた。私は、抑制《チェック》と均衡《バランス》という組織的システムを通じて、報道のプロセスに客観性という目標を組み込むジャーナリズムの理念と、「客観的なジャーナリスト」という考え方を区別した。しかし、そもそも「客観的なジャーナリスト」などというものは存在しないし、そんなことはないと言う人は嘘をついている。

重要なのは、人がどういった目的で「客観性」という言葉を使っているのかを見極めることだ。なぜならその言葉は、なんらかの理由で、正直でないとか偏向していると言ってジャーナリストを攻撃するために用いられるものだからだ。だから私は、断固としてこの言葉に反対する。ジャーナリストを評するとき、私はつねに、「客観的な」ではなく「すぐれた」という言葉を使う。

すぐれたジャーナリストはバランスを求めない。たとえば、世界的な指導者が戦争犯罪を行なったり、自国民に真っ赤な嘘をついたりしているとしよう——そんなときバランスを求めれば、かえって偏りが生じる。ジャーナリストが権力者に声をあげるとき、「バランスの取れた」記事を書くほうが簡単だし安全だ。しかし、それは臆病者のすることだ。すぐれたジャーナリストならば、たとえば、気候変動科学者と、世間に名の知れた気候変動否定論者とをまったく対等に扱うことはしないだろう。

すぐれたジャーナリストは証拠を、すなわち、紛れもない事実を頼りにする。

すぐれたジャーナリズムとは、厳格な倫理規定マニュアルの下に運営され、ニュース編集室全体が実行する職業上の規律と判断を意味する。それは、たとえ時の権力者と揉《も》めることになろうとも、証拠を報道する勇気を持つことを意味する。そこから逸脱したとき、「公平」とか「バランス」といった言葉は危険なものとなり、既得権益を持つ人間にしばしば悪用されてしまう。

いま振り返ると、この時代が懐かしくてたまらない。二〇〇〇年代初頭でさえ、報道機関は依然として門番の役目を担い、視聴者は、記者のスキルと、報道機関の実績を頼りにしていた。編集に携わるプロの職人は全員、同じマニュアルに従って判断を下していた。その使命は、公共空間を守ることだった。私たちの価値観と原則は、無数の会議によって打ち出され、紙に書き留められていた。こうした原則のひとつに従って、ジャーナリストたちは、ひとつの問題の異なる複数の立場に耳を傾け、一般市民が、自分が手に入れた情報に基づいて決定を下す手助けをするために、自分たちが学んだことを確実に実行した。この取り決めは神聖なものと考えられていた。

市場の勢力と説明責任のあいだにもバランスが存在した。ジャーナリストと報道機関は、自分たちが出版したり、放送したりするあらゆるものについて、説明責任を負うことが法律で義務づけられていた。ニュースの制作方法、そして——きわめて重要なことだが——ニュースの配信方法についても、責任を負っていた。具体的には、ひとつのニュースを何回放送するか、画面の上方につける見出しをどんなものにするか、見出しの字体や画像をどれだけ扇情的にするか、ニュースを伝える言葉をどれだけ公平で偏りのないものにするか、といったことだ。経済的既得権益を持つ組織の人間によって、ニュースの内容が左右されないように、企業の幹部とジャーナリストを隔てる壁が存在した。

あなたが見るものは、私たち全員が見ているものだった。みんなが同じ記事を読み、同じニュースを見ていた。事実に関して私たちは一致していた。視覚的なメディアは印刷物より情緒的だったが、道義的観点から、やれることには限度があった。こんにちのソーシャルメディアの設計やアルゴリズムとは違った。

ジャーナリズムの目標は、議論に勝利することでも、人気コンテストに勝利することでもなく、民主主義が機能するために必要な、より多くの情報を手にした市民を作り出すことにあった。ジャーナリストは、「人の話に耳を傾け、議論を戦わせ、妥協点を見出す」という民主主義が共有する文化の一部だった。法律によって説明責任が定められているだけでなく、道徳的責任を負っているという意識が、すなわち、より良い未来の創造に力を貸しているのだという意識が存在した。

権力が働く仕組みも、もっと具体的に理解できていたように思う。政府というものは例外なく、真実の語り部を味方につけて、ナラティブを支配しようとする。ほとんどの民主主義国で、ジャーナリストは第四の権力〔立法権・司法権・行政権に次ぐ権力〕であり、その力を支えていたのは、自分たちの生活、自分たちの国、自分たちの指導者について考えをまとめるために知識が欲しいという国民の意思だった。国民の知と心へのアクセスを許す代わりに、国家はジャーナリストにアクセスした。うまくいけば、この関係は、抑制と均衡のシステムとして作用したが、最悪の場合は、ジャーナリストが国家に都合のいい話をするかどうかで、情報がもらえるかどうかが決まった。

ほとんどの報道機関には、権力と良好な関係を保たなければならない経営陣と、国民に対して責任を負わなければならない、独立した編集チームのあいだの軋轢《あつれき》があった。それもまたひとつの抑制と均衡だった。

いまやこうしたすべては消えてなくなり、報道機関はテック系企業に取って代わられ、テック系企業は、事実・真実・信頼を守るという門番の役目をほぼ全面的に放棄している。これらの企業は権力と手を結ぶことを歓迎した。そうすれば市場へのアクセスと成長が保証されるからだ。彼らのインセンティブ・システム〔従業員の勤労意欲を高め、会社の業績を向上させるシステム〕の中心にあるのは金と権力だ。かつて私たちが手にしていた情報は、既得権益の手がおよばないように守られていた。企業メディアの場合でも、情報は既得権益にわずかしか影響されていなかった。いまやテック系企業の下で、あなたが手にする情報は、利益を追求する企業の欲求によって直接決定されている。

私たちは現在こうした過渡期を生きている。

二〇〇一年一月二〇日、アメリカで教育を受けた経済学者グロリア・マカパガル＝アロヨが、フィリピン第一四代大統領に就任した。

フィリピンの大統領はみな前任者の揺り返しだ。独裁者フェルディナンド・マルコスに取って代わったコラソン・アキノは素朴な主婦で、亡き国民的英雄の妻だった。アキノの次のフィデル・ラモスは、マルコスを追放した元軍人で、アキノ政権下では国軍参謀総長として、また国防大臣として、たび重なるクーデターの鎮圧に手を貸した。ラモスに次いで大統領になったジョセフ・エストラーダは、映画俳優だった。

エストラーダの不正疑惑が報じられると、フィリピン国民は彼を追放しようと通りに飛び出した。この出来事を「第二のピープルパワー（ピープルパワー2）」と呼ぶ人もいるが、エストラーダはマルコスのような独裁者ではなかったし、民主的な選挙で選ばれた大統領で、弾劾裁判も切り抜けた。

抗議者たちは法の支配を侵害したのだろうか。群衆の叡智と暴徒の支配の境目はどこにあるのだろう？

すでに政治色を強めて影の実力者となっていた軍は、エストラーダを見捨てて、副大統領だったグロリア・アロヨを大統領に擁立した。抗議活動によって大統領の座を手に入れたアロヨの政権運営は、多難なものとなる。しかしこのときの出来事によって、ピープルパワーの遺産に変化が生まれはじめた。ある中継で、私はこの運動を「亜流ピープルパワー」と呼んだ。アロヨは、エストラーダの任期の残りを最後まで務めあげたあと、あらためて大統領選挙に出馬して当選し、一〇年近く政権運営にあたるが、汚職の罪でたびたび告発され、フィリピンを動揺させた。過去の問題がまったく解決されていなかったことを、国民は知った。

アロヨ大統領就任の八か月後、アメリカ同時多発テロ事件が世界を震撼《しんかん》させた。二〇〇一年九月一一日は、冷戦の原理に根ざした国際的な安全保障の枠組みがいかに脆弱かを露呈する日となった。世界各地に散らばるテロリスト集団が展開する非対称戦争の時代に、冷戦の原理はもはや通用しなかった。国民国家〔確定した領土をもち国民を主権者とする国家体制およびその概念〕の権威が、情熱と使命感を原動力とする別種の強大な動きに取って代わられようとしていた。アルカイダのネットワークを発見することに私は執念を燃やした。そして、あるあらたな現象に警戒感を抱いた。憎悪に満ちたイデオロギーはネットワークを過激化させ、すでに私がよく知るようになっていたあるもの――「創発的行為」――を作り出す。

アメリカ同時多発テロ事件は、私たちがこれまで築いてきた、冷戦後の平和にまつわる薄っぺらな共同幻想を引き裂いた(3)。

当時、多くの人が気づいていなかったこと――そして、私ができるだけ完全な形で報道しようと躍起になっていたこと――それは、アルカイダ揺籃《ようらん》の地として東南アジアが果たした役割だった。[4] 二〇〇一年九月一一日を迎えるはるか前から、アルカイダは東南アジアで活動していた。オサマ・ビン・ラディンの義理の弟、ムハンマド・ジャマル・ハリーファは、早くも一八九九年にフィリピンにやって来て、イスラム系の慈善団体を立ち上げ、ワッハーブ派〔コーランとスンナ（預言者ムハンマドの慣行・範例）を厳守する復古主義的教派。サウジアラビアでも国家の中核となっている〕の教義と過激思想の普及に努めた。一九九一年から九四年にかけて、フィリピンではテロ活動の件数が一・五倍近くに増えた。[5]

九月一一日、私はジャカルタ市内のスポーツジムから自宅に駆け戻ると、自分のファイルや機密情報書類を掘り返し（当時は、記者が事件や人間関係について記録する方法はそれしかなかった）、一九九五年にフィリピン情報局が作成した、アブドゥル・ハキム・ムラードの調書を引っ張り出した。彼は、アメリカの航空学校で訓練を受けて、民間飛行機を操縦する免許を取得したパイロットだった。おそらく、アルカイダにスカウトされた最初のパイロットだろう。アブドゥル・ハキム・ムラードは、一九九五年にマニラで逮捕され、アメリカに引き渡され、同時多発テロ事件が起きたときは、コロラド州フローレンス市にあるもっとも警備レベルの高い、通称「スーパーマックス」刑務所に収監されていた。[6]

ムラードの調書を読み返して、私はアトランタに電話をかけ、アルカイダの陰謀について、一九九五年当時マニラ警察署長だった人物にインタビューしたいのでフィリピンに派遣してくれと願い出た。私がフィリピンではじめて報道した名前は、いまでは全世界に知れ渡っている。[7] ラムジ・ユセフとハリド・シェイク・モハメドのふたりは、一九九五年当時フィリピンにいて、ローマ教皇ヨハネ・パウロ二世とアメリカ大統領ビル・クリントンの暗殺を計画していた。[8] 記者たちがこぞって報じた「ボジンカ計画」は、アジアで途中寄航するアメリカの航空機に爆弾を仕掛けるという企みだった。当時、あまりにも荒唐無稽に思われたために誰も報じなかったのは、民間航空機をハイジャックして、複数の建物に突っ込ませるという計画だった。目標は、ニューヨークの世界貿易センター、ペンタゴン〔アメリカ国防総省本庁舎〕、シカゴのシアーズ・タワー、サンフランシスコのトランスアメリカ・ピラミッド[9]。調べれば調べるほど、一九九三年から二〇〇三年にかけてアルカイダが計画した主要な陰謀のことごとくが、アメリカの旧植民地であるフィリピンとなんらかの形でつながっていたことがあきらかになった[10]。具体的には、一九九三年の世界貿易センター爆破事件、一九九八年のケニアとタンザニアにおけるアメリカ大使館爆破事件、二〇〇三年ジャカルタのＪＷマリオット・ホテル爆弾テロ事件。

　つまり、私の記者人生における最大のふたつの特ダネは、フィリピンと関係していたことになる。フィリピンは、二一世紀に入ってからアメリカと世界を脅かすふたつの脅威、すなわち、イスラム・テロリズムとソーシャルメディアを舞台にした情報戦争の実験場だったのだ。

　アメリカ同時多発テロ事件後、私は取り憑《つ》かれたように世界的テロ組織を追跡し、誰と誰がつながっているのかを特定していった。似たような陰謀を暴くことができるのではないかと期待して[11]。長年つきあいのあった関係筋を訪ねてみると――フィリピン、インドネシア、シンガポール、マレーシアで着々と出世を遂げていた捜査官たちは、情報源に発破をかけて情報を集めるのに大わらわだった。アルカイダの人物に関する過去の情報報告書が何を意味しているかを分析してみせれば、彼らは喜んで情報を教えてくれた。当時、東南アジアには、一元化されたデータベースもなければ、情報を共有する正式な手順も定まっていなかったので、私のほうが情報に通じているほどだった[12]。彼らに教えてもらった情報報告書を分類して、私は独自のデータベースを作りはじめた。捜査官たちが、役所の面倒な手続きを避けるために私に電話をかけてきて、あらたに浮上した名前に心あたりはあるかとか、あらたな情報にどんな意味があるのかとか尋ねてくることがよくあった。九・一一後の一〇年間、私がＣＮＮのためにスクープを連発できた背後には、そういう事情があったのだ。

テロリストと、暴力を信奉する憎悪に満ちたイデオロギーの拡散について調べるうちに、集団の一員になると、人間はどう変化するのかという問題についても考えるようになった。すでにインドネシアで目撃していた概念だ。過激化について学ぶにあたり手がかりになったのは、集団的浅慮《グループシンク》（集団で決めることにより個人の責任感の欠如が生じて大きな過ちにつながる現象）と、一九五〇年代に心理学者のソロモン・アッシュが行なった実験だった。アッシュが行なった画期的な一二回の実験は、単純な質問に答えなければならなくなったとき、被験者の七五パーセントが、自分の結論に固執するのではなく、集団の圧力に屈してしまうことを示した。[13] これらの実験は、同調圧力の威力と、集団の一員になることによって、個人がどう変わってしまうのかをあきらかにした。権威に対するテロリストたちの反応の理解に役立ったのは、スタンレー・ミルグラム（「六次の隔たり」をご存じの方も多いだろう）の有名な実験と、フィリップ・ジンバルドーの監獄実験だった。ミルグラムは、ほとんどの人が権威者に命令されると――命に危険がおよびかねない電気ショックを他人に与えるようにと言われた場合でさえ――その指示に従うことをあきらかにした。[14] ジンバルドーの研究では（現在は実験結果に疑義の声もあがっているが、本人は自分の発見を評価している）、人は個性を失い、自分に与えられた役柄の特性を引き受けるようになった。[15] 言い換えると、権威者は私たちに、最悪の自分になる自由を与える。後日、ソーシャルメディアが、ターゲットに対して暴徒の怒りをいかにたやすく煽ることができるかという問題を考えるようになったとき、私はこれらの実験を思い出す。

その後、過激主義や過激化という現象が、社会ネットワークを通じてウイルスのように広がっていく仕組みも学んだ。社会ネットワーク理論から、二〇〇七年に、ニコラス・クリスタキスとジェイムズ・ファウラーが最初に提唱した「三次の影響説」が生まれた。[16] 彼らの研究は、私たちの言葉や行動はすべて、社会ネットワークを通じて波紋のように広がり、直接の友人（一次）、友人の友人（二次）、さらに友人の友人の友人（三次）にまで影響をおよぼすことを示した。[17] たとえば、あなたが孤独を感じていたら（そんなものが広まるとは思わないかもしれないが）、あなたの友人も五四パーセントの確率で孤独を感じるようになる。友人の友人は二五パーセント、友人の友人の友人は一五パーセントの確率で孤独を感じる。[18]幸福、希望といった感情はもちろん、喫煙、性病、肥満でさえ、社会ネットワークを通じて拡散することは可能だし、その軌跡を追跡することもできる。[19]

私は最初に、カリフォルニア州モントレーにある海軍大学院のコア・ラボで洗練させたテクニックを使って、社会ネットワークをマッピングする方法を学んだ。[20][21]テロリストたちを追跡するうちに、東南アジアやオーストラリアにいるアルカイダやジェマ・イスラミア（ＪＩ）が活動する様子が見えてきた。それは、のちの偽情報ネットワークの活動とそっくりだった。彼らは、本質的に似たところのない集団を次々と乗っ取り、資金と訓練を提供し、「近くの敵（自国の政府）」と、「遠くの敵（アメリカ）」をターゲットにした聖戦士《ジハーディ》の思想を吹き込んだ。

ジェマ・イスラミアもアルカイダも、同時多発テロ事件後の数年間で、中心になっていた命令系統は崩壊した。しかし、古いネットワークはその後もずっと「聖戦士」のウイルスをまき散らしていた。中枢の司令塔がなくなってからも、細胞にあたる下部組織は攻撃を実行した。訓練所の規模はどんどん小さくなり、テロ活動は場当たり的になっていった。

脅威が分散するほど、追跡は困難になった。

それ以来、テロリストのネットワークに対する報復活動の影響について、発言や執筆の機会が与えられるたびに、表現は異なれど、私はこのことを繰り返してきた。[22]

この現象を、ネットを舞台にした二〇年後の政治的過激化に置き換えてみよう。フェイスブックの、サイバー・セキュリティと情報対策の専門家たち（そのなかにはアメリカ合衆国国家安全保障会議の元職員もいる）も同じ結論に達している。フェイスブックを通じて広まった、オンラインの偽情報ネットワークは、解体されて何年も経ってから甦った。そして「脅威が分散するほど、追跡は困難になった[23]」

二〇〇三年、ジャーナリストになってから一七年が経ち、学習曲線は頭打ちになっていた。目をつぶっていても特ダネが発表できる。さらに、自分の記事に毎回同じテーマが出てくるようになったことに気づきはじめた。私が率いるジャカルタ・チームのワークフローは最大限効率化され、同規模のどの局と比べても記事の数では負けていなかった。しかしもう学ぶことは何もなかったし、私は何かあたらしいことがしたかった。

四〇に手が届こうとしていたが、あいかわらず「ワーク・ライフ・バランス」とは無縁の、学生のような生活を送っていた。仕事が人生、人生が仕事だった。さまざまな犠牲を払ってきたことは自覚していた。ほんとうに大きなネタを追いかけていれば、恋愛が長続きしないのも無理はない。紛争地帯で次々と飛び込んでくるニュースをあきらめるわけにいかず、弟の結婚式には出席できなかった。何か月か熟考した末に、子どもを持つより記者として生きる道を選んだ。こうした決定には、つねに意識的であろうと努めた。悔いのない人生を送りたいと思っていたからだ。そしていま自分が置かれている状況がどうであれ、自分の人生を自分で選んだことに私は満足している。

そのころ、ＡＢＳ－ＣＢＮのオーナー兼会長で、マルコスに一時期投獄されていたこともあるユーヘニオ・〝ギャビー〟・ロペス三世から、フィリピン最大のニュースグループのトップにならないかという申し出があった。いつの日か、退職したらフィリピンで余生を送りたいと思ってはいた。なぜかわからないが、完璧とは言いがたい、欠点だらけのこの国が、自分の故郷《ホーム》なのだと心の底から感じるようになっていた。そこから次の結論まではすぐだった。マニラで余生を送るつもりなら、もっと住み良い街にするために、なぜ力を尽くそうとしないのか。充分年を取ってそれなりに経験も積んだ。しかし自分はまだ若い。理想を実現するために一所懸命働く意欲も活力もある。これまでは、ほかの人たちがどんなことをしているか、政府や企業がどういった制度を構築しているかを記録することにキャリアを費やしてきた。そうやって学んだ教訓を実地に移す経験がしたかった。

とどめになったのが、「ABS－CBNを世界に通用する報道機関にすることが、きみにできるかな？」というギャビーの挑戦的な言葉だった。二〇〇四年五月の選挙後に行なわれた調査で、フィリピンでは国民の九〇パーセント近くが、これまでのように新聞からではなく、テレビから情報を得ていたこともわかっていた。いまやテレビは、フィリピンでもっとも影響力のあるメディアだった。つまり国作りの道具として、途方もない可能性を秘めていた。

誘いに乗らない手はない。

こうして私は、ジャカルタの住まいを引き払い、アトランタに行ってこれまでお世話になった人たちに退職の挨拶をして、二〇〇四年一二月初旬、マニラに戻ってきた。二度目の、そして最後の帰郷だった。二〇〇五年元日、私はABS－CBNの役員に就任した。

すでにマニラは無秩序に広がる、豊かな都市になっていた。私は、タギッグ市の、ボニファシオ・グローバルシティに新居を定めた。軍事基地の跡地に建設されたあたらしい町で、ぴかぴかの新築マンション群と、清潔で比較的静かな街並みが共存するエリアだ。こうしてあらたな生活がはじまった。ケソン市の、ABS－CBNの本社がある、以前と同じ放送局の建物までは車で三〇分。ただしマニラでは、道路の混み具合は、その日、その時になってみないとわからないのだった。

不安がなかったと言えば嘘になる。私という人間は、CNNの記者という肩書きとあまりにもしっかりと結びついていた。CNNを辞めたら、自分は何者になるのだろう？　CNNの肩書きがなくなったら、世間から相手にしてもらえるだろうか。そしていま私は、その欠点を知り尽くしているメディアのシステムの一員になろうとしていた。ABS－CBNは、いまだに、汚職、自己検閲、縁故贔屓の文化を引きずり、独裁政権後の時代の、企業、政治、社会のあらゆる欠陥を抱えていた。そんな企業の内部抗争を生き延びて、より強力な体制を打ち立てる力になれるのか。最初の半年は教育コンサルタントとしてやらせてほしい、社内の権力抗争から離れた場所で、社員と知り合うチャンスを与えてほしいと頼んだ。

そのころにはわかっていた。次に何をやるにせよ、重要なのは、成長し続けることなのだと。次の課題は、どんな苛酷な真実も伝える方法を学ぶこと、白々しい嘘をついたり、自分を正当化したりしないこと、率直で、正直であることを学ぶというものだった。

最新ニュースを追いかける記者としての日々が、私という人間を作った。この仕事のおかげで、私は行動を重視するようになった。しかし、私にはほかにも目標があった。二〇〇五年に私がCNNを退職することにしたのは、記者としての私には、政策や組織の目標を決める力がほとんどなかったからだ。独裁制から民主制へ移行しつつある国においてはなおのこと、あらゆる組織、集団、個人の行動が重要だった。そして私には、自分が信じているアイデアを試してみる覚悟があった。

ジャーナリズムについて、報道機関について、自分が思い描く理想をフィリピンで実現したかった。強くて、真実にあくまでも忠実で、政府が指一本触れようと思わない、そんなジャーナリズムを。

第Ⅱ部　フェイスブックの台頭、ラップラー、インターネットのブラックホール　二〇〇五～二〇一七年

第5章　ネットワーク効果――着実な一歩が重大な転機につながる

ABS－CBNの報道部門を引き継いだとき、あたらしい何かを作り出す、すなわち、一国最大のネットワークが国作りにどう貢献できるかというヴィジョンを実現する自由と資源が私に与えられた。二一世紀初頭に、ABS－CBNの価値観、文化、番組コンテンツを変えるために私たちがたどった足取りは、これから世界中で民主主義を再建していくにあたり、メディアに何ができるかの手がかりになるはずだ。大衆がニュースを作るように、ニュースが大衆を作るのだから。かつて国の統制下にあったABS－CBNのような報道機関は、そのことをよく知っている。

二〇〇五年、ABS－CBNはフィリピン最大のニュースグループで、報道部門だけで約一〇〇〇人の職員がいた。本拠地は首都マニラにあったが、国内に一九の地方局、海外に六つの拠点を置いていた。海外の拠点は、北米にふたつ、中東、ヨーロッパ、オーストラリア、日本にひとつずつ。番組は、ラジオ、テレビ、インターネットで配信されていた。私は、フィリピンで唯一の、二四時間放送英語ケーブル・ニュース・ネットワーク、ABS－CBNニュースチャンネル（ANC）の運営も任されることになった。ANCも全世界に配信されていた。

ABS－CBNで最初に取り組んだのは、労働文化の変革だった。メディアには、わが国の指導者たちが取り組まなければならない問題が凝縮されていた。状況倫理〔絶対的倫理や宗教的戒律に縛られるのではなく、その時々の状況に応じて主体的に善悪を判断する立場〕と縁故贔屓の政治によって、あなた、あなたの家族、そして友人が報われるかどうかが決まった。私が慣れ親しんでいたCNNの評価基準では、能力より忠誠心が重視されることはない。チームは結果を出す。それができないときは、責任を取らなくてはならなかった。

さしあたり、ABS－CBNでもっとも急を要した課題は、ジャーナリストのスキルの底上げだった。制作技術が向上すれば、おのずと視聴率も上向くはずだ、私はそう考えた。そこで就任したその月のうちに、職員向けの研修プログラムを開始した。協力してくれたのは、CNNマニラ支局の二軍チームだ。(1) 社内文化の変革という実験に一緒に取り組んでみないか、そう言って引き抜いてきたスタッフたちだった。

最初に三つの言葉を徹底させた。透明性、説明責任、一貫性――ABS－CBNだけでなく、この国に必要だと私が感じていたものだ。この三つの言葉をスタッフたちに約束したのは、個人の人となりに関わりなく機能するシステムを作りたかったからだ。政府同様、職場にも、個人的な人間関係に関わりなく――たとえ個人的な人間関係があったとしても――機能するシステムを制度化する必要があった。そのため、この三つの言葉が、当時もいまも変わりなく、私にとって非常に重要なのだ。機能する民主主義を構築し、独裁者のカルト的な力に抵抗するうえで欠かせないものだから。

何事にも言えるように、人の最大の長所は、最大の弱点でもある。フィリピン人は、親切で、思いやり深く、忠誠心に篤い国民として知られる。個人的な忠誠心は、フィリピン人が何より尊重する価値観で、それを表す言葉を「ウタン・ナ・ローブ」という(文字どおり訳すと「心の借金」という意味になる)。しかしその資質が、この国の封建的な社会を支えてもいる。フィリピンでは、政府にも、職場にも、家庭にも、封建的な過去に起源を持つ縁故贔屓のシステムがいまも存在する。プロ意識が浸透したすぐれた環境を作るには、こうした傾向に真っ向から立ち向かわなければならない。自分たちの会社で、より良い環境を作り出せたなら、その環境をほかの場所にも広げていけるだろう。

そのころ私は「心を鬼にせよ」という言葉を使うようになった。当時の管理職は、部下の仕事をきちんと評価せず、部下にいい顔をして、揉めごとを避けようとしていた。しかし私たちは三つの理由のために、心を鬼にする必要があった。最高を目指したいから。世界に通用するメディアになりたいから。そして、報道機関として、国の状況について真実を報道する責任があるから。社会において、メディアが果たす役割の重さははかりしれなかった。

苛酷な措置も必要だった。半年のあいだに、私たちは、肥大化した会社の人員削減に取り組み、報道局にいた職員の三分の一を解雇した（ただし勤続年数につき三か月分の解雇手当を支給してショックを和らげた）。それは痛みを伴う手続きで、多くの職員が解雇される現場に、私は一個人として立ち会った。リーダーとして、どんな行動を取る場合にも、ぜったいに必要なのは、相手の立場になることだった。解雇を通知された職員の顔に、驚き、怒り、そして不安が浮かぶのを見るのはつらかった。しかしそのあとで、自分の口から理由を説明すると、納得して、受け入れてもらえた。この手続きを通じて、もっともつらい決断は自分で直接伝えなくてはならないという思いを強くした。相手に伝える勇気が出ないときは、もう一度考えてみたほうがよい。

実績より忠誠心を重んじ、やみくもな服従を要求し、自発性の芽を潰し、公共の利益より集団への忠誠を重視する文化を、私たちはじりじりと変えていった。これらはどれも、権力の座に居座り続ける政党や、権威主義がしぶとく根を下ろす国に共通する特徴であり、集合的知性、個人の自発性、すばやい連携行動が頼りの報道機関の基本理念に反するものばかりだ。

私は社員ひとりひとりに呼びかけた。「なぜ私はこれをするのか？」自分自身にそう尋ねてみてくれ、と。その答えは、核心となる価値観に私たちを導くはずだ。自分の個人的な価値観をしっかりと見極めて、できることならそれを、組織の価値観と調和させてほしい、と。最終的に私たちは、自分たちのよりどころとする哲学を次の一文に要約した。「すぐれたジャーナリズムは世界をより良い場所にする」。そして、厳格な汚職防止のテーマを盛り込んだ一一六ページの報道倫理規定マニュアルを作成した。私たちはこのマニュアルに従って活動し、職員の停職や解雇もこれに基づいて行なった。

二〇〇七年半ばまでに、ABS－CBNは、世界の一流報道機関と肩を並べるまでになっていた。いくつかの措置は大きな代償を伴った。会社だけでなく、私個人にとっても。実際、一部の攻撃はきわめて個人的なもので、訴訟に発展する場合も多かった。

二〇年近くCNNに勤務して、何百本もの調査記事を手がけてきたが、誰からも訴えられたことなどなかった。ABS－CBNのトップに立った最初の年、毎月、私は社内の人間に訴えられていた。汚職に手を染めていたために解雇した職員のなかには、私がフィリピン国籍を持っていると知らず、私を国外追放処分にするように訴えた者もいた。そして、数週間おきに、改革の進め方が気に食わない社内の人間が、報復のために醜い中傷運動をはじめるのだった。

文化を変えようとすれば、かならず反撃される。改革を行なうには覚悟が要る。こうした動きは、のちにフィリピン国内でもほかの国でも、インターネットを通じて増幅され、拡散される怒りや怨嗟《えんさ》の前兆でもあった。これこそ、私が真っ向から対決し、自分の力のおよぶ範囲で変えていこうと決めた文化だった。

その間、政府に対する批判の声が高まっていた。私がABS－CBNに来てまもなく、二〇〇四年の大統領選挙をアロヨ本人が不正操作していた可能性があるという情報が入ってきた。携帯電話の通話が公開されて、疑惑は裏付けられた。通話を聞くかぎりでは、アロヨが選挙管理委員に、一〇〇万票を水増ししてくれと頼んでいるようだった。(2) こうした驚くべき事実が暴露されたことがきっかけで、三度にわたる大統領の弾劾手続き（いずれも取り下げられた）と、大規模な抗議活動が起きた[3]。

アロヨは対決姿勢を崩さなかった。二〇〇六年二月二四日、一九八六年のピープルパワー二〇周年の前日、「大統領宣言第一〇一七号」[4]に署名して「国家非常事態」を宣言し[5]、野党政治家、極右、極左分子、そして「国営メディアの一部」が協力して、政府に対するクーデターを画策していると主張した。クーデターについてはアロヨの言うとおりだった。ＡＢＳ－ＣＢＮもその情報をつかんでいた。

大統領宣言は報道の自由をいちじるしく制限するものだった。政府はある新聞社のオフィスを急襲し、令状なしで記者を逮捕し、報道機関を閉鎖すると脅した。ＡＢＳ－ＣＢＮの建物のすぐ隣には、武装した兵士たちを乗せたトラックが待機していた。同じころ、政府は、脅したり、名誉毀損で訴えたりして記者を操ろうとした。治安部隊が、ジャーナリストや左翼指導者たちの超法規的殺害に関与していると確信する人々もいた。政府はマスコミの力をおそれていた。この国には、マスコミを利用して、街頭での抗議活動を人々に呼びかけ、ふたりの大統領を平和的に追放した歴史があるのだから無理もなかった。

アロヨがおそれたのは正しかった。事実、ＡＢＳ－ＣＢＮは政権をひっくり返す火種になっていたかもしれない。軍人たちはメディアが――具体的にはＡＢＳ－ＣＢＮが――軍部が行動を起こすきっかけを作るのを待っていた。ＡＢＳ－ＣＢＮには、斥候レンジャーというエリート部隊に同行している記者がいた。斥候レンジャーたちは、私たちが彼らの姿をテレビで中継したら、その瞬間に通りに飛び出すと言っていた。私は記者を通じて、兵士たちがみずから飛び出さないかぎり、彼らを中継するつもりはないと伝えた。私のなかで、どこに線を引くかははっきりしていた。兵士の行動が先でなくてはいけない。

結局、兵士たちは飛び出さなかったので、彼らの姿を中継することもなかった。兵士たちの要求に応じていたら、私たちが火種となって、クーデターがはじまっていただろう。ＡＢＳ－ＣＢＮにはそれだけの力があった。

アロヨ政権はこの情けない出来事をしのいだが、その後も報道の自由を攻撃し続けた。二〇〇七年一一月二九日、メディアは最大の難局に直面した。ＡＢＳ－ＣＢＮの職員一二人を含む五一人のジャーナリストが、またしても軍内部の反乱分子によって占拠された金融街のホテル、ザ・ペニンシュラ・マニラを取材中に逮捕されたのだ（反乱分子は翌日にはホテルから撤退した）。政府はすべての報道機関に、自分たちが軍隊を派遣する前に、ホテルから記者たちを引き上げさせるよう警告した。私たちは警告に従わなかった。政府の要求に従えば、軍が突入したあとで何が起きたか、説明できるのは政府だけになってしまう。クーデター未遂の現場から、メディアが自主的に撤退しなければならない理由がどこにある？

戦闘が行なわれている場所を「犯罪現場」と言い換えることで――「犯罪現場」ならば誰でも逮捕できる――政府は既存の法律をねじ曲げて、報道の自由を弾圧した。明白な憲法違反だった。フィリピン政府が、政治的紛争の場に国家警察を主導機関として利用する、あらたな戦術を試したのもこのときがはじめてだった。これまで二一年間、すべてのクーデター計画や「支援の消極的撤退」に対応してきたのは、国防省か軍だった。

それが、いま私たちが経験しているもののはじまりだった。未来のドゥテルテ政権の攻撃は、アロヨが試行錯誤してきたものを土台にしている。アロヨの忠実な支援者や閣僚の多くが、ドゥテルテ政権に加わっているのが何よりの証拠だ。たとえば、国家安全保障問題担当顧問のヘルモヘネス・エスペロン[6]。ドゥテルテは憲法を骨抜きにしたが、その種はすでにアロヨ政権下でまかれていた。その傷口は、はじめはあまりにも小さくて目立たなかったので、人々はほとんど気づかなかった。私たちはもっと早く警鐘を鳴らすべきだったのだ。それもあって、いま私たちは「#HoldTheLine（一線を死守する）」という活動を行なっている。

アロヨとABS－CBNの時代に学んだことはほかにもある。そのときの経験があるおかげで、独裁者がメディア企業を攻撃し、ジャーナリストが刑務所に入れられる、いまこの時代に備えることができた。危機管理の方法を学んだのだ。

どんな危機にも「ゴールデンアワー」がある。誰かが、あなたのストーリーを自分のものだと主張して厄介なことになる前に、あなたがそのストーリーを自分の言葉にまとめて発表できる時間のことだ。どんなメッセージを、どのネットワークを使って送るか（電話か、電子メールか、等々）、しっかり頭に入れておく必要がある――すべては、ソーシャルメディアが現われる前の話だが。何よりも重要なのは、あなたのストーリーを誰よりも早く語ることだ。とくに、それがあなたに関するものなら、ナラティブをコントロールするだけでなく、危険にさらされている人を守ることにもなる。そこをうまくやれば、そのあとのこともたいがいうまくいく。そうやって組織は、インテグリティやスタッフを脅かすものから生き延びる。

ABS－CBN時代最大の危機は、早朝の一本の電話からはじまった。電話をかけてきたのは、同局のキャスターで、友人でもあるセス・ドリロンだった。身代金目的でふたりのカメラマンともども誘拐されたという。誘拐犯は地元のテロリスト集団で、アルカイダとつながりのあるアブ・サヤフ・グループ。フィリピン各地で数十年前から悲惨な事件を起こしていた。

背筋も凍るセスの電話を皮切りに、誘拐犯との交渉、アドリブ、いちかばちかの駆け引きの一〇日間がはじまった。もう二度とあんな思いはしたくない。部下の命が懸かった決断を下すのは、とてつもなく荷の重い仕事だった。

危機への対応はすべて私に任せてほしい、私はそう頼んですべての責任を引き受けた。人事部長のリビー・パスクアルに依頼して、誘拐されたスタッフの肉親を集めてもらい、私たちは全員、警備員が包囲する現場近くのホテルのふたつのフロアに待機した。一〇日間一睡もせず、取材班の解放を求めて、昼夜交渉にあたった。最初に、スタッフをぶじ解放してもらうために、自分たちは何でもするつもりだということをわかってもらおうとした。私たちは彼らに寄り添い、彼らも私たちの言うことを理解してくれた。私たちは信頼を築くところからはじめた。次に何が起きるのかわからないときは、鎧を外して、心を開くことが、みんなを団結させる一歩になる。

私たちの小さなチームは、できるだけ家族の了承を得るようにしながら、数分以内に決断していった。何かを決断するときはかならず説明した。間違った判断をすれば、私の過失になることもはっきりしていた。こうして、ほかの仲間には逃げ場を作ったうえで、私は、人質解放のためにやるべきと自分が判断したことを何でも試すことができた。文字どおり生死の懸かった問題だった。ひと月前の労働者の誘拐事件から、交渉を拒絶した者の身に何が起きるかはあきらかだった。労働者たちは斬首され、会社に彼らの首が届けられた。

ジャーナリストたちに危機対応を任せる。それがＡＢＳ－ＣＢＮにできる最善の策だった。私には、警察と反テロ部隊の内情に詳しい知り合いがいた。グレンダ・グロリア——二四時間放送英語ケーブル・ニュース・ネットワークの責任者として私が引き抜いたこの女性には、軍内部に情報提供者がいた。

一〇日間の交渉の末に、私たちは、セスたち取材班の解放に成功した。

今回の危機を乗り越えたことで、グレンダとリビーと私の絆はいっそう強くなった。この絆が、ドゥテルテ政権時代に直面する数々の危機を、ラップラーが乗り越えていく力の土台になる。

こうした騒動にもかかわらず、それは素晴らしい時代だった。私は国内最大の報道機関を率いて、その資源と幅広い視聴者を梃子《てこ》にして、市民の社会参画を促した。テクノロジーとソーシャルネットワークを受け入れはじめたのもこの時期だ。伝統的な放送局の力と、あたらしいメディアや携帯電話のテクノロジーをどう結びつけるか。報道のためだけでなく、社会を変えるために。それを考えるのは、やりがいがあった。あなたの携帯電話を使って、私たちと一緒にニュースを報道してみないか、人々にそう呼びかけてみたかった。当時、私が目にしていたのは、社会を変え、民主主義を強固にするジャーナリズムの力だった。

ＡＢＳ－ＣＢＮにいた六年のあいだに、私たちは、具体的で数値化できる成果を社会にもたらす数々の番組を制作し、これらの作品は賞を受賞した。それは、フィリピンの社会が民主化に向かって大きく舵《かじ》を切る流れさえ生み出した。私たちは、マスメディアというメガホンを通じて市民に広く行動を呼びかけ、インターネットや携帯電話を利用して参加型の文化を作り出し、一般市民や若者たちを奮起させた。

変化の速度はゆっくりで、ひとつの変化が生まれ、その上にまたひとつ変化が積み重なるといった具合だった。すでに社内では、取材と番組制作のワークフローが変わり、作品の質と報道倫理に重点が置かれるようになっていた。世界中の多くの国と同様、視聴率を稼ぐ（それによって収入を稼ぐ）ことを目的とした、扇情的な番組や犯罪捜査番組の数を減らして、「砂糖に野菜」を足した。深夜のニュース番組のタイトルを「旗」を意味する「バンディラ Bandila」に変更した。自分たちの国に愛着が感じられるようなクールな番組にするつもりだった[7]。スタジオに斬新なデザインを取り入れ、若者の心をつかんだ。こうした変化の立役者となったのが、のちにラップラーの創設者のひとりとなるベス・フロンドソだ。これまでの変化はすべて、会社内部や組織に関するものだった。「バンディラ」は氷山の一角だった。

私たちは現実にも影響を与えたいと思っていた。そのひとつが、フィリピンの選挙に関する数字で、もっと多くの国民が投票所に足を運ぶように働きかけたかった。そこで、ＡＢＳ－ＣＢＮの総力をあげて、二〇一〇年五月の大統領選挙に向けたキャンペーンをはじめた。この活動のために私が採用したのが、アメリカ人の著述家たちによって有名になったふたつのアイデア――ティッピング・ポイントとクラウドソーシング――だ(8)。

「ティッピング・ポイント」は疫学に根ざした考え方で、電子顕微鏡下で増殖していたウイルスが、ある一線を越えるとシステム全体を変えてしまう現象を言う。「クラウドソーシング」は、ある集団のメンバーが、多様な考えを持ち、互いに独立していて、分散型の構造と、個々の判断をまとまった決定に変えるメカニズムを備えているなら、たったひとりの天才よりも賢明な決定を下せるという考え方だ。これらの四つの要素が作り出すのは「群衆の叡智《えいち》」であって、暴徒の支配ではない。

「投票に行こう」キャンペーンのために、私たちは、研究に裏打ちされた、漸進的なティッピング・ポイントの方法を採用した。あるコミュニティを建設するために、私たちは、二一を超える州で一一日間連続、二四時間生放送で、さまざまなプラットフォームを使って有権者登録運動を行なった。有権者に登録を呼びかけたのは、選挙のためだけでなく、ＡＢＳ－ＣＢＮの市民ジャーナリストに、すなわち、「ボト・パトローラーズ（選挙監視員）」になってもらうためでもあった。

市民に関心をもってもらうために、私たちは全国各地で五〇回以上にわたり講演会や討論会を開いた。そのなかには、青年活動家たちの講演会、コンサート、ワークショップもあり、その多くを私が企画した。わずか四か月後に選挙管理委員会から、登録を希望する有権者が殺到してシステムがパンクしてしまったので、活動のペースを落としてくれと言われた。

私は、自分たちの資源を「エンパワーメント〔個人や組織の潜在能力を引き出し、自分たちが置かれた不利な状況を変えていく力に結びつけること〕と希望の拡散」と「討論とエンゲージメントの促進」というふたつの大きな目標に集中させた。

最初の目標についてどうするかは、インドネシアで、テロリズムと集団暴力について調査するかたわら学んだことが土台になっていた。社会ネットワーク理論と、心理学者のソロモン・アッシュ、スタンレー・ミルグラム、フィリップ・ジンバルドーの実験、そして「三次の影響説（私たちのすべての言動は友人、友人の友人、友人の友人の友人にまで影響を与えるという考え方）」だ。ＡＢＳ－ＣＢＮネットワークがサンプルとして抽出したグループの議論から、フィリピンの若者たちは、自分たちの国の政治プロセスに不満と幻滅を抱いていることがわかっていた。そこで私たちは、集団力学と社会ネットワークの力を利用して、何か建設的なことをしようと決意した。希望を拡散するのだ。

私たちはシンプルなスローガンを掲げることにした。「アコ・アン・シムラ Ako ang Simula」、直訳すると「私がはじまり」[9]、さらにかみ砕けば、「変化は私からはじまる」という意味になる。私たちが手本にしたのは、マハトマ・ガンディーの言葉とよく言われる、「あなたが見たいと思う変化に、あなた自身がなりなさい」だった。ただしこの言葉も、古代ギリシアの哲学者プルタルコスの「自分の内部で達成したことが、外部の現実を変えていく」が大本になっている[10]。

私たちは、エンパワーメントを通じて希望を拡散することにした。それは行動への呼びかけだった[11]。

これを支える手段となるのが、政治・社会問題を扱う、クラウドソース型の市民ジャーナリズム・プログラムだった。このプログラムは、最初は週三回、ＡＢＳ－ＣＢＮのさまざまなマルチメディア・プラットフォームを通じて、ニュース番組で取りあげられた。投票日まで一か月を切ってからは、ゴールデンタイムのニュース番組で、毎晩放送された。私たちは「ティッピング・ポイント」方式で、自分たちが取るひとつひとつの行動の累積効果に期待して、市民に理解してもらえるように繰り返し呼びかけた。良いことであれ悪いことであれ何かを見かけたら、携帯電話を取り出して記録することができるのだ、と。選挙の三か月前にはコンサートも開いた。コンサートには一五組のバンドが出演し、およそ二万人の市民ジャーナリストが集まった[12]。

市民ジャーナリズム・プログラムのティッピング・ポイント（物事が爆発的に変化する時点）は、マギンダナオの虐殺事件で訪れた。

二〇〇九年一一月二三日、マギンダナオ州で、三二人のジャーナリストを含む五八人が白昼公然と殺害された。それは、対立する政治家による計画的殺人で、選挙に関連したものとしてはフィリピン史上最悪の暴力犯罪だった。ジャーナリスト保護委員会は、この事件を「ジャーナリストを狙った単一の攻撃としては、世界に類を見ない凶悪な犯罪」であり、「ジャーナリストが記録をつけはじめてから、プレスに対して行なわれたもっとも非道な攻撃」と述べた[13]。事件の真相を暴いたのは、ひとりの市民ジャーナリストだった。

午後三時四七分、マギンダナオ州の人里離れた山頂で人々が殺されている、と軍が発表するより約四五分早く、ABS－CBNにメッセージが届いた。そこには、マギンダナオ州知事に立候補予定のエスマエル・〝トト〟・マングダダトゥの親戚と支持者、そして、その日彼らに同行していたジャーナリストたちが誘拐されたと記されていた。メッセージには続けて、国家警察が動かなかったのは、彼らが、現職州知事アンダル・アンパトゥアンの一族の言いなりだからだとあった。その市民ジャーナリストによれば、軍も「トト・マングダダトゥに対する良からぬ企てがあるという報告が続々と寄せられていたにもかかわらず、見ざる言わざるを決め込んでいた」とあった。

このメッセージは私たちに、何が起きたか、下手人は誰か、警察幹部がなぜ動かなかったのかを伝えていた。

わずか一一分後に情報源から第二のメッセージが届いた。

どうかこの事件に注意を向けて、真相を究明すると同時に、公平な報道を行なってほしい。マギンダナオ州におけるアンパトゥアン一族の残虐非道ぶりは、公然の秘密だ。命の危険におびえて誰ひとり動けずにいる。この土地で、連中はまるで神のようにふるまっている。[14]

この情報提供者は、ふたつのメッセージを通じて、どこで、何が起きたか、誰が事件に関与しているかを教えてくれた――彼がいまどんな思いでいるか、私たちにも手に取るようにわかった。当時、誰もがアンパトゥアン一族をおそれていた。にもかかわらずこの人物は、途方もない危険を冒してメッセージを送ってくれた。兵士のひとりに違いないと私たちは考えた。

三〇分後、フィリピン軍の正式な発表により、誘拐と殺害が事実であることが裏付けられた。時間の経過とともに、犠牲者の数は増えていった。

その日の夕方、市民ジャーナリストから第三の、そして最後のメッセージが届いた。それは身の毛もよだつ虐殺現場の最初の写真だった。草むらに三人の遺体が、投げ捨てられたかのように大の字に横たわっていた。しかしメッセージを受け取った時点では、それがほんとうに殺害現場の写真なのかを証明する手立てがなかった。事件を報道するために詰めかけたジャーナリストは全員、わが社のスタッフも含めて、当局によって町の中心部のホテルに待機させられていた。

画像に写り込んでいる白のトヨタ・ハイエースが、マングダダトゥの護衛団のものであり、遺体が誘拐された人々のものに違いないと確認してから、私たちは写真を公開した。推測していたとおり、メッセージの主は兵士だった。現場を訪れ、自分が見たものにおそれおののいた兵士が、メールで写真を送ってくれたのだ。その時点で現場に入ることができたのは、軍の関係者だけだった。その兵士は、犯罪が揉み消されてしまわないように、市民ジャーナリストになる決意をしたのだろう。

った。共同体や公共機関に市民ジャーナリストの目を張り巡らせることに、どれほど潜在力があるかが証明されたのだ。そしてこの事件によって、私は、フィリピンのような国では、インテグリティを懸けた個人の戦いこそが、市民ジャーナリズム・プログラムの核になると気づいた。不正や、自分が悪と考えるものを改めさせるために、あなたはどこまで踏み出せるだろうか?

二〇一〇年五月一〇日の大統領選挙投票日を迎えるまでに、市民ジャーナリストの登録者数は九万近くにのぼった。ABS-CBNのフェイスブックのページには、通常のニュースサイトに比べて、四倍のリアクションがあった。[15] こうして私たちは、選挙のために社会を変えるという最初の目標を達成した。私たちは、エンパワーメントと希望の種をまいた。そして、私たちの行動への呼びかけに市民ジャーナリストが応えたあとは、本人たちの自主性に任せた。

マギンダナオの虐殺事件の前後には、賄賂、汚職、選挙違反、脅迫などについて、市民ジャーナリストからたびたび報告が寄せられた。彼らの行動がその後の日々を形成した。候補者と支援者が選挙法の決まりに公然と違反するのは以前より難しくなった。携帯電話さえあれば、誰でも現場をおさえて、通報し、自分たちの後ろ盾になっているABS-CBNの力を借りて、洗いざらい公共の電波に乗せられるようになった。

そのとき私は、参加型メディアがどれほど強力になれるかを知った。携帯電話を利用する市民が、正義と説明責任を要求する力を与えられたときどうふるまうか。善のために、すなわち、市民に力を与えるために、市民が投票所に足を運んで民主主義に関与するために、そしてインテグリティと真実のためにテクノロジーをどう利用できるかをこの目で見た。だから私はいまでも信じている。フィリピンは、ドゥテルテ政権下で変わってしまったが、それは、この国の本来あるべき姿ではない、と。助けを求めて駆け込める自由な報道機関があるなら、ごく普通の市民が、独裁者による弾圧を支持するはずはないのだから。

社会を変えるために私が掲げたもうひとつの目標は、討論とエンゲージメントの促進だった。重要な問題をめぐる、正真正銘、いっさい制約のない討論というものを見てみたかった。フィリピンではほとんどの政治家が、依然として公の場での議論を避けていた。実際、二〇〇九年初頭の段階では、大統領候補たちは同じ舞台で顔を合わせようとさえしなかった。ジャーナリストからの質問には答えても、対立候補に反論されるのを嫌がった。こうした風潮を変えたかった。

そこで私たちは、一年のあいだ、毎月、顔ぶれの異なる政治家を招いて討論してもらった。ひと月ごとに、あらたなエンゲージメントの層を付け加えることもした。選挙の一年前には、スタジオに大統領候補たちを招き、学生たちの前で討論する様子を中継した。視聴者がインターネットで参加できるように、私たちはいくつかのプラットフォームを用意した。当時は目あたらしかったフェイスブック、その後、ツイッターと、フェイスブックが普及する前にフィリピンで人気のあったマルチプライというプラットフォームを付け加えた。そして各候補者にひとりずつライブブロガーを割り当てて、ABS－CBNのニュースウェブサイトで、チャットによるセッションを同時に行なった。四か月目には、市民は、四つのデバイスで選挙戦に参加できるようになった。テレビ画面で視聴し、携帯電話で賛否の意思表示をし、フェイスブックやツイッターにコメントを書き込む。フィリピンのテレビ・ネットワークで、これほど多角的な取り組みを展開したところはほかになかった。

二〇一〇年三月、ABS－CBNが主催した副大統領候補の討論会では、六人の候補者が全員対決した。ふたりの候補者が、互いに向き合うように設置された演壇に順番に上がり、一方の候補者が相手に質問し、質問された候補者は決められた時間内に回答した。候補者たちがそれぞれ連れてきたライブブロガーが、テレビの視聴者やネットの記事を読んでいる人の質問にオンラインで回答した。

2010年5月、ABS-CBNにて。

ツイッターやフェイスブックなどのオンラインのプラットフォームで、私たちは視聴者に単純な問いを投げかけた。「この候補者の言ったことをあなたは信じますか？」

視聴者は「ナニニワラ（信じる）」から「ヒンディ・ナニニワラ（信じない）」までの何段階かの選択肢から回答を選ぶ。結果はその場で画面に表示される。視聴者は、候補者の発言内容だけでなく、その発言に他人がどう反応するかにも反応した。フェイスブック、ツイッター、ABS－CBNのウェブサイトのチャットボックスで、視聴者どうしの活発なやり取りが生まれ、エンゲージメントが上昇した。候補者たちは、並の記者よりも見識のある、鋭い質問を互いに投げかけることができた。というのも彼らは、リアルタイムで討論会を見ている視聴者の反応をその場で判断して切り抜けなければならなかったからだ。

その夜、私はテクノロジーの生理学的影響を実感した。特ダネを報じるときに通常放出されるアドレナリンに加えて、依存症の原因になるドーパミンと、「つながっている」という感覚を増大させるオキシトシン（「愛情ホルモン」とも呼ばれる）のレベルも上昇していたに違いない。[16] 私は、ツイッター、フェイスブック、オンライン・チャットという三つの異なる媒体を通して、テレビ画面で起きていることに関与していた。それは、定期的に発表される視聴者のフィードバックを通じて私にはね返ってきた。視聴者のフィードバックからさらにフィードバックが生まれる――永遠に続くネットワーク効果〔ある財・サービスの利用者が増すと、その財・サービスの利便性や効用も増すこと。ネットワーク外部性とも言う〕――その考えが気に入った。

この取り組みでは、もう少しで「正直さ」を測定できるところまでいった。相手を信用するかしないかを決定するといった、たいていは測定困難な本能を数値化することができた。どんな政治的戦略がうまくいって、どんなものがうまくいかないのかもわかった。私たちはそのすべてを同時に行なった。

技術革新、エンゲージメント、そして共同体との力の分かち合いは、いい商売になる。二〇〇七年に私たちが「ボト・モ、アイパトロール・モ Boto Mo, iPatrol Mo」という市民ジャーナリズム・プログラムを導入したあと、ＡＢＳ－ＣＢＮの売上総利益率は、先の大統領選挙のときに比べて四〇〇パーセント近く増加した。二〇一〇年年末に私がＡＢＳ－ＣＢＮを辞めるまで、その傾向は続いた。運営開始から一〇年あまりを経て、英語放送局ＡＮＣははじめて黒字に転じた。

それから数年間、私たちは自分たちの実験の影響を見守った。二〇一〇年七月、パルス・アジアという信頼の置ける世論調査機関が、「アコ・アン・シムラ（私がはじまり）」運動の影響の全容をあきらかにした。それによれば、一九九九年にパルス・アジアが調査を開始して以来、フィリピンは全国的に、いまだかつてない楽観的な空気に包まれていた。将来を楽観視する人の割合は五三パーセント、悲観視する人はわずか一一パーセントで、記録がつけられるようになってからもっとも低い数字だった。調査によって、私たちのネットワークの信用度が急上昇していることも確かめられた。フィリピンのすべての放送局のなかで、ABS－CBNはもっとも信用度が高くなっていた。

私たちの計画は成功したのだ。

それはうまくいっていた。旧来のネットワーク効果が――フィリピン最大の報道機関の力が――テクノロジーそのものの、はるかに強力なネットワーク効果によってひっくり返されてしまうまでは。

ABS－CBNは、フィリピン文化の最良の部分と最悪の部分――親切で忠誠心に篤い反面、縁故贔屓に陥りやすい――を教えてくれた。この時代が、こんにちラップラーを運営していくうえでの土台になった。ABS－CBNのニュースおよび時事問題部門にいた六年のあいだに、私たちはさまざまな問題を改善した。前半の三年間で事業を軌道に乗せ、労働基準法と一体化した報道倫理規定マニュアルを作成した。私が考えていたように、組織と上に立つ人間が隠し事をなくせば、集団は正義に目覚め、説明責任と一貫性を重んじるようになる。私たちは能力と成果に基づいてスタッフを評価した。

二〇〇五年、私がANCに引っ張ってきたスタッフのひとりがトゥインク・マカライグだった。ANCに移籍して一年あまりが過ぎたころ、トゥインクは乳がんと診断された。ごく一部の人間にだけ事情を告げて、治療がはじまった。乳房の部分切除手術、三〇回の放射線治療。治療を受けるあいだも休むことなく働き、スタジオに通って、番組の編集作業と司会の仕事を続けていた。本人は、「ピンク色の血清が入った袋を脇の下にぶら下げて、平然と歩いているから、知らない人が見たら、新種のスタミナドリンクだと思うでしょうね」などと言っていた。そして、トゥインクはがんに打ち勝った。

当時はなかなか会えなかったが、トゥインクの司会席は、私のオフィスのすぐ近くだったので、ときおり顔を見せてくれた。あなたは、白か黒か決めつけすぎる、敵をたくさん作りすぎる、一度にあまりにもたくさんの問題に取り組もうとする。しょっちゅうそう言われた。戦う相手を選べ、とトゥインクは忠告してくれた。一線を死守せよ、とチェチェ・ラザーロが教えてくれたように。

権力を欲する人間は、力を手に入れるためなら手段を選ばない。結局、私が要求した抜本的改革のすべてに誰よりも強硬に抵抗したのは、報道局の記者やプロデューサーや編集者ではなかった。紛れもない抵抗勢力は、ABS－CBNの上層部に巣くう小さな権力者集団だった。彼らの妨害工作によって、報道部門の結束は弱まり、目的はあやふやになった。とどのつまり、汚職は断じて許さないという方針を報道部門が打ち出して、たとえば、ABS－CBNの部署はすべて例外なく、テレビの人気者を取材する芸能記者に金を渡してはいけないなどと言い出せば――こうした汚職の慣習を足がかりにして出世してきた人間はどうなるだろう。

この小さな集団は、噂話《うわさばなし》やつまらない喧嘩《けんか》を利用して、私の直属の部下や盟友たちのあいだに少しずつ亀裂を生じさせ、長年の友情や信頼関係を引き裂いた。ついに上司のギャビーが、社内の脅威を案じて私に専属ボディガードをつけてくれるまでになった。

訴訟、組織的中傷活動、同性愛に対する偏見に満ちた言葉、悪意に満ちた個人攻撃――二〇二二年のいま私が経験しているほぼすべてを――規模ははるかに小さいながら――すでに私は経験していた。つらかったが、いい訓練にはなった。この文章を書きながら私が微笑んでいるのは、その経験があったからこそ、自分はいっそう強くなり、現在の戦いへの心構えができたからだ。

組織を変えようとすれば、組織はあなたに牙をむく。

二〇一〇年一〇月のある日、ギャビーに呼び出されてオフィスに行った。沈みかけた太陽が太平洋を薄紅と紫に染め、大気はうだるような熱気に包まれる。マニラの一日のなかでもっとも輝かしい時間。私のお気に入りの時間だ。マティーニを頼む、とギャビーが秘書に命じるのを聞いて、私は微笑んだ。

ギャビーはノリ・デ・カストロについて話したがっていた。ゴールデンタイムのニュース番組の元司会者だが、彼のネットワークへの復帰を、私は一年近く阻止していた。デ・カストロは、フィリピンで一、二を争う人気司会者で、ほんの少し前まで、グロリア・アロヨ政権の副大統領だった——それだけで、フィリピンではメディアと政治がいかに親密な関係にあるかがわかるだろう。デ・カストロは、ABS－CBNがゴールデンタイムに放送しているニュース番組のメイン司会者に復帰したがっていた。そしてギャビーは、あらたなライバル局に彼を引き抜かれてしまうのではないかと心配していた。しかし私は、復帰は適切かつ透明に行なわれなくてはならないと感じていた。早い話が、デ・カストロも、副大統領在任中に汚職の疑いをかけられていたのだ。

打ち合わせにどう臨んだものか、心が揺れていた。しかしどこに線を引くかがはっきりしていれば、どう行動すべきかも、おのずとあきらかになる。会社の経営者が自分の望まないことをしたがっているなら、受け入れるか、会社を辞めるか、どちらかしかない。打ち合わせが終わったときには、私は辞表を提出して、後任人事についてアドバイスし[17]、引き継ぎのスケジュールを立てていた。

後日、私は、奇跡のような六年間について、報道部門のスタッフたちに感謝の言葉を手短にしたためた[18]。私たちは、ジャーナリズムとこの国の未来の形を決めるために、数々の危険をともにした。汚職に対して声をあげ、断固としてこれに反対した。成長するソーシャルメディアの波に乗った。市民ジャーナリストと手を携えて、選挙と国のインテグリティを監視した。私はスタッフたちに訴えた。編集の独立を重んじ、守ってくれ。思考の明晰さ、粘り強さ、正しきもののために戦う勇気をどうか忘れないでくれ。凡人のようにほどほどのところで手を打つのはやめよう。

ABS－CBNに在職しているあいだ、終始私を支えてくれた三人の女性がいた。彼女たちの専門知識と価値観を通じて、私たちは生涯の友にして相棒となった。ジャーナリズムと、民主主義においてジャーナリズムが果たす役割に関するヴィジョンを、私たちはともに更新していった。

どうすれば自分たちのヴィジョンを実現できるだろう、私たちはそう夢想するようになった。チャイ・ホフィレーニャ、グレンダ・グロリア、ベス・フロンドソと囲んだテーブルで、私はグラスを高く掲げた。「上等じゃない。山のような問題を……私たちは生き延びた！」

みんな爆笑した。それから数年のうちに、敵は私たちを魔女と呼ぶようになる。

これが、のちに私たちが「ラップラー」と命名する会社の母体である。

第6章　変化の波を起こす——チームを作ろう

ラップラーは、共同創設者の四人を「マナンManang」と命名した。おおざっぱに訳すと「お姉さん」といったところか。私たちは、自分たちのチームに「姉」のようにふるまった。おかしな四人組で、性格も、仕事の習慣もてんでばらばら。政治的見解さえ違ったが、本人たちはあまり気にしていなかった。私たちが何より全力で取り組んできた対象は、すぐれたジャーナリズム、真実、正義で、それはつねに政治より優先された。

ABS－CBNにいるとき、私はほぼ二年がかりでグレンダ・グロリアを口説いて、ANCのトップになってもらった。マルコス時代から、この国と地方が、封建主義と利益誘導型政治に搦《から》め捕られている詳細をその目でじかに見てきた人物で、おそらく私がこれまで一緒に仕事をしてきたなかで、最高のニュース編集室長だろう。そして、ラップラーを立ち上げるにあたり、パートナーになってくれた。私が飴《あめ》なら彼女は鞭《むち》で、規律には厳格、私たちのふわふわした夢の具体的段取りを考えてくれる。そして誰であれ、期待を裏切る者には容赦しない。

チャイ・ホフィレーニャは、『フィリピン・デイリー・インクワイアラー』紙（創刊されて日は浅いが、フィリピン最大の発行部数を誇っていた）のグレンダの同僚で、ふたりは同紙で労働組合の代表を務めていた。ふたりが考えた労組の方針はすべて、自分たちが長年温めてきた労働原理を反映するものだった。チャイには政治とメディアに関する複数の著書があり、そのなかのメディアの倫理と腐敗をテーマにした一冊は、フィリピン国民の必携書だ。私たちがABS－CBNのために包括的な報道倫理規定マニュアルを作成したときも協力してくれた。チャイは教師でもある。ラップラーのスタッフがめきめきと成長するのはそのおかげもあるかもしれない。食うか食われるかの、秘密主義の報道機関にこれまでなかった文化を浸透させる手伝いをしてくれた。

ラップラー創設者の残るひとりベス・フロンドソは、ABS－CBNに入社して一一年になるベテランで、陰になり日向になり彼女がリーダーシップを発揮してくれたおかげで、私は、社内に荒れ狂う政治の海を乗り越えることができた。出世の階段を実力で昇っていった人だけに、社内の政治と内紛がどれほど無駄を生むかを熟知していた。報道局で最大の予算を握っていたのもベスで、そのため、その日は取材班をどこに派遣するか、毎日放送する番組の形式と内容をどんなものにするかが、彼女の鶴の一声で決まることがよくあった。最高のバランスを——そこそこ真面目で視聴率も稼げる絶妙なさじ加減を——見つける名人だった。野心的な報道こそ、私たち報道機関の使命でもあるのだから、そこにこそお金をかけるべきだという信念の持ち主でもあった。

私？　そうだなあ、私は、コーヒーを一杯か二杯も飲めば元気いっぱい、弾丸のように飛び出していく。それは長所でもあり短所でもあるのだけれど。ラップラーのスタッフに言わせると、私は猪突《ちょとつ》猛進《もうしん》型で、次から次へとアイデアを思いつくが、無謀な目標設定も多いのだそう。創設当時からいる一二人のスタッフのひとり、ナターシャ・グティエレスによると、人畜無害な顔をしているが、じつは装塡した銃並みの破壊力があるという。「彼女の脳のなかでは歯車がつねに回転していて、いっときも止まることがない。たいてい民主的だが、場合によっては全体の総意を無視して意思を押し通すことがある」のだそうだ。

二〇一一年、マナンには五つの共通点があった。まず、私たちの動機はお金ではなかった。毎月の給料が三〇パーセント、人によっては九〇パーセント減ると知りながらABS－CBNを退社したのだから。四人全員が、報道局を運営する豊富な知識を持ち、少なくとも一度は、主流メディアに蔓延していた文化に抗《あらが》う独立した組織で働いた経験があった。四人全員が、ジャーナリズムの力を、その使命と倫理を信じていた。みんな働き者で、毎日一四時間から一六時間働いた。そしてニュース制作現場に日々身を置く状況に慣れていた。そして四人全員が、これまで自分たちが経験してきた以上に素晴らしいものを作り出したいと思っていた(1)。

互いの足りない部分を補い合う性格のおかげで、私たちは追い詰められているときも、すばやく直感的に決断を下すことができた。たいてい、四人のなかでいちばん強引なのが私で、グレンダがいちばん慎重、チャイはつねにその中間を探し、周到かつ冷静にベスが仲裁に入る。四人そろえば、目標達成のための完璧な行動計画が立てられる。ふたりが天秤座《てんびん》でふたりが獅子座《しし》。四人のチームは、全員をたんに足し合わせたよりずっといい。そして四人全員が、ジャーナリズムの使命を二一世紀に実現するための専門知識と勇気を備えている。私たちはまったくあたらしい何かを作り出そうとしていた。フィリピンはおろか、世界にもまだない何かを。

ラップラーの創設者たち（左から右に）、著者、チャイ・ホフィレーニャ、ベス・フロンドソ、グレンダ・グロリア。2017年３月７日、マニラ首都圏キャピトル・コモンズ、エスタンシア・モールの外で自撮りした写真。

私たちは全員女性だ。そして私たちは、事実だけでなく、感情と価値観にも基づいて決断を下してきた。チームではあるけれど、ひとりひとりが自分らしさを失わず、感性に耳を傾けることができた。ときには批判を気分良く受け入れられないこともあった。互いへの深い忠誠心が意思決定に影響したこともある。それは私たちが克服しようと努めてきた弱点だ。しかし突き詰めてみれば、自分たちの仕事は自分たちの友情にほかならないと、四人ともわかっていた。自分たちの信頼関係が現場の最前線で培われたものであるということも。ドゥテルテが登場する前でさえ、私たちは四人そろえば怖いものなしだった。

二〇一一年七月、私たちは自分たちの会社を創設した。計画では、二〇一二年一月にニュースサイトを立ち上げ、五年以内に（伝統的な報道機関が必要としていた半分の時間で）ブレイクする予定だった。

マナンたちが、タギッグ市の私の部屋に集合した。部屋の両側の窓から太陽の光が降り注いでいた。あたらしい会社の名前はもう決まっていた。「ラップラー Rappler」——「おしゃべりする」という意味の「ラップ *rap*（私たちの世代にとっては一九八〇年代を感じさせる言葉でもある）」と、波を起こすという意味の「リップル *ripple*」を組み合わせた新語だ。

それは壮大な実験だった。私たちは、テレビが放映しているニュースを、視聴者がポケットに入れて持ち歩く携帯電話で観られるようにしたいと思っていた。二〇一〇年には、それはまだ夢物語だった。しかしＡＢＳ－ＣＢＮでの成功体験から、クラウドソーシングを通じて、参加型ジャーナリズムを作り出し、自分たちの国の制度をボトムアップで建設する後押しができることはわかっていた。そちらのほうが、これまで長年報道してきたトップダウンの統治より希望が感じられた。国民が関与すれば、政府はかならず良い方向に向かうのだから。

私たちはみな、たんに記事を伝える以上のことがしたかった。全員が、すぐれたジャーナリズムには世界を変える力があると信じていたし、変化を起こすための理論も持っていた。私たちはベン図に描かれた三つの重なり合う円をイメージした。円はそれぞれ、調査ジャーナリズム、テクノロジー、共同体を表している。三つの円が重なり合う中心にいるのがラップラーだった。「ラップラーは行動する共同体を建設します。共同体を育てるために提供する食べ物がジャーナリズムです」。ラップラーについてひと言で説明しなければならないとき、私はこう語った。

最初に話し合ったのは、ラップラーのジャーナリストは、編集の独立性を保たなくてはならない、そして採算の取れる商業的競争力をつけなければならないということだった。自分で書いた記事の責任を、記者が引き受けられるように。役員や株主に相談することはあっても、最終的な決定権は私たちにある。[2] ＡＢＳ－ＣＢＮやその他の企業メディアで学んだように、商業的意思決定権を伴わない編集の独立性など、見かけ倒しに過ぎない。独立性を維持するには、スタッフに適正な賃金を支払えるだけの利益をあげなければならないこともわかっていた。私たちが真っ先に掲げた目標は、持続可能なビジネスモデルを作ることだった。

インターネットに対する取り組み方も、私たちは異色だった。伝統的なメディアはインターネットをおまけとして考えていた。私たちは、「ブランドラップ」と名づけた自前の広告モデルを柱とする営業チームを考えた。「ブランドラップ」は、完全に別個のチームとして、スポンサーつきの記事を書く。それがスポンサーつきの記事であることは、サイトに明示された。フィリピンではじめての試みだった。役員から記者まで、私たちは経験と革新を融合した。ラップラーの経営責任者である四人のマナンは、ジャーナリズムの分野の経験が豊富だった。創設時の取締役会のメンバーも心からの使命感に燃えていた。私たちは、あたらしいテクノロジーに子どものころから慣れ親しんできたミレニアル世代とは違った。古い世界の組織を動かしてきたのちに、あたらしい世界を理解しようと飛び込んだのだ。

私たちは最初にいくつかの取り組みを行なった。フェイスブックを試してみたのもそのひとつだった。二〇〇八年、ＡＢＳ－ＣＢＮにいた当時から、すでに私たちはモバイル化の侮りがたい勢力としてフェイスブック〔二〇〇六年に一般公開を開始〕を認識していた。手はじめに、私たちはフェイスブックに「MovePH」というページを立ち上げて、試験的に投稿を開始した。[3] フェイスブックの検索機能がもっとうまく機能していたら、自分たちでウェブサイトを立ち上げようとは思わなかったかもしれない。当初、私たちは、フェイスブックとその創設者であるマーク・ザッカーバーグが、フィリピンのような国と民主主義の未来のために何ができるかについて、すっかりのぼせあがって、過剰に楽観的になっていた。

私たちはソーシャルメディアに関する最初の公開イベントを開いた。マニラから車で北に四時間の避暑地にある、フィリピン大学バギオ校の学生五〇〇人を対象にした四時間のワークショップだった。ソーシャルメディアを善用する方法を学生に学んでもらうのがイベントの狙いだった。テーマは、地方の環境問題と、この問題に取り組むためにソーシャルメディアをいかに活用するか。私の基調講演のタイトルは「社会変革のためのソーシャルメディア」だった。

このイベントのために、私たちはステージを設営してライブ配信を行なった。[4] 私たちはテレビから学んだことを、インターネットという「すばらしい新世界」に応用してみたかった。当時すでにフィリピンは、ソーシャルメディアの利用状況において世界をリードしていた。携帯電話の普及率は九四パーセント、ウェブユーザーの平均年齢は二三歳を下回り、一週間あたりの視聴時間では、すでにインターネットがテレビを抜いていた。[5] テレビは依然として圧倒的な収益を誇っていたとはいえ、未来はインターネットのものだと私たちは確信していた。

ワークショップで、私は、インターネットで目にしたさまざまな可能性について話した。インターネットは、私たちの思考法や行動法を激変させつつある、と。[6] そのときは、民主主義に与える影響のプラスの側面しか見ていなかった。

　スライドを使って、学生たちに中東と北アフリカの状況を説明した。その年、エジプト、チュニジア、バーレーン、リビアでは「アラブの春」が起きたばかりだった。これらの革命が契機となって、はたしてフェイスブックとツイッターが革命の引き金になったのか、という議論が欧米で起きた。(7) 学者たちの結論はともかく、インターネットが、具体的にはソーシャルメディアが、長年のあいだに蓄積した不満に火を点《つ》け、人々の恐怖を圧倒し、勇気を燃えたたせ、迅速な抗議活動を可能にした重大な要因であったのは間違いない。インターネットがなかった時代には、こういった運動を組織するには何か月も、何年もかかったのだから。こうして独裁政権は次々と崩壊した。

「メッセージを運ぶメディアが、メッセージそのものを形作り、その性格を決めるのです」。私は、世に大きな影響を与えた、メディア理論家マーシャル・マクルーハン〔カナダのメディア・文明批評家。独特のメディア理論を展開した〕の著書『メディアはマッサージである——影響の目録』を引用しながら学生たちに語った。(8) ソーシャルメディアの即時性が、革命のスピードを加速させた。権威主義政府は、ネットを行き交うメッセージに追いつくことも、これらを規制することもできなかった。抗議活動のモデルはウェブのネットワークだったからだ。そのつながりはゆるやかで、非階層的で、リーダーがいなかった。誰を逮捕すればいいのか、独裁者たちにはわからなかった。そこには分裂させるべき政党も、解体させるべき地下抵抗組織もなかった。それは国民だった。そして国民を敵に回して戦った政府は、最後にはかならず滅びる。

　このときの講演を思い出すと身がすくむ。二〇一一年に私が歓迎したまさにその展開は、プラットフォームのビジネス戦略に従ってすみやかに調整され、国家権力に取り込まれ、国民に牙をむき、デジタル権威主義の台頭、事実の死、巧妙な大衆操作を後押しするようになる。どれもこんにち私たちが経験していることばかりだ。

当時、インターネットの負の側面にも目を向けなかったわけではない。私は、インターネットが人間の生物学的側面におよぼす影響を強調した。講演を視聴していた五〇〇人の若者の体には、重大な生理学的変化が生じていた。講堂にいた学生の七五パーセント以上が、フェイスブックのアカウントを持ち、それより数は少ないものの、ツイッターに登録している学生も多数いた。プラットフォームに参加すると、脳内のドーパミンレベルが上昇して、私たちの感情に微細な影響を与える[9]。感情が高揚すると、期待や、反応の仕方が変化する。ソーシャルメディアにかぎらず、現代社会におけるあらゆるテクノロジーの干渉は、「客観性」よりも「センセーショナリズム」を好むように私たちを条件づけしていく[10]。その日、私は学生たちを見わたしながら、集中できない世代になってはいけないと警告した[11]。

しかし、そんな私でさえ、ソーシャルメディアの負の側面を受け流してしまったのは、プラス面がじつに有望そうに思われたからだ。その日、私は学生たちにこう語った。「私たちは以前よりも社会に関与できるようになりました。以前よりも社会的になりました。最小限のコストで、一緒に行動すると決められるようになりました」。つまるところ、その日のワークショップの目的は、社会をより良くするために、学生自身がソーシャルメディアを活用できると示すことにあった。

この数週間後に生まれたのが、ラップラーの市民参加部門「MovePH」だ。私たちは、核になる記者は最小限に留めて、参加してくれた市民のチームとパートナーたちに事実と政策上の問題点を投げかけるようにした。彼らが、私たちが投げかけたストーリーを引き受けて、世界をより良い方向に変えてくれることを期待して。

もちろん、すべてが完璧なものなどない。私たちが数千回にわたって開催したワークショップに参加した人のなかには、のちにドゥテルテやマルコス陣営のプロパガンダの主要な声を担うようになった者もいる。

インターネットのマルチメディアや動画を使って、ニュースがどんな形で配信できるか、いろいろと試してもみた。私たちはもともとテレビ業界の人間なので、携帯電話を使って現場中継をやってみることにした。ソーシャルメディアのプラットフォームが、同じことを簡単にできるようにする何年も前の話だ。ラップラーの記者は、自作した金属製のケースに入れたiPhoneをメインカメラにして（三脚で固定することもできた）取材を行なった。二〇一二年一月にウェブサイトを立ち上げたときは、記者はひとりで機材を運んで仕事をしていた。典型的なテレビ番組の制作班と違い、彼らは、取材も、ソーシャルメディアでの中継も、配信も、記録も、ぜんぶ自分ひとりでやった。

2013年、ラップラーのマルチメディアレポーター、ナターシャ・グティエレスが手にしているのは、自分で持ち運んでいた機材。自作した金属製のケースと三脚とライト。

現場で、ラップラーの記者たちが自分の携帯電話の前に立って中継する様子を、他局の男性スタッフたちは笑いものにしていた。ところがラップラーが、リアルタイムかそれに近い状態で動画の配信をはじめると——会社に戻って動画を編集する時間を省けたので——テレビ局より数時間も早く最新ニュースを配信することができた。ただし、ライバルもすぐに私たちの方法を採り入れたので、一年もするとアドバンテージはなくなった。

私たちはテレビ時代に培った知識を、インターネットのライブ配信に応用した。テレビ放送用の中継車を注文したら、総額一〇〇万ドルほどかかるが、ラップラーが作ったＩＰサテライト（衛星）車は、

いすゞトラックの車体と、データ送信にインターネットを利用することで、費用を一〇万ドルに抑えることができた。こうして、フィリピンのどんな場所にも車で遠征して中継が行なえるようになった。とくに自然災害のときは、サテライト車のおかげで、記者が記事を発表すると同時に広範囲から情報を集めて、自分たちの車が走っているエリアに携帯の電波が届いているかどうか尋ねながら情報をアップロードして、電気と携帯電話が通じている範囲について、リアルタイムの地図を作成することができた。二〇一三年一一月、超大型台風「ハイエン（フィリピンでは「ヨランダ」と呼ばれている）」が直撃したときは、私たちの手作りサテライト車が大活躍した。ラップラーは、政府や他のＮＧＯと連携して、被災地域以外の場所に情報を発信することができた。しかし、プラスチックの軽いケースが誕生すると、iPhoneの金属製ケースが不要になったように、二〇一六年にフェイスブック・ライブがはじまると、(12)私たちのＩＰサテライト車も時代遅れになる。

ラップラーを立ち上げた最初の数年は、変化のめまぐるしさという点では苦労もあったが、統治の問題を解決する社会一丸の取り組みと思えるものを試み、それに従って会社のワークフローを変えていった時代でもあった。一方、ラップラーの調査ジャーナリストたちは、政府の説明責任を追及していた。

創設から一年半もしないうちに、ラップラーはフィリピンで上位三番目のニュースサイトになった。(13)最初の三年間で到達範囲《リーチ》は三倍に拡大し、収入はとんとんから三倍になった。成功したのにはいくつかの決定的要因がある。ひとつには、ラップラーの調査報道部門が他の報道機関に先駆けて、フェイスブックやユーチューブによって動画の配信が普及するずっと前から、動画に重点を置いていたこと、次に、私たちがソーシャルネットワークの解析を利用して、ラップラーのサイトから視聴者に、また、視聴者からラップラーのサイトに、情報がどのように流れているかを把握していたこと、最後に、ムード（気分）を通じてエンゲージメントを捕捉し、ストーリーが社会全体に感情的にどう波及していったかを可視化できたことが挙げられる。じつは、フェイスブックが絵文字を導入するより四年ほど早く、私たちはムード・メーターやムード・ナビゲーターを展開していた(14)。

社会を地図上に可視化し、人間行動におよぼすソーシャルネットワークの影響を分析するうちに、私たちはソーシャルメディアを利用して、めまぐるしく変化する情報エコシステムに現われる創発的行為を予測するようになった。ソーシャルメディアのデータはあらゆるものに利用できる、私はそう確信した。たとえば、土地開発の活性化のために、政治汚職と戦うために、市民主体の制度をボトムアップで建設するために。

あらたなテクノロジーは、ジャーナリストにあらたな力を与えていた。業界内部の劇的変化をおそれるのではなく、これを梃子にすれば、長年の問題の解決に役立てられるだろう。私たちは、ニュースを伝えるだけでなく、人々から知恵と情報を幅広く集めて、共同体を建設することもできるようになるだろう。メディアは強力だった。しかし、あらたなテクノロジーを使えば、どのくらい強力になれるか厳密に決められるのではないか？　社会制度が脆弱で、汚職が疫病のようにはびこるフィリピンのような国で、私たちはムード・メーターを使って、憤懣《ふんまん》を抱える社会の時代精神を把握することができた。どうにかして、正しいストーリーと、正しい情報を使って、現実世界に行動を呼びかけることはできないか。たとえば、投票所に足を運ぶように勧める、洪水に襲われている村を支援する、汚職を告発するといったことに。複数の研究によって(15)、人間の意思決定の八〇パーセントから九五パーセントは、思考ではなく感情に基づいて行なわれていることがあきらかになっていた(16)。

それは氷山のようなものだと私は考えた。氷山の先端は、あなたが見たり読んだりできるストーリーだ（そのストーリーがどれくらい閲覧されたかはパフォーマンス指標で測定できる）。しかし、ひとつひとつの物語はなんらかの感情を帯びていて、その感情は社会ネットワークを通じて――いまや物理的ネットワークの何倍も強力なソーシャルメディアを通じて――伝わっていく。私たちの理論によれば、しばらくすると、感情を帯びたストーリーは人間の行動を変化させる。これらのネットワークをマッピングできれば、ストーリーと結びつけられた感情が社会を通過していくあいだに、人間の行動を変化させる仕組みと理由について、ひとつの見解が得られるだろう。

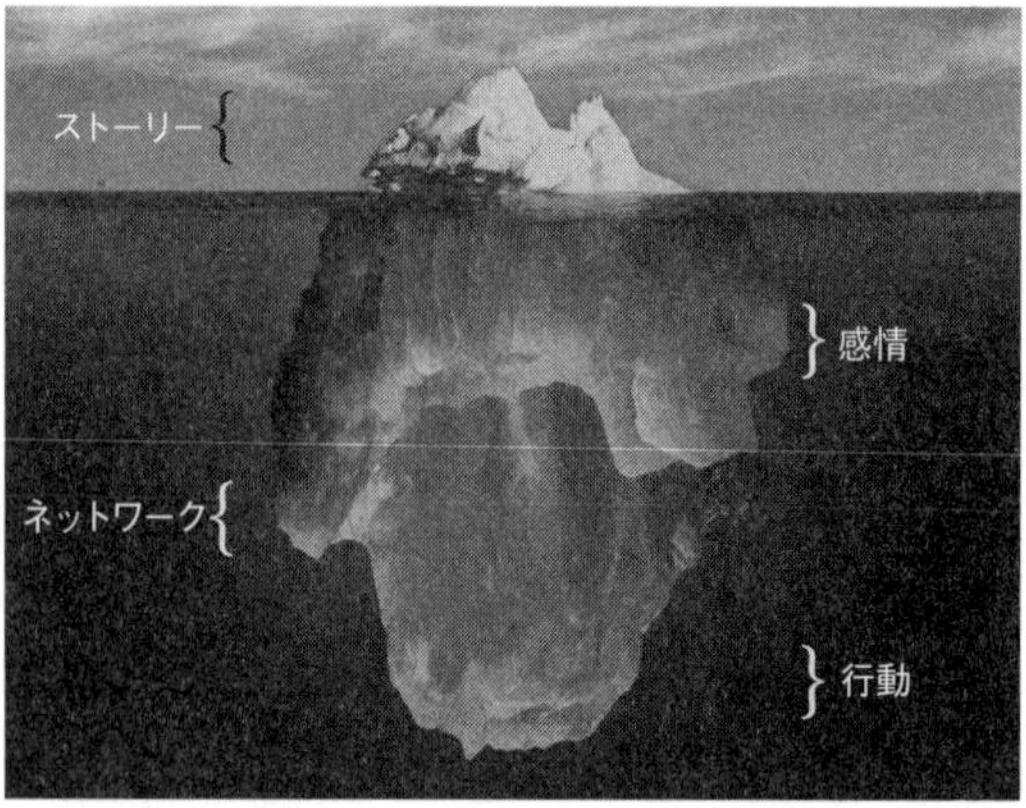

ストーリーは読者の感情をどう刺激し、社会にどう伝わっていくのか、それを測定するために私たちが利用したツールが「ムード・メーター」だった。自分が目にしているストーリーについてどう感じたか、クリックするほど手っ取り早いアクションはない。私たちは、読者がクリックできるように、どの記事にもムード・メーターを載せた。読者がクリックした「ムード」の数は「ムード・ナビゲーター」で集計されて、もっとも多くムードを集めた上位一〇のストーリーと、その日の全体的なムードがサイトに表示される。しばらくすると傾向が見えてきて、私たちがサービスを提供している人々がどんな気分かというだけでなく、どんな問題をいちばん

気に掛けているかといったことにまで洞察を働かせられるようになる。

私たちは、氷山の先端に現われる三つの指標を測定した。ユニークユーザー数〔一定期間内にウェブサイトを訪れた人の数。複数回訪れた場合もひとりとしてカウントする〕、ページ閲覧数〔ウェブページが閲覧された回数〕、サイトでの滞在時間だ。ただし、手に入れた情報の取り扱いには慎重を期した。たとえば、ラップラーの記者たちには、こうした指標はいっさい見せなかった。指標を見たら、記者たちは重要なストーリーを取り上げるのをやめて、アクセス数を稼げる話題ばかり追いかけるようになるのではないかと思ったからだ。質の高いジャーナリズムから、興味本位の記事に関心が移ってしまうかもしれない。私たちが目指したのは協働する文化を育むことだった。アクセス数を稼ごうとする記者は、互いに競い合ううちに消耗してしまうだろう。

とはいえ、私たちはこれらのムード指標を「今年の気分《ムード》」と題して毎年発表した。[17] こうして二〇一六年にプロパガンダ大戦争がはじまるまでの五年間、ラップラーのユーザーたちのあいだで圧倒的だった感情は「嬉しい」だとわかっている。[18] やがて偽情報ネットワークが、フェイスブックとユーチューブの強欲につけ込むようになり、人々のふるまいが変化して、情報操作によって「腹立たしい」のクリック数が人為的に増大し、新常態《ニューノーマル》が作り出されていくのを、私たちはリアルタイムで目撃する。

日々のムード・ナビゲーターは、その日の記事が社会にどう浸透していくのかも教えてくれた。わが国の既得権益の実態もあきらかにした。たとえば、政治家や企業が、あるムードに繰り返し投票したことがあった。私たちは、世論を操作しようとする企てを追跡して何度か公表した。世のなかの動向を数か月単位で追跡することもはじめた。

ラップラーを立ち上げてはじめて迎えた選挙は、二〇一三年五月一三日の中間選挙だった。その月のムードを見れば、「嬉しい」が、「腹立たしい」や「うんざり」にいつ変わったかをグラフに示すことができる。このときは、投票所が閉まって、選挙結果を報告している最中にちょっとした不手際が

2013年5月のムード

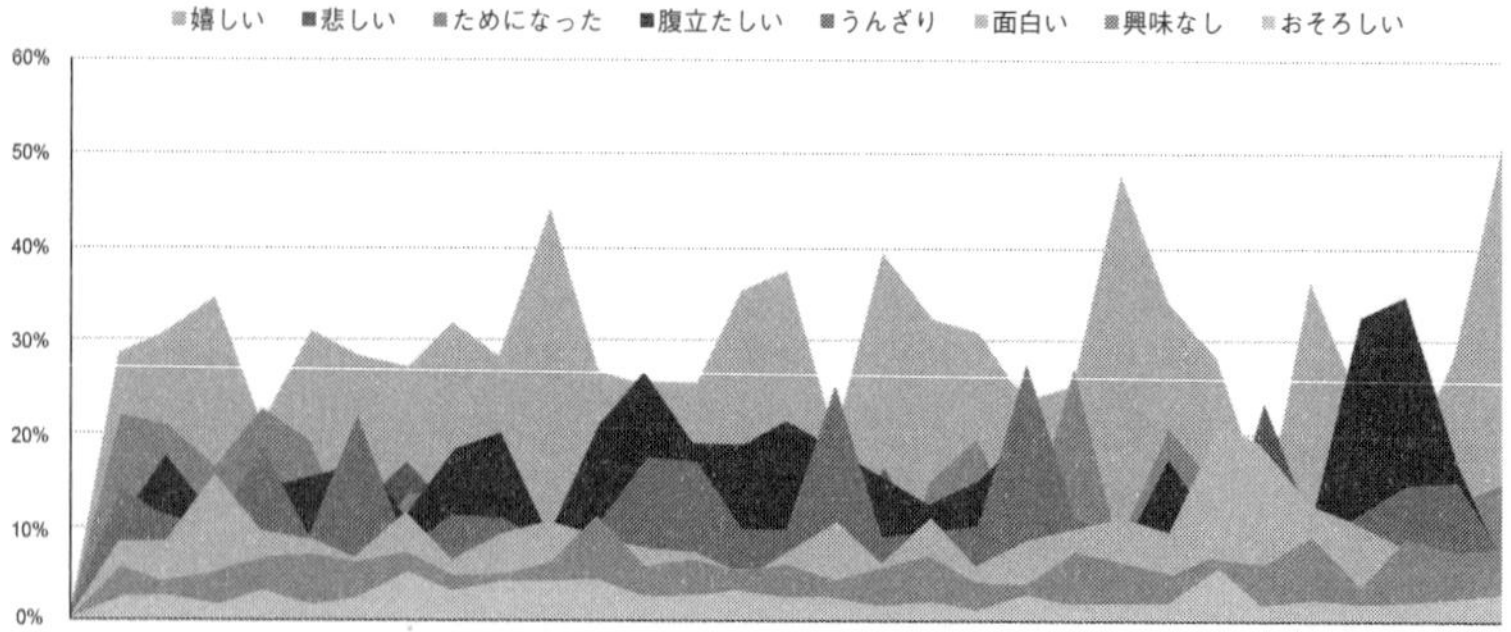

生じたあとだった。その月の終わりには「腹立たしい」が大きな山形を描いた。あるジャーナリストが、ライバル局の芸能人にセクハラ発言をされたことや、太っていることを笑いものにされたことが原因だった[19]。興味深いことに、「嬉しい」と「腹立たしい」のどちらの反応でも、エンゲージメントは増加した。

私たちがこのエコシステムを公表していたのは、わが社の記者のためだけでなく、政府、市民社会のパートナー、そして広告主のためでもあった。同じ成長と分配のモデルが互いの役に立った。私たちはみな、人々が何を求めているのか、何を気に掛けているのかを理解する必要があった。そのすべてについて、ラップラーはつねに透明で開かれていた。

二〇一四年を迎えるころには、私たちのもっとも野心的な目標の具体的成果が現われ出していた。ある問題に着目した記事からはじまったラップラーの四つの運動が、ソーシャルメディアのクラウドソーシングを市民参加型の活動に変えた。

第一の運動「#BudgetWatch（予算監視）」[20]は、私たちの最初の汚職防止キャンペーンだった。政府の汚職に歯止めをかける唯一の方法は、自分たちが納めた税金の行方を納税者に示すことだ。そこで私たちは、わかりやすく、見た目にも楽しい方法で予算のデータを示してみせた。予算の承認プロセスを「すべり台とはしご Slide and Ladders」などのボードゲーム風のイラストに描いた[21][22]。

それを見れば、一般の人にも、政府のさまざまな部署にどう働きかけたらいいかがわかって、自分で提案書を出すことができた。

第二の運動「#ProjectAgos（プロジェクト・アゴス）」[23]は、気候変動と災害リスクを減らすための活動で、ラップラーの最初の五年間の活動でもっとも成功した企画だった。フィリピンは毎年平均して二〇もの台風に襲われる。二〇一二年には、世界で三番目に災害の多い国に指定された。災害は、フィリピンが総力をあげて取り組まなければならない問題だった。

私たちは、フィリピン気候変動対策委員会、市民防衛局、民間セクターの複数のパートナー、オーストラリア国際開発庁（ＡｕｓＡＩＤ）そして、のちには国際連合開発計画（ＵＮＤＰ）を含む四〇近くの組織と協力して、繰り返される気候関連災害のための、一か所ですべての用が足りるワンストップ・プラットフォーム[24]をネット上に構築した。そこには、リスクに関連した知識データベース[25]、災害予測地図《ハザードマップ》、コンプライアンス・トラッカーなどの双方向性ツールが含まれていた。これらは、接近中の台風に備える行政を助け、あらゆる気象擾乱《じょうらん》の前後とそのさなかに必要とされる幅広い情報を集めることを可能にした。たとえば、台風のあいだ、クラウドソーシングによって作成された救援要請の地図があれば、第一対応者がそれを見て、返答することができる。一方、助けを必要としているほかの人たちにもより広い視野を与えられる。二〇一三年から一六年にかけて、この活動によって、気象擾乱の死者数は三桁から二桁の前半にまで減った。ハッシュタグは「#ZeroCasualty（犠牲者ゼロ）」[26]。この実りある取り組みは、ドゥテルテ政権によって中止させられ、死者数はたちまち三桁に戻った。

第三の運動「#HungerProject（飢餓撲滅活動）」[27]は、国連世界食糧計画、フィリピン社会福祉開発省と協力して行なわれた。このキャンペーンに着手したのは、この国は、餓えに苦しむ人の割合がアジアでもっとも高く、ＧＤＰの成長にもかかわらず増え続けていたからだ。慢性的栄養不足のために、成長期に背が伸びない成長阻害という現象は、フィリピン特有の問題だった。ラップラーに情報庫を設けることで、私たちは社会のなかでもっとも弱い立場にある人たちの一部に手を差し伸べることができた。こうして、貧困地区に住む人々は、米を一杯余計に食べる代わりに、適切な種類の食べ物を求めるようになった(28)。

第四の運動「#WhipIt（ウィップイット〔悪い習慣をなくさせるという意味〕）(29)」では、性差別や女性の権利の改善に注目するパンテーンと商業的パートナーシップを結んだ。ラップラーは、フィリピン社会の女性観に着目する調査を依頼し(30)(31)、あらたな時代にふさわしい広告キャンペーンをはじめるために女性どうしが話し合える場を用意した。フェイスブックの最高執行責任者（当時）シェリル・サンドバーグ(32)がキャンペーンについて投稿すると、活動はネットを通じて世界的な反響を呼び、パンテーンの製造販売元であるプロクター・アンド・ギャンブルは、フィリピンで生まれたこの運動を欧米にも広めると発表した。

私たちがラップラーを立ち上げたのは、ビッグデータが世界を変えつつある時代だった。最初はそれが有利に働いた。ソーシャルメディアのプラットフォームやその他の機関によってアクセスを遮断されるまで、私たちはビッグデータを――体系化されたものもそうでないものも――利用できた。ABS－CBN時代と同様、もっとも重要な分野のひとつが選挙だった。

二〇一三年五月の選挙のさなか、ラップラーは、欧米の同業者たちに先駆けて、フィリピン選挙管理委員会と協定を結び、自動集計した投票結果を親しみやすいユーザーインターフェースでまるごと発表した。投票結果のきわめて細分化された詳細が、リアルタイムで見られるようになったのは、世界ではじめてのことだった。

私たちが作成したリアルタイムの表は、結果を細分化して、九万二五〇九の選挙区のそれぞれの区で、どの候補者に何人が投票したかをあきらかにした。それは当時、史上最大規模にして最速の電子集計システムだった。[33] もはや国民は、テレビの司会者が結果を発表するまで、やきもきしながら待つ必要はなかった。彼らは即座に結果を——時間をさかのぼって——検索することができた。そのおかげで報道は透明になり、選挙結果の報道について昔から問題になっていた、バイアスや「トレンド化」といった問題に対処することができた。

二〇一三年、私たちは、ソーシャルメディアを舞台にした汚職防止キャンペーンの具体的な姿も目にする。[34] いまになって思えば、あれが、市民が政府に改革を要求することを可能にするソーシャルメディアの黄金時代だったのだ。より良い統治を求める要求をフェイスブックに投稿した最初の運動のひとつが、二〇一一年にニューヨークで起きた「ウォール街占拠運動」だった。

コラソン・アキノの息子、ベニグノ・アキノ三世は選挙で選ばれた大統領だったが、マルコス時代から続く汚職問題は当時も根強く残っていた。「利益誘導型政治」、すなわち、国会で地方事業に国の金を充当する慣習もそのひとつだった。政界に豊富なコネを持つジャネット・リム・ナポレスという実業家が、十数人の国会議員と共謀して、農家を対象とした公的資金のうち二億三二〇〇万ドルを流用した容疑で告発されると、アキノ政権に対する国民の怒りが爆発した。

広告企業の重役、ピーチー・ラロンゾ゠ブレターニャは、抗議活動を組織した経験などなかったが、友人ともども汚職にはひどく腹を立てていたので、その思いをフェイスブックに投稿した。その投稿がきっかけとなって、フィリピンではじめて、ソーシャルメディアによって組織された大規模な抗議活動が起きた。[35]

ヴァーチャル世界で抗議の声がまとまっていくのを見るのは、うっとりする体験だった。抗議活動をしようというアイデアは、最初はふわふわと漂っていて、ツイッターで一万人がつぶやくまで、八月一七日から二五日まで八日間かかった。そして抗議活動の前日、その数字は爆発的に増加した。

二〇一三年八月二六日、午前一一時、マニラ中心部にあるルネタ公園〔現在名リサール公園〕に抗議者たちが続々とやって来た。その時点で、私たちは一秒につき五件のツイートを記録していた[36]。中心となる組織がなかったので、抗議活動に来た人々もこれからどうすればいいのか、まったくわかっていなかった。メインステージも、行動計画表もなかったからだ。集まった人々は三々五々固まってその辺を歩いていた。芝生にシートを敷く家族連れもいた。ピーチー・ラロンゾ＝ブレターニャのフェイスブックの投稿によって、最終的に八万人から一〇万人が動員された。ハッシュタグは「#MillionPeopleMarch（一〇〇万人の行進）」だった[37]。

それはラップラーが、ひとつの組織としてはじめて人々に認知された記念すべき日となった。人々は取材班に歩み寄って、私たちを歓迎した。言うまでもなく、抗議活動の参加者は、ラップラーの視聴者だった。それはインターネットに刺激されて、政府の改革を求めて、社会を変えるために行動に打って出た人々だった。私たちは、中心点《ハブ》と接続点《ノード》を探すために、すなわち、抗議活動のリーダーを探すために、ソーシャルメディアの活動をマッピングした。刻々と変化するその地図には、現実世界の活動がそっくり反映されていた。

二〇一六年八月一〇日、ラップラーが手がけた最後の腐敗防止クラウドソーシングがはじまった。ハッシュタグは「#NotOnMyWatch（ノット・オン・マイ・ウォッチ〔賄賂はぜったいに駄目〕[38]）」。ラップラーの MovePH は、公務員監督委員会およびオンブズマン事務所という政府系のふたつの機関と連携して活動した。彼らの話によると、フィリピンでは二〇世帯につき一世帯が賄賂を渡しているが、その事実を報告しているのは五パーセントに過ぎないという。そこで、私たちは、オンライン・フォームや、フェイスブック・メッセンジャーのチャットボットを使って、賄賂を簡単に報告できるようにした。ラップラーの若手チームが、汚職を断固許さない姿勢を表現するために考えたキャッチコピーのひとつが「トーク・トゥー・ザ・ハンド（まっぴらお断り）！〔話をさえぎるために、相手の顔の前

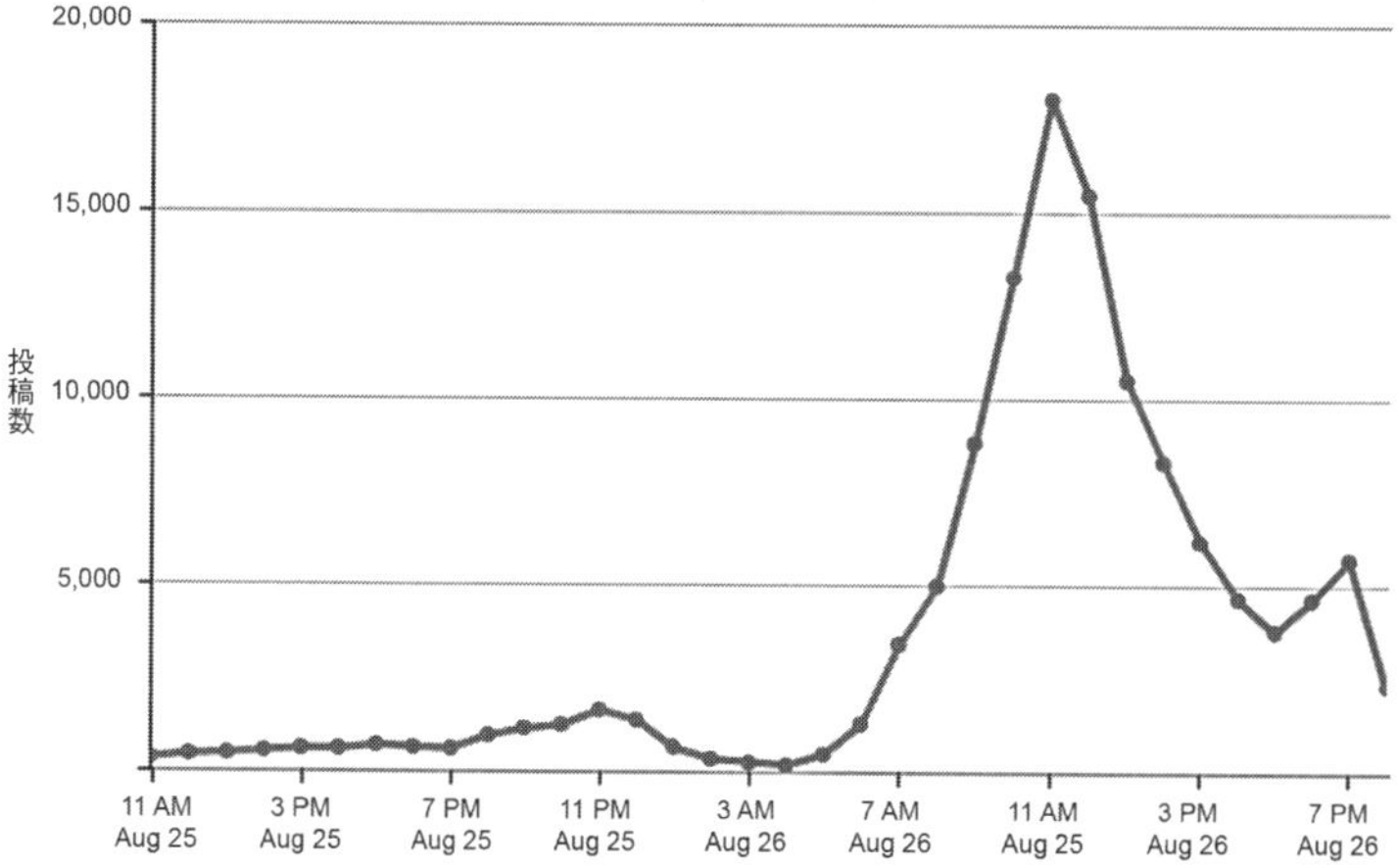
20,000
15,000
10,000
5,000
投稿数
11 AM Aug 25
3 PM Aug 25
7 PM Aug 25
11 PM Aug 25
3 AM Aug 26
7 AM Aug 26
11 AM Aug 25
3 PM Aug 26
7 PM Aug 26

に手のひらを突き出すジェスチャー」」だった。

二〇一六年九月二四日に私たちが活動を開始すると、最初の二日で、二〇〇万を超えるアカウントが登録され[39]、四〇〇〇の誓約が結ばれ、少なくとも三〇件の報告があった[40]。この試みがユニークだったのは、賄賂を報告してくれた市民は（本人が希望するのであれば）あくまで匿名のまま、その情報を使って、政府機関の協力者が役人に説明責任を要求するというリアルタイムのフィードバックを提供した点にある。政府とのこうした協力関係はこれが最後となる。

三か月前の二〇一六年六月三〇日、弁護士にして検察官、そして長年にわたってダバオ市長を務めてきたロドリゴ・ドゥテルテがフィリピン大統領に就任した。就任後まもなく、マラカニアン宮殿で行なわれたラップラーとの一対一のインタビューで、インタビューの終了間際に、彼は、「#NotOnMyWatch」について公共広告を出すことに同意した。大きな手を温厚そうに差し出して――まるで「トーク・トゥー・ザ・ハンド」のように――キャンペーンを支持すると言った[41]。「私が国民に行なった約束のひとつが、政府内の汚職を止めるというものです」と彼は言った。「私ひとりではできません。私が何をやろうとしているのかを知り、協力してくださらなくては。それにはあなたの権利を強く主張なさるだけでいいのです」

一九八〇年代後半、まだＣＮＮで働いていたころ、自分の町を浄化して﹅い﹅る﹅荒っぽい市長の記事を書いたことがあった。その市長は、司法制度の手続きに時間がかかり過ぎることを理由に、自警団による私刑を黙認していた。それは好意的な記事ではなかった。そのときはじめてロドリゴ・ドゥテルテに会った。それから三〇年近い時を経て再会したとき、彼は大統領候補だった。過去のインタビューについて質問する様子に、悪意は感じられなかった。少なくとも私はそう思った。

大統領選に勝利したら三つの公約を実現する、彼は力強くそう断言した。そして片方の手の指を折りながら言った。「腐敗を止《と》める、犯罪を止《と》める、政府を立て直す」

ほかの候補と違っていたのは、公約を実現するために殺人も辞さないと繰り返していた点だ[42]。「犯罪を止める、私がそう言ったら、実行しますよ」。フィリピンで、もっとも長いあいだ市長の座にあった人物はそう言った。「あなたを殺さなければならないなら、殺しますよ。私人としてね」[43]

本気で言っているのか。私は彼の目を見つめた。その目に冗談の影はなかった。

二〇一六年、ドゥテルテに対抗して出馬した候補者たちは、古くから続く政治家の家柄の出だった。ドゥテルテは、考えたことをそのまま口にし、しばしば悪趣味で下品なジョークを飛ばし、残虐さをひけらかし、国粋主義的でポピュリスト的なレトリックを、悪びれる様子もなく連発した。自分をアドルフ・ヒトラーになぞらえて[44]、冗談のつもりなのか、フィリピンで集団暴行されて殺害されたオーストラリア人女性宣教師のレイプに加われなくて残念だなどと言った[45]。批判を浴びると、バラク・オバマ大統領とローマ教皇フランシスコを「淫売の息子」と呼んで、罵倒した。

フェイスブックを巧みに利用して、わが国最高のポストを手に入れた最初の政治家でもあり、フィリピンの政治を永久に変えることになる。

最後の選挙決起大会の日のドゥテルテの発言を引用しよう。「人権に関する法律は忘れろ。俺が大統領になったら、市長時代と同じことをやるからな。麻薬の密売人、盗人、ぐうたらは、さっさと出て行くが身のためだ。俺がおまえらを殺してやるからな。おまえらみんなマニラ湾に投げ捨てたら、湾の魚はまるまると肥えるだろうよ[46]」

ドゥテルテは勝利した。得票率三九パーセント。大統領就任式からわずか数時間のうちに、憲法を護りますと彼が誓ったその場所の目と鼻の先で、最初の殺人が起きた。これから、どんなひどいことが待っているのか、そのとき、私たちにはまったくわかっていなかった。

第7章 友達の友達が民主主義を駄目にした——速くではなく、ゆっくり考えよう

世界でも一、二を争う繁忙な港湾、シンガポール港の眺めはなんと素晴らしいのだろう。東南アジアの光り輝くビルの最上階、壁一面のガラス窓の向こうに広がる景色に私は目を奪われた。私はフェイスブックのオフィスにいた。

二〇一六年八月。およそ六〇〇〇人の政治任用官を引き連れて、ドゥテルテ政権が発足したばかりだった。登用の理由は忠誠心の篤さだ、ドゥテルテは誇らしげにそう発表した。ドゥテルテがダバオ市長だった時代の地方役人、警官、軍人が政府の要職に取り立てられていった。当初私は、問題は当人の能力だろうと考えていた。与えられた仕事がこなせなければ、本人が責任を負うことになる、と。

それ以上に私が懸念していたのは、日々報告が寄せられている死のことだった。貧困地区の路上で複数の遺体が発見されていた。目撃者が小声で教えてくれたところによれば、夜間、自宅にいるところを襲われたのだという。ドゥテルテの麻薬撲滅戦争によって、マニラは現実世界のゴッサム・シティに変わりつつあったが、そこにバットマンはいなかった。

ラップラーでは、記者ひとりと制作班が深夜のシフトに入ることになっていた。まもなく深夜の制作班から、毎晩、複数の遺体が、歩道や道路に投げ捨てられ、路上に血だまりができているという報告が寄せられるようになった。じつにむごたらしい殺し方で、なかには両手両脚を縛られ、頭を粘着テープでぐるぐる巻きにされた遺体もあった。遺体の上に置かれたボール紙には「『俺のようになる

な』麻薬密売人フワグ・トゥラン」と書かれていた。

シンガポールという暴力と縁のない世界に来て、私はほっとしていた。まばゆいばかりの湾の景色を望む最上階のカフェテリアに足を踏み入れたときは、これだけたくさんの料理を無償で提供するには、どのくらいコストがかかるか、計算しようとした。ラップラーも、従業員確保のために、栄養のあるランチの無償提供を検討していた。スタッフには喜んでもらえるし、会社は節税になる。とはいえ、目の前に見わたすかぎり並べられた料理は——インド料理も中華料理もアメリカ料理もあった——私たちのようなちっぽけなスタートアップ企業には想像もつかない富を象徴していた。

2016年7月28日、マニラ、トンド地区で発見された遺体から回収された証拠品を警察が集めている。遺体の顔の上にのっているのは「私は麻薬王だ」と書かれたボード。(Rappler)

今回の訪問の目的は、アジアを拠点とするフェイスブックのパートナーに警鐘を鳴らすためだった。私は彼らと、ラップラーとの提携事業を多数まとめてきた。メンバーのなかには、フェイスブックのシンガポール・オフィスで、フィリピンのニュースグループとの渉外業務を担当するケン・テー、アジア太平洋政策通信部門の責任者クレア・ウェアリング、アジア太平洋地域の公共政策を担当するエリザベス・エルナンデスがいた。はじめて会ったとき、エリザベスはヒューレット・パッカードの社員だった。フェイスブックのこうした重要なポジションにフィリピン人が採用されたのは、フィリピンにとって望ましいことだと私は考えていたが、現実は、期待していたようにはならなかった。

ラップラーとフェイスブックの関係は、おおいに期待を抱かせる調子ではじまった。二〇一五年初頭、ケン・テーから私に連絡があった。彼の任務はフィリピンのニュースグループとのパートナーシップの構築だった。オンラインジャーナリズムと社会ネットワーク理論を融合させていたラップラーに声がかかったのは、当然といえば当然だった。[1] 当時フェイスブックは、東南アジアのスタッフを増員中で、一方、ラップラーは、国連情報社会世界サミット大賞で、「最良かつもっとも革新的なデジタルイノベーション」四〇傑に選ばれていた。[2] フェイスブックは、二〇一六年にサンフランシスコで開催された年次開発者会議（通称F8）で、ラップラーをモデルケースとして取り上げさえした。[3]

同年、フィリピンにはじめてオフィスを開設したフェイスブックは、驚くべき統計を発表した。フィリピン人がフェイスブックやインスタグラムにアクセスしている時間は、テレビを視聴している時間の一・七倍。フィリピン人のフェイスブックの友達の数は、世界の平均に比べて六〇パーセント多く、フェイスブックを通じてやり取りされるメッセージも三〇パーセント多い。フェイスブックに毎日アクセスするフィリピン人の六五パーセントは、接続時間の九〇パーセントを携帯のアプリの使用に費やしているというのだ。フィリピン人は五分につき一分インターネットに接続し、四分につき一分携帯端末を操作していた。当時のフェイスブックのアジア太平洋地域担当副社長は次のように述べている。「フィリピンは他に類を見ないモバイル先進国だ。この国は、創造性と起業家精神に富み、強い連帯意識を持つ人々であふれている」[4]

ラップラーがあれほど短期間で、旧態依然とした報道機関を抜き去ることができた理由のひとつは、フェイスブックを活用したことにある。私たちはいち早くフェイスブックのプラットフォームを採用し、それがフィリピンでどんな風に利用されているかを、フェイスブック以上によく知っていた。そのため、私たちが日々データをチェックして発見するあれやこれやに、フェイスブックの重役たちはしょっちゅう驚いていた。内心ひそかに、フェイスブックで働いてみようかと考えたことさえある。

私の世代にとってのCNNのように、いまの世代にとっては、フェイスブックが情報の流れを決めていくのだろう、そんな風に思えたのだ。

フェイスブックは次にどんなことを思いつくのだろうか、いつも私は期待に胸を膨らませていた。二〇一五年、フェイスブックは「Internet.org」というアプリケーションとウェブサイトを立ち上げた。それは、発展途上国の人々が、フェイスブックを含むさまざまなウェブサイトに、手軽に、かつ無料でインターネットからアクセスするためのものだった。最初の重要な試験場になったのがフィリピンだった。マーク・ザッカーバーグは次のように主張した。このサービスは（最終的に「フリーベーシックス」と呼ばれる）[5]、人々にとっても、フェイスブックと提携して、必然的に回線料金を負担する電気通信事業者にとっても、ためになるものなのだ、と。フェイスブックがパートナーに選んだのは、当時フィリピンに存在した携帯電話会社上位二社のうち、劣勢に立っていたグローブ・テレコムだった。[6]ラップラーは、クラウドソーシングへの取り組みのためもあって、両方の会社と協力関係を結んでいた。それから一五か月以内に、グローブはライバル社を追い越した。[7]無料でフェイスブックにアクセスできるというのは、途方もなく魅力的な特典だったのだ。

フェイスブックが、もうひとつの新製品「インスタント記事」を試してみないかとフィリピンの四大報道機関に持ちかけたとき、声をかけられたのは、ABS－CBNとGMA－7というテレビ・ネットワークと、『フィリピン・デイリー・インクワイアラー』紙、そしてラップラーだった。ほかの三社と違って、ラップラーは全面的にその企画に乗り、すべての記事を（その企画に乗る前もあとも）明確な指標（メトリクス）を与えてくれていた自社のウェブサイトではなく、インスタント記事に投稿することにした。しかしインスタント記事は無残な失敗に終わったので、私たちはすぐに使うのをやめた。フェイスブックは、準備不足だったことを認めた。フェイスブックが掲げる「すばやく行動して破壊せよ」というモットーは、あらたに立ちあげたプロジェクトについて、じっくり考えもせずに企業や人に参加を呼びかけることを意味した。
Internet.orgと、それが発展途上国にもたらすであろう恩恵を売り込むザッカーバーグの言い分は、彼がいまも使っている戦術とまったく変わらない。世論に影響を与える第三者機関の研究とされているものの情報解析結果を持ち出すのだ。「先日発表されたデロイト〔世界最大の会計事務所デロイト トウシュ トーマツ〕の調査によれば……」。二〇一四年二月にバルセロナで開催されたモバイル業界のカンファレンスで、ザッカーバーグは次のように語った。「新興国の市場にいるすべての人をつなぐことができれば、一億以上の雇用を創出し、大勢の人を貧困から救い出せるのです」。けっこうな話だ。ただし、フェイスブックがデロイトにその調査を依頼し、データを提供していることにはひと言も触れていない(8)。

ところが当時の私は、あいかわらず相手の話を真に受けていた。その日、重大な懸念を抱えてシンガポールに来たとはいえ、私は彼らを信じていた。そのときも私は長年の信条を心のなかで繰り返した。相手が信用できないとはっきりわかるまでは信用せよ、と。フェイスブックが、ひとつの企業として非常に細分化されていることが、わかりかけてきたところだった。細分化されているのは、ある意味、仕方のないことだった。フェイスブックは、創業してから日の浅い、肥大化した国際的企業で、周囲に適応しながら成長を遂げてきた。それは、Internet.orgやフリーベーシックス(9)を宣伝するために、モデルケースとしてラップラーの短編フィルムを上演する幹部と、シンガポールにいるこのチームが同じではないことを意味した。このチームは、フェイスブックの製品とも、フェイスブック本社の違反を調査する、のちに「インテグリティ・チーム」と呼ばれる集団とも違った。

つまりここには、全体像を把握している人間がいなかったのだ。

豪華なビュッフェから昼食を選んで、私は、ケン、クレア、エリザベスに続いて長いテーブルに腰を下ろして食事をはじめた。「私たちはじつに憂慮すべきものを見つけました」。私はそう切り出した。

「いままでこんなものは見たことがありません。しかしきわめて危険なものになるおそれがあるのはあきらかです」

私が彼らに伝えようとしていたものには歴史があった。

アメリカの旧植民地であるフィリピンの人口は約一億一三〇〇万。[10] この国の自慢は、英語が話せて、多くが大卒で、欧米文化に慣れ親しんでいる労働力だ。こうして、わが国は昔から欧米諸国に安価な労働力を提供してきた。二〇一〇年、フィリピンは、世界最高のコールセンター、ビジネス・プロセス・アウトソーシング（ＢＰＯ）および、共有サービスの中心地としてインドを抜いて世界第一位になった。[11] それ以上に重要だったのは、スパムメールの時代から、わが国がインターネット詐欺の最大の温床になっていたことだ。法律のグレーゾーンであらての方法を試そうとする多くの外国企業がフィリピンにやって来るのは、フィリピンにはインターネットに関する規制がないも同然で、あったとしても、実際には機能していなかったからだ。[12] フィリピンには、世界中のメールアドレスに大量のスパムメールを送りつけるサービス（遠回しに「オンライン業務」と呼ばれていた）で〝名声〟を確立した側面があった。[13]

私たちの国は、暴力的過激主義者の掲示板として有名で、Ｑアノンの母体となり、その後もつながりを持つ 8chan（のちの 8kun）というヘイト製造工場の本拠地でもあった。8chan の創設者と言われるアメリカ人父子は、マニラの南にある養豚場で一時期暮らしていた。[14]

二〇一〇年から二〇一二年にかけて、世界規模の取り締まりが行なわれ、インターネット・セキュリティ調査員や法執行機関がスパムボットを解体し、テクノロジーが進化してこれらを規制するようになると、状況は大きく変化した。あらたなビジネスチャンスを探さざるを得なくなった地元産業従事者が目をつけたのが、ソーシャルメディアだった。[15] 二〇一六年の大統領選挙がはじまるだいぶ前から、政府が破廉恥な方法を使って権力を強化する舞台は用意されていたのだ。三つの流行の重なりがこれを後押しした。クリックとアカウントの量産工場、情報操作、そして広告業界のグレーゾーン（それもかなりクロに近い部分）における政治的影響力の高まりである。

すでに二〇一五年には、フィリピンで複数のアカウント工場が、携帯電話番号認証システムを利用してソーシャルメディアのアカウントを生成しているという報告があがっていた[16]。やがてそれは世界的現象になる。同年、ある調査報告書が、ドナルド・トランプのフェイスブックの「いいね！」は、大半がアメリカ国外でつけられたものであり、トランプのネット上のフォロワーの二七人にひとりがフィリピンに住んでいることをあきらかにした[17]。影響経済《インフルエンス・エコノミー》がはじまったとき、ツイッターの「いいね」やフォロワーを売っていたいかがわしい会社の一部はフィリピンにオフィスを構えていた[18]。そのころには、政治マーケティング〔政党の政策の有権者への伝え方を調査・分析して、選挙で勝利するために戦略を立てる行為〕は、「ネットワーク化された偽情報」に進化していた。フィリピンの政治家は、ソーシャルメディアを使って実験をはじめたとき、その多くが、外部の広告およびPR戦略家に活動を丸投げした。そして戦略家たちは、コンテンツ製作からアカウントによる拡散まで（そこにはデジタル・インフルエンサーもフェイクアカウント・オペレーターのコミュニティも参加していた）あらゆる作業を一手に引き受けた。法と倫理のグレーゾーンで活動していたフィリピン人のなかにもともとあったばらばらの要素が、戦略家たちによって具体的な形を帯びた[19]。需要と供給が一致して、偽情報はビッグビジネスになった。

フィリピンは詐欺の温床でもあった。二〇一九年、フィリピンはオンライン攻撃の世界チャンピオンになっていた[20]。自動化されたものも手動のものもあったが、後続のアメリカ、ロシア、イギリス、インドネシアをはるかに引き離していた。当時の報告書は三つの理由を指摘する。「最新のツール、安価な労働力、オンライン詐欺の醸成に適した経済的誘因」（四三パーセントは手動によるもので、ボットではなかった)。フィリピン人は、無認可のソフトウェアのインストール数でも平均を上回っていた[21]。これらのソフトウェアは、往々にしてＰＣにマルウェア〔有害な動作を引き起こす目的で作られた悪意あるソフトウェア〕を植えつけ、ＰＣを自動攻撃のためのボットネット・プラットフォームに変える〔ボットは、外部からのコントロールが可能な有害プログラム。これが積み重なってネットワークを形成したものをボットネットという〕。

フィリピンの広告業界にとって具合の悪い疑問が浮上した。それはすぐに世界中の国々でも問題視される。彼らのうちどれだけの人数が、このグレーゾーンで「フリーランス」として働いているのか？　どれだけの人数が、いまやフェイクアカウントや「いいね！」の作成者として知られる、世界各地および新興市場の「インフルエンサー」に協力しているのか？　さまざまな国籍の顧客のために仕事をするとき、彼らは「影響」と「詐欺」をどうやって線引きしているのか。ソーシャルメディア・プラットフォームの設計が、こうしたすべてのふるまいを助長していた。そして、テクノロジー・プラットフォームは若い世代の価値観に、とくにこうした業界に誘い込まれた若者たちに有害な影響を与えていた。

それでは、かつてマーケティングの道具だったものを悪用し、自分たちが奉仕するはずの国民を恥知らずにも裏で操作して、国民への誓いを裏切った政治家たちはどうだろう。

彼らにとって問題なのは権力と金だけだった。

フィリピンでこうした進化がはじまったのは二〇一四年。オンラインで活動するファンたちが、ソーシャルメディアを使って自分たちが推す俳優を応援するようになったことで、政治工作員が、こういったエンゲージメントの可能性を発見した。

ある日、私たちは、巨大なデジタルフットプリント〔作成したアカウントやソーシャルメディアへの投稿など、インターネットを利用したときに残る記録の総称）を持つ十数人の子どもたちを、ラップラーのオフィスに招待した。全員が一五歳以下で、その影響力は、ツイッターによって影響力を持つ人物に選出されるほど強力だった。彼らがやったことは「アルダブ現象」と呼ばれるようになった。[22]「アルダブ」は、フィリピンの俳優、アルデン・リチャーズとメイン・〝ヤヤ・ダブ〟・メンドーサの名前をくっつけた造語である。ふたりはお昼の人気ドラマで、すれ違い続ける恋人どうしに扮《ふん》していた。ドラマのファンたちはソーシャルメディアを使って、愛し合うふたりが最後は巡り合えますようにと嘆願をはじめ、ひとつの話題に関するツイート数の世界記録を塗り替えた。BBCによれば、これまでの世界記録は、二〇一四年七月のサッカーワールドカップ準決勝戦で、ドイツがブラジルを破ったときのものだった。

若いファンたちには試行錯誤する時間がたっぷりあった。大勢のファンの集まりは、フェイスブックが「組織的不正行為（CIB）」と名づけたものの前身——このときはまったく害のないものだった——を作るのに役立った。彼らは互いに協力して、ハッシュタグがトレンドの上位に来るように人為的に操作した。ときには、トレンドになっていたほかのハッシュタグを乗っ取ることもあった。大人数を動員して「一分間に七〇〇〇回ツイート」させるだけでいいのだと子どもたちは教えてくれた。この集団は非常に規模が大きくなり、大成功をおさめたので、企業のマーケティング部門はすぐに彼らの戦略に飛びついた。

しばらくすると、ファンたちの活動は政治に応用されるようになった。

こうした変化がどれほど簡単に起きるか、ある青年の経験を通じて説明しよう。仮にその青年を「サム」と呼ぼう。サムは二〇代前半で、私の友人のために働いていた。ラップラーのオフィスにやって来たときは、体にフィットしたシャツにジーンズというでたちで、髪にブルーのメッシュを入れていた。ドゥテルテの麻薬撲滅戦争が国民の意識にのぼるようになったのは、自分の力によるものだと彼は言った。大統領選挙中に、「麻薬撲滅戦争」を国民の最重要関心事の第八位から第一位に押し上げ、一候補者に過ぎなかった人物を勝利に導いた、と。

「大衆を操るのは気分が良かった」とその青年は語った。「悪いことだと言う人間もいるが、考えてもみてくれ、俺は神も同然なんだ。自分の思いどおりに人を動かすことができるんだからな」

ホームページの制作をはじめたときはまだ学生で、最初に手がけたのは恋バナを中心にした匿名のページだったとまくしたてた。やがて、最高に熱いデートや最悪の破局に関する質問を通じて、他人とやり取りするようになった。彼が作ったあるコミュニティは三〇〇万人を超えるフォロワーを抱えるまでに成長した。フィリピン人に受けるだろうと思ったトピックスを使って——あるページは喜びに関するもので、別のページはメンタル力に関するものだった——グループの開発をはじめたときは、わずか一五歳だった。一年もすると、自分たちの製品をページで取り上げてもらえないかという依頼が複数の企業から舞い込むようになった。二〇歳になったときには、複数のプラットフォーム全体で、少なくとも一五〇〇万人のフォロワーがいたという。

広告業界から政治の世界に転身したのはそのときだ。選挙戦ではドゥテルテ陣営に加わった。異なる複数の都市に、その地方の方言を使ったフェイスブックのグループを立ち上げていったのは自分なのだとサムは言った。そのグループは、最初はまったく害のないもので、観光名所や地元のニュースに関する投稿を掲載している。しばらくすると、サムはときどき、犯罪記事を投稿するようになる。グループはすでに毎日の通勤時間帯に合わせて、ひとつの記事をシェアするようになっている。やがてサムと友人たちは、犯罪と麻薬を結びつけたコメントを書きはじめる。ドゥテルテの「麻薬撲滅戦争」が、フィリピン人の生活に不可欠なものと見なされるようになったのには、こうした背景もあったのだ。

フェイスブックはこの戦術に注意を向けなかった。しかし、私たちが現在「偽草の根運動」と呼ぶものは絶大な効果をあげた（偽バンドワゴン効果ともいう〔バンドワゴンとはパレードの先頭を行く楽隊車のこと。派手な政治スローガンや広告宣伝文を掲げて、あたかも大勢に支持されているかのように見せかけ、支持者を増やしていく行為〕）。

「サム」の物語をかぎりなく繰り返せば、ドゥテルテの選挙活動のからくりが、どう進化していったかが見えてくるだろう。「サム」はいま、自分のデジタル企業を経営している。一〇代のバンドマンのような服からスーツに着替えて、選挙候補者や企業にサービスを提供している。

二〇一六年、ラップラーは、サムのように話の内容をすり替える人々や、偽情報をばらまくすべてのネットワークの追跡を開始した。ラップラーの調査部門はこの現象を理解しようとしていたが、同じ問題に取り組んでいるメディア組織は世界でも数が少なく、それもあって私は、自分たちが発見したものを、フェイスブックのシンガポール・チームに是が非でも伝えなくてはと思ったのだ。

フィリピンにおいて、オンラインの情報エコシステムと政治活動の質がどのように低下していったか、ラップラーは三つの段階に分けた。第一段階が、二〇一四年から一五年までの早期実験と選挙活動機構の構築。第二段階が、あらたなオンライン秘密工作産業の商業化。第三段階が、政権の権力強化と国内全土におよぶ政治的二極化の拡大だ。

民主主義国に住んでいる人なら、似たような現象を目にしたことがあるはずだ。フィリピンから遠く離れた場所でも、段階的な質の低下が進んでいる。これを可能にしているのが、グローバル《グローバル》な意思決定とさまざまな現実だ。現在はいまだかつてなく局地的《ローカル》であることは国際的《グローバル》で、国際的であること は局地的《ローカル》だからだ。

最初は、いったい何が起きているのかわからなかった。ラップラーの活動拠点はソーシャルメディアだったので、私たちは変化を理解するというより肌で感じていた。二〇一六年の大統領選挙が実施されるまでに、私たちは、ソーシャルメディア・プラットフォームで、ドゥテルテ候補を支援するための、あらたな情報拡散とメッセージング〔データおよび情報交換〕の手法を見かけるようになった。たとえば、ある学生がドゥテルテに批判的な質問をしたとき、ドゥテルテの支持者たちがその学生の殺害を呼びかけるページをフェイスブックに立ち上げたことがあった[23]。それは人々を煽るあらての行為だったので、私たちは「#駆り立てられた人たち――ネットの暴徒がソーシャルメディアを荒廃させる（#AnimatED: Online Mob Creates Social Media Wasteland）」という、この問題を取り上げた最初の論説を発表した[24]。私たちが選挙チームに電話すると、彼らは支援者たちに「知的で、節度をわきまえた、思いやりのある市民たれ」と呼びかけた[25]。それはまだ早い時期の話だった。

二〇一六年の選挙には、フェルディナンド・マルコスの息子のフェルディナンド・〝ボンボン〟・マルコスも、副大統領候補として出馬した[26]。私たちは、ソーシャルメディア上で、彼の家族の過去の歴史を書き換えようとする明白な圧力を目にした。何者かが、マルコス家の記録を書き直して、汚点を洗い流そうとしていた。「私たち対彼ら」という世界観の強烈な存在も目撃した。それは怒りと憎しみをかき立て、有権者の二極化を促した。

質の低下の第二段階は、あらたにネットに登場した秘密工作産業の商業化と関係していた。それは法律のグレーゾーンで古くから活動していた地下デジタル経済をそのまま利用したものだった。二〇一四年にボットやフェイクアカウントが世界中で――とくにウクライナで――問題視されるようになる前から、ラップラーは、フィリピンの電気通信業界内の競争の最中に情報工作が行なわれていたことに気づいていた。「#スマートフリーインターネット――ツイッターにおける秘密工作活動の分析（#SmartFREEInternet: Anatomy of a Black Ops Campaign on Twitter）[27]」と題した記事で、私たちは、ある企業が三種類のアカウントを使って国民の認識に影響を与えていたことをあきらかにした。

フィリピン長距離電話会社とその携帯プロバイダーのスマート・コミュニケーションズは、グローブ・テレコムおよびその携帯子会社と顧客獲得競争をしていた。スマートは、ツイッターとフェイスブック上で「#SmartFreeInternet」というハッシュタグを使った販促キャンペーンを展開していた。しかし、ボットとフェイクアカウントの連携によって、「#SmartFreeInternet」というそのオンラインキャンペーンはとつぜん終了に追い込まれた。ラップラーはその経緯を詳細に記事にした。誰かがそのハッシュタグを使うと、それが合図となって、ボット、もしくはフェイクアカウントが、ネガティブなメッセージを自動的に送りつけてくる仕組みだった。

そのモデルとなったのは、一九九〇年代にアメリカのコンピュータ業界で広まったＦＵＤ（恐怖fear、不安uncertain、疑念doubt）という古めかしい戦略で、おもにＩＢＭやマイクロソフトのようなコンピュータ会社が、ライバル企業をターゲットにして行なったものだった。偽情報キャンペーンは、ネガティブな情報や嘘を拡散して人々の恐怖を煽る。私たちが、オンラインでマッピングした会話は、「地方から都市を包囲せよ」という共産党の戦略を連想させた。それは、スマート社のツイッターのアカウントを、ターゲットにしていたミレニアル世代の閲覧者から首尾良く切り離した。「複数の企業、利益団体、政府が、ソーシャルメディアという架空の資源を大々的に動員して、これらのプラットフォームの合法的なユーザーを混乱させている」とラップラーの記事は分析している。「こうした活動が野放しにされれば、ツイッターのようなプラットフォームは荒廃してしまうだろう。人々の参加意欲は削《そ》がれ、善を求める大衆の潜在的な力は制限される」

さらにわずか二年後には、私たちはＦＵＤが、政治やプロパガンダに転用されているのを目撃した。二〇一四年にこの手法を試した、たとえばサムのような人々が、政治の世界に進出して、二〇一六年の選挙戦でドゥテルテのためにこの手法を展開していたのだから、驚くようなことではなかったのかもしれない。

私は、ケン、クレア、エリザベスに、偽情報キャンペーンが政治に転用されているのをはじめて発見した経緯を説明した。それは、ラップラーおよびＡＢＳ－ＣＢＮを攻撃していたあるネットワークを調査していてわかったことだった。

最初に、チャイ・ホフィレーニャと彼女のチームは、攻撃者のフェイスブックのアカウント、攻撃者の「友達」のアカウント、そのアカウントが所属するグループをスプレッドシートに逐一記録していった。ひとつの表に全部で二六のアカウントと、そのアカウントが「事実」と主張していること――勤務先、出身校、職種、居住地――が書き込まれた。私たちはその表に書かれた詳細の真偽を、ひとりの記者に確認させた。彼らの主張はひとつ残らず嘘だった。

これら二六のアカウントのふるまいは、大半のユーザーと違っていた。彼らは、友達の数より所属するグループの数のほうが多かった。たとえば、ＡＢＳ－ＣＢＮの「ソフトウェア・アナリスト」と称するムーチャ・バウティスタのアカウントのリストには、友達が一七人しかいなかったが、所属するグループの数は一〇〇を超えていた。そのなかには、フェルディナンド・マルコス・ジュニアを支援する複数のグループ、海外のフィリピン人コミュニティ、商品を売買するグループなどがあった。これらのグループにはそれぞれ数万人から数十万人のメンバーがいた。[28]

こうした公式グループのなかで、これらの個人のメッセージが到達する範囲をラップラーのチームが手作業で集計するのに少なくとも三か月かかった。スタッフたちは、フェイスブックのひとつのフェイクアカウントが、三〇〇万から四〇〇万の他人のアカウントに到達する仕組みを図に示して、[29]ひとつの嘘が指数関数的に広がっていくことをあきらかにした。こうしたことを数量化したのは、ラップラーがはじめてだったと思う。

秘密工作の仕掛け人が、人口統計学に従って、フィリピンのごくわずかな上流層、中流層、そして圧倒的多数を占める最下層向けにそれぞれ戦略を絞り込むことで、ソーシャルメディアを武器として利用している仕組みを、シンガポールのフェイスブック・チームに示した。[30]彼らが作ったコンテンツは配信ネットワークを通じて増幅される。配信の要となる媒体はフェイスブックだが、彼らの取り組みは、あらゆるソーシャルメディアのプラットフォームにまたがっていた。

私たちが目にしていたのは、ネットを舞台にした一種の非対称戦争だった。ただしここでは、ゴリアテがダヴィデの戦術を使っていた。反乱軍がこっそり実行する戦術を、プラットフォームや有力な政治家が使っていたのだ。親ドゥテルテ派、親マルコス派の偽情報ネットワークが拡散する嘘を指摘した人たちはみな、おかしいのはそっちのほうだと言われた。彼らは、悪人たちがやったことを、善人たちになすりつけた。

世界中のほかの民主主義国でも同じ事態が進展していた。フェイスブックは気づきはじめていたものの、当惑していた。アメリカのフェイスブックのプラットフォームでは、極右とオルタナ右翼のあいだでさらにたくさんの嘘が拡散されていた。そしてフェイスブックは、そのことを証明するデータを手にしながら、共和党との関係がこじれるのをおそれて、何の対策も講じなかった（だいぶあとになって、フェイスブックと関係のない研究者がこうした隠蔽工作を暴露した）。つまり一般の人々は、すなわちフェイスブックのユーザーで、こうした情報操作のターゲットにされた人々は、ふだんと何も変わらないように見える情報の流れに対して、身を守る術もほとんど持たないまま放置されていた。ドナルド・トランプは選挙期間中も、大統領に就任してからも、破廉恥にも嘘をつき続けた。その様子はじつに楽しそうだった。彼の嘘はすべてソーシャルメディアの活動を通じて、ボトムアップで広まった。その仕組みはフィリピンと変わらない。トランプもドゥテルテも、大衆の考え方、ふるまい方を変えた。

ラップラーは、情報エコシステムを監視するデータベースを、すなわち、偽情報ネットワークを見張るインターポール〔国際刑事警察機構〕のようなものをどうやったら作り出せるか、考えはじめた。テクノロジーを理解するにはテクノロジーを構築する必要があった。私たちは、データ収集を自動化して、どんなコンテンツが広まるのか、どのネットワークがそれらを広めているのかを調べてみた。情報のマッピングは、ラップラーにはお手の物だ。はじめのころ、私たちはもっと建設的な問題の答えを見つけようとしたものだった。たとえば、あるアイデアが、どうやって複数のコミュニティに広がり、市民を行動に駆り立てるに至るか？　といった問いだ。たとえば、オンラインのコミュニティがどのように形成されるかを調査して、フィリピンにはイデオロギー的方針を土台にした本格的政党が存在するのかどうかを判定しようとした。そしていま、私たちがたどり着いた結論は悲観的なものだった。フィリピンには、イデオロギーに基づいた本格的政党は存在しない。あるのは、個人の求心力をあてにした政党だけだ[31]。ジャーナリストたちは感覚的にそのことを知っていたが、裏付けるデータがあるとないとでは大違いだった。

それが、私たちが「シャークタンク」と名づけたデータベースのはじまりだった[32]。私たちは嘘を特定するためにファクトチェックを利用した。やがて、どのネットワークが繰り返し嘘を垂れ流しているのか、監視するようになった。私たちは、国中に流通する公開された情報を監視できるように、データを整理する方法を学んだ。そして、すべての情報を一般の人が閲覧できるようにした。

それから数年間、私たちを攻撃する政府の最高権力者たちに声をあげるたびに、どうしたらそんな風に勇敢になれるのですかと聞かれた。

「簡単です」。私はよくそう答えたものだ。「私には事実があります」

昼食の席で、私は、ケンとクレアとエリザベスにこれらの発見を伝え、私たちが見つけたことの真偽を確認するために、彼らのデータをもっと提供してくれと訴えた。こういったことが、どんな事態につながると思いますか、と。

「あなたがたも行動を起こさなければ」と声を荒らげたのを覚えている。「『何もしないでいたら」トランプが勝っちゃうかもしれませんよ！」[33]

その場にいた全員が笑った。二〇一六年八月の時点でさえ、その言葉が現実になるとは、誰も思っていなかった。

会議が終わるころ、私以外のメンバーは不安そうな顔をしていた。こういった問題に対処するのははじめてで、途方に暮れているのだろうと思った。率直に言って、インターネットとデータについては、彼らよりラップラーのほうがよく理解していた。とはいえ、私たちの発見について、少なくともフェイスブックは声明を発表しようとするだろう、私はそう思った。フェイスブックの看板パートナーとして、私たちが目にしている悪質な情報操作を阻止してほしかった。そうしたら、何が起きていたのか、フェイスブックがそれを阻止するために何をしたのか、記事にできる。その時点では、危機感を募らせていたので、たんに記事を発表するより、不正をただすほうが重要だと思っていた。

しかし、会議のあと、ケン、クレア、エリザベスから連絡はなかった。八月が過ぎ、そして九月が終わるまで、私はずっと待っていた。

二〇一六年九月二日金曜日、午後一〇時過ぎ、ドゥテルテの地元であるダバオ市の夜市で爆発が起きた。[34] 爆発により十数人が死亡し、数十人が負傷した。残念ながら、フィリピンではこの手の暴力事件は珍しくない。しかし新政府の対応は苛酷な変化を物語っていた。

爆発事件の翌朝、ドゥテルテはフィリピン全土の「無法状態」を宣言した。[35] 宣言を正当化する理由のひとつが、何かと言えばドゥテルテが担ぎ出す「違法薬物」だった。おかしいのはこっちなのだろうか？　筋が通っているとはとうてい思えなかった。「これは異例の事態である」とドゥテルテは言った。「……この国は危機に見舞われている。たとえば、麻薬、超法規的殺人。無法状態、法律を無視した暴力がはびこっているようだ」

かろうじて戒厳令や全国的な外出禁止令の宣言にはいたらなかったが、これまで以上に多くの兵士をフィリピン全土に配備する命令が出された。政府は検問所の数を増やした。ネット上で、ドゥテルテの支持者たちが宣言を正当化しはじめた。これに類した爆発事件が、これほど強硬な措置につながったケースは過去にほとんどなかったので、大衆の支持が必要だったのだ。

土曜日の朝、朝食を取るためにテーブルについてコンピュータを立ち上げた私は、自分が見たものに驚愕した。私はただちに、ラップラーのソーシャルメディア担当責任者、ステイシー・デジェズスと、調査部門の責任者ジェマ・メンドーサに電話した。一時間以内に、共同創設者たちにも電話して注意を促した。こんなものを見たのはまったくはじめてだった。

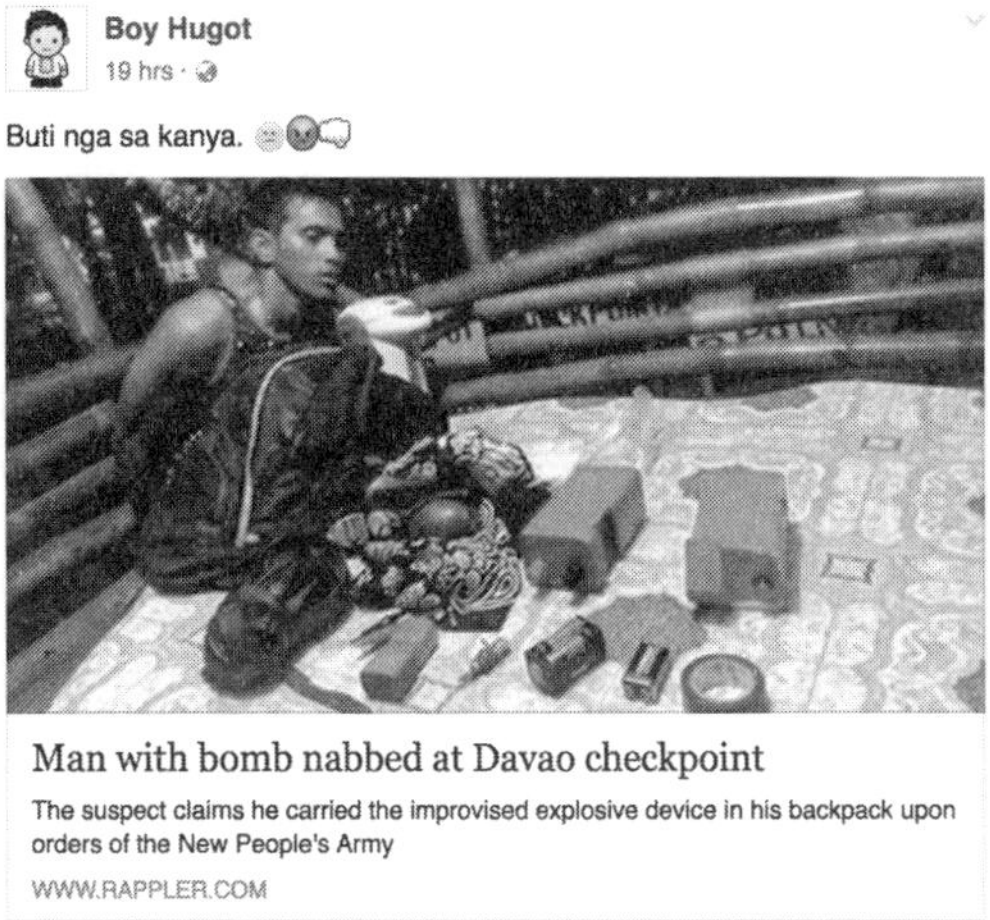
Boy Hugot
19 hrs ·
Buti nga sa kanya.
Man with bomb nabbed at Davao checkpoint
The suspect claims he carried the improvised explosive device in his backpack upon orders of the New People's Army
WWW.RAPPLER.COM

爆弾所持男性、ダバオの検問所で逮捕
容疑者は、新人民軍の命令で、即席爆弾装置をバックパックに入れて運んでいたと主張している

この古い記事を最初に投稿したフェイスブックのアカウント。2016年にラップラーが発見した初期の情報操作のひとつ。

「爆弾所持男性、ダバオの検問所で逮捕」——半年近く前にラップラーが発表した記事が、リアルタイムのグーグルアナリティクスでトップニュースになっていた(36)。その記事が最初に発表されたのは二〇一六年三月二六日、爆発事件の五か月以上前だ。それがいま、二四時間以上前から首位に向かって急浮上していた。最終的にその記事は四八時間以上にわたって、上位一〇位以内に留まることになる。

このときはじめて私たちは、世論を操るために、リアルタイムで、手際の悪い方法で、情報操作が行なわれていることに気づきだした。匿名アカウント、フェイクアカウント、インターネットミーム〔インターネットで拡散される画像、動画、言い回しなど〕、ドゥテルテのファンページ、あやしげなウェブサイト[37]、こういったものが連携して、ラップラーが三月に発表した「爆弾所持男性」が最新のニュースであるかのように見せかけようとしていた。ドゥテルテの無法状態宣言を正当化するためなのだろう。まんまと騙されたフィリピン人たちが嘘をシェアしていた。

こうして、のちにすっかり手遅れになってからフェイスブックが「組織的不正行為」と呼ぶものが、フィリピンで、国家ぐるみではじまった。それは独立系メディアに、具体的にはラップラーに寄せられていた大衆の信頼を、木っ端微塵《みじん》にするために仕掛けられたネット戦争のはじまりを告げる号砲でもあった。

元々の記事のページ閲覧数は三二だった（ほとんどがグーグル検索からたどり着いたものだった）が、情報戦争がはじまった翌日、記事のページ閲覧数は猛烈な勢いで伸びて一〇万五〇〇〇を超えた。三二八一倍以上の急増だ。

工作員がうっかり私たちの注意を引いていなければ、作戦はもっとうまくいっただろう。一部のユーザーはリンクを直接共有していたし、そもそも古い記事を再掲載したウェブサイトは、ラップラーへのリンクを貼っていた。どうやらウェブサイトの制作者は、記事の引用元を示すことが習い性になっている元記者か編集者らしい。ラップラーが、自分たちが見つけたものを発表すると、リンクは削除された。

ラップラーの記事をまるごと転用し、私たちに無断で何の脈絡もなく掲載した主要な三つのウェブサイト——ニューストレンドＰＨ（newstrendph.com）、ソーシャルニュースｐｈ・ドットコム

(SocialNewsph.com)、ピノイ・トリビューン(pinoytribune.com)——は、いずれも、ドゥテルテ政権が誕生したあとに作られたサイトで、私たちが情報操作を暴露した直後にその記事は削除された。

フェイスブックにも、ラップラーの記事をそのままシェアしている複数のページがあった。いくつかは親ドゥテルテ派のページで、たとえば、「ドゥテルテ・ウォリアー(@dutertewarrior)」、「プレジデント・ドゥテルテ2016(@DigongDuterte2016)」、「ビアヘン・ドゥテルテ(Byaheng Duterte)」といったもので、これらのページは、日付のついた古い記事を転用したウェブサイトのページを、同じ人騒がせなキャプションをつけて、互いに数分おきにシェアしていた。三つのページには、数百件のコメントが寄せられ、数千回の「いいね!」がつけられ、数千回シェアされていた。

工作員たちは、自分たちの投稿の日付とタイムスタンプを手作業で改《かい》竄《ざん》していたので、一見したところその記事は、夜市の爆発より早い、九月一日木曜日に発表されたように見えた。

世間の認識を誤らせるために、この古い記事が利用されている。私たちはラップラーのフェイスブックのページに、以下のような警告を投稿して注意を呼びかけた。「ラップラーからみなさまへのお願い。情報源の真偽を確認して、古い記事をシェアするのはやめてください」。二〇一六年九月四日日曜日、午後六時一八分、記事はフェイスブックに投稿された。「フィードでこの記事を見かけた方は、実際にこの事件が起きたのは、二〇一六年三月二五日であるとほかの方々に知らせてください」。私たちは、ラップラーのウェブサイト上にあるこの記事のページにも、編集者による短い注を付け加えた。これから読む人はみな、「この記事は二〇一六年三月二六日に発表されたものである」という冒頭の一文を目にするはずだった。

ラップラーに対して行なわれていた操作の全容を公表しなかったのは、偽情報を増幅したくなかったからだ。おおむねのところ、初期の段階において、私たちは、操作に関係する情報を探り出し、偽情報を訂正して、到達範囲《リーチ》をできるだけ制限する、この三つをバランス良くやることにエネルギーを注いだ。数年経って、最初よりこうしたことがもっと上手になってから、偽情報ネットワークに参加しているアカウントの全容を記したマニアックな地図を公表する、つまり、できるかぎり詳細な情報を手に入れたがっている読者も満足できるくらいたくさんの情報を提供するといった、徹底的な透明性が突破口になると判断した。

その後何年間も、私たちはこの事件の調査を続けていた。[38] そして、「爆弾所持男性」を掲載していたオンラインネットワークが、ドゥテルテ陣営の有力者とつながっていることを発見した。二〇二一年八月、偽情報を掲載した三つの主要なウェブサイトのひとつ、ニューストレンドPHのURLが消えていることに私は気づいた。その場所には、世間で物議を醸したドゥテルテの計画「フィリピン海外賭博事業者（POGO）」[39]とつながりのある、中国のオンライン賭博サイトができていた。それは、これら三つの親ドゥテルテ派のウェブサイトが、中国の偽情報工作活動と関係している可能性を示唆していた。「爆弾所持男性」の記事から、ドゥテルテ政権と、ドゥテルテのあらたな盟友である中国の結びつきがあきらかになった。

私は、自分たちが手に入れた情報をすべて、ケン、クレア、エリザベスにも伝えた。フェイスブックに、こういった種類の情報操作に対応する準備ができていないだけでなく、データと事実を突きつけられてさえ、自分たちのプラットフォームで何が起きているのか、執行部が完全に把握できていないこともあきらかだった。彼らが私たちの一件を「上層部に上げた」のは間違いないだろう。しかし、こうした初期の段階では、何の対策も取られなかった。適切な時期に行動を起こしていれば、フェイスブックはユーザーとの信頼関係を食い物にする代わりに維持できたはずだ。早期に対応していれば、その後何年間も無秩序と混乱を放置して、偽情報活動を助長し、これに資するような真似をしなくて済んだはずだ。

数か月後、一般の人々を惑わせようとする企てについて警告した私たちのフェイスブックの投稿が、フェイスブックそのものによって削除された。ラップラーのソーシャルメディア担当責任者、ステイシーから、投稿を削除したフェイスブック側の理由が転送されてきた。「このメッセージが削除されたのは、私たちのコミュニティ規定に違反するリンクが含まれているためです[40]」

私たちが不服を申し立てると、フェイスブックは投稿を復元したが、数か月後にふたたび見てみると、またもや削除されていた。そこで、もう一度不服を申し立てた。返事はなかった。

二〇二一年八月一日の時点で、そのリンクは無効になっていた。まるでフェイスブックが、そもそもそんな出来事があったことをユーザーに知られたくないと思っているかのように。

それが、当初、ラップラーにあれほど胸躍る可能性を切り開いてくれた企業に対して、私が幻滅の思いを募らせるようになったはじまりだった。いまの気持ちは幻滅なんてものではない。フェイスブックは、世界中の民主主義にとってきわめて深刻な脅威のひとつだ。そして唖然《あぜん》とすることに、成長と収益を追い求めるテック系企業の強欲に、自分たちの自由を奪い取られる事態を私たちはみずから招いたのだ。テック系企業は、私たちの個人的な経験とデータを吸い上げ、人工知能を使ってこれを整頓して私たちを操作し、人間性の最悪の部分を最大限浮き彫りにする行動を作り出した。ハーバード・ビジネススクール名誉教授ショシャナ・ズボフは、この搾取型ビジネスモデルを「監視資本主義」と名づけた[41]。私たちみんながこの状況を許してしまったのだ[42]。

フェイスブックはいまでも、公共の安全より金儲《かねもう》けを優先している。ロビー活動によって、みずからが設定する（たいがい）手ぬるいコンテンツルールを曲げたり破ったりできる。自分たちのプラットフォームを利用している三〇億人近いユーザーの保護を優先することはめったにない。二〇二〇年に八五九億ドルだった年間売上高は、二〇二一年には一一二〇一億八〇〇〇万ドルになった。四〇パーセントの増収だ。

人間のデータを、市場で交換・取引される商品として扱う監視資本主義を導入したのは、シェリル・サンドバーグだ[43][44][45]。サンドバーグは、二〇〇八年、マーク・ザッカーバーグに引き抜かれてグーグルを退社し、フェイスブックの最高執行責任者に就任した。そして、フェイスブックのビジネスモデルを作り、磨き上げ、同時に、会社の方針を決め、「インテグリティ・チーム」を運営していた。報道機関が、その企業の利益に反するものを発表する必要に迫られたら、何が起きるだろうか。報道機関には、編集責任者と経営責任者のあいだに「壁」がある。両者のあいだには避けがたい利益相反があるからで、編集責任者はつねに経営責任者と争うことになる。そうやって、古いメディアはじたばたしながらも生き延びてきた。フェイスブックで、シェリルはこのふたつの機能をまとめて潰した。つまり、すべての決定が政治的に行なわれるようになった。フェイスブックでは、あらゆる決定が、会社が儲かるかどうか、会社の利益を守れるかどうかで行なわれるようになった。

二〇一一年、シェリルはハーバード大学の同級生だったジョエル・カプラン〔ジョージ・W・ブッシュ政権下で副首席補佐官を務めていた〕を雇い、保守派と右翼へのロビー活動とご機嫌取りを担当させた。二〇一四年には、カプランはフェイスブックのグローバル公共政策担当副社長となり、ワシントンDCでロビー活動を行なうと同時に政府とのパイプ役を務め、世界中のコンテンツ・モデレーション

〔ウェブサイトまたはＳＮＳに投稿されたコンテンツをチェックし、不適切なものを削除する作業〕の方針を決定していた。グーグルやツイッターなどほかの企業では、公共政策とロビー活動は、コンテンツルールを作って実行するチームと分けられている。フェイスブックを辞めた従業員の幾人かは、これらのチームは分けるべきだと主張したが、いまに至るまで、彼らの声は実行に移されていない。「コンテンツの方針に与える政治的影響」と題したフェイスブック社内回覧状には、カプランのグループは「有力な顧客層を徹底的に保護する」と記されている。その動きは、二〇一五年にドナルド・トランプが大統領選に出馬したときからはじまった(46)。

こうした背景もあって、フェイスブックは一貫して政治家が嘘をつくのを許し、真実を隠し、ロシアの偽情報や情報操作について歯切れの悪い発言をし、過激派が成長してメタナラティブの種をまくのを許し、そしてついに横面をひっぱたかれた。二〇二一年一月六日のアメリカ連邦議会議事堂襲撃事件である。ドナルド・トランプが、大統領選の敗北に抗議して、連邦議会議事堂を襲撃せよと数千人のアメリカ人に呼びかけた。まさにこのとき、シリコンバレーが重ねてきた悪行の数々がみずからにはね返ってきた(47)。最近の調査によれば、アメリカ人の四〇パーセント弱が、いまでも大統領選に勝利したのはトランプだと信じているという。その数字には民主党党員の一〇パーセントも含まれる(48)。

フェイスブックの言動はすべて、三つの前提が下敷きになっている。ひとつ、情報は多ければ多いほど良い。ふたつ、情報は速ければ速いほど良い。そして三つ目、悪しき行ない――嘘、ヘイトスピーチ、陰謀論、偽情報、何かをターゲットにした攻撃、情報操作――は、フェイスブックのより大きな目標に資するのであるなら、許されるべきである。三つの理念はすべて、フェイスブックにはじつに都合が良い。要するに、もっと金を儲けろと言っているのだから。しかしそれらの理念はどれひとつとして、ユーザーや公共空間にとって望ましいものではない。

「より多く」、「より速く」という考え方に内在する危険が、私たちをディストピアに導いた。私たちの心はがらくたであふれかえり、思考の明晰さは失われ、集中力は散漫になり、集団としての考えより個人の考えが優先されるようになった。複雑な決定を迫られた重役やリーダーが、事業計画概要を提出しろと言うのには一理ある。細分化された情報だけ見ていても、どうにもならないことが多いからだ。さらに悪いことに、感情をたっぷり詰め込まれた情報は、大量のデータストリームとなって合理的な意思決定能力を破壊する。

このオンラインのエコシステムでは、何度も繰り返された嘘は事実になる。ジャーナリストとして私は知っている。最後に発表した記事がジャーナリストの真価を決める。そして、記事に間違いがあれば、かならず理由を説明し、訂正して、公表しなければならない。だから訂正表があるのだ。私たちが事実を報道するのは、事実が、私たちが共有する現実を作り出すからだ。フェイスブックが個人ごとの独立したフィードを考えついたときに、私たちの生活はばらばらに引き裂かれて、無数の『トゥルーマン・ショー』〔一九九八年製作のアメリカ映画。すべてが演出された虚構の世界で、生活の一部始終を隠し撮りされ、全世界に放映されていた青年の物語〕になった。あなたの「ニュース」フィードと私のフィードは違う。もしも自分に関する嘘を目にしたら、「ミュート」するだけでいい。「ミュート」も、フェイスブックが導入した、企業にとって都合の良いアイデアだが、その社会的影響はあきらかにされていない。こうして野放しにされた嘘から、地球平面説信者が、Qアノンが、「選挙泥棒を止めろ」運動が、過激なワクチン反対運動が生まれ、彼らがきわめて有害ないくつかの陰謀論に言及するのを許した。これが[49]現実だ。

国より企業を、何よりも成長を優先させるマーク・ザッカーバーグの決定が、嘘が事実より優先される事実を助長した。それは、フェイスブックを生み出した情報と信頼のエコシステムを破壊した。ザッカーバーグが、自分のサイトで一パーセントの嘘を許容すれば、それは、ある個体群に一パーセントのウイルスが紛れ込んでも構わないと言ったも同然だ。[50] どちらも相手を乗っ取ることができる。

そして、もしも根絶されなければ、最終的に相手を死滅させてしまうだろう。

ザッカーバーグはどうしてこのような決定に至ることができたのか、私は理解しようとした。ソフトウェア開発の反復プロセスにあてはめてみるとわかりやすい。テクノロジー製品を開発するときは、優先順位を決める作業が必要だ。家を建てる場合のように、釘、セメント、工具、木材などの要素に分解して、フェーズごとに組み立てていく。テクノロジー用語で「アジャイル開発」と呼ばれるもので、作業を細分化することにより、完成された部分に応じてすばやく変更を採り入れることができる。あなたなら、自分が組み立てるものの優先順位をどうやって決める？　ラップラーの場合で触れたように、何を優先するかにあなたの価値観と目標が反映される。

フェイスブックの場合、ザッカーバーグが初期に行なった選択のひとつは、いかにも若者が考えそうなことで、経験を積んだ責任能力のある企業の重役ならばおよそ考えそうにないことだった。たとえば彼は、フェイスブックのエンジニア全員に、ユーザーのデータに無制限にアクセスする許可を与えていた。このひっくり返った世界では、それはフェイスブックがエンジニアを募集するときの武器になった。ザッカーバーグが提供する職場では、IT技術者は面倒くさい手続きはいっさい抜きで、他の企業が抱える現実世界の懸念事項にわずらわされることなく、ユーザーのデータを使って、テスト、設計、実装を行なうことができた。

二〇一五年九月にある人物が[51]、その選択によって何ができるかに実際に目を向け、ザッカーバーグに注意を促すまでに、累計一万六七四四人のフェイスブックの従業員が[52]、私たちの個人データにアクセスしていた。私たちの投稿、企業広告が私たちを（たとえば政治信条に基づいて）分類するアルゴリズム、私たちが送ったメッセージ、ある特定の瞬間に私たちがいた場所（多くの人の場合、セキュリティ上の問題につながりかねない）。フェイスブックのエンジニアのなかには、自分のデートの相手や恋人の関心事を追跡している者さえいた[53]。

すべてのソーシャルメディア・プラットフォームが採用しているもうひとつの有害な決定――それは、友人の友人をお勧めするアルゴリズムを通じてビジネスを拡大する戦略だ。ソーシャルメディアの重役たちは、A／Bテストと呼ばれるものを通じて、それがもっとも効率的なやり方だと気づいた。A／Bテストは、ネット上に表示されたふたつのパターンがユーザーに与える影響を検証する方法だ。本物の人間を使ったリアルタイムの実験で、私たちをパブロフの犬同様に扱っている。私たちが承認ボタンをクリックすると、個人のネットワークが拡大する。裏返すと、私たちが友達の友達になれば、プラットフォームのネットワークも拡大する。

こうして、二〇一六年に、ロドリゴ・ドゥテルテがフェイスブックを利用して大統領選に勝利をおさめたあと、この「友達の友達」アルゴリズムは、「私たち対彼ら」という、人と人を対立させるドゥテルテ独自のレトリックとともに、フィリピン人をいっそう二極化させた。親ドゥテルテ派で、友達の友達の投稿をお勧めされ続けた人は、いっそう右傾化し、反ドゥテルテ派は、いっそう左傾化した。両陣営の亀裂はしだいに広がった。これは現在世界的な問題になっている。ドゥテルテの代わりに、ナレンドラ・モディ、ジャイル・ボルソナロ、ドナルド・トランプをあてはめてみれば、ぴんとくるだろう。

アルゴリズムが提供するコンテンツは私たちを過激化させる。たとえば、あなたが陰謀論すれすれの言説をクリックしたとする。するとプラットフォームが次に提供するコンテンツは、さらに過激な内容を含んだものになる。そうすればあなたは画面を最後までスクロールするからだ[54]。ウェブのもっとも闇の深い片隅から、Qアノンのような組織がツイッターやフェイスブックに進出した（Qアノンはフィリピンとも関係している）。最終的に、彼らの進出は足止めされ、活動は禁止されたが[55]、そうなるまでに数年が経過していた。その間、彼らの影響を受けて陰謀論を信じるようになった人々に何が起きただろうか？　彼らの認知バイアスは？　認知バイアスが生じた結果、彼らはこうした禁止措置を、陰謀のあらたな証拠とみなすようになったかもしれない。

こうしたテクノロジー上の決定が監視資本主義のモデルを育んだ。それは、友達の友達をお勧めすることで企業の成長を促すと同時に、感情に訴える過激で極端なコンテンツを提供することで、ユーザーがサイトで過ごす時間を増大させる。このモデルは、ダニエル・カーネマンが「遅い思考」[56]と名づけた、人間の合理的で論理的な思考を迂回《うかい》して、「速く思考する」脳に作用する。そして、扁桃体《へんとうたい》に宿る、すばやく、直感的で、ほぼ無意識の情動的反応を引き出す。生物学者の故E・O・ウィルソンはこれを「旧石器時代の感情」と呼んだ。感情を揺さぶり、すぐにでもシェアしたり、行動に移したくなったりする投稿を読んだら、心を落ち着かせよう。速くではなく、ゆっくり考えよう。

とはいえ、心を落ち着かせる私たちの能力は制限されている。狡猾《こうかつ》にもフェイスブックは、長いあいだに、悲惨で、きわめて有害なフィードバック・ループを作り出したからだ。あなたがフェイスブックで過ごす時間が長ければ長いほど、その時間がさらに長くなるようにあなたを陥れるデータをこの企業は手に入れる。ホルモンや、ドーパミンのような神経伝達物質が引き金となって、あなたの感情は高揚し、自分が何かをしているような気分になるが、結局のところそれは、現実世界の活動や目標の成就からあなたの目を逸《そ》らし、エネルギーを吸い取る時間の無駄遣いに過ぎない。人間の肉体をバッテリーとして動力源にしている『マトリックス』を考えてみよう。それでは私たちは何をしていたのか。自分の「トゥルーマン・ショー」に主演していたのだ。

それは、ビッグデータ企業が作り出したアルゴリズムに伴う無数の副作用のひとつに過ぎない。そこには、このアルゴリズムをプログラムした人物――たいていは若い白人男性――の偏見と、彼らの食い扶持《ぶち》であるデータのセットが組み込まれている。それは、アメリカで、教育、経済、犯罪報道、そして民主主義に悪影響をおよぼしている。そして、フェイスブックやユーチューブなど、アメリカ産のプラットフォームを通じて、これらの偏見をアメリカ以外の国々にまき散らしている。

フェイスブックは私たちのふるまいを変えつつある。全世界のユーザーのデータベースをリアルタイムの実験室として利用している。フェイスブックは、集団力学に関する社会学の実験があきらかにしたとおりに、個人と社会を変えている。規模の大きいものとしては、大人数の集団によるこの種の行動変容が、創発的行為だろう。個々の部分から組織の変化を予測することは誰にもできない。私はインドネシアで、テロリズムを奉じる過激思想がどうやって広まっていくのかを研究するかたわら、それが現実世界でゆっくり起きるのを見ていた。現在、創発的行為はネットで増強されて、世界全土で信頼を破壊することによって、社会を機能不全に陥らせている。

二〇世紀に大手たばこ会社が展開した嘘と戦略に比較するとよくわかる。フェイスブックと、フェイスブックから恩恵を受けている政治家たちは、自分たちが人々にまき散らしている害について充分に承知している。フェイスブックはいまや世界最大のニュース配信業者だ。しかし、複数の研究があきらかにしているように、ソーシャルメディアでは、怒りや憎しみが織り交ぜられた嘘は、事実より速く、遠くまで広がる[57]。あなたにニュースを届けているそのプラットフォームは、事実に対する偏見、ジャーナリストに対する偏見に染まっている。彼らは意図的に、私たちを分断し、二極化させている。怒りと憎しみをばらまいたほうが、フェイスブックの商売には都合がいいからだ。

アメリカでは、過激思想の高まりがきわめて深刻な社会問題となっている。イギリスおよびヨーロッパは、イギリスのEU離脱、シリア難民危機、右翼ナショナリストの台頭によっていまも足下がふらついている。ブラジルでも同様の現象が起きている。ブラジルでは、ソーシャルメディア、おもにユーチューブによって、ジャイル・ボルソナロと彼の支持者たちが政治の本流に躍り出た。ハンガリーではオルバン・ヴィクトルが、反移民強硬政策をたくみに打ち出して、有権者の心をつかんだ。インドでは世界最大の民主政体が、ナレンドラ・モディ率いるインド人民党の醜悪なからくりの餌食になった。世界中のあらゆる場所で、社会はネット上の暴力にせっせと栄養を送り、ネットの暴力は現実の暴力に姿を変えている。「グレート・リプレイスメント（白人置き換え説）（北米とヨーロッパで、白人人口が出生率の低下や移民によって、統計的・文化的に置き換えられるとする差別的思想）」に類する陰謀論に刺激を受けた銃乱射事件が、ノルウェー、ニュージーランド、アメリカで発生し、「私たち対彼ら」、ひと言で言えば、ファシズムの台頭を後押ししている。

この怒りと憎しみは、道徳的憤怒とひとつになったとき、暴徒の支配に変化する。

二〇一六年、ラップラーは、「#NoPlaceForHate（憎しみのための場所はない）」というキャンペーンをはじめた(58)。それは、過激なコメントへのコンテンツ・モデレーションの基準を導入することで、私たちが奉仕する一般の人々の注意を喚起すると同時に彼らを保護するのが狙いだった。「相手を罵倒、中傷、侮辱したり、自尊心を傷つけたり、脅迫したりするコメントを私たちはいっさい許さない」。ラップラーのサイトと、利用するソーシャルメディアのアカウントすべてに私たちはそう記した。「……言論の自由とは、他人の名誉を傷つけ、信用を貶《おとし》めることを許可するものではない……言論の自由とは、誰もが自分の考えを口にし、邪魔されることなく反対意見を表明する権利を有することを認めるものである。他人に干渉されない空間を私たちはあらためて要求する……誰であれ、自分の考えを書いたり、話したりすることをおそれることがあってはならない(59)」

それは、フェイスブックが行使すべき力だった。マーク・ザッカーバーグが自分の無知をいいことに、アメリカ最高裁判事ルイス・D・ブランダイスの格言「ヘイトスピーチに対抗する解決策は、より多くの言論だ」の手前勝手な解釈に拘泥しなければ、世界はいまと違う場所になっていただろう(60)。ブランダイスがこの格言を口にしたのは一九二七年。物があふれかえる時代、ひとつの嘘が一〇〇万回以上繰り返されるフェイスブックの時代がやって来るはるか昔の話だ。しかも彼の公式は、公平な競争の場があってはじめて通用するが、フェイスブックのアルゴリズムはそうした場を作らなかった。

この企業の選択は、ヘイトスピーチ、偽情報、陰謀論にメガホンを与えて——感情を揺さぶるコンテンツで、ユーザーをサイトに釘付けにして、画面をスクロールさせ、プラットフォームにより多くの収益をもたらすように仕向けることだった。フェイスブックが、ジャーナリストたちから取り上げた門番としての責任を、同じくらい真摯に引き受けていたなら、世界はいまよりはるかに良い場所になっていただろう。

ラップラーは、同じ決断を迫られたとき——麻薬撲滅戦争を正当化し、世界を「私たち対彼ら」に分断するヘイトを煽るように設計された情報操作にきな臭いものを感じたとき——すみやかに行動した。自分たちのユーザーを、公共空間を、民主的な議論を守りたいなら、とるべき道は簡単だった。

憎悪を吐き散らし、麻薬撲滅戦争に疑問を持つ人間を見境なく攻撃するドゥテルテの支持者によって、コメント欄が占領されていく様子を私たちは見ていた。少数ながら反撃する人たちもいたが、しだいに、ほとんどの人が沈黙を選ぶようになった。こうして攻撃は成功をおさめ、勝利したナラティブは、殺人を肯定するドゥテルテの議論に従い、毎晩歩道に投げ捨てられる遺体に対する人々の反応は鈍くなり、さらに多くの殺人を支持するバンドワゴン効果を生み出した。これ以上黙ってはいられない、そう思ったのは、ダニカ・メイ・ガルシアという五歳の少女が、自宅の浴室から出てきたところを銃で撃たれて殺されたときだった。麻薬捜査官の標的は少女の祖父だった。(61)

フィリピン人が、麻薬常用者や密売人の殺害を黙認し、それどころか支持するようにさえなったことに、私はショックを受けている。なぜならフィリピンは、国連の世界人権宣言に最初に署名した国のひとつなのだ。国民の価値観が変わってしまったのだとは思わなかった。

殺害されたり拷問されたりしたフィリピン人の画像が、世界中の注目を集めはじめた。一方、この国で生活している私たちのような人間にとっては、日に日に恐怖が膨らんでいく感覚があった。ラップラーは、武器として利用されるようになったインターネット(インターネットの武器化)に関する記事を三部構成にして発表することにした。第一部と第二部を私が[62]、第三部をチャイが担当した[63]。「爆弾所持男性」の情報操作を発見したときのように、これはまったくあたらしい分野だった。私たちは、何が起きているのかを見て、点と点を結ぶことはできたが、その背景はまだわからなかった。現在進行形で自分たちが経験していることを説明する言葉を見つけなければならなかった。

私は、エリザベス、クレア、ケンに意見を求めて、最後のメールを送った。

この連載を発表する前に、グレンダ・グロリアと私は、役員会で記事の掲載を議題に挙げ、満場一致で承認を得た。連載は二〇一六年一〇月三日にはじまることになった。このとき私には、インターネットの武器化を暴くことが、自分とラップラーにどんな意味を持つのか、まったくわかっていなかった。この画期的な連載によって、私たち全員が刑事責任を問われることになると、当時、誰に想像できただろう。

しかし、いま、私には一片の後悔もない。過去に戻ることができたとしても、もう一度同じことをするだろう。

第8章　法の支配が内部から崩れる仕組み――沈黙は共謀と同じ

二〇一六年一〇月三日、誕生日の翌日だった。フェイスブックから連絡はなかったが、私たちは、「インターネットの武器化（武器に変えられたインターネット）」シリーズの第一部をこの日に発表すると決めていた。

その日は午前中いっぱいかけて記事の最終仕上げをしていた。[1]「爆弾所持男性」記事の法廷調査記録からはじめて、データを詳細にチェックし、それから、大統領選挙戦でドゥテルテの広報官だったピーター・ティウ・ラヴィーニャによってシェアされ、ウイルスのように広まった少女の遺体の写真を記事に入れた。おそらく、麻薬密売人は殺されて当然だと示すために拡散されたのだろう。ラヴィーニャは、亡くなった少女がフィリピン人であるかのように匂わせていたが、実際は写真はブラジルで撮影されたものだった――これもまた扇情的な嘘だった。

連載の導入部となる記事を最後にもう一度見直した。そのなかで私は、政府の反民主主義的な「なぶり殺し」戦術が、インターネットの力とソーシャルメディアのアルゴリズムを悪用して、混乱と疑惑の種をまいていると主張していた。連載の目的は、このあたらしい現象――金をかけたプロパガンダによるソーシャルメディアの乗っ取り、簡単に悪用されてしまうあたらしい情報エコシステムの脆弱さ、それらが人間のふるまいに与える影響――を徹底解剖することにあった。私たちは、フェイスブック上にある二六のフェイクアカウントのネットワークが、最終的に少なくとも三〇〇万の他人のアカウントに影響を与えていたことも詳しく解説した。

私たちのオフィスは開放的なワンフロアタイプで、中央のブリッジには――「スター・トレック」風に一段高くなった丸い司令用デッキ――その日の記事を編集する人たちが詰めていた。彼らが統率するスタッフは、ブリッジから放射状に広がるデスクにめいめい腰掛けている。壁のところどころに巨大なテレビが固まって掛かっている。さらに複数の会議室とオフィスがあるが、それらはすべてガラスで仕切られていて、ガラスの壁にはたいてい、メッセージや図や数字が書き込まれた色とりどりの付箋がびっしり貼られていた。それはスタッフたちがブレインストーミング・セッションのあいだに走り書きしたもので、これらの部屋がロフトのような残りの空間を占領していた。フロアの一角にマナンと執行部のデスクがあり、私のオフィスは奥のいちばん引っ込んだところにあった。オフィスの一方は窓で、もう一方はガラスの壁。私もそこに数字や日付を走り書きしていた。ガラスの壁の向こう側でグレンダ・グロリアとチャイ・ホフィレーニャがデスクに向かい、ベス・フロンドソはニュース編集室の反対側で、スタジオと司令室を見わたしていた。ニュース編集室は活気に満ちた低い音を立てていた。そして私は、三本目のコカ・コーラ ゼロを飲み干したところだった。

私はチャイのデスクに歩み寄り、彼女の肩越しに記事を読みはじめた。記事を読み終えたチャイが私を振り仰ぐ。私たちがこれと同じことをするのは少なくとも三度目だった。

「よし」。チャイがそう言って、送信ボタンにカーソルを合わせた。「いくよ?」

「いけっ!」 私の声を合図に、チャイがクリックして記事が公開された。

午後七時。私はソーシャルメディア担当責任者と当番の編集者たちがいるブリッジに走った。「ステイシー、記事が公開された、シェアしてくれる?」

「了解」。ステイシー・デジェズスが、公開されたばかりの記事を引き出して、最後までスクロールした。そして、ラップラーのフェイスブックのページとSlack〔アメリカで開発されたビジネスチャット

ール」に投稿して、ラップラーのスタッフ全員に注意を呼びかけた。

「メガシェアいきま～す！」　ステイシーはそう呼びかけながら、すばやくアラートをタイプし、ラップラーの記事の投稿が、スタッフたちのソーシャルメディアのフィードに送られるように準備した。「メガシェア」は、二〇一二年以来、社員全員に記事のシェアを呼びかけるときの合い言葉で、当時、ラップラーの記事の拡散数は、初期メンバー一二人のネットワークが頼りだった。

　ステイシーがしゃれた格好をしているのに私は気づいた。「すてきだね！　何かのお祝い？」と聞くと、「気分が落ち込んでたから、おしゃれしてみた」と、ステイシーは笑いながら答えた。

「それって攻撃のこと？」　ステイシーは、ラップラーの「#NoPlaceForHate」運動を担当していた。私たちのページに仕掛けられた攻撃の、ぞっとする影響を止めるために開始された運動は、パンドラの箱を開ける結果になり、予想もしなかった規模の攻撃が浴びせられるようになっていた。私たちは、フェイスブックで活動していたので、組織的なシェア活動に特有のリズムは理解していたが、今回起きていることはこれまでとは別次元だった。

「ものすごく速いんだよ」。ステイシーはそう言って、タブをめくりながら、ラップラーのフェイスブックのページを自分がどうモデレートしているかを示した。「私たちが何かを投稿すると、数秒でコメントが書き込まれる――でも、すごく単純で、同じものばかりなんだ」。彼女は、いくつかの投稿と、ラップラーが投稿してからものの数秒で寄せられる親ドゥテルテ派の大量のコメントを示した。

「ボットを使っているのかな？」と私は尋ねた。「たぶん、あっちにはボットアラートがあって、最初の投稿に反応するようにプログラムされているんじゃない？」　それならば説明がつく。内容の如何にかかわらず、ドゥテルテの名前が出てくる投稿がアップされたら、自動的に反応する設定が施されていて、そのあとで「キーボード戦士」[2]たちがコメントを追加していくのだろう。「でも、今回のはこれまでのより高度なんだよね」

数か月前の記憶が甦った。退陣するベニグノ・アキノ大統領に[3]、大統領官邸で最後のインタビューを行なったときのことだ。インタビュー終了後、アキノが私を呼び止めた。「これらの攻撃は」、彼はもの静かな口調でそう切り出した。「とても速い。生身の人間が行なっているのだろうか？」

「はい、大統領。生身の人間だと思います」。私はそう答えたのだった。

現に、選挙戦でドゥテルテ陣営のソーシャルメディア戦略を担当したニック・ガブナダは、地理的に四つに分けられる五〇〇人のボランティア（ルソン島、ビサヤ諸島、ミンダナオ島、そして一〇〇〇万から一二〇〇万と言われる海外のフィリピン人労働者（ＯＦＷ））を組織して、選挙戦のオンライン軍団をはじめた経緯を、後日、私たちに詳しく語った[4]。メディアおよび広報担当総責任者を務めていたニックは、その後私人としては世界ではじめて、フェイスブックに「組織的不正行為」を暴かれ、コンテンツを削除される[5]。

オンライン攻撃のスピードに関するアキノの言葉を、当初、私は気に留めていなかった。しかしいまこうして自分たちが同じ目に遭うと、彼が何を言おうとしていたのかが、わかりかけてきた。自分が攻撃されるまで、その規模の範囲と衝撃は実際にはわからないものだ。

その攻撃は、量においても頻度においても、エクセルのワークシートとビッグデータくらいこれまでとは桁違いだった。ターゲットにされた者だけが、そのパターンを見ることができる。それも最初は直感的におかしいと思うだけだ。攻撃の影響は、最初は心理的なもので、やはり標的にしか感じられない――不安と恐怖だ。続いて、攻撃は閲覧者にある印象を残す。ドゥテルテの選挙活動中、「サム」が麻薬撲滅戦争を宣伝するために行なったのと同じ「偽草の根運動」効果だ（偽バンドワゴン効果ともいう）。それはある問題についての大衆の見方を変化させる。そしてその戦術は、じつは、日ごとに進化を遂げていたのである。

連載の第二部と第三部を発表する前に、第一部への政府と一般市民の反応を見たかった。その週の終わりに私たちは第二部と第三部を発表した。第二部のタイトルは「フェイスブックのアルゴリズムが民主主義にどう影響するか」[6]で、モカ・ウソンという親ドゥテルテ派の選挙活動家の事例を取り上げた。第三部のタイトルは「フェイクアカウント――ソーシャルメディアで製造される現実」だった[7]。フェイスブックが民主主義に与える有害な影響をあきらかにするために、データと事例証拠をまとめたのは、アメリカを含め、全世界でこの連載がはじめてだった。

最初の記事をどう受けとめたものか、政府の高官たちにわかっていたとは思わない。通常であれば、「爆弾所持男性」の場合のように、彼らは時間をかけてどう反応するかを考えた。そこで私たちは単細胞にも、ドゥテルテが大統領になる前のような、わかりやすい反応が返ってくるものと決めてかかっていた。要するに私は、こちらには事実とデータがそろっているのだから、反論の余地はあるまいと考えていたのだ。政府は、自分たちが演じた役割を認め、オンライン軍団（彼らの呼び方では「ブロガー」）の活動を制限するだろう、と。

私は知らなかったが、政府はすでに、事実と、ジャーナリストのすっぱ抜きに対処するあらたな戦術を開発していた。彼らにはそうする必要があった。フィリピンの報道機関が、政府の凶悪な麻薬撲滅戦争の実態を――組織的殺人を――生々しく報道していたからだ。

二〇一六年六月の大統領選以来、マニラの路上と貧困地域で、毎晩平均して三三の遺体が発見されていた[8]。一部の報道機関は、犠牲者のリストの公表をはじめた。フィリピン最大手の『フィリピン・デイリー・インクワイアラー』紙は、「殺害リスト」と題した紙面をスタートさせた[9]。最初の犠牲者が発表されたのは、ドゥテルテの就任宣誓のわずか数時間後だった。ＡＢＳ－ＣＢＮも殺人現場のインタラクティブマップを公開した[10]。

そうしたなかで、ラップラーは殺害された人々の詳細なプロフィールをいち早く公表した。「免責《インピュニティ》シリーズ」という連載[11]では、犠牲者の実名と顔写真、そして殺害への警察の関与の詳細を報じた。犠牲者は、たいていマニラのもっともすさんだ地域の住民で、多くが一〇代の若者と子どもたちだった。私たちは、増え続ける死亡者の数と、その数字を改竄しようとする警察の手口を慎重に追跡した。麻薬撲滅戦争――現実には貧困者に対する戦争[12]――が、私たちの焦点になった。

それから数か月のうちに、この三つの報道機関はそろってドゥテルテ大統領本人のターゲットになる。ドゥテルテは大統領に就任すると、六〇〇〇人近くの政府職員を任命した。本人みずからが言っていたように、任命の決め手は能力ではなく忠誠心だった。彼らは麻薬撲滅戦争の歩兵になった。こうして、罪を犯しても刑事罰に問われないという空気がますます濃厚になった。ドゥテルテの部下たちは、金銭に関することであれ法律に関することであれ、自分たちは不正を犯してもかまわないのだと知っていた。人を肉体的にいたぶっても、殺《あや》めてさえも、罪に問われることはない、と。ドゥテルテは部下全員に刑事免責を約束していた。「大量殺人罪についてはドゥテルテに任せろ、ロドリゴ・ドゥテルテが署名しているんだ」とは本人の弁である[13]。

ダバオ市長時代、ドゥテルテはその強烈な個性で町を支配し、毎週放送されるラジオやテレビ番組で、行き当たりばったりの命令を出していた。マニラに来てからもその手口は変わらなかった。彼のリーダーシップスタイルの中心にあったのはマスコミで、恐怖心を煽る暴力的なレトリックを好んで使った。「ヒトラーは三〇〇万人のユダヤ人を虐殺した。いま、この国には三〇〇万人の麻薬常用者がいる。こいつらをみな殺しにできたら愉快だな」。その発言は正しくないうえに（ヒトラーが殺害したユダヤ人は六〇〇万人にのぼり、フィリピンに三〇〇万人も麻薬常用者がいるはずはない）、扇情的だったが、彼の発言は、フェイスブックやソーシャルメディアで反響を呼んだ。

ドゥテルテが就任したあとの重大な過渡期に、政府による攻撃の急先鋒《きゅうせんぽう》となったのが、モカ・ウソンという芸能人だった。巷《ちまた》で人気があった、ウソンのフェイスブックのページには、当初はセックスに関する助言と、モカ・ガールズというガールズ・バンドとベッドルームで繰り広げられるセッション以外ほとんど何も投稿されていなかった。しかし、しばらくすると、ジャーナリストであれ誰であれ、ドゥテルテ政権に異議を唱える者に対する悪意に満ちた発言が噴出するようになった。毎日の投稿では、クーデター計画やCIAの謀略に関する陰謀論が大きく取り上げられた。選挙戦中、ドゥテルテ陣営はウソンのソーシャルメディアの影響力に飛びつき、のちに彼女を政府高官に取り立てることさえした。

フェイスブックのページの影響力が爆発的に増すにつれて、ウソンは、色気が売り物のダンサーから、政治ブロガーへ、ドゥテルテの広告塔へ、そして政府の高官へと進化した。それは、国家の資源を手にして、ただでさえ強力な政府が、その力をさらに悪用するにあたり、フェイスブックのアルゴリズムに何ができるかをみごとに示していた。

二〇一六年八月、ウソンは、「プレスティテュート（presstitute：「マスコミpress」と「売春婦prostitute」を組み合わせた造語）」という言葉を使ったミームを導入した。[14] 要するにその言葉で、主流メディアはがらくたも同然と言いたかったのだろう。彼女のナラティブは明快だった。ジャーナリストは腐敗している。彼らはスポンサーから、つまりドゥテルテを政権から引きずり下ろそうとする人間から金をもらって、書けと言われたことをなんでも書く。政府が考えたこのナラティブは、一般市民に広がり、「私たち対彼ら」という意識が醸成された。何が起きているのかジャーナリストたちが気づかないあいだに、人々の心には次のようなメタナラティブが植え付けられた。メディアはドゥテルテに対して「偏見を持っている」[15]、これに対してドゥテルテは、「帝国マニラ」に住む少数のエリートや財閥に戦いを挑む弱者の代表である。二〇一六年のアメリカ大統領選挙戦中、ソーシャルメディアがアメリカ社会を分断する境界線に――具体的には、ジェンダー、人種、アイデンティティに――攻撃を仕掛けたように、フィリピンでも、「富裕層対貧困層」、「都市対地方」、「エリート対庶民」

といった古典的な亀裂が狙われた。ラップラーの内部データベース「シャークタンク」のデータマッピングから、二〇一六年から二〇一八年三月にかけて、特定の言葉の使用が急増していることがわかった。「汚職」を意味する「バヤラン bayaran」、アキノ家のシンボルカラーで、一般的なフィリピン人の暮らしとは縁のないエリートを象徴する黄色という意味の「ディラワン dilawan」、そして「偏見《バイアス》」。最盛期には、ウソンをはじめとするネット上の有象無象の輩《やから》が、たった一日で三万件におよぶコメント欄に「偏見」という言葉をばらまいた。ラップラーが監視するグループやページのなかで、「バヤラン」という言葉を使った投稿は五万件近くにのぼり、コメントは一八〇万件を超えた。

すでにラップラーは「#NoPlaceForHate」運動によってターゲットにされていたが、「インターネットの武器化」連載への反応から、私たちの情報エコシステムが土台からすっかり腐っていることがあきらかになった。ジャーナリストはもはや事実と情報の門番ではなかった。そしてあらたに門番となったテクノロジー・プラットフォームが導入したルールは、私たちの社会や民主主義を——世界中のあらゆる場所で——ひっくり返そうと暗躍するデジタル・ポピュリストや権威主義者に、核兵器にも相当するものを与えている。

インターネットの武器化の連載を発表したあと、ラップラーへの集中攻撃がはじまった。二〇一六年一〇月四日、断続的だった攻撃はしだいに勢いを増し、やがて津波と化した。一〇月八日、RJ・ニエトというブロガーが運営する「考えるフィリピン人」というフェイスブックのページが、ドゥテルテの支持者に「#UnfollowRappler（ラップラーのフォローを外せ）」と呼びかけはじめた。

翌日の一〇月九日日曜日、午後九時ごろ、モカ・ウソンがこの活動に加わり、一時間におよぶフェイスブックのライブビデオを配信した。ドゥテルテ政権発足後一〇〇日間の宣伝と、ドゥテルテを失脚させるために「敵が二四時間年中無休でいかに活動しているか」を徹頭徹尾主張する内容だった。動画のタイトルは「ラップラーの誹謗中傷に私がどう立ち向かったか」だったが、ラップラーと私だけでなく、「主流メディア」にも罵詈《ばり》雑言《ぞうごん》を浴びせる内容で、嘘、事実の歪曲《わいきょく》、あてこすりの嵐だった。意図的なのか、たんに無知なだけか、その両方なのかは判然としなかった。「私たちが粛々と仕事をしているにもかかわらず」とウソンはフィリピノ語で訴えた。「私たちを攻撃する人間がいるのです。私はもう主流メディアの記事は読みません」

動画が配信されているあいだ、ウソンのフェイスブックのページのコメント数は、フェイクアカウントの煽りもあって猛烈な勢いで増え続けた(フェイスブックは二年後にこれらを削除する)。その晩、ドゥテルテのソーシャルメディアによる猛攻撃は、プロパガンダ・マシンの設計者が思い描いていたとおりのことを達成した。ウソンとドゥテルテへの支持が急上昇したのだ。私とラップラーには、機関銃が突きつけられたも同然だった。

五年後、アメリカ市民が連邦議会を襲撃し、フェイスブックがついにネット上の組織的虐待行為(「旅団化《ブリゲーディング》」)に関するポリシーを公表したあとで、これらの行動を表す用語が統一された。これらの攻撃はいくつかのパターンに分類される。「ソックパペット(靴下人形)」は、相手を攻撃したり称賛したりするフェイクアカウント。「大量報告(マス・レポーティング)」は、ターゲットにされたアカウントにダメージを与えるための組織的活動。「偽草の根運動」は、草の根の支援や利益団体に見せかけた偽の投稿や嘘を指す。

「彼らはドゥテルテを排除したがっているのです」。ウソンはフェイスブックでそう断言した。「私たちは公平なニュースを求めているだけなのに。彼らは、大切なものをくだらないと言ってけなすのです……国民全体がソーシャルメディアのほうに傾いているのは、ジャーナリストがちゃんと仕事をしていないから、ドゥテルテの良い行ないをきちんと評価していないからだ(16)」

「ラップラーよ、『プレスティテュート』と言われて傷ついたかい?」とウソンが尋ねた。「どうして傷ついちゃうかって? もちろん、あんたたちがプレスティテュートでなければ気にならないはずだよね」。これもまたでたらめな、彼女が飛びつく、たいていは支離滅裂な結論――ネット上で繰り返す女性蔑視発言と同様――のひとつだった。しかし、単純化こそ、彼女の視聴者たちが求めているものにほかならなかった。彼女は三部構成になった連載のデータと疑問をひと言にまとめた。そうやって、視聴者たちと陰謀論を焚きつける者たち、両方のエゴをくすぐった。

「マリア・レッサは言ったよ。私たちはボットで、トロール〔インターネットで誤情報を拡散する、いわゆる荒らし〕で、フェイクのプロフィールなんだって……あんたたちはフェイクなの?」ウソンは視聴者に問いかけた。「……あの女は私たちを『親ドゥテルテ派のプロパガンダ』って呼んだ……それなら、プロパガンダは愛国主義的ってことだ! そして、あんたたちが愛国者なら、あんたたちはトロールだ。ドゥテルテは大統領じゃないの? 敬意を表すべきじゃないの?」

こうした「犬笛〔特定の人にしかわからない独特のレトリック。人心を操作したい場合に用いられる〕」を使って、ウソンは支持者を団結させ、ラップラーと私に敵対させた。ラップラーに関する嘘を一日に五回も投稿するニエト、もとい「考えるフィリピン人」の攻撃文句を引用しながら。こうしたすべてはフェイスブックによって増幅された。フェイスブックのおかげで、個人の投稿や芸能人の動画は、速く、広範囲に拡散されるようになった。それは、かつてテレビニュースの司会者だけに許された特権だった。ラップラーと私に何ができただろう。ドゥテルテのプロパガンダ・マシンは、フェイスブックの専制的なアルゴリズムの設計を巧みに利用していた。

二〇一八年三月一二日のモカ・ウソンの投稿のタイトルは「マリア・レッサ、ラップラー、おまえたちのニュースはたんなるゴシップであってはならない」。ウソンはその記事で、自分や「考えるフィリピン人」のフェイスブックのページと、ラップラーの記事を比較した。そこにはフィリピノ語の赤い文字で「おまえたちのことを誰も信じないのは、他人のページのフォロワーを『フェイクアカウント』呼ばわりするからだ。ひがむな。おまえたちのエンゲージメントが低いのをフェイスブックのせいにするのはやめろ」と書かれていた。

ウソンのような工作員たちは、自分たちはアクセス数で主流メディアを抜いていると豪語し、ページ閲覧数まで投稿した。そうやって、ジャーナリストや報道機関の信頼性を打ち砕いた。フィリピンにはこういったふるまいを表す言葉がある。「タランカーン talangkaan」――カニたちがてっぺんにたどり着くために、互いの背中によじのぼる様子を描写した言葉だ。ドゥテルテの子分たちは、はっきりと目に見える形で、私たちの情報エコシステムを変えていった。フェイスブックが行動を起こすまで、こうした活動は誰にも制限されることなく何年間も続いた。

こんな風に、あらゆる場所で情報操作は行なわれている。無限に繰り返された嘘は、ある問題についての大衆の見方を変化させる。世界の権力者たちはずっと前からプロパガンダにまつわるこの真理を知っていたが、ソーシャルメディアの時代になって、それはあらたな意味と舞台を獲得した。やがてフェイスブックのユーザーが世界中で三〇億人を超えると、世界の指導者たちは、ソーシャルメディアの個人ユーザーを通じて、権力闘争を有利に進める方法を発見した。

二〇一六年にフィリピンで起きたことは、世界中の民主主義国ではじまったあらゆる情報操作の縮図だ。ボット、フェイクアカウント、コンテンツクリエイター（モカ・ウソンのような生身の人間）がひとつになって、ウイルスのように現実の人間に感染した。しかし、疑うことを知らない市民は、自分が感染していることにさえ気づかなかった。いま振り返ると、悲劇的な出来事のメタナラティブの種は、有害なインターネットのナラティブを通じて、何年も前からばらまかれていたのだとわかる。私の例で言えば、ウソンとニエトが「ジャーナリストは犯罪者に等しい」とか「マリア・レッサを逮捕せよ」といったメッセージを、私がはじめて逮捕される何年も前からばらまいていた。そのため、のちに訴訟が現実になったとき、世間はその出来事を柔軟に受け入れることができた。

私とラップラーを攻撃するモカ・ウソンのライブビデオには、双方向性《インタラクティビティ》、痛烈な批判、「私たち対彼ら」、手軽なエンゲージメントといった、まさにフェイスブックのアルゴリズムが報いるものがすべてそろっていた。五年近く経っても、その攻撃ビデオはフェイスブックに残っていて、三一〇〇回以上シェアされ、一万二〇〇〇件以上のコメントが寄せられ、四九万七〇〇〇回以上閲覧されていた。

ウソンの投稿のコメント欄には、私に対する個人攻撃が寄せられていた。最悪のものは、男性もしくは男性を装ったアカウントによるものだった。同じことが、フェイスブックが機能している世界中のあらゆる場所で繰り返されている。フェイスブックのプラットフォームは、女性や弱者の団体が、世界中で長年戦い続けてきた忌むべき行動様式に報いている。こうしたすべてについて、私たちは早い段階でフェイスブックに警告していた。大量の「偽草の根運動」が起きている現場はコメント欄だったからだ。しかし例によってザッカーバーグは、偽情報はサイトの一パーセントを占めているに過ぎないと主張して、コメントについては取り合わなかった。

私自身のフェイスブックのページに対する攻撃も増えていった。返信しようにも、すでにフィードはコメントであふれかえっている。私を攻撃するウソンのライブ配信の途中から、攻撃の数を数えはじめた。日付が変わるころには、平均して一時間に九〇通のヘイトメッセージが届いていた。腹が立った。心臓が激しく動悸《どうき》していた。私は立ち上がって、自宅の部屋のなかをぐるぐる歩いた。何が起きているのかを理解し、どうやって反撃すべきかを考えながら。

ウソン、ＲＪ・ニエト、そしてオランダに留学しているトランスジェンダーのフィリピン人学生で、「祖国のために」というブログを運営するサス・サソットという三人組のコンテンツクリエイターに反応するわけにはいかなかった。そんなことをすれば、彼らがサービスを提供している視聴者層に向けた言葉を正当化することになる。その時点でさえ、彼らの視聴者に私の言葉は届かないとわかっていた。しかし目の前で、現実の人間たちが、ジャーナリストとしての私の長年の実績について言いくるめられ、考え方を変えていくのがわかった。私の実績などもはや問題ではないようだった。それは、酔っ払った軽薄な若者たちが団結していく様子に似ていた。その一方で、私が長年かけて築き上げてきた信頼は音を立てて崩れていった。その出来事を、私はこの目で、リアルタイムで見た。

そこで私は、紛争地域で学んだことを実践した。続けて五回、深く息を吸い、感情をみぞおちにしまい込んで、取るべき行動の道筋を定めた。自分に直接送られてきた罵詈雑言にだけ対処することにした。それらの言葉は、私のフェイスブックのページで、私しか見ることができなかったので、公開して、すべての人が見られるようにした[17]。

そして攻撃の記録を取りはじめた。

その晩の、ラップラーのフェイスブックのページに対するウソンと仲間たちの作戦活動の効果はただちに現われた。二万のアカウントがラップラーのフォローを止めた。たった一日で、これほどの人数にフォローを解除されたのははじめてだった。それから数日間、フォロワーは減り続けた。一か月で、ラップラーの週間到達範囲《リーチ》は四四パーセント下落し、フォロワー全体の一パーセントに相当する、五万を少し超える数のアカウントが登録を外した。要するにそれは、フェイスブックのアルゴリズムを利用したあらたな、そして陰湿な国家検閲だった。フェイスブックを経由した、ラップラーのページ閲覧数は二五パーセント減少した。これまで三〇年かけて、ストーリーをひとつずつ積み上げて築いてきた私の信頼性は地に落ちた。ラップラーに寄せられていた世間の信頼も。船出したばかりの、私たちのメディア企業は試練の時を迎えていた。

ジャーナリストとしての誇りを持つ人間ならば、いわゆる「ブロガー」たちが、私たちの国の情報エコシステムを乗っ取るためにやったような真似はしない。つまり、ほとんどのジャーナリストは、私と同じように、幼稚園児並みの悪ふざけやいじめに最初は反応しなかった。しばらくすると、世間は私たちに敵意を向けるようになり、続いて政府の攻撃がはじまった。いま振り返ってはじめて、そのサイクルがあきらかになった。私たちには倫理規定マニュアルがあった。私たちは表現の自由を擁護していた。古い世界の規範《パラダイム》に従って、あたらしい世界で行なわれている戦争を戦った。ジャーナリズムとしての本分を果たしていれば、それで充分だと考えていた。

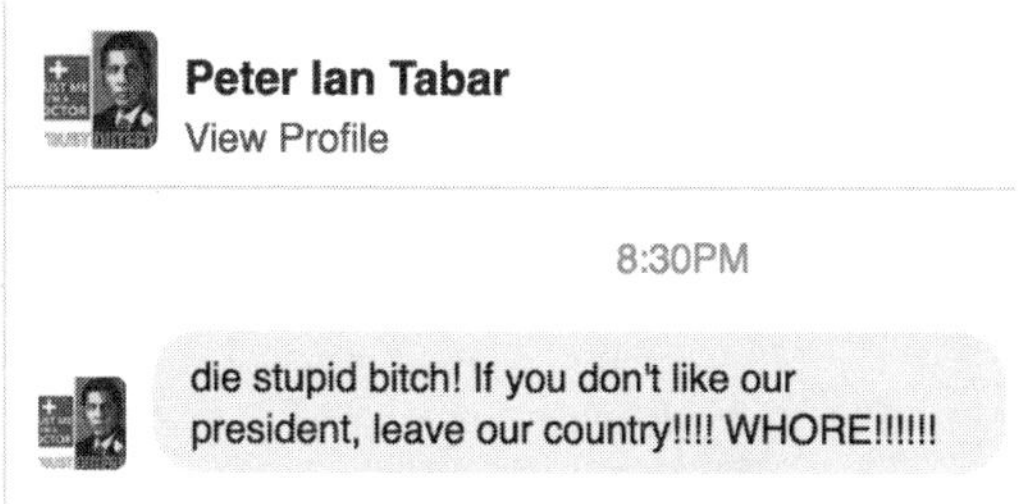
Peter Ian Tabar
View Profile
8:30PM
die stupid bitch! If you don't like our president, leave our country!!!! WHORE!!!!!!

これは、プロパガンダ戦争シリーズ公開後の数日間に、プライベート・メッセージを通じて送られてきた数多くの攻撃のひとつ。2016年10月10日、午前零時を回ってから、私は、ほかの「クリエイティブな攻撃」と一緒にこのメッセージを公開した。ピーター・イアン・タバーという医師は、以前は私を信用していたが、いまは「憎んでいる」と認めた。

フェイスブックは共同体を、人と人との絆を育むと、当時もまだ何百万もの人が信じていたこのウェブサイトが、すでに伝統的なメディアを押しのけていたことに、私たちは気づかなかった。これらの「コンテンツクリエイター」が、粗野で、ときに破廉恥な、人心を操る投稿によって、いまや「事実」を報道するジャーナリストと肩を並べる政治の権威とみなされていることも認識していなかった。これらのアカウントが、プロパガンダ・マシンの核となって、ターゲットをねちねちといたぶり、執拗に嫌がらせをし、フォロワーたちを暴力に駆り立てた。同じことが、アメリカの「選挙泥棒を止めろ」運動でも、インドの反イスラム暴動でも、ロシアによるウクライナ侵略でも、そして世界中の多くのほかの出来事でも起きていた。フェイスブックは、こうしたプロパガンダの広告塔にプラットフォームを提供して、暴言を吐き散らすことを可能にしたばかりでなく、彼らを優遇した。なぜなら、怒りこそが、フェイスブックが収益をあげるからくりの伝染性通貨だからだ。より多くの人が、一日のあいだにより頻繁にフェイスブックを利用することを可能にするのは、怒りと憤激と恐怖だけだ。暴力がフェイスブックを金持ちにした。

二〇一八年、イギリスの政治コンサルティング会社ケンブリッジ・アナリティカが、イギリスのEU離脱の是非を問う国民投票、二〇一六年に実施されたアメリカ大統領選挙とフィリピン大統領選挙などにおいて、フェイスブックの個人データを不正利用していたことがあかるみに出て、フェイスブックはようやく重い腰をあげ、フィリピンをはじめとする世界各地の人騒がせな投稿を削除しはじめた。こうした措置のなかには、モカ・ウソンのページの到達範囲《リーチ》の制限、大統領選挙戦でドゥテルテ陣営のソーシャルメディア戦略担当者が構築したネットワークの解体もあった。

言うまでもなく、すべてあとの祭りだった。

二〇一六年はラップラーが——伝統的な報道機関の半分の時間で——大躍進する目標の年だった。私たちは順調に目標に近づいていた。「インターネットの武器化」連載を発表して、ドゥテルテのプロパガンダ・マシンから誹謗中傷を雨霰《あめあられ》と浴びせられるまでは。

二年間、フェイスブックは私たちが提供したデータをほとんど無視していた。私たちがいるのがアメリカではなく、フィリピンだったからだ。そのあいだ世界中のあらゆる場所で、罪にいっさい問われることなく情報操作が行なわれていた。それは、事実を歪め、大衆のナラティブを書き換え、社会の信頼を破壊した組織的で大がかりな操作の時代と呼べるだろう。

ドゥテルテがフィリピンの政権を握ってから半年のあいだに、行政、立法、司法という政府の三本柱の抑制《チェック》と均衡《バランス》は失われた。これをなし崩しにしたのが、縁故贔屓、やみくもな忠誠心、そして私が

「三つのC」と呼びはじめたもの――腐敗（Corrupt）、強要（Coerce）、共謀（Co-opt）――のシステムだった。[18] 政府が望んだり、持ちかけたりしたこと（たいていは私的な、ビジネスチャンスに関連したもの）を拒んだ人間は、誰であれ攻撃を免れなかった。

攻撃はふたつの方法で行なわれた。まず、無差別に繰り返されたオンライン攻撃は、おそるべき効果をあげ、ネット上の会話や発言を封じ込めた。ヴァーチャル世界は恐怖に包まれた。それは麻薬撲滅戦争が現実世界に作り上げていった暴力と恐怖を反映していた。続いて政府は、ビジネス、政治、メディアといった特定分野の著名人をターゲットにした。ドゥテルテは派手な生贄《いけにえ》を必要としていた。自分の権力に楯突いた者の身に何が起きるか、みせしめにするために。

ビジネス界の最初の生贄は、ロベルト・オンピンという大物実業家だった。[19] ドゥテルテ大統領は、市民を動員して標的に猛攻を仕掛けさせただけでなく、二〇一六年八月にはインサイダー取引の疑いで彼を告発した。オンピンには九億ドルの純資産があり、二〇一五年には『フォーブス』誌のフィリピン長者番付上位五〇人に入っていた。そこで政府は、ドゥテルテに率いられた人民が「寡頭財閥」に戦いを挑むという、大衆の感情に訴えるナラティブを考えた。その後数年間、狙った企業を思いどおりに動かそうとするとき、政府は同じナラティブを繰り返し利用する。このプロパガンダ作戦は成功をおさめた。ドゥテルテの公的な発言は市場を動かした。彼が大統領に就任した最初の年、オンピンの上場企業フィルウェブ社の株価は四六・三パーセント下落した。

ところがその一方で、ドゥテルテの長年の盟友にして後援者でもあるダバオ市の実業家、デニス・ウイのような「あらたな大物」たちは、「衝撃と畏怖」戦術の恩恵を受けた。[20] 二〇一六年の最優良株は、ウイが所有するフェニックス石油のもので、株価が九二パーセントも上昇した。ドゥテルテ政権下、ウイ帝国は非常に厚遇されて、[21] 目に見えて勢力を拡大した。

政界において、ドゥテルテの強大な力がどこまでおよぶかをまざまざと見せつけたのが、レイラ・

デリマ上院議員をめぐる一件だった。元司法長官で、人権委員会の議長も務めていたこの女性は、ドゥテルテがダバオ市長時代に行なったとされる超法規的殺人について調査を進めていた。

上院議員に選出されたデリマは、上院調査を開始した。ドゥテルテの殺人指令を実行したとされる、信頼に足る参考人の緊迫した証言が国民の耳にも入ってきた。当時、ドゥテルテ批判の急先鋒に立っていたデリマは怖いもの知らずで、二〇一六年八月には、非道な麻薬撲滅戦争における超法規的殺人を痛烈に非難する演説を行なった。そのときあかるみに出た事件のなかには、二〇二一年に複数の人権団体が、国際刑事裁判所にドゥテルテを訴え出た案件もある。

公開捜査がはじまる一週間前、ドゥテルテがデリマに対する個人攻撃をはじめた。それは痛烈かつ下劣なものだった。デリマは自分の運転手を愛人にして、それればかりか「モンテンルパ」から、つまりマニラ首都圏モンテンルパ市のニュー・ビリビッド刑務所に収監されている麻薬密売組織の幹部たちから金を受け取っていたというのだ。

「ここにふしだらな女がいる……愛人に家を買う金を出してやった女だ」。ドゥテルテはテレビ演説でそう言って、「その金は麻薬からひょいと手に入れたものだ」と続けた。支離滅裂な発言のなかで、ドゥテルテは、デリマが麻薬絡みの金を持っていた証拠はないとしながらも、こう結論した。「顔を見りゃわかる。この女がそれ（金）を持っているとな」。さらにドゥテルテは、デリマのセックスビデオを持っているとも言った[22]。

のちに、クーデターを企てたとして無実の人々を告発したときと同様、この話もまったく根拠のない嘘だった。しかし政府の役人たちは、なんとかして嘘を現実に変えようとした。マフィアのボスのように、ドゥテルテは公衆の面前でデリマを脅して口を封じようとした。のちに彼の仲間たちがセックスビデオと主張するもの（実際には存在しなかったビデオ）を公表すると言って。ドゥテルテの部下たちは、持ってもいないものを持っていると主張したが、ビデオは公開されなかった。大統領の演説も、オンラインの支持者に攻撃を呼びかける犬笛だった。それが合図だったかのように、デリマを中傷するミームや画像がソーシャルメディアに現われ出した。ドゥテルテが公衆の面前でデリマを倒すと誓い、攻撃すると、プロパガンダ・マシンも総力をあげて、公衆の面前で彼女の面子を潰し、辱めようとした。

二〇一二年に撮影されたとされるビデオには、デリマと、彼女の元運転手兼ボディガードだったロニー・ダヤンの性行為が映っていると言われていた。デリマはこのビデオを「ばかばかしい」と言って取り合わなかったが、司法長官ビタリアノ・アギレ二世は、ドゥテルテのデリマに対する卑猥《ひわい》で、唖然とさせられる個人攻撃をそっくり真似て、彼女の情事に関する浅ましい主張を繰り返した。フェイクビデオはウイルスのように拡散して、ＤＶＤに焼かれたコピーが、街頭で売り出されるまでになった。

こうした女性への偏見に染まった攻撃とその余波をどう報道するかについて、ラップラーは悩んだ。これ以上話を広めることは避けたかったので、いくつかのエピソードについては取り上げないことにした。とはいえ、こうした話の拡散に歯止めをかけることはできなかったので、デリマをいっそう孤立させてしまったかもしれない。デリマは、彼女の意志をくじくために設計されたすべての攻撃をネットで見ることができたが、他人には見られない情報もたくさんあったので、一般の人たちには、なぜデリマがしばしばひどく感情的になってしまうのか理解できなかった。

守勢に追い込まれたデリマは、運転手とかつて恋愛関係にあったことは認めたが[23]、男の家の購入資金を出したことはないし、ましてや、麻薬絡みの金でその代金を支払うなど考えたこともない、ダヤンが政府の作り話を繰り返しているのは、彼が脅迫されているからだと主張した[24]。セックスビデオに映っているのは自分ではない、そう主張するデリマの言葉が正しいことをラップラーの調査班は確認した。

にもかかわらず、上院にいるドゥテルテの一味は、調査委員会の主導権をデリマから奪った。デリマに代わって委員長になったリチャード・ゴードン上院議員は、ドゥテルテの麻薬撲滅戦争と、ダバオ時代に犯したとされる殺人についての調査をすみやかに切り上げた[25]。そしてさらなる報復として、ドゥテルテ一味に支配された下院は、モンテンルパの刑務所内で行なわれていた違法な麻薬取引にデリマが一枚嚙んでいたとして、調査を開始した。デリマが麻薬取引の上納金を受け取っていたというのである。なんとも馬鹿げた誹謗中傷だった。

議会の公聴会に出席した主要な情報提供者の大半は、有罪判決を受けた麻薬組織の幹部だった。議員たちは、デリマと運転手の情事に関する浅ましい物語に舌なめずりし、ロッカールームの男子たちのように大笑いしながら野次を飛ばした[26]。現実世界の女性嫌悪がてんこ盛りだった。

「あなたはいつ絶頂に達しましたか？」テレビ中継されている公聴会で、ある議員はそう質問した[27]。証人席に立った受刑者のひとりは、デリマが別の囚人のために「ポールダンスを踊って見せた」らしいと主張した[28]。報道機関はあくまでも慎重に、こうしたあらゆる些事《さじ》には何の裏付けもなく、それ以上に重要なのは、証言したのは受刑者で、つまり、政府に簡単に利用されるおそれがあることだと報じた。しかし、受刑者たちの証言は、えせニュースサイトを通じて野火のように広まった。

翌年、レイラ・デリマは麻薬取引に関与した疑いで逮捕される。刑務所に入れられて二〇二二年の時点で六年目になる[29]。アムネスティ・インターナショナルは彼女を「良心の囚人」と呼び、ヒューマン・ライツ・ウォッチ、EU、国連、アメリカの議員たちは、即時釈放を繰り返し呼びかけている。

かつては、政府がその資源の大半を何かに集中させるなら、きっと何かがあるはずだ、火のないところに煙は立たない、そう考えて、虚心に跡を追ってみようとするところが私にはあった。そのストーリーに一片の真実もないなんてことは、あり得ないと思っていたのだ。というのも昔のフィリピンは、制度は脆弱であっても、あんな恥知らずな権力闘争や、あんな残酷でしみったれた精神には、めったにお目に掛からなかったからだ。二〇一六年から一七年にかけて、レイラ・デリマの身に起きたことはどれも、昔のフィリピンでは考えられないことだった。

目に見えないほど細かい無数の傷にリアルタイムで気づくのは難しい。いま思えば、私たちの民主主義の抑制と均衡が徐々に蝕まれていたのは明白だったはずなのだ。私たちの大統領は、自分の犯罪を暴こうと戦いを挑んだ野党の政治家を、首尾良く刑務所にぶち込んだ。彼を牽制する役目を担っていたはずの国民と機関がこれを後押しした。ドゥテルテも、フェイスブックと同様、信頼のシステムを食いものにして、これを破壊した。インターネットの武器化は、法律の武器化に進化を遂げていた。

政府の矛先が私たちに向けられるのは時間の問題に過ぎなかった。デリマが逮捕される前に、ラップラーは情報を受け取っていた。検事総長のホセ・カリダが、行政府の下にある証券取引委員会に、ラップラーの捜査を開始するよう圧力をかけているというのである。これまでの数か月間に起きていたあらゆる出来事にもかかわらず、まさかそんなことが現実になるわけがない、と私はたかをくくっていた。自分の国で長年あらゆる不正行為を目撃していたにもかかわらず、政府がプレスに対してこうした報復措置を取るなんて、まったくおかしな、あり得ないことのような気がしていたのだ。

二〇一六年には、ラップラーは計画どおり収支が釣り合うようになり、到達範囲《リーチ》も収益も順調に伸びていた。フィリピンにまだなかった専門知識を導入するために、私は、三人の重要な人材をアメリカから呼び寄せた。シリコンバレーのCTO（最高技術責任者）、UX／UI（ユーザーエクスペリエンスとユーザーインターフェース）の設計者、そしてデータアナリストだ。一年前には、小規模ながらジャカルタ支局も開設していた。投資家からの出資も増えていた。

以前からいるフィリピン人株主たちは、もっと株を欲しがったが、私はラップラーに国際社会のお墨付きを与えて、市民参画を実現するために、ジャーナリズムとテクノロジーというふたつの分野の投資リーダーを引き入れたいと思っていた。二〇一五年、『ウォールストリート・ジャーナル』や『ワシントン・ポスト』の元編集責任者マーカス・ブロクリのような、元編集主幹たちによって創設されたノース・ベース・メディアが、ラップラーに投資すると発表した。(30) ジャーナリズムにとって劇的変化が生じているいま、こうした企業に投資してもらえれば、専門的知識が強化され、国際的到達範囲《リーチ》も拡大されるはずだと私は考えた。それからまもなく、イーベイの創立者、ピエール・オミダイアが立ち上げたオミダイア・ネットワークもラップラーへの投資を発表した。(31) ノース・ベースもオミダイアも、ラップラーは、ジャーナリズムと読者参画型モデルというふたつの方面で時代を切り開いていると言ってくれた。

それから一年もしないうちに、自分とラップラーの評判がネットでこきおろされるのを私は見ていた。これらの攻撃に、私たちは責任あるジャーナリストとして対応した。ドゥテルテに関する自分たちの記事に対する攻撃が、事実に基づくものかどうかを検証したのだ。二〇一七年、私たちはＢＢＣワールドサービス元ディレクター、ジェリー・ティミンズが運営するＧＭＴメディアという外部の独立監査法人に依頼して、フィリピンの主要報道機関および世界的なニュースの基準と、ラップラーを比較してもらった。その結果、私たちの政府に対する態度が公平であることがあきらかになった。つまり、私たちは自分たちの仕事をしっかりやっている、ということだ。

とはいえ、勢いの衰える気配のないオンライン攻撃についてはお手上げだった。怒りが蓄積していった。そして私は怒りをばねにして、さらに多くの調査を行ない、さらに多くのデータを集めた。私たちが全員、どのように操られているのか、耳を傾けてくれる人がいれば詳しく話をした。脅しに屈して、新政府に対する容赦ない報道に手心を加えるつもりはなかった。

私たちは追及の手を緩めなかった。ドゥテルテと彼のネット軍団も対決姿勢を崩さなかった。二〇一七年五月、私たちは、ドゥテルテとアメリカのトランプ大統領の電話会談を書き起こして公表した。

会談の途中でドゥテルテは、北朝鮮の総書記を「狂人」と呼んだ。政府が非常に決まり悪い思いをしたことは想像に難くない。私たちの記事に対して、ＲＪ・ニエトは、フィリピンを北朝鮮の標的にしたと言って、私を「売国奴」と呼ぶ動画を投稿した。二〇一七年一一月、その動画は八万三〇〇〇回視聴され、「#ArrestMariaRessa（マリア・レッサを逮捕せよ）」とか「ラップラーとマリア・レッサをフィリピンの国賊と宣言しろ」といったコメントを煽った。

私は平静の祈りに従った。自分に変えられないものを受け入れ、変えられるものを変える勇気を見つけ、変えられないものと変えられるものを区別する知恵を身につけようとした。[32] 胃がきりきり痛んだが、恐怖を受け入れて、自分に変えられるものを変える知恵を身につけた。相手の戦術が進化し、偽情報のネットワークが拡大し、偽情報がネットを飛び交う様子を監視しながら、データを集めた。そして、ほかの民主主義国で今後どんな事態が生じる可能性があるかを予想した記事を発表した。[33]

自分たちがすでに危険水域に入り、そのなかを進んでいるのはわかっていた。すでに、ネットの暴力が現実世界の暴力につながることもはっきりしていた。[34] アメリカで、ソーシャルメディアのグループが、白人至上主義者たちの怒りをどのように煽ったかを詳細に報じる報告が複数あがっていた。[35] 最悪のシナリオに備えて、私たちは警備を強化した。二〇一八年までに、警備員の数は六倍に増えた。

それでも、こうした憎悪に満ちた攻撃が、若いスタッフに与える影響が気がかりだった。偶然ながら、ラップラーのスタッフの六三パーセントは女性で、当時、従業員の平均年齢は二三歳だった。私たちはスタッフに、ネットで何かがあったらすぐに報告するように伝え、助けを必要とする仲間は誰でもカウンセリングが受けられるようにした。私たちがびくびくしなければ、みんなも平常心でいられた。最初は、スタッフが私たちから勇気をもらった。しばらくして、私たちがばててくると、今度は彼らが私たちを励ましてくれた。

大統領官邸にいる情報提供者からラップラーに、二〇一六年九月から、ドゥテルテのオンライン支援を運営管理している「団体」に資金が流れているという話が伝わってきた[36]。こうして、攻撃はひどくなるばかりだとわかった。ラップラーのソーシャルメディア・チームは、誰かがターゲットにされたら、チームのほかの仲間たちで守るシステムを考案した。

二〇一七年早々、ドゥテルテのお抱え評論家のひとり、ＲＪ・ニエトが運営する「考えるフィリピン人」が、政府は、ラップラーがあらたに拡大した役員会を訴えるべきだという考えを世間に植えつけはじめた。ラップラーの二〇一一年から一五年までの会計帳簿が、ニエトのサイトに公開された。ラップラーの経営収支がとんとんになった二〇一六年の帳簿が省かれたのは、ニエトが考えたメタナラティブにうまくあてはまらなかったからだ。そのメタナラティブとは次のようなものだった。ラップラーは倒産しかけているだけでなく、投資株価配当率にかかる税金を納めていないため、政府に一億三三〇〇万ペソの借金がある。二〇一八年に廃業するだろう。

四月、私はフェイスブックの年次開発者会議Ｆ８に出席するために、カリフォルニア州サンノゼに飛んだ。フェイスブックから、会議に参加して、社の幹部や共同経営者に会い、ラップラーの活動について話してほしいという要請があったのだ。

一年前の開発者会議で、フェイスブックは、ラップラーと、災害のあいだに私たちが立ち上げたクラウドソーシングの試みを大きく取り上げていた[37]。私たちが、台風や災害対策用に構築した「#ProjectAgos（プロジェクト・アゴス）」というクラウドソーシングのプラットフォームは、フェイスブックが展開する低帯域幅の携帯電話用無料アプリ、フリーベーシックスにすでに組み込まれていた。

しかし、ここにいたるまでの一年のあいだに、フェイスブックをめぐる私の思いは変化していた。去年の八月、シンガポールにいるフェイスブックのパートナーに私が発した警告は、完全に無視されていた。ドゥテルテがラップラーを、ロベルト・オンピンを、レイラ・デリマを攻撃してからサンノゼに来るまでのあいだにも、私はさらに大きな音で警鐘を鳴らしていた。

F8では、マーク・ザッカーバーグを囲む小規模な集いに招かれた。それは、世界各地でさまざまな試みを立ち上げた者たちが、フェイスブックの活用方法について自分の考えをザッカーバーグに伝える会だった。私はその部屋のなかで唯一のジャーナリストだった。コンピュータを開いてメモを取ろうとすると、隣にいたフェイスブックの社員に、コンピュータを閉じてくださいと言われた。

マーク・ザッカーバーグと著者。2017年4月19日、カリフォルニア州サンノゼで開催されたF8会議のひとコマ。（Photo courtesy of Facebook）

私が発言する番になった。フィリピンにお出かけください、ザッカーバーグに真っ先にそう声をかけた。

「ああ、どうもありがとう」と彼は答えた。「ただ、ご存じのように、僕はいま、自分の国について、自分が何もわかっちゃいないってわかりかけてきたところなんで、今年はそれをどうにかするつもりなんだ」

昨年の一一月に、ドナルド・トランプが大統領選に勝利したことを言っているのだった。この事態を受けて、ザッカーバーグは、二〇一七年のあいだにアメリカのすべての州を訪れてみる計画を立てた。「オフィスを飛び出して、より多くの人々と、彼らがどんな風に生活して、働いて、未来について考えているのか話をしてみたいと思った」からだ。

そのときザッカーバーグは、雑誌『フォーチュン』の今年の最優秀ビジネスパーソンに選ばれたばかりだった。

もうすぐ三三歳になろうというこの若者が、どれほど強大な権力を手にしているのか、私にもわかりかけてきた。

「フィリピンに行ける日が来るのは、もう少し先になるかもしれない」。そう言ってから、「何しろ、妻がふたり目の娘を授かったとわかったばかりなんでね！」と続けた。

「おめでとうございます」。私は祝福した。「しかしあなたは、フェイスブックが、フィリピンでどれだけ強い影響力を持っているか、ご存じないでしょう」

二年連続で、フィリピン人はインターネットおよびソーシャルメディアに接続している時間が世界一長い国民だということがあきらかになっていた（二〇二一年、その記録は六年連続となる）。インターネットの速度が遅いにもかかわらず、その年は、ユーチューブに動画をアップロード、および、ダウンロードした回数が二〇一三年以来最高でもあった。

フィリピン人として、またこの部屋にいる唯一のジャーナリストとして、私はそこにいる人々に、ソーシャルメディアが、ジャーナリズムと、私たちの情報エコシステムを根本的に変えつつあるのだと警告したかった。

「マーク、インターネットを利用しているフィリピン人の九七パーセントが、フェイスブックに登録しているんですよ！」私は声を張った。この数字を耳にすれば、フィリピンに来る気になるかもしれないと、心のどこかで期待していた。おそらくそのときザッカーバーグは、私たちが気づきかけていた問題を私たち以上に理解していたと思う。ジャーナリストたちが攻撃にさらされ、政府がソーシャルメディアの「インフルエンサーたち」を雇って、プロパガンダ戦争を仕掛けていた実態を。

ザッカーバーグは一瞬沈黙した。私はあまりにも押しつけがましかったのだろうか。「ちょっと待って、マリア」。彼は私の目をまっすぐ見つめて言った。「残りの三パーセントはどこにいるんだ？」

当時、声をあげていたのは私ひとりではない。国家元首、市民団体、ジャーナリスト――おびただしい数の人たちが、世界中でフェイスブックに警告を発しはじめていた。フェイスブックが私たちの民主社会を破壊している、と。そのときフェイスブックが行動を起こしていたら、権力者に向かって真実を語る大勢の人々は――ジャーナリスト、人権活動家、政治家は――迫害を免れていただろう。陰謀論は本来それがあった場所に、すなわち社会の片隅に留まり、こんにち私たちが目にしているような、本流の政治を動かす力になってはいなかっただろう。

ドゥテルテ政権が次にターゲットにした政治家は、野党党首で副大統領のレニー・ロブレドだった(フィリピンでは、大統領と副大統領はおおむねのところ協力して政権運営にあたるが、選挙では別々に選ばれるため、所属する政党が異なる場合がある)。ドゥテルテの攻撃はあらたな段階に進んだ。野党党首に対する情報操作に国の資産を使いはじめたのだ。

穏やかで、現実主義者で、誠実で、社会活動に積極的に取り組んできたレニーは、弁護士で、夫のホセ・ロブレドの後継者として政界入りした[38]。ホセはアキノ内閣の閣僚だったが、二〇一二年に飛行機事故で亡くなった。一九八六年に夫の遺志を継いだコラソン・アキノのように、レニーも夫のやり残した仕事を引き継ぎ、二〇一六年の選挙で、三〇万票弱の僅差でボンボン・マルコスに競り勝ち、副大統領に就任した。

二〇一七年一月、レニーをターゲットにした情報操作がはじまった。例の三人組のコンテンツクリエイター、サス・サソット、RJ・ニエト、モカ・ウソンが、誹謗中傷攻撃の中心になった。このころには、三人全員が、大統領官邸での集いを撮影した写真に登場するようになっていた。モカはいまや政府官僚で、通信局をはじめ政府のさまざまな部署で働いていた。一方、RJ・ニエトは外務省の顧問だった。彼らは、レニーがアメリカの複数の組織と結託して、ドゥテルテを失脚させようとしていると主張していた。とんだお笑いぐさだが[39]、フェイスブックは彼らの乱暴な言いがかりを広範囲に

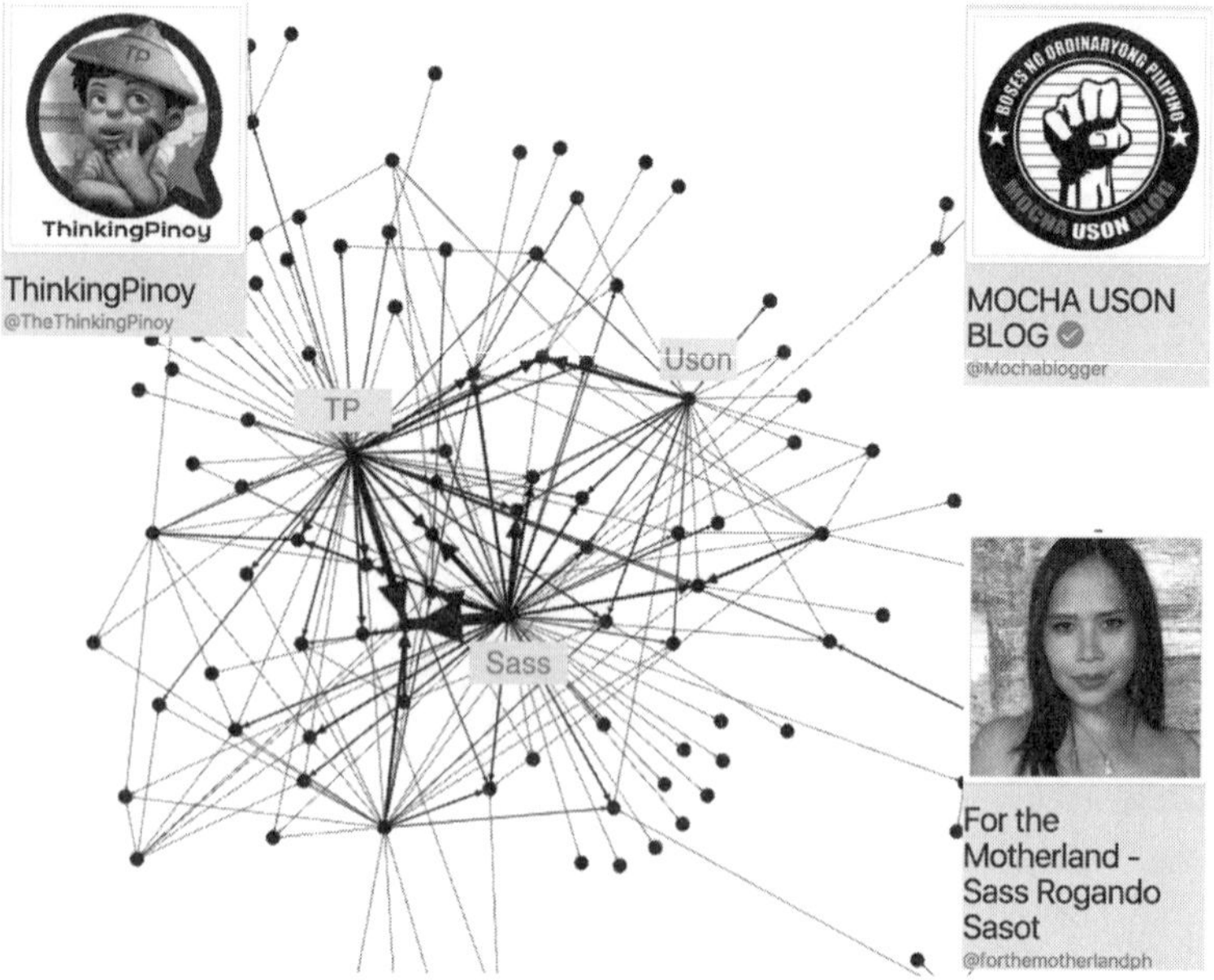

2017年1月の「#LeniLeaks（レニーリークス）」に対する攻撃ベクトル。レニー・ロブレドは、プロパガンダ・マシンのお気に入りで、ほぼ毎日攻撃されていた。それは統計上の支持率に直接影響をおよぼした。私や、私以外のジャーナリスト、主要な報道機関を攻撃したものと同じネットワークだ〔左上：RJ・ニエト「考えるフィリピン人」（TP）、右上：「モカ・ウソン・ブログ」（Uson）、右下：サス・ロガンド・サソット「祖国のために」（Sass）〕。

ばらまいた。またしても、それがフェイスブックの使命なのだと言って。

二〇一八年、レニー・ロブレドに対する攻撃が、政府高官とドゥテルテの側近グループによるものであることをつきとめたデータと、私たちの活動から、それが、国家が資金を提供するヘイト行為であることがあきらかになった[40]。三年後の二〇二一年、会計監査委員会が、ヘイト攻撃を広めた政府の部署が(ロブレド攻撃のメイン・ハッシュタグは「#LeniLeaks(レニーリークス)」だった)、常勤職員の二・六倍にあたる三七五人の契約労働者を雇っていたことに気づく[41]。一四〇万ドルの人件費がかかっていた。

しかし、二〇一六年から一七年にかけて、私たちはまだ全容を把握していなかった。わかっていたのは、何かがおかしいということだけ。最初は、これまで無名だったブロガーたちが、フェイスブックのアルゴリズム設計と拡散を利用して、伝統的な報道機関やジャーナリストたちに取って代わり、これらを圧倒してしまったかに思われた。あらたなオンラインプロパガンダのからくりが、すべてが国家ぐるみだったとは、その時点ではまだあきらかでなかった。

この危うい状況について、人々にもっと警告すべきだったのだ。ところが私たちは、レイラ・デリマが攻撃されていたときと同様、その時点になってもまだ、テクノロジー・プラットフォームが、門番の規則をすっかり書き換えて、真実よりも嘘に報いるようになっていたことに気づかなかった。おまけにラップラーと私はこれまで、ソーシャルメディアの最高の勧誘員だった。かつて私たちの組織にあれほど力を貸してくれた強大な勢力が、とつぜん、私たちを攻撃するために利用されるようになってしまっていたとは、ややこしくて、理解の追いつかない展開だった。

おまけに私は単細胞でもあった。そのとき私が直面していた状況は、長年のジャーナリズムの経験からは想像のつかないものだった。しかし私はこれまでずっと、自分の主張というものは、自分の仕事を通じておのずとあきらかになるものだと教わってきた。そこで雨霰と攻撃されても、これまでど

ラベル	グループ名	加重された入次数	加重された出次数	加重された次数
294969194202067	サス・ロガンド・サソット	17	143	160
567419693405138	考えるフィリピン人	5	118	123
969295043116670	ラブ＝ラブ	47	13	60
319779186521	モカ・ウソン・ブログ	9	39	48
1145212948834290	VOVph	12	34	46
110296245691141	ショービズ・ガバーンメント	19	4	23
1444892222391240	クルーエルティ・オブ・ノイノイ・“アブノイ”・アキノ・アンド・ヒズ・ガバーンメント	20	0	20
1031317600238250	Kasama Ng Pangulo sa Pagbabago——ナショナル・チャプター	0	19	19
240711942975412	ロディ・ドゥテルテ大統領フェイスブック軍団	19	0	19
156249678052611	Maharlika	3	14	17
1376086699270700	ボンボン・マルコス連合	15	0	15
1632962006934810	フリーダム・ソサエティ（元祖）	15	0	15
192588367599737	クラップラー	7	7	14
408328902693628	OFW4DU30 グローバル・ムーヴメント	13	0	13
288218004888308	真実のフィリピンの歴史	12	0	12

「#LeniLeaks」のプロパガンダ活動の中心になっていた上位15のグループを示すネットワーク地図用のデータ。順位は加重された次数の総和による。加重された入次数は、他のチャンネルから入ってきたものをシェアした投稿の数。加重された出次数は、そのチャンネルから出て、他の人々がシェアした投稿の数。いくつかのページが明白なインフルエンサーであることがわかる（入次数が極端に少なくて、出次数が高い）、一方、下位に近いものはおもに他の人々のコンテンツを拡散している。このことから、2017年1月にレニー・ロブレドに対して行なわれた攻撃の背後に、コンテンツ制作と拡散のネットワークがあったとわかる。これは、情報操作の骨格をあきらかにしている。

おりラップラーの活動を続けていくだけだと決めて、表立って反応しなかった。ラップラーの代表として、どんなときも強くなければならないとプレッシャーを感じる一方、心のどこかで無力感にとらわれていた。

そんなとき南アフリカのダーバンで、運命を変える夕食会があった。

「サンドバッグになった気分」

二〇一七年六月、私はダーバンで開催されたカンファレンスの夕食会にいた。私の話し相手はジュリー・ポゼッティといって、オックスフォード大学ジャーナリズム・イノベーション・プロジェクトを主宰する人物だった。ジュリーは、記者、学者、調査員として働いた経験があり、インターネットに毎日公開されるニュースに特有のリズムと問題点を理解していた。ジュリーに会って、私はやっと肩の力を抜くことができた。自分の言葉の影響力について心配する必要がなかったからだ。

「彼らは嘘でしかないんだ」。彼らというのは、連日連夜私を攻撃してくる人々のことだった。「けれど私たちが反応したら、さらに大きなプラットフォームを与えることになる。結局、私たちは利用されてしまう。でも反応しなければ、彼らが広めている話は真実だと、みんな思うんだろうね」

「マリア」とジュリーが言った。「自分がいま経験していることについて、公表を検討するべきだわ」。ジュリーはかつて報道業界における性差別を研究していたことがあり、ジャーナリストに対する攻撃のメカニズムの非常にデリケートな部分もよく理解していた。(42)「私がいま研究している問題は、あなたにも関係があるはずよ」

その時点で、自分たちが直面している脅威はプラットフォームそのものだと名指ししたジャーナリストは、私を含めてまだわずかだった。あまりにも多くの仲間が、当時もまだ、過去の規範《パラダイム》にとらわれていた。しかし自分は、これ以上世間の詮索にさらされるような真似がしたいのだろうか、それすらもわからなくなっていた。ジュリーは、表現の自由に関するユネスコの調査に参加していて、インターネットでは、女性ジャーナリストは男性ジャーナリストの三倍、攻撃のターゲットにされていると教えてくれた。(43) 公表することを前提にインタビューしたいとジュリーに申し込まれた。

「それはどういったものになりそうなの?」私はジュリーに尋ねた。

「あなたが経験している最悪の問題を、一部なりとも世間に伝える必要があるわ。だって、保証していいけれど、それはあなただけに起きていることじゃないんだから」とジュリーは言った。

私はジュリーに、自分の名声が目の前で崩れていった話をした。しかし私の本能はその時点でもまだ、攻撃に反応して、問題に正面からぶつかっていったら、もっとひどいことになるかもしれないと告げていた。

「でもね、何もしなくても、もっとひどくなるのよ」というのがジュリーの答えだった。

ジュリーは行動を好んだ。一方、私は、たび重なる攻撃のせいで無気力に陥り、立ち直れなくなっていたのだろう。私には外部の視点が必要だったのだ。それも、メディアの最前線に身を置いた経験があり、ジャーナリストが日々何を届けなければならないかを心得ていて、かつ、私たちが活動しているあたらしい世界が、これまでと根本的に違うものだと理解している人間の視点が。

しばらくして、私はユネスコの調査に参加することにした。(44) ユネスコが最終的に出版し、国連のカンファレンスで発表されたその本には、『ひとりに対する攻撃は全員に対する攻撃(*An Attack on One IS an Attack on All*)』というタイトルがつけられた。それは、ジャーナリストが直面しているさまざまな危険を紹介し、同時に、問題への建設的な解決策を提示するものとなった。

それは、信頼することを選択した重大な転機のひとつだった——いま私は、その選択に満足している。身近な他人に自分の恐怖を打ち明けて、外部の視点を取り入れることで、自分の外に広がっているもっと大きな状況を見ることができた。自分が経験していることが、もっと大きな世界情勢のなかにどうあてはまるのかを知って、私は自分の恐怖を受け入れられるようになった。

その経験は私に、人が善良であることを思い出させてくれた。パジャマ・パーティのときのように、車のドアを開けて外に出てみると、みんなは私を笑う代わりに、救いの手を差し伸べてくれた。ジュリーのような人々とのあいだに育んだ数多くの友情は、仕事から、すなわち、ジャーナリズムと、権力者に対して真実を語る行為をめぐる共通の価値観から生まれたものだ。

それから何年間か、私たちがラップラーで攻撃にどう反応しているのか、ジュリーは絶えず質問してくれた。ジュリーのフィードバックは、私たちが置かれている状況と、欧米の報道機関の状況の溝を埋めるのに役立った。彼女は、ラップラーが、やむを得ない事情によって、ジャーナリズムが直面している問題と解決策の発見において、欧米より少しだけ先行していることを理解してくれた数少ないひとりで、私たちについて書き続けてくれた。その後数年間、ジュリーが紹介してくれたイギリスのコンピュータ科学者が、私を攻撃する五〇万件近いソーシャルメディアの投稿の分析に協力してくれた。[45]攻撃がはじまってから五年近く経っていたが、こういったビッグデータの分析を行なうのははじめてで、おかげで攻撃の目的と手口があきらかになった。攻撃の六〇パーセントは、私の信用性を失墜させることに主眼が置かれていた。残りの四〇パーセントは、きわめて個人的な、悪意に満ちた攻撃で、仕事を続けようとする私の意志をくじくのが目的だった。外部の人間が出したデータを見るのは有益だった。自分の現実を外部の人間に立証してもらうことも、ときには必要なのだ。

ジュリーと同僚たちは、[46]フィリピン、南アフリカ、インドのニュース編集室が、増大する脅威や真実の抹殺に立ち向かうために進化を遂げていく状況を目にして、テクノロジー・プラットフォームが基本とする前提に最初に疑問を抱いた人たちでもあった。あるとき、ジュリーとそのチームは、グローバル・サウスの三つの報道機関が、あたらしいタイプの攻撃に備えて活動をどう進化させているかを調査するために、現地に足を運んでくれた。[47]南アフリカの『デイリー・マーベリック』紙、インドの『クイント』紙、そしてラップラーの編集室に、ジュリーは少なくとも一週間ずつ滞在した。あと一日長くラップラーにいたら、私がはじめて逮捕された日、編集室に居合わせることになっていただろう。

二〇一七年七月、ドゥテルテ大統領は二度目となる一般教書演説でラップラーを攻撃し、ラップラーは憲法に違反している、なぜなら外国人に所有権を譲り渡しているからだと主張した──ナショナリストの義憤を煽る安直な手だった。ソーシャルメディアで、ボトムアップで行なわれていた嘘のばらまきが、トップダウンではじまった。「ラップラーは、アイデンティティに穴を開けようとしている。気づいたときには、おまえたちはアメリカのものになっているぞ」。ドゥテルテは、英語とフィリピノ語をまぜこぜにした演説で、三〇分ほどにわたって私たちを攻撃した。「新聞社は一〇〇パーセントフィリピン人でなくてはならないはずだ。おまえたちがアイデンティティに穴を開けはじめたら、完全にアメリカ人に所有されてしまうぞ[48]」

ドゥテルテ大統領が国民に語ったことには一片の真実もなかったが、それは問題ではなかった。同月初旬、ドゥテルテは、脱税を暴露すると言って、フィリピン最大の新聞『フィリピン・デイリー・インクワイアラー』紙のオーナー一族を恫喝した[49]。二週間後、一族は同紙の株を売却すると発表した。二〇一七年四月には、当時もまだフィリピン最大の放送ネットワークで、私の古巣でもあるABS－CBNを、営業許可の更新を凍結すると言って脅していた[50]。二〇二〇年五月、国家通信委員会によってABS－CBNは閉鎖される。ABS－CBNの閉鎖は、半世紀近く前にマルコスが戒厳令を宣言して以来だった。

ドゥテルテのメディアに対する脅迫は、フィリピンの言論の自由に背筋の寒くなる効果をもたらしただけではない。フィリピンをシベリアに変えた。

ドゥテルテが一般教書演説で私たちを攻撃する様子を、ラップラーはフェイスブック、ユーチューブ、ツイッター、そして自分たちのウェブサイトで中継した。私はオフィスに三人のアナリストを招き、テーブルを囲んで実況中継を行なっていた。その日、おびえている人はいなかった。演説の中継は続いていたが、私たちは背筋をしゃんと伸ばしていた。(51)

私はただちに回答を書いてツイートしようと思い、マナンたちが使用しているSignal〔安全性の高いプライベートメッセンジャーアプリ〕のグループチャットに文面を送った。私たちはまだドゥテルテの言葉に耳を傾けていたが、部屋にいる共同創設者たちの目を見ると、ひとりずつうなずいてくれた。数分と経たないうちに私はツイートした。「ドゥテルテ大統領、あなたは間違っている。@rapplerdotcomは、一〇〇パーセントフィリピン人が所有している。リーダーたる者、自分の情報が正確かどうか、しっかり吟味すべきだ(52)」

その年に起きたもうひとつの出来事を紹介させてほしい。私は、グーグルのシンクタンク「ジグソー」で首席研究員を務めていたカミーユ・フランソワという女性と知り合った。ラップラーは、世界各地の十数の団体とともに、カミーユの研究プロジェクトに参加していた。カミーユは、公共政策とテクノロジーの分野で華々しく活躍してきた人物で（フランス首相官邸最高技術責任者の特別顧問を務めていたこともある）、ジェンダー研究や人権問題にも取り組んでいた。「愛国主義的荒らし行為――国家が支援する、暴徒化するオンラインのヘイトの台頭」というタイトルにまとめられた論文は、愛国主義的荒らし行為の全体像をあきらかにするものだった。「ターゲットを絞った、国家が後押しする組織的なオンラインのヘイトや嫌がらせ活動が、個人を威嚇し、口を封じる手段として利用されている(53)」。論文には、各国の政府が、程度の差はあれ、真実の語り部に誹謗中傷を浴びせて口を封じるために、そして社会のナラティブを書き換えるために、ネットへイトを利用している実態をあきらかにした一五以上の事例研究が掲載されていた。当時、その報告書はほかの何よりも、世界中の偽情報危機の全体像を把握していた。それは二〇一七年八月に発表される予定だったが、延び延びになっていた。

一〇月、カミーユと私はニューヨークのチェルシーマーケットで昼食を取っていた。真上にジグソーのオフィスが入っている建物だ。直接顔を合わせるのははじめてだったが、ふたりで仕事をするようになって一年以上が経っていた。カミーユは、気さくで、ちょっとフランス語訛りのある英語を話す。そのときはサラダを注文していて、私はハンバーガーとオニオンリングを食べていた。話さなければならないことがある、とカミーユが切り出した。「ごめんなさい、マリア。この研究を出版することはできそうにないの」

カミーユは、サラダにフォークを何度か突き立ててから、それを脇に置いた。私たちは八月に最終稿を提出して、それから二か月近くが過ぎていた。

「この研究が発表されることは、ほんとうに重要なんだよ」。私は言った。

「残念だけど、私にはこれ以上どうしようもできないの」とカミーユ。

グーグルは論文の出版を許そうとしなかった。

もしもこの論文が発表されていたら、その波及効果によって、現在私たちが経験している最悪の事態の多くを食い止めることができたに違いない。食い下がってみようよ、とカミーユに言ったが、彼女の如才のない一面にも私は気づいていた。数か月後、ジグソーを退社するとカミーユが発表したとき、私は驚かなかった。

なぜグーグルがあの報告書を握りつぶしたのか、いまでもわからない。しかし、その一件で、またしても私はひとつの教訓を得た。沈黙は共謀と同じだ。

他人が妥協したから、あなたも妥協するのか。他人が沈黙しているから、あなたも沈黙しなくてはならないのか。そんな道理はない。

ドゥテルテが全国規模の攻撃を行なってから一週間あまりが過ぎたころ、私たちは最初の召喚状を受け取った。ラップラーに対するあらゆる捜査がはじまった。容疑は大きく分けて三つにくくることができた。外国人による所有、脱税、ネット空間における名誉毀損。

弁護士を雇わなくてはならなかった。彼らは、自分たちにも悪影響がおよびかねないと承知のうえで、訴訟を引き受けてくれた。半年のあいだに、弁護士費用は膨れ上がり、経費の約三分の一が吸い取られてしまうようになる。それが、ラップラーに対して、一四回行なわれる捜査のはじまりだった。

ひとつだけ良かったことがあるとするなら、あまりにも恥知らずなドゥテルテの攻撃に、世界中が注目するようになったことだ。一〇月、ブルームバーグニュースの調査報道記者ローレン・エッター[54]が、フィリピンに直接取材に来てくれた。一二月、『ブルームバーグ・ビジネスウィーク』誌に「ロドリゴ・ドゥテルテは、フェイスブックをどうやって武器に変えたか――フェイスブックの助けを少しばかり借りて」というエッターの記事が掲載された。ネットに掲載された記事のタイトルは、私を守るために（そして時期をぼかすために）、「政府がフェイスブックを武器として利用するとき何が起きるか？」に変更された[55]。

この記事がきっかけとなり、フィリピンに、ラップラーに、そして私に、世界中の注目が集まるようになる。

第Ⅲ部　弾圧——逮捕、選挙、私たちの未来を懸けた戦い　二〇一八年〜現在

第9章　無数の傷を生き延びて――善を信じよう

検事総長ホセ・カリダが、所有権と経営権を外国人が握っているという容疑で、ラップラーを大々的に訴えるよう証券取引委員会（SEC）に命じていることを、二〇一六年から、私たちは知っていた。[1]それから数か月間、政府の捜査の進展について、折に触れて情報提供者から最新情報が送られてきたものの、それがどんな結末になるのか、私たちにはわかっていなかった。政府の野放図なふるまいが現実の結果に結びつくとは、まだ完全に信じられなかったのだ。二〇一八年一月、すべてに決着がついた。証券取引委員会が、私たちの営業許可を取り消したのだ。[2]

それが何を意味するのか、弁護士たちに尋ねなくてはならなかった。

簡単な話だった。政府はラップラーを閉鎖したがっていた。「ラップラーの営業許可を取り消す証券取引委員会の非情な命令は、委員会にとっても、フィリピンのメディアにとっても、歴史上前例のないものです」。決定に反対する声明文に私たちはそう記した。「これはあなたがたにとって、そして私たちにとって何を意味しているのでしょうか。委員会は私たちに店仕舞いしろと言っています。あなたがたに記事を伝えること、権力者に真実を語ることを止め、二〇一二年以来あなたがたとともに築いてきた――そして作り上げてきた――すべてを手放すように命じているのです」[3]

もちろん、私たちは黙ってなどいなかった。自分たちには権利があると知っていた。恐怖を感じたら、ぶち破ればいい。

2018年1月15日、ラップラーのオフィスにて。証券取引委員会から前例のない閉鎖決定を受け取った直後。(Leanne Jazul/Rappler)

マナンが集結した。特別研究員《フェロー》としてハーバード大学に赴任していたグレンダ・グロリアは、ボストンからの帰国の便をただちに手配した。ベス・フロンドソとチャイ・ホフィレーニャと私は守りを固め、電話で連絡を取り合いながら互いに近くにいるようにした。地理的に離れているときも、私たち四人は並行する道を同じ方向に走っていた。それぞれがやるべき仕事をこなしながら、状況がよりはっきりと見えてくるように、定期的に連絡を取り合った。

午前中、私たちは「総会」と呼んでいる全体会議を招集し、証券取引委員会の命令に対して断固として戦うとスタッフたちに告げた。私は、オフィス中央の「スター・トレック」のブリッジに立ち、私たちはきっと乗り越えると言ってスタッフたちを安心させた――とはいえ、そう言う私も、政府の前例のないふるまいに頭を抱えていたのだが。とんでもない事態だったにもかかわらず、チームの士気は高かった。会議のあとで撮影した写真を見ると、全員が満面の笑みを浮かべている。[4] 自分たちは何をすべきか、みんなが心得ていた。

証券取引委員会が正式に決定を発表すると、複数の記者にインタビューを申し込まれたので、記者会見を開くことにした。私たちに隠さなければならないものなどないのだから。弁護士たちは反対した。公の場で話をする前に、決定の内容を詳しく調べる時間が必要だと言うのだ。時すでに遅し。記者会見を開くと発表したあとで、[5] 弁護士に会を仕切ってもらうのを忘れていたことに気づいた。これまでも、マナンはこういった修羅場を何度もくぐり抜けてきたのだから、なんとかなるよ、みんなにはそう言った。私たちには経験がある。常識もわきまえている。今回の政府の措置があまりにも悪質なことはわかっている。それなら黙っているわけにはいかない。沈黙は同意するのと同じなのだから。

ジャーナリストとしての長年の経験から私は知っていた。自分のネタをゴールデンタイムに、他人に語らせてはだめなのだ。

午後六時半にはじまるゴールデンタイムのニュースに、記者会見を中継してもらえるようにベスが手配した。チャイと私が経緯を説明してから質疑応答を行なう。特別な準備はいっさいなし。それぞれが書いたメモをさっと突き合わせて、一、二の三で崖から飛び降りた。

「このような席にお集まりいただき感謝申し上げます」。記者たちに微笑みかけて、私は記者会見をはじめた。「私たちは活動を停止しません。何より最初にそのことを申し上げたいと思います。今回の措置の性急さ、メディア全般が受けてきた攻撃の種類を考えましても、このたびの決定が非常に政治的性格を帯びたものであるのはあきらかです。私たちは法廷で争う所存でおります」[6]

私は、証券取引委員会の決定の要点を説明した。それはまったく馬鹿げた主張だった。このちっぽけな行政機関は、私たちのフィリピン預託証券という、国外の投資家が所有する証券の一種が、外国の管理下にあり、憲法違反に相当するというのである。憲法によれば、フィリピン預託証券に違法な点はなく、私たちは二〇一五年に証券取引委員会に書類を提出している、と私は記者たちに説明した。

オンライン攻撃の経験から、法律に関する話は単純化する必要があるとわかっていた。さもないと、政府の広告塔がこれまでやってきたように、読者を誤解させる話や、まったくのでたらめにすり替えられてしまうからだ。

「フィリピン預託証券に投資する人は、たとえるなら、競馬で馬券を買う人のようなものです」と私は説明した。「つまり、馬に何を食べさせるかとか、騎手を誰にするかといったことが決められるわけではないのです。何にせよ決定権はいっさいありません。ただ馬に賭けるだけです。その馬が一着になれば、めでたいことにいくらか儲かりますし、負ければ、何も手に入りません」

証券取引委員会の決定は、フィリピンだけでなく、フィリピンに投資している企業にも――今回の場合であれば、オミダイア・ネットワークとノース・ベース・メディアにも――影響を与えるだろうと私は警告した。委員会の申し立てには、外国企業がラップラーを操っているかのような含みがあったが、オミダイア・ネットワークとノース・ベース・メディアが保有するフィリピン預託証券の割合は、どちらも全体の一〇パーセントに満たず、それらの金融派生商品は設計上、彼らが経営に口出しできない仕組みになっていた。彼らは株式さえ所有していなかった。

「ラップラーのスタッフの大多数を占め、社の方針を決定しているのはジャーナリストです。つまり私たちです」と私は言った。

政府が、フィリピンの経済界に重大な影響を与えかねないリスクを平気で冒そうとしていることに、私は衝撃を受けていた。今回のように世間の注目を集める公的決定は、ビジネス界にとっても法の支配にとっても良くない徴候だ――ジャーナリストたちはそのことを理解していたが、政府は理解していないか、たいした問題にはならないと考えるほど、思い上がっているようだった。

続いてチャイが口を開いた。元テレビレポーターのチャイは低く滑らかな声の持ち主で、落ち着いた口調で次のように説明した。「今回のことも通常と同じ業務になるでしょう」と彼女は切り出した。「何も変わりません。私たちは、うちの記者たちに、これまでどおり積極的に記事にすべき題材を追いかけ、記事を執筆し、報道するように、命令を出していきます。彼らの姿勢は、あなたがたがメディアとして取るものとまったく変わりありません。私たちはこれからも、権力者に説明責任を取らせ、真実を語り続けます。何があろうとも」

「今回のことは、去年からずっと続いてきた嫌がらせの一環なのです」。彼女は言葉を継いだ。「証券取引委員会によるこのたびの決定は予想されていたことでした。それがついに現実となったのです。そしていま世間に公表されました。今回の事態にどう対処すべきか、私たちにはわかっています」

おかしなことに、これまで水面下で行なわれてきた国との小競り合いが、いまこうして表沙汰になったことに、ほっとしている自分がいた。

「この国に法の支配が存在するのであれば」、チャイは説明を続けている。「私たちはその手続きを踏むでしょう……これはあきらかに憲法に関する事例であり……報道の自由に関する事例でありますから、私たちは最高裁に赴くことも辞さないでしょう」(7)

証券取引委員会は訴訟手続きのルールさえ守っていなかった。委員会は行政機関として、将来的に問題になるとみなしたものに、通常であれば警告を発する。不具合を指摘された企業は、問題とされたものを解決するために最長で一年間の猶予が与えられる。たとえば、国内最大手の電気通信プロバイダー、フィリピン長距離電話の社長は、一時期実際に外国人だったのだが、一年間の猶予が与えられて、フィリピン人の社長と交代した。しかし、私たちのケースでは、証券取引委員会は所定の手続きを踏まなかった。異例の決定に対応する機会を与えず、一方的に閉鎖命令を出した。不透明で専門的な解釈を持ち出して、ラップラーは外国人に経営権を明け渡したと主張していたが、でたらめもいいところだった。

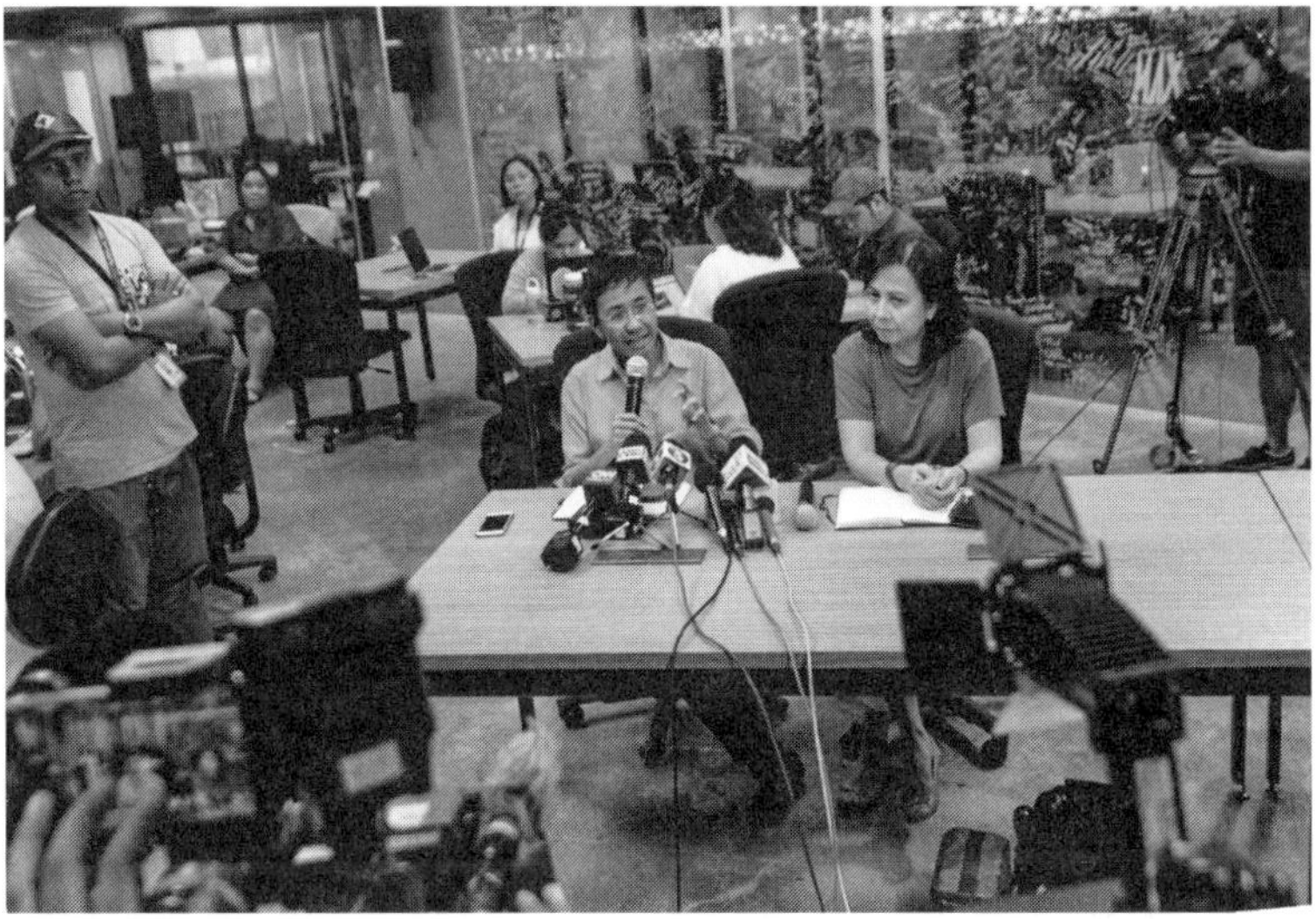

2018年1月15日、ラップラーのニュース編集室にて、緊急記者会見中の著者と共同創設者のチャイ・ホフィレーニャ。(Leanne Jazul/Rappler)

私たちの目の前で、法律が武器に変えられようとしていた。その武器で攻撃されたのは私たちだけではない。レイラ・デリマ上院議員は、そもそも法廷で争われることさえおかしい容疑で告発されて、当時もまだ刑務所にいた。少し前にも、国は突拍子もない法的手続きによって、最高裁長官マリア・ローデス・セレノを追放したばかりだった。[8]

政府が私たちの営業許可を取り消そうとしてからひと月も経たないうちに、ドゥテルテと行政府の取材を担当していたピア・ラナダというラップラーの記者が、マラカニアン宮殿への出入りを禁じられた。[9] 数日前に私たちから訓練されたように、ラナダは携帯電話を取り出して、フェイスブックとツイッターで中継しながら、なぜ自分は大統領官邸に入れないのか、警備兵に問いただした。おびえてはいたが、ラナダはしつこく食い下がった。両手が震えていたのは怒っていたせいもある。「ただで済ませたくはなかったのです」と彼女は言った。

記者の出入りを禁じたのは、復讐心《ふくしゅうしん》に燃えるドゥテルテだと言われた[10]。ドゥテルテの側近ボン・ゴー[11]の、海軍の入札問題をめぐる不正行為を暴露した、ラップラーの痛烈な調査記事に報復しようとしたのだという。大統領官邸への出入り禁止リストには私も含まれていた。その後、禁止令の範囲は、官邸の敷地からドゥテルテの外遊先にまで広がった[12]。

ジャーナリスト、活動家、学者、計四〇人以上とともに、私たちはこの身勝手な措置について最高裁に抗議した。目的が、事前の口封じであるのは明白で、それは憲法違反だからだ[13]。しかしなぶり殺しを止めるには至らず、なんとかして切り抜ける以外に道はなかった。

そんなときはどうしようもない無力感に襲われた。毎日、あらたな試練が生じ、あらたな法律が担ぎ出された。

マーク・ザッカーバーグが、フェイスブックのニュースフィードを修正すると発表したのはそのころだった[14]。手がつけられないほどはびこってしまった偽情報をなんとかしろという、世間で高まる抗議の叫びに応えるにしては、その修正はあまりにもささやかだった。フェイスブックは今後、出版社や商品のコンテンツより、友達や家族がシェアしたものを優先する[15]（こんな風に、ニュースと広告事業者を十把《じっぱ》一絡《ひとから》げにする発想自体がそもそも間違っている）。実際には、この変更によって、ジャーナリストと報道機関はいっそう弱体化した。トラフィック〔転送されるデータ量〕が大幅に減少し[16]、世界各地の比較的小規模なニュースグループの場合では、二〇パーセントから六〇パーセントも減少した[17]。それは、事実がますます数少ない人にしか届かなくなったことを意味した。情報操作によって家族や友人のもとに届けられる嘘に対抗する事実がなければ、偽情報はいっそう爆発的に拡大する。

ニュースの優先順位を下げるというフェイスブックの決定は[18]、「フェイクニュース」問題への対処方法としてはまったく見当違いだった。シェアや「いいね！」ではなく、コメントやディスカッションを通じてエンゲージメントを促したいのだ、とフェイスブックは主張した。個別のフィードを提供する、あるいは投稿を削除する代わりにミュートしたりブロックしたりするといった全体的な構想と同様、これからは「有意義な相互作用《インタラクション》」は、家族や友人間で行なわれるというのである。研究があきらかにしているように、ほとんどの人には、家族や友人が話してくれたことをシェアする傾向がある。ニュースを抑圧するアルゴリズム設計から、どんな結果が生じると予想できるだろうか。[19] これまで以上に、ヘイト、毒、「フェイクニュース」がまき散らされるだろう。[20]

まさにそのとおりのことが起きた。

三か月後、ケンブリッジ・アナリティカ事件が起きた。すぐれたジャーナリストには、垂れ下がっている糸が見える。そんなとき、彼らはその糸をたぐって、それがどこに続いているのかを追いかける。『ガーディアン』の姉妹紙『オブザーバー』の看板記者で、ピューリッツァー賞にノミネートされたこともあるキャロル・キャドウォラダーが、『ニューヨーク・タイムズ』と協力して、政治コンサルティング会社ケンブリッジ・アナリティカが、フェイスブックユーザー数千万人分のアカウントからデータを不正入手して、個々の有権者により的を絞った宣伝活動を展開し、複数の政治活動を有利に進めていたことを暴露した。彼らが関与した活動のなかには、二〇一六年に実施されたイギリスのＥＵ離脱の是非を問う国民投票や、ドナルド・トランプの勝利に終わったアメリカ大統領選挙もあった。[21] 不正利用されたアカウントの数がもっとも多かった国はアメリカだった。

二番目に多かった国は？　フィリピンだった。[22]

ケンブリッジ・アナリティカは、私たちがのちに発見するように、フィリピンの大統領選挙で使った手口を、イギリスのＥＵ離脱を問う国民投票でも使っていた。[23] いずれの投票も不正にまみれていた。それを可能にしたのはフェイスブックだった。

キャドウォラダーの粘り強さのおかげもあって、アメリカ連邦議会はザッカーバーグの証人喚問を要請した。連邦取引委員会は、フェイスブックに五〇億ドルの罰金を科した。テック系企業に科された罰金としては史上最高額だったが、それでも充分ではないとキャドウォラダーは言う。二〇一六年の選挙で何が起きていたのか、どれだけ多くの事実があきらかになったとしても、その責任を誰かに取らせることは、もはや誰にもできなかった。

そのときまで、政府や報道機関といった旧勢力は、かつては曲がりなりにも世界の秩序と安定を支えていた既存の骨組みが、テクノロジー・プラットフォームという新興勢力によってすっかり蝕まれてしまっていることに、まったく気づいていなかった。

そのことに思い当たったのは、同年六月、大西洋評議会に招かれたときだった。偽情報とそれが国に与える影響について詳しく調査するために、一五人の関係者がベルリンに招集された。参加者のなかには、元アメリカ国務長官マデレーン・オルブライト、元スウェーデン首相カール・ビルト、元アメリカ安全保障問題担当顧問スティーヴン・ハドリー、そしてフェイスブックとマイクロソフトの代表がいた。

旧勢力と新勢力は、互いを隔てる途方もない溝を埋める言葉を見つけようとした。両者には根本的に相容《あいい》れない点がひとつあった。政府高官たちは亀のような歩みで、どこに問題があるのかを探りながら、ときには公開討論を開いて、合意形成を進めようとした。一方、テック系企業の動きは速かった。彼らはしばしば安全装置《セーフガード》を外し、自分たちに理解できなかったり、価値を見出せなかったりするものを躊躇なく破壊した。

その週のあいだに、私はマデレーン・オルブライトから多くを学んだ。オルブライトは、世界中の権威主義の台頭に警鐘を鳴らす『ファシズム――警告の書』（白川貴子・高取芳彦訳、みすず書房）を上梓《じょうし》したばかりだった。

それまでファシズムという言葉を使おうと考えたことはなかったが、その言葉が頭の片隅から消えなくなった。自分たちが経験しているすべてをあらためて検証してみた。ジャーナリストは問題を指摘することはできても、解決法を見つけることはまずない。この戦いにおける私の役割が変わりはじめていた。ディストピア的未来を阻止するために自分たちに何ができるのか、それを考えてみようと思った。

九月には、パリで国境なき記者団の「情報と民主主義評議会」に参加した。インターネットを支配するにふさわしい原理原則と価値観を確立しようと努めている組織だ。[24] ここでも、フィリピンでの自分たちの戦いについての視野が広がり出した。こんな風に海外の会議に参加したことで、自分たちの経験を世界全体の状況にあてはめて考えられるようになった。私たち以外にも同じような目に遭っている人はいないか？　根本的な原因は何なのか？　私たちの民主主義の構造を強化するには、どうしたらいいのか？

評議会が正式に発足したとき、自分の役割が拡大していくのを感じた。いまや私は、ジャーナリストで、ターゲットで、調査員でもあった。評議会では報告者であると同時に参加者でもあった。「言論の自由が、言論の自由を弾圧するために利用されているのです」。私は聴衆に訴えた。

評議会のパリでの任務は、「情報と民主主義に関する世界宣言」の草稿に着手することだった。それは、世界各国の政府、民間企業、市民社会が、民主主義を守るために連携するときの土台となるはずだった。二年後、評議会は、私が共同議長を務めた報告書を発表した。そこには、いわゆる「インフォデミック〔情報（インフォメーション）と伝染病（エピデミック）を掛け合わせた造語。不確かな情報が大量に拡散される現象〕」と戦うための一〇余の構造的解決策と、二五〇を超える細かい戦略的段階が記されていた。[25]

とはいえ九月のその一週間について、何より鮮やかに思い出されるのは、エリゼ宮（フランス大統領官邸）の外で、イラン人でノーベル平和賞受賞者のシリン・エバディ、そしてトルコ人ジャーナリストのジャン・デュンダルと、フランス大統領エマニュエル・マクロンと聴衆を待っていたときの、まばゆく輝いていた太陽だ。

そのときはじめて、自分の世界が大きく変わるかもしれないと気づいた。

シリンは、民主主義と人権のために、とくに女性と子どもの人権を求めて戦ってきたことを評価されて、二〇〇三年に女性イスラム教徒として、またイラン人としてはじめてノーベル平和賞を受賞した。ジャンは、トルコの反政府系新聞『ジュムフリエット』の元編集責任者で、トルコがシリアの反体制派に武器を供与している記事を発表したために、スパイ罪で有罪判決を受けたあと、ドイツに亡命していた。

ふたりとも、当時は故郷を離れ、家族とも別れて、亡命生活を送っていた。シリンは二〇〇九年からイギリスで暮らしていたが、家族は依然としてイランにいた。ジャンはベルリンにいたが、彼の妻はトルコ政府にパスポートを没収されて、国外に出られずにいた。

「あなたはどこに住んでいるの？　マニラ？」とシリンが聞いた。

「ええ、マニラよ」私は答えた。

家族と離ればなれで暮らすとはどんなものか、私たちは話をした。正直なところ、私は亡命生活というものを少々甘く見ていた。うちの家族は、どのみちアメリカとフィリピンの各地に散らばっているのだから、と説明して、自分では理屈が通っている気になっていた。「亡命したいとは思わない」。私はふたりにそう告げた。

そのとき私はまだ、フィリピンは、一時期七万人以上が投獄されていたトルコや、ジャーナリスト、活動家、政治的反対勢力が長年にわたって弾圧されているイランとは違うと思っていた。

フィリピンで人生を築いていく選択をした以上、どんな結果になろうとも、その選択を貫きたいと思っていた。その少し前に、私は共同創設者たちと冗談で、私が牢屋《ろうや》に入れられたらそれぞれ何を差し入れするか（食べ物、シーツ、扇風機、本）、取り決めたばかりだった。

暴力、忍び寄る独裁制の影、法律の武器化――ドゥテルテがやっていることに、世界はますます注目するようになっていった。そのころには、ラップラーに対する継続中の捜査は一四件にのぼっていた。そのなかには、「サイバー名誉毀損罪」というまったく馬鹿げた罪状もあった。政府はあらゆる手を使って私たちの口をふさごうとしていた。

一方、ラップラーは世界に認知されつつあった。一一月には、国際ジャーナリストセンターから、「ナイト国際ジャーナリズム賞」を贈られた。授賞式が行なわれたワシントンDCのホールは、五〇〇人の聴衆でいっぱいになった。「私たちは、フィリピン政府およびフェイスブック内部の『免責《インピュニティ》』と戦っています」。私は聴衆にそう語りかけた。「どちらも、私たちの民主主義を汚染する暴力、恐怖、嘘の種をまいています。ソーシャルメディアにばらまかれたこれらの嘘が、政府が私たちを相手取って起こしている訴訟の土台になっているのです(26)」

私にはわかっていた。アメリカ政府の中枢にいるこの聴衆にこそ、遠く離れた私の国について真剣に考えてもらう必要がある。遠く離れたその国で、彼らを操作する戦術がいま試されているのだから(27)。「なぜみなさんが気にかける必要があるのでしょうか？」　私は聴衆に問いかけた。「私たちの問題は、すぐにみなさんの問題になるからです(28)」

二〇一八年の一連の出来事によって、私は否応なく思い知らされた。どんなに専門技術に磨きをかけ、多少の力を行使したところで、自分にできることなどたかが知れている。法の支配は幻想で、一瞬で消えてなくなる――それは、駆け出しのジャーナリストとして、私がインドネシアで最初に学んだ教訓だった。その晩、そのホールで、私は仲間のジャーナリストたちに訴えた。どうかこれからも、金と権力を求めて民主主義を骨抜きにしている政府と巨大テック系企業の説明責任を追及し続けてくれ、と。いまや世界的なスローガンとなっている言葉「私たちはラップラーだ。私たちは一線を死守する」で、私はスピーチを締めくくった。

それが「#HoldTheLine（一線を死守する）」の原点だ。私たちの国の憲法には、国民の権利を定めた「線」がある。権力を手にした人間は、恐怖と暴力を使って、私たちを力ずくで後退させ、権利を手放すように仕向けていた。けれど私の頭のなかには、互いに腕を組む人々の姿があった。私たちは腕を組んで、権利を侵害しようとするどんな試みにも断じてひるまない。どんな危険が降りかかろうとも、みずから権利を手放すような真似はぜったいにしないのだ。

心身ともにすり減る思いをした一年がもうすぐ終わろうとしていた。そんなとき、公私にわたりあらゆる機会に言葉を尽くしても、まだ足りなかったのかと、がっかりさせられる出来事が起きた。

国際的な評価がドゥテルテ政権に敵対する方向に傾いているのはあきらかだった。その年の暮れ、私はニューヨークでジャーナリスト保護委員会からある賞を贈られた。するとフィリピン司法省は、私とラップラーを起訴すると公式に発表したのだ[29]。私たちのところに法的書類はいっさい送られてこなかった[30]。複数の賞を受け取り、自分の考えを口にしたことに対する、政府の返答がこれだった。

翌日、私はマニラに舞い戻った。政府に起訴されてから、アクラ法律事務所（フィリピンでもっとも優秀な法律事務所のひとつ）の弁護士たちは、すでに逮捕状が準備されているのではないかと心配して、逮捕に備えて空港に弁護士を派遣してくれた。飛行機を降りたところには、ラップラーの記者パテルノ・エスマケル二世が待っていて、その後、入国手続きを済ませてから、手荷物受取所でベスと合流した。けれどありがたいことに、その日は何も起きなかった。

こうして、マニラでさんざん気の揉める数日間を過ごした。自宅には週末だけ戻ることにして、会議にもほとんど顔を出さなかった。しかしそのうち、逮捕をおそれていたら、いったいどれほどの心理的代償を——それにどれだけたくさんの金を——支払わなければならないのだろうかと考えるようになった。

そこで私は進み続けることにした。何事もなかったかのように生活したかった。そこでロンドンに行き、続いてパリにも行った。パリのホテルの部屋で帰国の荷造りをしていると、窓の外から抗議者たちの声が聞こえてきた。政府が気候変動に取り組もうとして、燃料価格が上昇したことをきっかけにはじまった「黄色いジャケット運動」もしくは「黄色いベスト運動」と呼ばれる抗議運動だった。

反射的に、私はコートと三脚とカメラをつかんで通りに飛び出した。その日は寒くて雨も降っていたが、ふたたびひとりの記者として、通りで人々に話しかけて、ラッパーのために中継するのは爽快だった。[31] それはマクロン政権史上もっとも強硬で、暴力的な抗議活動だった。左派と右派が、国民に人気のない政策に反対する共通の土台を見つけたのだった。

フランス警察によれば、その日、通りに出た抗議者の数はおよそ一三万六〇〇〇人、そのうち二六八人が逮捕された。抗議の理由は十人十色だった。というのも、抗議活動には中心となる人物がいなかったからだ。活動に参加した人々は、ソーシャルメディアを通じて——私のインタビューではおもにフェイスブックを通じて——集まってきていた。ソーシャルメディアの偽情報は人心を惑わせ、長年の恨みつらみに火を点《つ》けた。不満の多くは筋の通ったものだったかもしれないが、いまや増幅されて、暴力を扇動するまでになっていた。空港に向かって出発する時刻になっても、街には放水砲の発射音と、もの悲しいサイレンの音が響いていた。

一台の携帯電話で、パリで炎上する車を見つめながら、もう一台の携帯電話で、私はマナンや弁護士たちとメールのやり取りをしていた。弁護士によると、私に対する逮捕状がすでに出されているという。今回は証券取引と脱税に関係したものらしい。一瞬、気持ちが沈んだが、次の瞬間にはその気持ちを飲み込んで、次に起きることに心を集中させた。はるか昔に紛争地域で取材していた経験のおかげで、この手の危機に対する訓練はできていた。恐怖や不安に飲み込まれそうになっても、こうした感情に溺れる時間を自分に許してはならない。

搭乗予定の飛行機に乗れば、一二月二日日曜日、午後九時四〇分にマニラに到着するはずだった。マニラに戻ってくるなと家族には言われていたが、そんな選択肢はなかった。私には経営する会社がある。私が仕事を投げ出したりしないと信頼してくれる人々がいる。政府が、法の支配をねじ曲げ、破壊しながら、まき散らしている不正に怒りは募るばかりだった。最後まで戦い抜いて、政府に説明責任を取らせてやるつもりだった。

弁護士のひとりに、帰りの便を遅らせることはできないかと聞かれた。それについても考えてみたが、かなりの手間と費用がかかる。それよりも正面からぶつかってみるほうがいい。なんらかの解決法が見えてくるはずだから。政府の脅し戦術に屈して自分の方針を変えるつもりはなかった。

シャルル・ド・ゴール空港に到着した私は、留置場で一夜を明かすことも含め、最悪の事態に備えて準備した。スーツケースを開けて、パジャマ、歯ブラシ、着替え一式をすべて手荷物に詰め替えた。それから搭乗手続きを済ませて、飛行機に乗り込んだ。へとへとだったので、二〇時間近いフライトのあいだ、ほとんど眠っていた。

空港には大勢の人が集まっていた。アクラ法律事務所から弁護士が六人、ラップラーからは少なくとも六人。こんな騒ぎはこれで二度目だ。仕事や生活にどれほど支障が生じるか、想像してほしい。怒ったらいいのか、おびえたらいいのかわからなかった。おそらく、怒りと恐怖の両方を感じていたと思う。

飛行機が着陸する数時間前に、フィリピン証券取引所の元社長で、私たちの主任弁護士を務めるア

2018年12月2日日曜日、マニラのニノイ・アキノ国際空港に到着したところ。（Rappler）

クラ法律事務所のフランシス・リムが次のような声明を発表した。「今夜、マニラに到着するマリア・レッサが、帰国と同時に逮捕されることのないよう強く希望いたします。日曜の夜に逮捕が行なわれるのは異例であり、フィリピンの実情について仮借ない報道を行なっているがために、わが国の政府が、ラップラーの幹部に対する訴訟を不当に急がせているという、根拠充分な認識にますます信憑《しんぴょう》性《せい》を与えることになるでしょう」

二〇時間近い移動のあと、私を乗せた飛行機はマニラに着陸した。携帯電話の電源を入れたとたんにメッセージが押し寄せてきた。マナンたちからは、これまでに起きたことと、これから起きるであろうことを簡潔に記したメールが送られてきた。妹のミシェルは、空港に行くと言い張る母とおばさんたちを精いっぱい食い止めているという。マニラに生活の拠点を移すようにと私が勧めたために、意を決して引っ越してきたばかりの両親には、アメリカに戻ってもらったほうがいいのかもしれない、そう肝に銘じた。

飛行機のタラップを離れると、空港警察が私を待ち構えているのが見えた。

彼らのすぐうしろに、ふたりの弁護士と、ラップラーの記者パテルノ・エスマケルがいた。入国手続きのカウンターに向かう私たちに、警官たちは、自分たちはすみやかに手続きが済ませられるようにお手伝いしたいだけです、と説明した。やれやれ。私を逮捕しようとする様子はまったくなかった。到着ロビーを出ると、テレビ局のカメラと大勢の記者がずらりと並んでいた。ライトが浴びせられ、矢継ぎ早の質問が飛んだ。

「今後どうなるのか、私にはわかりません」。空港警備員に礼を述べてから、私は切り出した。「現段階でわかっているのは、すでに逮捕状が出ているということです。これが正確に何を意味するのか、私にはわかりません。つまり、自分に逮捕状が出されたところを想像してみてください。こうしたすべてに立ち向かうために、なすべきことをするつもりです[32]」

「これらの訴訟について、今後の見通しは?」別の記者が、脱税容疑に触れた。

「お話しすることはできません」。私は答えた。「わかっているのは、再検討の申請を提出しているということだけです。しかし、再検討の申請が検討される前に、私たちは訴えられたのですから、その手順について異議申し立てをするつもりです。告発そのものについても。訴状によりますと、ラップラーは――そのまま引用します――『証券ディーラー』とされています。もちろん、私たちは株の仲買人ではありません。そうでしょう? 私はジャーナリストです。これまでもずっとそうでした。ですからこの点を取り上げて――立ち向かうつもりです」

「逮捕される可能性については、どんなお気持ちですか?」ひとりの記者が尋ねた。

「そうですね、まず、私を公然と犯罪者呼ばわりすることについて、政府の説明責任を追及しようと思います」と私は答えた。「次に、わかりきったことですが、こういった目に遭うと、自分が非力に

2018年12月2日日曜深夜、マニラのニノイ・アキノ国際空港で行なわれた緊急記者会見にて。(Rappler)

感じられるものです」。声がうわずるのを感じて、私はぞっとした。[33]「しかしそれこそが狙いなのではないでしょうか？　政府にとって重要なのは、自分たちの力を見せつけて、自分たちは何でも思いのままにできると相手に思い知らせることなのですから[34]」

私は先手を打って、翌日には逮捕状に対する保釈金を支払い、さらにその次の日には、告訴を取り下げるように願い出た。最悪なのは、逮捕状を発行した裁判所に、今回の訴訟に関する裁判権がないことだった。[35]すべてが茶番に思えた。

数日後、私はふたたび法廷にいた。裁判官は申請を受け入れ、私の起訴認否手続きは延期された。[36]

いくらか時間を稼ぐことはできたが、考え得る最悪のシナリオは日々更新された。報道機関と、その配信と広告のビジネスモデルの存続に直接影響を与えるテクノロジー環境の変化のために、ただでさえ仕事を続けていくのは難しかった。政府のたび重なる攻撃で、私がターゲットとされたために、危機管理を行なわなければならなかった。弁護士費用を払い続け、弁護士たちとのはてしない打ち合わせに時間を浪費した。数週間、自分の時間の九〇パーセントを、さまざまな顔ぶれの弁護士との打ち合わせに費やした。日曜日に、七、八人の弁護士とテーブルを囲んで数時間過ごしたことも幾度かある。弁護士の先生方、自分、そして、じつに馬鹿げた理由のために自分たちの日常になってしまったもののことを思うと、いたたまれない気持ちになった。

一二月のある日、私は早起きして租税控訴裁判所に赴き、またしても（今回はさらに四件の脱税容疑に対して）保釈金を納めた。

それからオフィスに向かったのだが、時計の針が正午を回るころには疲れ果ててしまった。午後六時半、オフィスの下の階で夕食を取りながら、その日の暗い記憶を振り払おうとしていると、ツイッターに目が留まった。そこには、雑誌『タイム』のパーソン・オブ・ザ・イヤーのひとりに私が選ばれたと書かれていた。投稿の真偽を確認してもらうためにソーシャルメディア担当責任者に電話をかけた。すると電話が鳴った。電話の相手はCNNで、『タイム』の表紙に選ばれた気分はどうかという。[37]

胃がむかむかした。とっさに、こんな風に世間の注目を浴びたら、ますます攻撃されるだけだと思った。いま思えば、PTSDを発症していたのだろう。現実には、パーソン・オブ・ザ・イヤーに選ばれたという栄誉は、ラップラーを守る盾となった。

「いまのお気持ちは？」　CNNの香港発のゴールデンタイム番組司会者クリスティ・ルー・スタウトが尋ねた。

「複雑な心境です」。私の話は途切れがちで、まとまりを欠いた。後日CNNの映像を観たが、疲労の滲《にじ》んだ険しい顔をしている。「ジャーナリストにとって厳しい時代であるとはわかっています。しかし、自分たちの価値観を実践し、自分たちの使命を果たす時代であるのですから、ジャーナリストにとって、これほどいい時代はないのかもしれません」[38]

「ロイターのふたりの記者がミャンマーで有罪判決を言い渡され、拘束されて明日でちょうど一年になります」と、クリスティが言った。ワ・ロンとチョー・ソウ・ウーは、ミャンマー西部のラカイン州で、イスラム系少数民族ロヒンギャの男性複数が殺害された事件を取材していて逮捕された。アメリカにいるニュース司会者ならば、その問題を取り上げなかっただろう。彼らにとってミャンマーの記者たちの運命は、アメリカ人視聴者に関係のある問題でも、懸案事項でもなかっただろうから。「正義のために戦っているロイターのふたりの記者と、ご家族の方たちにどんなメッセージを送りますか？」

「私たちは戦い続けなければなりません」と私は応えた。「信念を持ち続けなければなりません。世界中のどんな場所であれ、権力者が時代に逆行するたびに、かならずや抗議の声をあげなければなりません。ミャンマーでも、フィリピンと同じことが起きているのはあきらかです。それはソーシャルメディアの影響力です。ソーシャルメディアを利用すれば、憎しみを煽り、世界中のジャーナリストの信用を失墜させることができる。ミャンマーはそのことを示しているのです」[39]〔ミャンマーでは、フェイスブックを通じてロヒンギャに対するヘイトスピーチが拡散、暴力の土壌が醸成され、二〇一七年には軍当局によって一万人が殺害されたと言われている〕

二〇一八年の大晦日《おおみそか》、私はニューヨークにいた。長い一年だった。この一年のあいだに、これまであたりまえと思っていた自由と権利のありがたみを私は思い知った。裁判所から海外渡航の許可が下りるか直前まではらはらしていたので、妹のメアリー・ジェーンとニューヨークの街角を散策できたときは、天にも昇る気持ちになった。

タイムズスクエア・アライアンスが、十数人のジャーナリストを招待して、その活動を称えてくれた。私たちは年越しのカウントダウンと、それに合わせたボール・ドロップのセレモニーに参加する予定だった。ステージの上で名前が読み上げられるあいだ、私は携帯電話を見つめていた。すでに家族のいる自宅に戻っていた妹のメアリー・ジェーンから、どのチャンネルに合わせたらいいのかという連絡が来た。ロサンゼルスにいる妹のニコールからは、もう観ているよというメール。マニラにいる両親とミシェルは、ラップラーで中継を観ているという。

私たちはステージに向かって歩き出したが、雨脚が強くなってきたので、私はスウェットのフードをかぶった。自分と同じように、困難な時間を乗り越えるために希望を必要としているジャーナリストたちに、会場の熱気と期待を伝えられたらいいのにと思った。私には感謝することしかできなかった。

ポップスターのビービー・レクサが、ジョン・レノンの「イマジン」を歌うという。会場が一瞬静まり返ったあと、ビービーの力強い歌声でおなじみの歌がはじまり、タイムズスクエアと世界中の家庭を充《み》たした。アルバニア系の両親を持つアメリカ人の歌手が、ジョン・レノンの歌詞を少しだけ変更して、あらたな文脈とあらたな意味をつけ加え、もっと良い世界を想像してごらんと、あらためて私たちを促すのは、このイベントにぴったりだった。

またしてもT・S・エリオットだった。いまこの時が、はじめて私がジョン・レノンの歌を聴いた瞬間を変え、過去のその時がいまこの瞬間を変えている。懐かしい歌詞に合わせて、私たちは歌いはじめた。

頬を伝う涙を私はぬぐった。「ハッピー・ニューイヤー、エブリバディ!」ビービーが叫ぶと、群衆から熱狂的な歓声があがった。そして一分間のカウントダウンがはじまった。

私たちは全員で声をかぎりに最後の一〇秒を数え、そして二〇一八年は幕を閉じた。

第10章　モンスターと戦うためにモンスターになるな——恐怖を受け入れよう

二〇一九年二月一三日。オフィスの窓の向こうから陽光が降り注いでいた。よくするように、私は足を止めて、マニラの空を染める夕映えの彩りに息をのんでいた。そのとき私は、シンガポールから到着したフェイスブックのあたらしいチームとの打ち合わせに向かっていた。チームは、情報操作の追跡調査をこれからはじめるところで、今回は彼らのほうから、こちらに出向いてきたのである。

フィリピンに来るのは今回がはじめてだという。私が驚いたのは、マーク・ザッカーバーグのときと同様、彼らの若さだった。しかし私は、今回の調査を監督する元ＦＢＩ捜査官ジェマ・メンドーサに信頼を寄せるようになっていた。ジェマはラップラーの偽情報捜査の責任者で、打ち合わせに同席して、私たちが発見した攻撃ネットワークの戦術と手口について、フェイスブックのチームに説明してくれることになっていた。

それは、その日二度目の、そして最後の打ち合わせで、私は翌朝午前六時の便でマレーシアに飛び、マハティール・モハマド首相にインタビューする予定だった。自分の考えをフェイスブックのチームに手短に伝えたら、あとはジェマに任せて、マハティール首相にインタビューする内容を確認し、フィリピン大学で講演して、自宅に戻って荷造りしようと考えていた。

ガラス張りの会議室で、私はニュース編集室に背を向けてプレゼンテーションをはじめた。話している途中で、ベス・フロンドソがふいに会議室に入ってきた。私はちょっと驚いて、プレゼンテーションを中断すると、フェイスブックのチームに彼女を紹介した。「あら、ベス、こちらはフェイスブック偽情報ネットワーク対策のあたらしいチームのみなさん」。「みなさん、こちらはラップラーの創設者のひとり、ベス・フロンドソです」

「マリア、振り向かないで」。ベスの言葉は簡潔だった。「やつらがあなたを逮捕しに来ている」

もちろん、私は反射的に振り向いた。肩越しに、携帯電話に向かって何かを伝えているグレンダ・グロリアと、私服警官とおぼしき集団に話をしているチャイ・ホフィレーニャの姿が見えた。ほかの人たちは、ニュース編集室のそこここに散らばっていた。消音モードにしていた携帯電話に視線を落とすと、ジャーナリストたちから大量のメッセージが届いていた。そのなかには『ニューヨーク・タイムズ』のアレクサンドラ・スティーヴンソンのものもあった。

「うちの記者たちが、この状況をライブ配信している」。ベスはこわばった顔で続けた。「グレンダは弁護士に連絡を取っていて、チャイが連中を食い止めている」

「了解」。感情を押し殺して、私は返事をした。「みなさん、落ち着いてください」

テーブルの向こう側に座るふたりの若者は顔を引きつらせていた。

「ジェマ、この方たちを目立たないように出口までご案内して」。そう指示してから、私はフェイスブックのパートナーたちに、「お引き取りいただいたほうがよろしいかと。もっとひどいことにならないともかぎりませんから。さあこれで、私たちが本来の仕事をするために、どんな目に遭っているかおわかりになったでしょう。ですから、どうぞ力を貸してください」と、あくまでも軽い口調を保ちながら告げた。若者たちは荷物をまとめはじめた。「それではまたのちほど」。私は言葉を継いだ。「ひょっとすると、ご宿泊先のホテルで夕食をご一緒できるかも。保釈金の支払いにどれだけ時間がかかるか、まったく読めないのですが。とにかく、あなたがたは早くここを出たほうがいい」

フェイスブックのチームを避難させているあいだ、アイカ・レイという二四歳の記者が、一部始終をフェイスブックで中継していた。アイカは国家捜査局（フィリピンのＦＢＩに相当する機関、略称ＮＢＩ）の私服刑事に脅されていた。[1]「黙らないか、さもないと次はおまえだぞ」。捜査官はそう言っていた。

アイカは持ち場を動かなかった。おびえて、手が震えていたが、チームの訓練で学んだ教訓を忘れず、ライブ配信を続ける重要性を認識していた。

私服刑事に上官が加勢した。彼は落ち着いた、しかし断固たる声で、「いまやっていることをやめてもらえないか？」とアイカに言った。「いいのか？ 仲間にもそう伝えるんだ。われわれの顔がネットに出たら、おまえたち、後悔するぞ。後悔するのはおまえたちだぞ。逃がさないからな」

アイカはその言葉を無視して、ライブ配信を続けた。捜査官は対抗して、自分の携帯電話を取り出すと、ライブ配信を続けるアイカを撮影しはじめた。視聴者は、ラップラーのフェイスブック・ライブを通じて会話の一部始終を聞くことができた。少なくともふたりの私服警官が、ラップラーのオフィスを携帯電話で録画し、一方、わが社のスタッフの大半が自分の仕事を続ける様子を見ることもできた。アイカとほぼ同時期にラップラーに入社したソフィア・トマクルスも、アイカを脅そうとする刑事を撮影していた。

アイカとソフィアはラップラー第三世代の記者だった。第二世代に属するピア・ラナダが、マラカニアン宮殿への立ち入りを許そうとしない役人たちを携帯電話で撮影してライブ配信したのは、わずか一年前のことだ。私やラップラーに政府が何をしようと、次世代のジャーナリストたちはここにいる。その時代にふさわしい使命感を身につけた、どの時代であれ、世界中のどこであれ、すぐれたジャーナリストに不可欠な勇気という資質を備えたジャーナリストたちだ。

ＮＢＩの十数人の刑事は、弁護士たちが到着するまで待っていた。そして、私がまだガラス張りの会議室にいるあいだに、ひとりが「ミランダ警告」を読み上げた。あなたには黙秘する権利がある、弁護士の立ち会いを求める権利がある、云々。これが現実の出来事なのか、心のどこかではまだ信じられなかった。それからオフィスの外へ促された。

オフィスの外で、私たちは記者とカメラに取り囲まれた。逮捕しに来た刑事が要求するとおり、これからNBI本部に向かいますと言う以外に何を言えばよかったのか。これ以上少しでも自分の権利を奪われる口実になるようなことは、言いたくなかった。

この逮捕の手続きには、少なくともふたつの不正があった。彼らは裁判所が閉廷する直前に、不備のある逮捕状を持ってやって来た。逮捕状には保釈金の金額が記されていなかった。とはいえ私は、最悪の事態を想定したシナリオをすでに念入りにチェックしていたので、午後九時まで開いている夜間法廷があることを知っていた。そこでなら私たちのケースに対応してくれるはずだった。この期に及んでも、私は明朝六時の飛行機でマレーシアに行けるのではないかと考えていた。

記者たちからの問い合わせで、携帯電話は鳴りっぱなしだった。いまになって思えば、連行されるあいだずっとプレスと話していたら良かったのだ。国がこれほど非道なふるまいに出ているときに、みずから口を閉じてしまうなんて、馬鹿なことをしたものだ。しかし、私はじっと黙っていた。携帯電話を取り上げられたくなかったというのもある。

NBI本部に到着したとき、グレンダ、ベス、弁護士たちも一緒だった。私たちは会議室で待つように言われた。二〇分が経過したのを時計で確かめて、刑事たちがわざと手続きを遅らせているのだと気づいた。夜間法廷が閉まってしまえば、ひと晩私を勾留できる。そこで私たちは、「立ち入り禁止」と書かれた札を無視して、彼らのオフィスに飛び込んだ。警官たちは食事をしていた。

私はとっさに大声で抗議した。彼らは、自分たちが何をしているのかわかっていた。しかし私たちの抗議にもかかわらず、ずっとぐずぐずして、午後八時半を回れば、今日中に保釈金が納められなくなることは確定していた。彼らの計画は成功した。政府は、私をひと晩留置場に閉じ込めて、脅したり、いたぶったりしたかったのだ。はじめて留置場に入れられて、相手のしみったれた精神と、手段を選ばないやり口を知り、「#HoldTheLine（一線を死守する）」という決意はますます固まった。

容疑者として名前を登録されたあとで、身体検査が必要だと言われ、またしても腹が立った。登録手続きについては、政府の御用ブロガーを通じて人相の悪い顔写真をばらまかれないように、あらかじめ写真を準備していた。警察との交渉は弁護士たちに任せて、私とグレンダは会議室に引き返した。

廊下を歩いていると、息を切らせているジューン・パガドゥアン＝ロペス医師に呼び止められた。彼女とは、国に資する目覚ましい働きをした女性に贈られる「ジ・アウトスタンディング・ウィメン・イン・ザ・ネイションズ・サービス（ＴＯＷＮＳ）」という賞をふたりとも受賞していたために面識があった。ロペス医師は、私が逮捕されたことを知り、身体検査にたったひとりで臨むような真似はさせられないと駆けつけてくれたのだった。身体検査では服を脱ぎ、もっとも無防備な姿を人目にさらさなくてはならないのだから、と。担当の医師は自分で連れてくることも可能なのだから、自分を主治医だと言えばいいというロペス医師の助言に私は従った。(2)

善意の行為に胸がいっぱいになった。どれだけ綿密に計画を立てても、見落としている部分はかならず出てくるのだから。目頭が熱くなった。ロペス医師が私を気遣ってくれたのは、こうした場合には、どんなひどいことが起きないともかぎらないと知っていたからだ。それからの数年間、見ず知らずの人のやさしさに私は幾度となく救われ、人間の本質は善であるという信念を強くした。

建物の外から、「マリア・レッサを解放せよ！」と、人々が声を合わせて叫ぶのが聞こえてきた。信じられないことに、アクバヤン市民行動党〔フィリピンの左派政党〕、ミレニアルズＰＨ、その他複数の組織の若手指導者たちが私の逮捕に抗議するために集まってくれたのだ。

しばらくするとベスが、その晩私が講演する予定だったフィリピン大学の年次集会について、(3) 最新情報を教えてくれた。ベスは私の代わりに、麻薬撲滅戦争をテーマにした「免責《インピュニティ》シリーズ」を制作したパトリシア・エバンへリスタという記者を派遣した。(4) パトリシアは、会場に集まった数千人の学生に事情を説明して、私たちの声明文を読み上げた。

これもまた、私たちを怖じ気づかせようと繰り返されてきた試みのひとつであるならば、過去の試みが示しているように、今回も成功しないだろう。マリア・レッサとラップラーは、今後もジャーナリストとしての仕事を続けていく。これからも真実を語り、自分たちが目にし、耳にすることを報道していく。私たちは何よりもまずジャーナリストであり、真実の語り部である。(5)

講演の様子を撮影した動画をベスが見せてくれた。途中で、広々とした屋外の会場を、見わたすかぎり幾千もの光が包み込んだ。(6) 学生たちが点灯した携帯電話を掲げながら声を合わせて叫んでいた。

「守れ、守れ、報道の自由を守れ！」

はじめて逮捕された日——二年足らずのあいだに一〇回逮捕状が出されたなかで、逮捕されたのははじめてだった——私は変わった。報道の自由と私に対する政府の戦争があらたな段階に進もうとしていることが、これではっきりした。ひとりの刑事が、宮殿にいる何者かに携帯電話で逐一なりゆきを報告しているのも、この耳でしかと聞いた。

その晩、グレンダとベスが一緒にいてくれたおかげで、ストレスがいくらか和らいだ。私たちは、可能なときは椅子で仮眠を取ろうとしたが、大半の時間は仕事をしていた（少なくともノートパソコンを持ち込むことは許された）。翌朝早々、保釈金の交渉がはじまった。約二か月のあいだに保釈金を納めるのはこれで六度目だった。今回の金額はこれまでで最高の一〇万ペソ、米ドルにして約二〇〇〇ドルだった。しかし、裁判所をあとにして、マスコミに一連の詳細を淀《よど》みなく説明するあいだ、

2019年2月14日、逮捕されてひと晩勾留されたのち、保釈金を納めるために裁判所に到着したところ。(Alecs Ongcal/Rappler)

私はずっと微笑んでいた。

微笑を絶やさなかったのは、あまりにも腹が立っていたからだ。視聴者が私の怒りを察知した瞬間があったとしたら、ある記者に、司法長官メナルド・ゲバラの発言をどう思うかと質問されたときくらいのものだろう。ゲバラは、私が逮捕されたのはラップラーの落ち度だと言ったのだ。

「反論させてください」。吐き捨てるように言ってから、私は心を落ち着かせようと、一瞬口をつぐんだ。「司法長官ゲバラ、私はこの方は法律の専門家なのだと思っていました。これらは、あなたがたがやっていることなのです。その影響を私たちは社会のなかで感じていますが、あなたは、ご自分が不正長官とは呼ばれたくないのですね。私にはあなたにきちんと説明していただく権利もあります。私はこの国の市民です。あなたが、私の権利を侵害することは許されない」

あの夜、政府が私の自由を奪った夜、彼

らは私に向かってまっすぐに弾圧の道筋をつけた。それは私の権利が侵害された瞬間、私がひとりのジャーナリストからひとりの市民になった瞬間だった。白昼堂々彼らが、わずかながらも力のあるジャーナリストにこんなことができるなら、文字どおり、まったく光の当たらない場所にいる非力な市民に何をするだろう。暗い路地に住む貧しい人は何を頼りにできただろう。

「私に関して、それはふたつの問題に関係している。権力の乱用と法律の武器化です」。集まった記者たちに私はそう告げた。公の場で、こんなとげとげしい話し方をするのははじめてだった。政府がむごい仕打ちをするたびに、私は先鋭化していった。「これは私だけの問題ではない、ラップラーだけの問題でもない。政府が送っているメッセージの意図はきわめてあきらかです。事実、昨夜は何者かがうちの記者にこう言ったのです。『黙らないか、さもないと次はおまえだぞ』。ですから私は、あなたたちに訴えているのです。沈黙しないでください。たとえ次に狙われるのが、いいえ、とりわけ次に狙われているのが、あなたならば！」

　報道の自由はジャーナリストだけの問題ではない。ラップラーだけの問題でも、私だけの問題でもない。報道の自由は、すべてのフィリピン人にとって真実を知る権利の基盤だ。沈黙は共謀に等しい。なぜなら、沈黙とは同意することだから。

「私たちがいま目にしているのは、民主主義のなぶり殺しです」と私は続けた。「ですから、どうか私の仲間になってください……私はずっと言い続けてきました。いまから一〇年後に振り返ったときに、心の底から……」

　言葉が途切れたので、私はもう一度繰り返した。「心の底から、自分はやれるだけのことはやったと、そう思いたい。私たちは逃げも隠れもしません。これからも一線を死守します[7]」

　当然ながら、私を逮捕したからといって、奇跡のように、私が口を閉じたり、ラップラーが政府の腐敗や権力の乱用を報道するのをやめたりするわけではない。そこでフィリピン政府は、ひと月ほどしてからもう一度私を逮捕した。毎月逮捕されるのがあらたな日常になってしまうのだろうか、そう思いながらも、私はその状況を受け入れた。

そのころには、警備体制を強化して、襲われる危険があると言われたときは、外出するときに後続車を同行させるようにしていた。同時に、ラップラーのオフィスと攻撃の的になりやすい社員たちの周囲にも警備を増やした。こうしたすべてが私たちの生活を変えた。ある時点で、そもそも私がマニラにいるだけで、あまりにもお金がかかるようになってしまった。

結果として、海外からの講演の招きに以前よりも応じるようになった。つまるところ、どこにいても仕事はできるのだし、時差のおかげで集中して時間を使えるようになった。海外での講演は、国際社会に警鐘を鳴らすうえでも効果的だった。私たちの身にこういったことが起きるのであれば、いずれあなたたちにも起きるのですよ。今日でなくても、もうじきに、と。

私に対する逮捕状と訴訟の数が増えるにつれ、渡航許可を認めなければならない裁判所の数も増えた。二〇一八年一二月から二〇二〇年三月にかけて、私は三六回渡航許可をもらわなくてはならなかった。

二〇一九年三月二七日水曜日、午後一〇時過ぎ、私はサンフランシスコ国際空港で、マニラ行き直行便の搭乗手続きを済ませてぶらぶらしていた。マニラまでは一三時間の空の旅だった。

そのとき、携帯電話の画面に大量のアラートが表示されはじめた。すっかりおなじみになったパニックの波に襲われながら、マナンとアクラ法律事務所の弁護士たちのグループチャットを見つめた。すでにアクラ法律事務所は、私たちの訴訟から手を引くように政府に圧力をかけられていた。まもなく私に対する逮捕状が発行されるだろう、弁護士たちはそう言って警告した。これで七回目だ。ある弁護士が最悪の事態を想定したシナリオを箇条書きにして送ってくれた。これがその全文だ。

1　乗客が飛行機から降りる前に、警察が機内に乗り込み、マリアの身柄を確保する。
2　逮捕後、マリアは入国管理を通過することなく、空港から拘置所に連行される。
3　マリアは電話機を没収され、私たちの誰とも連絡を取れなくなる。
4　勾留は無期限におよび、マリアは私たちといっさい面会できなくなる。

メッセージを読んで、私は歩くのをやめ、息を吸って、壁にもたれかかった。またしても、政府の戦術はあらたな段階に進もうとしているのだろうか。フィリピンは北朝鮮になってしまうのだろうか。すでにマナンたちからは、各自に割り振られた仕事の進行状況を知らせる連絡が届いていた。グレンダは、裁判所に保釈金を納められるように車に乗り込むところだという。メディアと警備を担当するベスは、会社の運転手と警備員に状況を説明できるように、弁護士に不明点を質問していた。チャイは、今回のエピソードをラップラーの記事にまとめるために、あらゆる記録を請求していた。

私？　私は自分の恐怖をなんとかしなくてはならなかった。

この数か月で、最悪の事態に備えるのに慣れた私は、つねに財布には保釈金を入れ、またしても逮捕された場合に備えて、車に「非常袋」を用意していた。袋のなかには、着替えとタオルと歯ブラシ、枕カバーまで入っていた。マニラから出国するときは、空港で逮捕される場合を想定して、電子機器が没収されてもいいように、文書をあまり入れない、あたらしいサブのコンピュータを購入していた。

しかし今回は何の準備もしていなかったので、空港を走り回って、まだ開いている店に飛び込み、万が一帰国と同時に逮捕されて勾留されてもいいように、着替えを購入した。何より頭をすっきりさせる必要があった。そこで最後は空港のラウンジに行って、隅の椅子に座り、ノートパソコンを取り出すと、細心の注意を要する文書を消去しはじめた。

沈みだした船をネズミが見捨てたら、危険が迫っている徴候だ。

以前にもそんな気分になったことがあった。仲間のジャーナリストたちの解放を求めて、アブ・サヤフというテロ組織との交渉にあたったときだ。そのとき私はＡＢＳ－ＣＢＮの社員だった。巨大企業の一員であるとき、自分の身に降りかかってきた火の粉をどう避けるか、社内政治が決定する場合がある。権力を重視する人々は、ここぞという正念場で責任を回避しようとする。何より助けが必要とされる場面で、支援を引き上げる。

それよりずっと規模は小さいが、二〇一九年のラップラーの理事会に対する刑事告発は同じ効果をもたらした。

ラップラーの理事たちはみな、その道の第一人者であり、かつ、私の友人でもあった。私を信じ、ラップラーを信じたがために、彼らは刑事告発され、逮捕状を出される事態に陥った。実業界で誰よりも成功をおさめていた彼らが、私たちから、すなわちジャーナリストから距離を置くようになったのは――残念ではあったけれど――当然と言えば当然だった。

空港での待ち時間にグレンダが電話で説明してくれたのは、そういう状況だった。裁判所の近くのレストランで、グレンダは弁護士たちと一緒に作戦を練っていた。一方、隣のテーブルでは、ラップラーの三人の理事が自分たちの弁護士と訴訟について協議していた。一緒に守りを固めよう、私たちはそう申し出たのだが。かつて私たちは団結していたが、法律による攻撃への反応はてんでばらばらだった。理事のひとりは、保釈金をいっさい納めず、フィリピンへの帰国を断固として拒否した。その決断は大きな代償を伴った。家族はフィリピンにいたからだ。別のひとりはＩＢＭフィリピン社の元社長で、その日遅くに保釈金を納めた。

「政府の『分割統治』戦略が成功するんじゃないかと思うと、とても心配だ」。私はグレンダに言った。
「マリア、それについてあなたにできることはないよ」。グレンダは答えた。「電話ならできる」。私はそう言ったのだ。「政府はどんな取引を持ちかけてくるだろう。それについて心配する必要はあると思う？」

不信の種をまく政府の能力にはおそれ入る。私は世間知らずではない。記者になってからずっと、自分の国が水面下で行なってきた取引の手口を観察してきた。これまでずっと不正に手を染めようとはしなかった。しかしいま、私の友人たちが――ひとかどの成功をおさめた立派な市民が――いきなり個人的に攻撃され、事業が脅かされる事態に追い込まれている。彼らをこうした危機に引き入れてしまったことに、私は罪悪感を覚えていた。

四人のマナンは、政府の脅しにどう対処したらいいか、すでに心得たものだった。深刻な危機に見舞われても、私たちは攻撃者の一歩先を行くことができた。私たち四人は、自分たちの価値観と一致し、かつ、経験に裏打ちされたすばやい決断を下すことができた。私たちは四本の回線を使って協議した。グレンダは、告訴の内容や保釈金の額など、弁護士からの連絡事項を絶えず更新してくれた。チャイは、発表する記事を書くのに役立つ質問をしていた。

私はみんなに同じ質問をぶつけてみた。そのことを考えると、たちどころに勇気も萎《な》えてしまいそうだったからだ。私たちの弁護士が考えた最悪の事態を想定したシナリオを、みんなはどう思う？シナリオを読んで、私の頭には、一九八三年に機内から連行され、飛行機を降りる途中で銃殺され、滑走路に倒れたニノイ・アキノの姿さえ甦った。

マナンたちは大笑いした。おかげで、張り詰めていた心がほぐれた。ひとりひとりが、私の質問に、慎重で思慮深い回答をしてくれた。彼女たちは誰ひとりとしておそれを口にしなかった。恐怖を感じているとき、あなたはいくらでも最悪の事態の可能性を想像できる。しかし、自分がターゲットにされているときこそ、重大な局面で、それが現実的かどうかをチェックする必要がある。ラップラーはこうして互いを支え合っていた。

空港のアナウンスが流れて電話は中断された。搭乗時刻だった。みんなに別れを告げて、私は荷物をまとめて搭乗口に向かった。機内の席に腰を下ろし、棚に手荷物を入れて、オレンジジュースを頼んだ。

マニラは午後四時過ぎ。裁判所が閉まるまで一時間を切っている。逮捕状はまだ出ていなかった。もしかしたら、最悪の事態を想定したシナリオは、私たちの想像のなかで終わるかもしれない。ジュースをひと口飲むと気分が良くなってきた。

飛行機の扉が閉まった。そのとき届いた一通のメールのために、一三時間のフライトのあいだ、私はほぼ一睡もできなくなる。「裁判所が逮捕状を発行しました。逮捕されるものと思っていてください」とメールにはあった。

飛行機が着陸したとき、アドレナリンが全身を駆け巡っていた。ありがたいことに、飛行機は滑走路では止まらなかった。荷物をまとめながら、これから自分が取る行動をひとつひとつおさらいした。ボタンを押すだけで、ラップラーのフェイスブックのページで中継ができるように、二台の携帯電話をセットした。何も考えなくても行動に移れるように。

飛行機の扉が開くと、私は最初に誘導された。飛行機から出ると、私は一台の携帯電話でフェイスブック・ライブにアクセスし、お尻のポケットに入れたもう一台をスタンバイさせた。ボーディングブリッジを出ると、ふたりの女性警官を先頭に、警察が近づいてきた。女性警官のひとりが私を脇に引っ張っていって、ミランダ警告を読みはじめた。目立たないようにしていたが、少なくともそれ以外に六人の警官が近くにいた。そのうちのひとりは指揮官のようだった。

両手の上にコートを掛けてくれと警察に言われた。なぜそんなことをするのかと私は尋ねた。命令では、私に手錠をかけることになっているのだが、なんらかの理由で彼らは、そんなことをするのはおかしい、もしくは、難しいと考えているようだった。警官たちが、ああでもないこうでもないと話し合うあいだ、私は待っていた。彼らの意見の衝突は、あることを教えてくれた。専制国家に傾きつつある国に暮らす個人は、一日にして人間らしい心の働きを失ってしまうわけではない。専制君主の要求に従うかどうか、彼らも日々選択しているのだ。

手錠をかけられているふりをするつもりはない、と私は言った。声を荒らげ出すと、アクラ法律事務所の弁護士が割って入った。短い話し合いのあと、私は一行に付き添われて入国管理と手荷物受取所を通過した。手錠はかけられなかった。

警察のバンには、スワット（特別機動隊）の制服を着て完全武装した警官が六人待機していた。おおかた嘘つき政府が、ジャーナリストはテロリストで、政府の嘘を吹き飛ばす爆弾を仕掛けて回るとでも言ったのだろう。

バンに乗ろうとしたとき、女性警官のひとりが私の頭を手で支えた。私はその手を押し返した。後頭部に添えられたその手が、なぜか、自分に対して行なわれているあらゆる不正を象徴しているように思えたのだ。

それから思い出した。冷静になれ。感情的になるな。頭をクリアにせよ。

私はふたたび保釈金を納めて、前進を続けた。

逮捕された一か月後、私は「トライアルウォッチ」の正式な発足に立ち会うためにニューヨークへ赴いた。トライアルウォッチは、「正義のためのクルーニー財団（クルーニー・ファウンデーション・フォー・ジャスティス）」によって創設された、世界中の裁判を監視するシステムだ。(8) フィリピン政府は当時はまだ、私が国外に出ることを許していたが、例によって、毎回渡航する前に裁判所の許可を求めて、骨の折れる腹立たしい手続きを踏まなくてはならなかった。必要な法的書類を提出するには費用も時間もかかるし、毎回、不安な気持ちで待たされた挙げ句に保証金を払わなくてはならない。自分の権利を主張したいという気持ちが、以前にも増して強くなっていた。

疲弊してもいた。私の場合、睡眠が足りていないと肌に出る。もともとアトピー性皮膚炎で、とくに乾燥肌なので湿疹《しっしん》が出やすい――ストレスがかかると肌が文字どおりぼろぼろになってしまう。アトピーと長年付き合ううちに、自分の心と感情には、皮膚科の医師が処方してくれる薬とまったく同じ作用があることを知った。けれど、その数週間は――すでに数週間どころか数か月になっていた――ひどくなった症状を放置していた。機内でますます症状が悪化したため、着陸後、友人がすぐに病院に連れて行ってくれた。

トライアルウォッチが発足した日の朝は、寒く、風が強く吹いていた。発足式の会場はコロンビア大学ロースクールだった。ホールの後方に、私は三脚とカメラをセットした。式典の様子をラップトップでライブ配信する予定だった。ステージに上がると、錚々《そうそう》たる顔ぶれの人権活動家、弁護士、テック系実業家、ジャーナリストが目に入った。ジョージ・クルーニーとアマル・クルーニーが最前列にいた。

パネリストたちは、世界中で、ジャーナリストに対して法律がどのように武器として用いられるようになっていったか、国際的な法廷監視員を置くことが非常に重要なのはなぜかを論じた。ステージにいた私たち三人は格好のモデルケースだった。私の右にいるエジプト系カナダ人のモハメド・ファフミ〔ジャーナリスト、戦争特派員〕は、エジプトで四三七日間、(9)左にいるイラン系アメリカ人、ジェイソン・レザイアン〔『ワシントン・ポスト』元テヘラン支局長〕はイランで五四四日間投獄された経験があった。(10)

彼らの話に耳を傾けながら、私はふたつの点に気づいた。ひとつ、いまのところ私は、ひと晩以上勾留されたことはない（そのひと晩でさえ非常におそろしい思いをしたが）。そしてこれから先、事態はさらにひどくなるかもしれない。ふたつ、そうなった場合、フィリピンとアメリカの二重国籍を持っていることが役に立つかもしれない。

公開討論が終わってから、ファフミに小声で助言を求めると、「アマルに弁護士になってもらいなさい」と言われた。

公開討論後、私は上階のオフィスの一室に案内された。まもなく、アマルとジョージが入ってきて、扉が閉じられ、アマルが自分のデスクに着いた。「何が重要か考えていました」とアマルが切り出した。「私がどう関わるか、ご自身で選んでいただきたいと思います」

それから、世界のさまざまな国で多数のジャーナリストと関わってきた自身の経験を引き合いに出しながら、今後私の身にどんなことが起き得るか、機関銃のような勢いで説明しはじめた。私はノートを取り出して必死に書き留めていった。

ふた通りの関与の仕方があるという。ひとつは、トライアルウォッチの代表として、私の裁判に監視員を派遣するというもの。その場合は私の訴訟について、より慎重な態度を取らざるを得ない。もうひとつは、私の代理人になる、つまり私の弁護士になるというもの。

はて、どこに迷う余地があるだろう。アマルは、アゼルバイジャンやエジプトなど数多くの国々の参考事例や、ミャンマーで投獄されているロイター記者、ワ・ロンとチョー・ソウ・ウーの解放をめぐっていまも続いている交渉を取り上げながら、過去に自分が担当した訴訟から得た教訓のいくつかを簡潔にまとめた。ロイターの記者たちは、大統領恩赦によって二週間以内に解放されるだろう、とアマルは予想した。

「ミャンマーは、昨夜、あらたな強硬路線の立場を表明したばかりではありませんか？」という私の問いかけに、「こういった政府には体面を保つ余地を与える必要があるのよ、マリア」とアマルは答えた。「表舞台で起きていることもあれば、水面下で起きていることもある。私の仕事には、けっして口外できないことがたくさんあるのです」、と。

それから私の訴訟について、具体的な質問をいくつかした。ドゥテルテ以外に、裁判に影響を与えることのできる人物はいるか？　ラップラーと私が、今後公正な裁きを受けられる可能性はあるのか？　これまでのところ、こうした馬鹿げた訴訟について、私たちに好意的な判決は一度も下されたことがないと私は言った。

国が個人を相手取って刑事訴訟を起こせば、世間のその人を見る目が変わってしまう——レイラ・デリマの一件で、嫌というほど私はそのことを思い知らされた。「有罪が証明されるまでは無罪」ではなく、「無罪を証明してみせろ」となるのだ。なぜか私たちは本能的に、国家が、信じられないほど悪意に満ちたやり方で、その権利を利用するはずはないと——その証拠が圧倒的になるまで——信じている。まずはあなた方の訴訟を精査しなければ、そう言いながらも、アマルが「有罪が証明されるまでは無罪」という態度で、私に接してくれたことがありがたかった。当時そういう人はほとんどいなかったのだ。

二重国籍を持っていて、家族がアメリカにいるのなら、なぜこのままアメリカに留まらないのかと聞かれた。これまで何度も同じ質問をされたが、私の答えは変わらなかった。私はラップラーを経営している。会社に対する責任がある。私がおびえて逃げ出したら、誰がこうした攻撃の矢面に立たされるのか。それは、ラップラーのヴィジョンを信じ、私たちを支援してくれているすべての人々に対する裏切りではないか。

けれど、アマルと話したおかげで、最悪の事態を想定したシナリオについて、自分の備えがいかにお粗末だったかがわかった。私は国際法についても、国連のプロセスについても、未来に待ち受けるおそれのある事態についても、ほとんどわかっていなかった。

準備が足りていないと感じるのは嫌なものだ。そう感じたとたんに怖くなるから。そして私はおびえていた。

それから二週間足らずで、国家機密法違反の罪で七年の懲役を宣告されていたワ・ロンとチョー・ソウ・ウーが、五〇〇日以上におよぶ服役ののちミャンマーの刑務所から出てきた。大統領恩赦を受けた六六二〇人の囚人のなかに彼らの名前もあった。アマルが予告していたとおりだった。

ニュースによって、つらい認識が強まった。アマルがこの出来事を予告していたことを、私は編集チームに伝えられなかった。最新ニュースに詳しい背景を付け足すこともできなかった。いまや私の主要任務は自分の権利を求めて戦うことだったからだ。記者にとってなんという皮肉か。知れば知るほど、口にできることが少なくなるとは。

アマルは、私の法律顧問となり、ラップラーを支援すると言ってくれた。協力して働くうちに、アマルがじつにユニークな人物であることがわかってきた[11]。細部に目配りがきき、私と同じく最悪の事態に備える、戦略的頭脳の持ち主でもある。世間への発信を重視しているのは、ジャーナリストだった母親の影響だろう。あるとき冗談で、私が懐中電灯なら、アマルは巨大なスポットライトだと言ったことがある。当初は人権問題に力を入れていたが、数年前からジャーナリストや独立系メディアのために戦うようになった。戦いの最前線というミクロのレベルでも、権力者たちが集うホールという国際的な舞台でも、変革を求めて活動している。

アマルはすばらしい国際的弁護団を結成してくれた。全員が、ジャーナリストであることの危険性をよく理解していた。そのうちのひとり、キーリン・ギャラガーは、殺害されたマルタ人ジャーナリスト、ダフネ・カルーアナ・ガリジアの遺族の主任国際弁護士を務めていた人物で、世界中で危機にさらされているジャーナリストたちに関係する数多くの訴訟を担当した経験があった[12]。

弁護士たちがみなどのように活動し、どんな仕事をしているのかを聞いて、私は非常に多くを学んだ。何よりも、私たちの情報エコシステムが変わってしまったという根本的な原因のために、国際法を修正する必要があることがわかってきた。結局、事実こそが法の支配の要なのだから。

「あなたのような訴訟を引き受けると、プレッシャーを感じます」とアマルは言った。「ある程度は、夜もおちおち眠れなくなります。それも仕方ありません……あなたの敵は、国でもっとも権力を持つ人物なのですから[13]」

私たちを攻撃してくれたことについて、ドゥテルテ大統領に感謝しなくては、と何度か冗談めかして言ったことがある。それがなければ、弁護士のみなさん、そして、私たちの弁護士費用に寄付してくれている数千の人々の助けを必要とすることもなかっただろうから。私たちを助けてくれる人たちはみな、一線を死守している。

二〇二〇年二月、私はロンドンで三日半、身動きが取れなくなった。それから約ひと月のあいだに、ウイルスが世界をロックダウンさせることになるとは、そのときは誰も考えていなかった。

マニラでは、ABS－CBNの営業再開を求める人たちが、連日、社屋の外で抗議活動をしていた。ピープルパワー三四周年の記念行事の準備も進んでいたが、先行きは不透明だった。

仕事をいくつか片付けてしまおうとしたのだが、部屋が暑くて息が詰まった。少なくとも一時間は仕事に精を出したが、思うようにはかどらず、落ち着かなかった。ひどく疲れていた。心は千々に乱れ、肌はむずがゆかった。睡眠が必要な徴候だった。

ロンドン滞在中、自宅に夕食を食べに来てくれと言ってアマルは譲らなかった。当初から彼女が感じている懸念事項について、また、私が直面しているあらゆる危険について、ふたりで話をする必要がある――それは、一対一でしかできない話し合いなのだ、と。

それは、行くか／行かないかを決断する瞬間のひとつで、紛争地域の取材に飛び込む直前のような心境になった。考えられる最悪の事態をすべて想像してみようとした。マニラに戻らなかったら、安全な道を選んで、いまいる場所を動かなかったら、どうなるだろう。しかし、そんな選択を真面目に考えるわけにはいかない。自分の恐怖を受け入れるしかなかった。のちにわかったが、弁護士たちとのこうした話し合いが、前進を続けようとする確信の最大の危機につながった。

その夜、アマルの自宅で、彼女は、ダフネ・カルーアナ・ガリジアの事件を話題にした。ダフネについては、キーリン・ギャラガーからすでに多くを聞いていた。たとえばギャラガーは、ダフネの顔の画像に動物の手足を貼り付けるといった、ネット上の嫌がらせをいくつか見せてくれた。私も、私を攻撃するためにネットにばらまかれた、人間性を貶める複数の画像を見せた。

私はアマルに、ダフネのふたりの息子がすでに話してくれたことを伝えた。「マシューとポールは、私のことが心配だとわざわざ伝えに来てくれた。マシューはランチに誘ってくれて、『あなたは母と同じ道を進んでいる』と言った。その言葉は私を凍りつかせた。自動車に仕掛けられた爆弾が爆発して母親が殺されたとき、彼はキッチンにいたんだ」

その後、ダフネの遺族は、私に個人的に話してくれたことをまとめて、声明を発表した。


何年ものあいだ、私たちは、マルタの元首相ジョゼフ・ムスカットとその取り巻きが、ダフネに対する常軌を逸した攻撃をエスカレートさせていくのを見ていました……

マリア・レッサに対して現在行なわれているものと、ぞっとするほどよく似た、このターゲットを定めた嫌がらせが、ダフネが殺される条件を整えたのです。

フィリピン政府は、マリアやほかのジャーナリストに対する暴力的な攻撃の可能性を作り出しています。

マリアを標的にした法的嫌がらせによって、彼女は、ドゥテルテ政権の高官や支持者たちの敵にされてしまっている。こうした嫌がらせは、さらなる攻撃を行なうことを暗に認めるものです。(14)

「きわめて危険な状況よ、マリア」とアマルが言った。「あなたは彼らに生殺与奪の権を握られている」

私は、アマルの言葉に耳を傾け、素直に受けとめようとした。彼女が話していることを聞く必要があった。その夕食から二日間、私は疑心暗鬼に苛《さいな》まれ、自問自答を繰り返した。彼女の話に私はおびえた。久しぶりに孤独を感じた。これまでと違う道を選んだ場合をあれこれ想像して、心のなかで実行に移した。

翌日の朝早く、私はマナンに連絡を取った。グレンダとベスとチャイは、ABS－CBNの建物の外で抗議デモに参加してきたばかりだった。みんなは駐車場に集まって、私が自分の不安を説明するのを聞いた。私たちは木に目を奪われて森が見えていないのではないか？　徐々に温度が上がっていく鍋のなかのカエルのように、危機を脱するタイミングを逸してしまったのではないだろうか？　国の弾圧や殺害の犠牲者は、退《ひ》くべきときを心得ていただろうか？　『ワシントン・ポスト』紙の記者、ジェイソン・レザイアンと妻のイェガネは、イランを出国する予定を延期したために逮捕されたのではなかったか？

話し合いは難航した。私たちの個人的・職業的利害が分裂するのは珍しいことだった。私がおびえていることをマナンたちは認識した。私が恐怖に任せて行動すれば、次々と具合の悪いことが起きて、それが自分たちに降りかかってくることも。すでにおわかりのように、私はマナンたちが大好きだ。彼女たちは人間性の善なる部分の最良の手本であり、心の内に潜む最悪の悪魔と戦い、公共の利益を求めて正しい道を進むにはどうすればいいかを、誰よりも立派に示してくれる。私は、船を見捨てるネズミになりたくなかった。みんなが釣られてわっと逃げだし、船が沈むきっかけになる最初の一匹には。

　そこで、私の共同創設者たちは、これまで危機が生じるたびに、自分たちが一歩後退して、状況を検討し、慎重に対応を決めてきたことを思い出させてくれた。「歴史に目を向けて」とグレンダが言った。「歴史がどこに向かっているのか、私たちにはわかっている。これまでもずっと、自分たちが何をしているのかわかっていた。何も変わっていないよ」。グレンダとベスは、政府の攻撃は本質的に法律的なものであり、指揮を執っているのは検事総長のホセ・カリダだと指摘した。少なくともいまの時点では、ドゥテルテ政権が私たちを攻撃するために選んでいる武器は、法律だった。

「もちろん、こうした状況が変わっていないことをつねにチェックする必要がある」とベスが念を押した。「私たちはそうしている。変わったかどうかがわかるように、充分な数の情報提供者を手配している」

　しかし、政府、警察、軍の内部で以前より粛清が行なわれるようになった結果、私たちが情報源としてあてにできた、高度な専門知識を備え、有能で実績のある人材は、退職するか、たんに口を閉ざすかして徐々に姿を消し、三流の任官が後釜に座るようになっていた。それは、無能、傲慢、免責が三拍子そろった見るも無惨な顔ぶれだった。

「マリア、（フィリピンに帰らなければ）保証金を踏み倒すことになるんだよ」。チャイの言葉に、私ははっとした。

「そうだね、そんな真似をして連中を喜ばせるわけにはいかないな」

政府が法の支配を茶番に仕立てようとしても、私は法の原則の側にいた。しかし、不当に告発された場合でも、原則に従わなかったら、法律を破ったことになるのだろうか。アマルがずっと強調していたのはその点だった。法の支配を強固に守り続ける役目を担っていた人間が、法律をねじ曲げたり破ったりするようになると、雪崩が起きて、あとには何も残らない。

翌朝、マニラ行きの飛行機に乗る予定の日、私はキーリン・ギャラガーと朝食をともにした。ギャラガーは次の段階について説明をはじめた。そして先日の夜のアマルのように、これから私にどんな危険が待ち受けているか、心配だと力説した。世界中のもっとも苛酷な場所で、ジャーナリストや人権活動家を救うために法律業務や弁護士活動に邁進《まいしん》し、ほかの弁護士が近づこうとしない国々にも足を運ぶ勇気の持ち主。私はそんなギャラガーにも信頼を寄せていた。

しかし、私は落ち着きを取り戻していた。ホテルのエントランスで別れるとき、私たちは抱擁を交わした。

「帰国するのですね」という彼女の言葉に、私は「ええ、そこが私のいるべき場所である以上、帰らなくてはなりません」と答えた。

二〇一九年以来、取材されるたびに、なぜフィリピンに帰国するのかとかならず聞かれた。答えは簡単だ。「ほかに選択肢はないから」

やがて人は恐怖に慣れる。恐怖はしだいに薄らいでいく。よからぬことが起きる可能性を受け入れて、それが現実になった場合にどうするかを考えるようになる。いまでは私は、最悪の事態を想定したシナリオを医者のように徹底的に分析できる。私は生き延びるだろう。最悪の出来事にもかならず良い面はある。たとえば、留置場に入れられたとしても、眠れるようになったというのが、そのひとつ。

二〇一九年の最後の数か月間と、二〇二〇年三月の新型コロナウイルス感染症によるロックダウンが間違いなく原因で、私は心身ともに疲れ果て、どうにかなりかけていた。ドゥテルテのプロパガンダ・マシンは、ほぼ四年にわたって、筋金入りの男女差別的かつ女性蔑視的な投稿で私を攻撃し続けただけでなく、私の「犯罪」に関するメタナラティブを拡散して、政府がさらなる攻撃を仕掛ける下地を作った。訴訟が山積みになっていたため、国外へ渡航するには裁判所の許可が必要だった（その時点では国外への渡航は認められていた）。おそらく政府は、私が保証金を踏み倒して高飛びしてしまえばいいと思っていたのだろう。しかし、マナンたちが主張したように、そんなことをすれば、彼らの嘘が現実になってしまう。保証金を踏み倒せば、法律を破ることになり、私は犯罪者になってしまう。

　こうした一連の出来事から私は悟った。人が望まないことを強制することは誰にもできない。オンライン攻撃、大統領の脅迫、私を告発する訴訟――政府の活動はすべて、私を震え上がらせ、恐怖のあまり、私を本来の自分でいられなくするのが目的だった。政府の人間は、私が彼らのようにふるまうことを望んでいた。

　ただし、私は違う。彼らのようには、ならない。

「ガスライティング」という言葉は、加害者が、被害者は正気ではないと主張したり、自分がやっていることを相手のせいにしたりして、責任を逃れようとする行為を指すが、ソーシャルメディアの時代に入ってあらたな意味を獲得した。無限に繰り返される誹謗中傷は、偽バンドワゴン効果を生み出す。こうして、繰り返される嘘によって、一部の人は私を犯罪者だと思い込むようになったらしい。それは私に、政府は権力を強化するためなら、法律を破ることも厭《いと》わないのだと確信させた。私が身をもって経験したことが、その証拠だ。

私はふたつの洞察を得た。ひとつは政府に関するもので、もうひとつは私自身に関するものだ。最初に、道徳的な指針を持たず、ジャーナリストを懲らしめるために、法律や政府機関を操作することも厭わない、政治工作員について考えてみよう。ドゥテルテの取り巻きは、繰り返し法律を破るだけでなく、処罰を免れるために権力を利用する。ドゥテルテ政権の言動に含まれる暗黙の価値観は(15)、マフィアのそれとそっくりだ。自分の力は自分のために使え。何をしたって許される。それは、利益誘導型の封建的政治であれば、国中に盗賊政治を築こうとしている時代であればうまくいく。

こうした臆面もない言葉、社会的な問題は、私たちが選挙で選んだ人間が、自分たちの力を行使する方法によって引き起こされている。すべての根幹にあるのは、手っ取り早い金儲けだ（またの名を「賄賂」という）。しだいに権力の維持が至上命令になる。政権交代が実現すれば、金儲けのために行なわれていた一切が暴露されるからだ。

二〇二二年五月に予定される次期大統領選挙が近づくにつれ、ドゥテルテの仲間たちは権力を維持するためにますますなりふり構わなくなった。手口はますますあくどくなり、他人に政権を明け渡さないために、憲法を改正し、暴力をエスカレートさせ、福祉手当と年金を増額して軍と警察を買収した。ドゥテルテがそれを認めている。暴力と恐怖を先頭に立って推し進めたのは、ドゥテルテだ(16)。

だから私はかならず故郷に帰ってきた。そしてこれからも最後まで留まり、戦うだろう。政府が、私に、ラップラーに、ほかのジャーナリストたちに、人権活動家に、フィリピン市民に対して行なっている不正な手段をひとつ残らず暴くことこそ、反撃する方法だと信じているから。

アーシュラ・K・ル゠グウィン〔アメリカの小説家、SF、ファンタジーなどを手がける。フェミニストとしても知られる〕の偉大な言葉を引用しよう。「幼いころ、あなたは、魔法使いには何でもできると思っていたでしょう。私もそうでした。みんな、そうなのです。でもじつは、その人の真の力が強くなって、知識が豊かに広がっていけばいくほど、その人がたどれる道は狭くなっていくのです。そしてついにその人は何も選ばなくなり、自分がしなければならないことだけを、欠けるところなく行なうようになるのです」〔『ゲド戦記』からの引用。『ゲド戦記』では、男性の長が少年のゲドに語りかける場面だが、本書原文では、「少年boy」は「少女girl」に、「男性man」は「女性woman」に変更されている。ここでは性を区別しない日本語の人称代名詞を活かして訳出した〕

ソーシャルメディアは、私たちの不安な気持ちをもてあそび、社会の脆弱な箇所を攻撃した。進むべき道は簡単だ。雑音をはねのけて進まなければならない。

どんなときも、どんな人間になるかを選ぶのはあなた自身だ。私は選ぶ――いつもそうしてきたように――私を私たらしめる価値観に従って生きると。犯罪者と戦うために犯罪者にはならない。モンスターと戦うためにモンスターになりはしない。

死期が迫っていると意識するとき、人は心の底から人生を尊いと思う。そして、一歩進むたびに、一秒ごとに、人生の意味を見つけようとして戦う。それが、トゥインク・マカライグが私に教えてくれた最大の教訓だった。

そのころまでに、トゥインクは最初の結婚を白紙に戻し、ついに人生の伴侶を見つけて、ファンチョというひとり息子を授かった。洗礼には参列できなかったが、私は彼の代母《ニナン》になった。私たちがラップラーを立ち上げたあと、トゥインクはブルームバーグテレビジョン・フィリピンチャンネル〔ブルームバーグテレビジョンはアメリカを拠点とする経済専門のインターネットテレビ放送局〕の代表になり、『フィリピン・スター』紙〔一九八六年のピープルパワー後に創刊された英字新聞〕のコラムニストに、そしてTV5のニュース司会者になった。しかし私たちはつねに連絡を取り合い、すてきなレストランを予約して、ゆっくり食事しながら互いの近況を報告したり、早朝に、とりとめのない会話を何時間もしたりして、自分たちが住む異なる世界に橋を架けてきた。

二〇一六年、寛解していたトゥインクのがんが再発した。今度は猛烈な勢いで進行し[17]、腰骨にも転移した。ステージ4。ステージ5はない。

「正々堂々と戦わない病気とどうやって戦うのですか？」再発を告げられたあとで、トゥインクは、参加しているがん患者支援グループにそう問いかけた。「最初から負けるとわかっているのになぜ戦うのでしょう？ 戦ったって治るわけじゃない。負けるのがわかっているのに戦うのは、『戦わずして白旗を上げる』のが嫌だから、ただそれだけの理由でしょうか？」

がんを克服した人であれ、がん患者であれ、まったく健康な人であれ、私たちはみな毎日少しずつ死に近づいています。支援グループの人たちはそう答えた。あなたが生きた一日は、けっして繰り返されることのないあたらしい日。ですから、自分に残された日々を大切に過ごしてほしい、ただそれだけを願っています。

その言葉をトゥインクは胸に刻んだ。

当時私は、権力を乱用する政府との戦いに明け暮れ、人生の戦いという泥沼にはまり込んでしまったかのように感じていたが、トゥインクのおかげで、ものごとをもっと大きくとらえられるようになった。彼女の苦しみに比べれば、私の試練など何だというのだ。そして、闘病生活を送っていたにもかかわらず、彼女はいつもそばにいて、助けてくれた。ネット上の攻撃とデマがエスカレートしたときは知らせてくれて、あまりの数に私が対応しきれなくなると、代わりに応えてくれるようになった。何が起きているのか、私がどんな気持ちでいるか、いつも気に掛けてくれて、私を精神的に支え、手に余る相手を私に代わって罵ってくれた。

私の両親はインドネシア人だとツイートした、元ジャーナリストの嘘を追跡するのを手伝ってくれた。彼のソーシャルメディアへの投稿は、ドゥテルテのプロパガンダ・マシンによって増幅されていた。

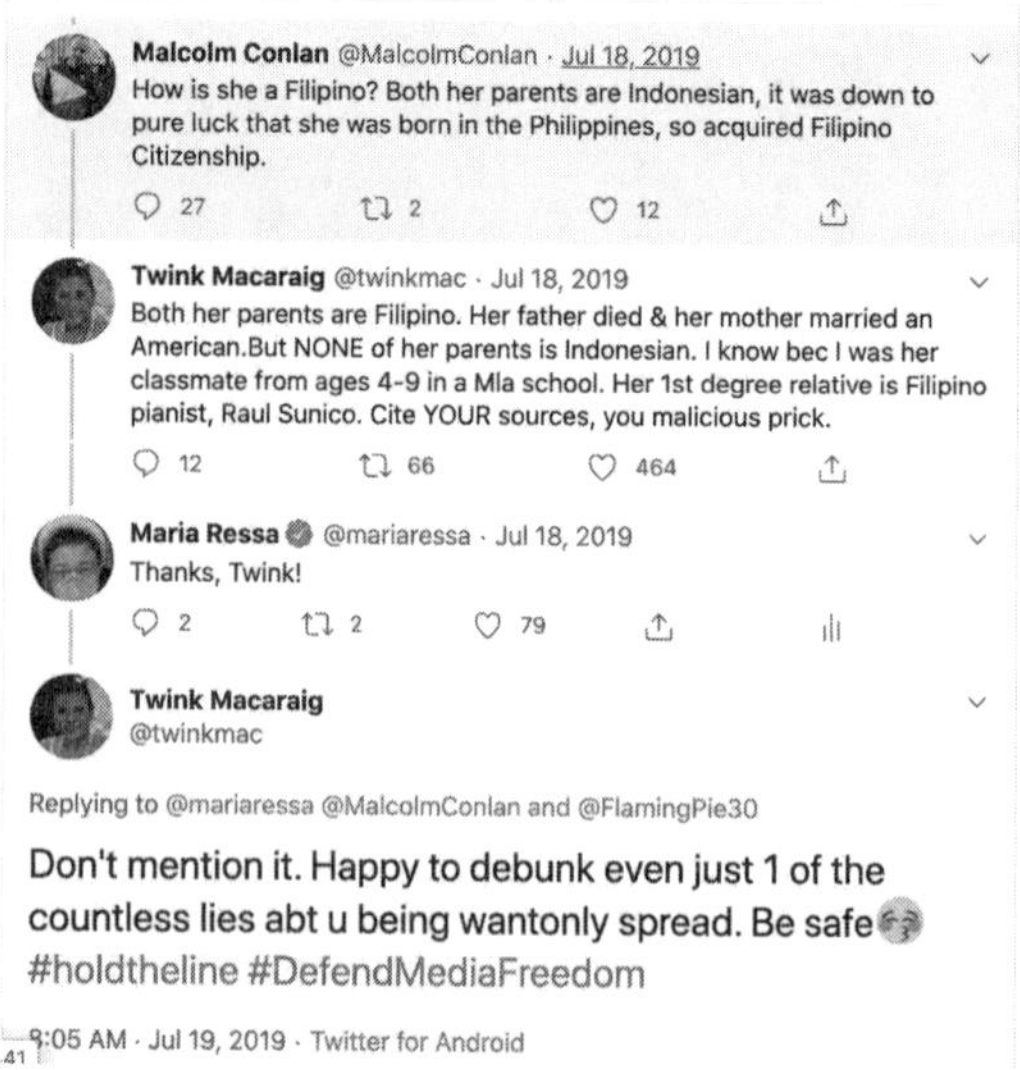
Malcolm Conlan @MalcolmConlan · Jul 18, 2019
How is she a Filipino? Both her parents are Indonesian, it was down to pure luck that she was born in the Philippines, so acquired Filipino Citizenship.
27 2 12
Twink Macaraig @twinkmac · Jul 18, 2019
Both her parents are Filipino. Her father died & her mother married an American.But NONE of her parents is Indonesian. I know bec I was her classmate from ages 4-9 in a Mla school. Her 1st degree relative is Filipino pianist, Raul Sunico. Cite YOUR sources, you malicious prick.
12 66 464
Maria Ressa @mariaressa · Jul 18, 2019
Thanks, Twink!
2 2 79
Twink Macaraig
@twinkmac
Replying to @mariaressa @MalcolmConlan and @FlamingPie30
Don't mention it. Happy to debunk even just 1 of the countless lies abt u being wantonly spread. Be safe
#holdtheline #DefendMediaFreedom
8:05 AM · Jul 19, 2019 · Twitter for Android

〔ツイッターで、マリア・レッサの両親はインドネシア人だと嘘の情報を発信する人物に、トゥインクが理路整然と反論している。御礼を言う著者をトゥインクが気遣っている〕

トゥインクは、ツイートに猛反撃してくれた。彼女の投稿に私はおおいに勇気づけられた。自分の投稿にまったくそんな威力はなかったから。

医者の見立ては厳しかったが、私はずっと、トゥインクはぜったい、最初のときのようにがんに打ち勝つと信じていた。最後まで、私は現実から目を逸らしていた。

二〇一九年に入ってから、彼女の体に起きた変化に警戒すべきだった。髪は完全に抜け、体を支えるコルセットが必要になった。最後に何度か昼食を食べに行ったとき、杖《つえ》を使わなければならないことがあった。彼女のところにこちらから出向くと言っても、オフィスに会いに行くからいいと断られた。そのころには感染症を警戒して、不織布のマスクをつけなければならなくなっていた。一緒に歩いて体を支えてほしいと頼まれたこともある。

それなのに私は、トゥインクは、最後にはかならず意志の力で病気に打ち勝つと信じていた。「あなたが生きる世界の形は、あなたの心が決める」という信念は、見直したほうがいいのかもしれない。

二〇一九年一二月、トゥインクの病状が悪化した。チェチェ・ラザーロと私は病院に彼女を見舞った。トゥインクは、自分は弱ってなんかいないと言って、計画を立てはじめた。大晦日の花火が見たいと言うので、空がよく見渡せるうちの部屋はどうだろう、と提案した。こうして、トゥインク、夫のパウロ、そしてファンチョの三人がわが家で年越しをすることになった。がんの治療でトゥインクの免疫系が弱っていたため、予定していたパーティは中止した。

一二月三一日、三人が到着したとき、すでに外は暗くなっていた。パウロがトゥインクを乗せた車椅子を押し、ファンチョが荷物を来客用寝室に運んだ。意識がはっきりしていることにトゥインクはほっとしている様子だった。疼痛《とうつう》治療のために、すでに医者からフェンタニル〔合成オピオイド〕を処方されていたのだが、所定の四分の一の量でも、トゥインクは文章を書いたり、明晰に考えたりできなくなってしまうのだった。ドゥテルテは、大統領に就任したてのころと二〇一九年にも、フェンタニルを服用していると認めていた。ドゥテルテの発言が支離滅裂なのは、フェンタニルを大量に服用しているせいだとトゥインクは言い張っていた。

パウロが、トゥインクが乗った車椅子をリビングまで押してきて、それから私たちをふたりきりにしてくれた。あきらかにトゥインクは話したがっていた。積もる話を一五分ほどしたところで、くたびれてきちゃった、とトゥインクが言った。ひどく衰弱した様子に、胸が張り裂けそうになった。

「マリア、私が死んだら、ウェイク〔日本の通夜に相当する儀式〕はやめてね」とトゥインクが言った。

2019年12月31日、大晦日の花火。パウロ・アルカサレン、トゥインク・マカライグとともに。(Photo by Patricia Evangelista)

「やだなあ、トゥインクったら、やめてよ。かならず元気になるんだからさ」と私は言った。「私に何ができる? 次の計画を立てようよ」

「私が死んだら、パーティを開いてねって言ったときのこと覚えてる?」とトゥインクが尋ねた。「その気持ちは変わってないよ」

一九八六年、フィリピンに戻ってきたばかりのとき、私は夜中の二時ごろ、しょっちゅう彼女の家に押しかけていた。ひと晩泊めてもらって、ふたりで目が覚めたら、人生や恋愛について夢中でおしゃべりしたものだ。そんなあるとき、まだ人生がはじまったばかりのころに、どんな風に死にたいかという話をしたことがあった。フィリピンでは、愛する人が亡くなったら、蓋を開けた棺の前で幾日も幾夜も過ごすのだとトゥインクが説明してくれた。それは、私が教わったなかで、もっとも違和感を覚えた風習のひとつだった。ウェイク（フィリピノ語でラマイ lamay）は三日から七日、ときにはもっと長く続くこともある。

「人に見られたくないの」と、そのときトゥインクは言った。「こっちからは相手が見られないのに。だからぜったいにウェイクはなし。友達みんなでパーティを開いて、祝福してもらうほうがいい」

もちろん私はぎょっとして、それについて何年も議論した。私たちのように、死や大規模な災害を報道していれば、そういう話をする機会が何度も巡ってくる。

年を取るにつれて、ウェイクは、故人のためでなく、残された人たちのためにするものなのだとわかった。

「約束して。パーティを開くって」。二〇二〇年のはじまりを告げる花火が打ち上げられる前に、トゥインクは私の手を握って言った。私は約束しただろうか、覚えていない。それにもちろん、彼女の望みはなんだって聞くのだから、約束なんて、必要なかったのだ。

二〇二〇年一月一四日未明、パンデミックのせいで誰もがトゥインクのように不織布マスクをつけなくてはならなくなる前に、トゥインクは逝った。しかし、その死がほんとうにこたえたのは、五月九日、彼女が五六歳の誕生日を迎えるはずの日だった。

そのころには世界規模のロックダウンによって、私たちはみな、自宅で隔離生活を送らざるを得なくなり、そのおかげで私は、ふたりの昔の写真や、トゥインクが二〇一九年に書いていたコラムを引っ張り出すことができた。トゥインクが発表する前に原稿を送ってくれたので、このコラムに、彼女がどれだけ一所懸命取り組んでいたかは知っていた。コラムのなかで、トゥインクは自分の死期が近いことを受け入れながらも、がんという病を、民主主義を懸けた私たちの国の戦いになぞらえて、戦いを呼びかけていた。彼女の言葉を引用しよう。

いま私が、一日でも長く留まるために戦っているこの世界に目を向けたとき、絶望しか湧いてこない。フィリピン人が大統領に選んだ独裁者は、民衆に悪意を感染させた。これに比べれば、致死性の高いがんも可愛いものだ……

どちらも人間の自由を抑圧する。病気のために、私は運動をいちじるしく制限されるようになった。もう二度と走れない。ヨガの太陽礼拝も、テニスも、ニュースの報道もできない。免疫系がひどく弱ってしまったので、人が大勢いる部屋に入るのは命懸けだ。長時間立っていられない、背筋を伸ばして座っていることもできない。物が二重に見えるので、書き物もままならない。要するに、ジャーナリストとしての活動が、成人してから人生の大半を捧げてきたこの職業が、もう続けられなくなってしまった。社会に目を向ければ、ドゥテルテが、人権、適正な手続き、言葉の真実の重みを自分と同じように軽視する子分を政府の役職に就けたために、私たちの国の制度は弱ってしまった。わが国の免疫系を構成するこれらの制度は、本来、私たちの自由が守られることを保証するはずのものだった。ところが彼らは反対に、徒党を組んで、自分たちと異なる意見を弾圧し、野党を悪者扱いし、批判的なプレスによる徹底調査を妨害している。憲法は、私たちの民主主義の最後の砦《とりで》であり、共同体の免疫系の要でもある憲法は、解体されかけている。憲法が解体されれば、それが保証しているあらゆる保護、あらゆる自由も消えてなくなるだろう。

不正に対する怒りはどこに？　抵抗の声はどこにあるのだろう？

頭のなかで弱々しい声が言う。私を見ないで。私はもうすぐ死ぬ。だから、許してもらえるよね。

自分はこの世から消えてなくなる。それについてはだいぶ前に心の整理がついた……最後の遺言書は――あちこちに涙の跡が滲んだ手書きのもの――金庫に入れてある……

あきらめて、負けを認めて、降参することもできる。でも私はそうしない。

何度読んでも、次の箇所を読むとき、私は声をあげて泣いてしまう。

戦わなければ、まだ残っているほんとうの選択肢から目を背けることになる。ひと握りの勇気ある、高潔な魂の持ち主たちは、確固たる信念にその命を懸けている。フィリピン人はもっと良くなれる、もっと良くなるという選択ができる、もっと良くなるにふさわしい国民なのだ、と。彼らの姿が示しているのが、特効薬でないとしても、それは回復にいたるたったひとつの道だ。私は間に合わなくても、おそらく、次の世代には。

家族、友人、そしてその家族と友人たちが、私の回復を願ってロザリオの祈りを唱え、私のいる方角にチャクラと呪文を送ってくれているあいだ、夫が、ありったけのやさしさを込めて姿勢を変えるのを手伝ってくれて、息子が、たわいもないジョークを際限なく連発して、手品を披露して、毎日のお手柄を茶目っ気たっぷりに教えてくれるあいだ、

私の心が――私の良心と信念、愛と夢、記憶と誇りがおさめられた小さな部屋が――ぶじであるあいだ、私は戦う。(18)

私も、戦う。トゥインクの思い出を胸に。
やすらかに眠って、わが友よ。

第11章 一線を死守する――殺されないかぎり、あなたは強くなれる

二〇二〇年二月、パンデミックがはじまる前に、ロンドンでキャロル・キャドウォラダーと何度か夕食をともにした。キャロルは『オブザーバー』紙の記者で、『ニューヨーク・タイムズ』紙の記者たちと一緒に、ケンブリッジ・アナリティカ事件をすっぱ抜いた。一年前、イギリスのEU離脱運動の最大の献金者で実業家のアーロン・バンクスが、キャロルを名誉毀損で訴えた。[1] これに対して、キャロルもただちにバンクスに対する訴訟を起こした。[2]

パンデミックのあいだ、キャロルと私は、ジャーナリズムと積極的行動主義《アクティビズム》の境界について意見を交わした。具体的には、オンライン攻撃が自分たちの仕事にどんな影響を与えているか、係争中の訴訟にどう対処しているかといったことだ。ふたりとも自分たちに加えられている攻撃のために、このふたつの言葉の時代遅れになった定義を再考する必要に迫られていた。キャロルは途方もない試練に直面していた。彼女には支援してくれる組織がなく、弁護士費用を捻出するためにはじめたクラウドファンディングは成功したが、それでも自宅を抵当に入れなくてはならなかった。こうしたどん底の時期に、私たちは連絡を取り合った。[3]

画期的な報道を攻撃されて、キャロルは窮地に追い込まれた。その状況は私とそっくりだった。キャロルはその状況を次のように語った。「イギリスで、私は民主主義が蝕まれるのを見ていた。テック系企業がそれに手を貸し、たちの悪い企業や個人が利用されるのを見ていた。そしてそのイギリス

で、私は文化戦争に巻き込まれてしまった。それは、『これは法の支配を守っている、私たちの国の安全を守っている』とか、そういったものではまったくなくて、私は、手に負えないアンチEU離脱派とみなされ……それは女性蔑視発言や罵り言葉の格好の材料になり……気がついたときにはターゲットにされて、誹謗中傷にまみれていた。それは威力があった。以前のようには仕事ができなくなってしまったのだから。いまや私は、へんくつな、論争好きの人物とみなされている。文字どおり、自分の仕事をしようとしていただけなのに(4)」

同じように、私をターゲットにした組織的なオンライン攻撃も、反政府的だとかアキノ寄りだと言って、私が書く記事に政治色をつけようとした。政治的に偏った記事など、私もラップラーも、一度も書いたことはなかったのだが。アメリカやイギリスのような国々と違って、フィリピンの政界やメディアがこれまでイデオロギー的だったことはない。しかし、私に対する攻撃のせいで、たとえば、政府の高官にインタビューするといった仕事に支障が生じるようになった。あるとき、キャロルとおしゃべりをしたあとで、私はマナンたちに電話した。そして、私が編集業務から少しずつ外れていくためのスケジュールを協議するようになった。こうして、技術、データ、経営については引き続き私が担当するが、編集責任者の役は解かれることで、全員の意見が一致した。二〇二〇年一一月をもって、グレンダ・グロリアがラップラーの編集責任者に就任した(5)。

私は人生のあらたな段階に進もうとしていた。調査報道記者から行動を起こす人間に。失うものだってない。ロックダウンで自宅に閉じ込められているし、訴訟を何件も抱えていて、一生刑務所から出られなくなる可能性だってある。しかし、その年、ラップラーのあたらしいビジネスモデルが軌道に乗りはじめて、それが、何かあたらしいことを試してみようという活力を私に与えてくれた。ジャーナリズムは、たんなる解決法のひとつではない。ジャーナリズムがあるからこそ、事実は生き延びられるのだ。しかしそれには共同体が応えなくてはならない。市民参画のあらたなモデルが世界的に必要とされていた。

二〇一六年以来数年間、私はフェイスブックの幹部のもとに足を運んだ。当時はまだ、私たちのデータと私の言葉に促されて、彼らがプラットフォームのいくつかの点を変更してくれるものと期待していた。二〇一八年には、フェイスブックには実のあることをやろうという気がないのだと悟った。そして二〇二〇年、フェイスブックはろくでもないと考えはじめた。その年、キャロルから、当時構想の段階にあった、のちの「真のフェイスブック監督委員会」に参加しないかと誘われた(6)。

その少し前に、マーク・ザッカーバーグが、フェイスブックの「最高裁判所」ならぬ監督委員会(7)を創設すると発表したばかりだった。こうして、コンテンツ・モデレーションが、裁判所を模した独立した組織に任されることになった。しかし委員会は問題をはき違えていた。コンテンツそのものが問題だったことは一度もない。真っ先に取り組むべきは、フェイスブックの配信モデルだった。コンテンツを監督する委員会では、情報がネット上にばらまかれるスピードにまったく追いつけなかった。

「真のフェイスブック監督委員会」を構成する専門家たちは、私たちの世界を破壊しつつあるポリシーの変更をフェイスブックに要求していた。委員のひとりショシャナ・ズボフは、「監視資本主義」という言葉を考案した学者だった。ほかには、フェイスブックに最初に投資したシリコンバレーの投資家のひとりロジャー・マクナミー、公民権運動を推進する非営利組織カラー・オブ・チェンジの代表ラシャド・ロビンソン、全米黒人地位向上協会（NAACP）代表兼CEOデリック・ジョンソン、名誉毀損防止同盟〔アメリカ最大のユダヤ人団体〕CEOジョナサン・グリーンブラットがいた。こうした試みには、活動家の存在がきわめて重要だと知った。学者やジャーナリストは堂々巡りに終始する場合があるが、活動家は、具体的にどう行動するかの道筋を示すことができる。

「真のフェイスブック監督委員会」が発足したのは、二〇二〇年アメリカ大統領選挙のわずか一か月前だった。選挙にはあまりにも多くのことが懸かっていた。そのため私たちは、ザッカーバーグが一貫して批判をかわし続け、フェイスブックの想像を絶する力の前に自分たちがあまりにも無力だという この状況に風穴を開けるには、いましかないと思ったのだ。

「私たちの組織はただひとつの目的のために集まりました」。ショシャナはそう語った。「フェイスブックが武器として利用され、選挙結果を歪め、ひいてはアメリカの民主主義の土台を揺るがすことのないよう、包括的な対策を要求します」

何よりも、選挙まで時間がないことと、トランプの常軌を逸したふるまいがいよいよエスカレートしていることを踏まえて、私たちは、広く高邁《こうまい》な要求を掲げるのではなく、すみやかに実行に移せるポイントに最初は焦点を置くことにした(8)。私たちは、それをフェイスブックへの三つの要求にまとめた。ひとつ、同社のポリシーを実行に移し、暴力を煽る投稿を削除する。ふたつ、選挙結果を否定しようとする広告を禁止する。三つ、選挙結果に関する偽情報や不正確な情報を阻止するための措置を講ずる。二四時間以内に、フェイスブックがこの三つをすべて実行に移すという期限も明記されていた。

ところがフェイスブックは、要求を受け入れるどころか、私たちを攻撃した。その数か月のあいだに、ラップラーがこれまでフェイスブックやソーシャルメディアについて独自のデータと調査に基づいて発見したことのほぼすべてと、私たちが漠然とそうではないかと思っていたことの多くが、複数の記者、内部告発者、そしてフェイスブックなどの企業そのものによってさえも、少しずつ裏付けられていった。

最初に証言してくれたひとりが、ケンブリッジ・アナリティカの内部告発者クリストファー・ワイリーだ。彼には二度会うことができた。一度目はジャーナリストとしてインタビューし、二度目は、ロンドンで収録されたアルジャジーラ〔カタールに本拠地を置く衛星テレビ局。ここではその英語版チャンネルを指す」の「スタジオB：台本なし」という番組に一緒に出演した[9]。私は、ラップラーの調査結果の多くが真実であることを誰かに立証してもらいたかった。ワイリーは、私たちのデータが真実であると保証するだけでなく、自分が構築に協力したプロセスや製品に関する分析も行なってくれた。

ワイリーは、オバマが当選した大統領選挙でデータとターゲティングについて学び、それをカナダの野党に売り込んだ。独学でプログラミングを学び、ロンドン・スクール・オブ・エコノミクスのロースクールに進学して、ファッションの流行予測で博士論文を書いているときに、ケンブリッジ・アナリティカの「心理戦におけるマインドハッキング・ツール[10]」（と、のちに自分で命名するもの）をひらめいた。ふたりで話したとき、ワイリーは、ケンブリッジ・アナリティカとフィリピンの関係についても、詳しく説明することができた。

最初のインタビューで、「ケンブリッジ・アナリティカ事件が起きたとき、不正利用されたフェイスブックのアカウント数がもっとも多かったのはアメリカでした、しかし二番目に多かったのは……」という私の言葉に、「フィリピン」と彼は即答した[11]。

ワイリーが勤めていた「戦略的コミュニケーション研究所（ＳＣＬ）」という会社は、ケンブリッジ・アナリティカの親会社で、かなり前からフィリピンの政治に関与していた。その後、ワイリーはケンブリッジ・アナリティカで働くようになったが、そのころ、同社の社員はよくフィリピンを訪れていたという。ケンブリッジ・アナリティカで彼が学んだ最大の教訓は、「植民地主義はけっして滅びてはいない。オンラインに移行しただけ」というものだった。

「ＳＣＬは――そしてのちにケンブリッジ・アナリティカは――規制に関するインフラが比較的遅れているか、法の支配に問題がある国に乗り込んで金を稼いでいた」とワイリーは説明した。「そういう国は、簡単に逃げ出せるし、宣伝工作を行なったり、恩を金で返そうとする政治家を支援したりするのが簡単だからだ[12]」

西欧列強が表向きは国を去っても、その影響はなんらかの形で残っていることをワイリーは学んだ。

「前より慎重になっただけだ。そして、それを専門的にやっていた会社がＳＣＬなのだ」とワイリー。「あの会社はフィリピンで活動していた。発展途上国、すなわちグローバル・サウスには、インターネットの普及率とソーシャルメディアの利用率が際立って高い国がいくつかある。たとえばフィリピンは、ネットにつながっていて、かつ、ソーシャルメディアを利用している大勢の人間を手に入れられる国のひとつだ。こうした設定《セットアップ》が手に入れば、それは理想のターゲットになる」

「実験場という意味でのターゲットでしょうか？」と私は尋ねた。ヤフーのような企業のデジタル製品開発責任者や、スタートアップ企業の創設者たちが同じことを言っていたのだ。欧米向けのデジタル製品を試してみたかったら、まずはフィリピンでやってみる、と。

「そのとおりだ」とワイリー。「……有権者の意見を操作するにせよ、デマを拡散するにせよ、アメリカやイギリス、ヨーロッパのように、堅固な規制措置があり、警察組織がしっかり機能している国で試すのは難しい。汚職がはびこっている国では、実験にもってこいの環境を作り出せる。そこでなら、欧米でおいそれとできない戦略や技術が試せる。失敗したって、かまうものか、つかまるわけはないんだから。うまくいったら、どうやってほかの国に移植するかを考えられる。あの会社は、東南アジアやアフリカやカリブ海諸国のたくさんの国で活動して、軽い気持ちでいろいろなアイデアを試したり、技術を開発したりしてから、欧米に移植していた」

「フィリピンという実験場で試行錯誤されたことが、イギリスのＥＵ離脱やドナルド・トランプへの布石となった、そう言ってかまわないでしょうか？」私がそう尋ねると、ワイリーは一瞬沈黙した。

「そうだな。フィリピンの場合……」。そう言って、また黙った。法律的地雷を踏まずに説明するにはどうすればいいか、思案していたのだろう。

「近ごろ、フィリピンの政治はずいぶんアメリカに似てきたようだ」。ワイリーは話を再開した。目をくるりと回して肩をすくめてみせる。「あなたたちは、トランプがトランプになる前に、トランプだった人間を大統領に選んだ。そして、SCLやケンブリッジ・アナリティカとつながりのあるトランプの側近とも関係がある。あなたたちの国では厖大《ぼうだい》なデータが収集されていた――アメリカに次いで二番目だ。SCLやケンブリッジ・アナリティカはたくさんの国で活動している……たとえば、彼らはどこかの国に潜り込むとき、ケンブリッジ・アナリティカやSCLとは名乗らない。目立ちすぎるから。だから、現地のパートナーを利用する……」

「代理会社《プロキシ》ですね」。ずばり、私は言った。

「そうだ、代理を利用する」とワイリーは続けた。「カメラが回っているところで、連中がそう認めている。連中はターゲットにした国に潜入し、隠れ蓑に過ぎないやくざな会社を立ち上げて、スタッフを派遣する。そうなると、当局や野党には、何が起きているのか、実際に突き止めるのは非常に難しくなる。おまけに、当人たちが認めているように、選挙が終われば、やつらはさっさと出て行く。そうやって入ってきては、出て行く。その国には連中の味方ができる。そして、ご承知のとおり、しばらくしたら戻ってきて頼みごとをする」

「なるほど」。私は口を挟んだ。「アレクサンダー・ニックス［ケンブリッジ・アナリティカの社長］は、大統領選がはじまる前の二〇一五年末、フィリピンを訪れています。彼が写っている写真がありました[13]」

「そう、彼はそこで人に会った」。ワイリーが認めた。

「……ドゥテルテ陣営の幹部ですね」。私が引き取った。

「そのとおり！　やつはいったいそこで何をしていたと思う？」　ワイリーが尋ねた[14]。

ケンブリッジ・アナリティカ事件から、フェイスブックの内部告発者フランシス・ホーゲンがリークした社内文書を掲載した『ウォールストリート・ジャーナル』の連載記事まで、フェイスブックの活動についてあらたな事実があきらかになるたびに、ラップラーが長年言い続けてきたことがすべて真実であったと立証された。そのほとんどが、私たちがフェイスブックに最初に報告していたことだった。本書に記したことはすべて、細かいデータも含めて、過去に、フェイスブックに伝えてきたことばかりだ。行動に移してくれますようにと、一縷《いちる》の望みを抱いて。

しかし、フェイスブックが実際に行動に出た場合はたいてい、問題も、偽情報の拡散もますますひどくなった。その一例が、第三者がデータを集めることを可能にしていたアプリケーション・プログラミング・インターフェース（ＡＰＩ）の停止だ。ケンブリッジ・アナリティカ事件の再発を予防するための措置だったが、私たちのような調査員も、プラットフォームの実態を把握できなくなった。ラップラーは、草の根運動を装ったやらせのコメントに、もっとも早い段階で注目した組織のひとつだった。こうしたやらせのコメントは、大衆を欺き、特定の政治活動が草の根の支持と民意を集めているかのように信じ込ませた。しかし、ＡＰＩが停止されると、調査員はこういった分析ができなくなった。ザッカーバーグはプラットフォームの透明性を高めると主張していたが、実際には、フェイスブック以外の人間が、全体像を知るためのデータを手に入れられないようにしたのだ[15]。

内部調査によって憂慮すべき結果があきらかになった場合でさえ、フェイスブックの幹部は動こうとしなかった。二〇一六年のドイツに関する社内プレゼンテーションで、「すべての過激派グループの結びつきの六四パーセントは、『あなたが参加すべきグループ』や『発見』タブを動かしているアルゴリズムのような、おすすめ機能から生まれている」ことが詳しく報告された。その報告書には、「われわれの『おすすめ』システムは問題を助長している」と明記されていた[16]。

フェイスブックは、報道機関の命運を――それどころかジャーナリズムそのものの命運さえも――左右する途方もない力を持っている。現在、フェイスブックはニュースを社内で順位付けしている。

おそらくその順位はアルゴリズムによって決定されるのだろう。ただし、そのアルゴリズムはたったひとりの人間がプログラムしているのであり、しかも、あるユーザーにもっとヘイトを与えるか、もっと事実を与えるかを、フェイスブックが決定しているのだ。二〇二一年一月六日、アメリカ連邦議会議事堂襲撃事件のあと、フェイスブックは、最悪の事態を想定したシナリオへの対応方法を発表した(「緊急時対応」策と呼ばれた)[17]。そのひとつが事実をダイヤルアップする、つまり、配信のアルゴリズムをミックスすることによって、いわゆる「ニュース・エコシステムの品質」得点[18]（ジャーナリズムの品質に基づいたニュース発行者の社内機密順位）を上げるというものだった。これによって、CNN、『ニューヨーク・タイムズ』、NPR〔全米の非営利公共放送用番組の制作と配給を行なう放送局〕といったニュースサイトのおすすめが急上昇する一方、ブライトバート〔オルタナ右翼の代表的なオンラインニュースサイト〕のような、政治的偏りの強いサイトのおすすめは下落した。こうして、フェイスブックにはそういうことができるのだとわかった。

「より良いニュースフィード」の回復は、「真のフェイスブック監督委員会」が掲げた要求のひとつだ。二〇二二年五月九日に国の命運を懸けた大統領選挙を控えたフィリピンだけでなく、どの国にとっても選挙のために必要なものだろう。

フェイスブックが私たちの民主主義に影響を与えていると、私はずっと確信していた。ラップラーにはそれを裏付けるデータがあり、私たちはその有害な影響を現に受けていたのだから。二〇二〇年のパンデミックの年も、ラップラーのスタッフたちは休むことなく、働き、調査し、発見し続けた。

私たちのシャークタンクのデータベースは、情報操作がいかにして、健全な民主主義を権威主義者の支配に変えられるのかを理解しようとする学術機関や調査員にとって、いまや利用価値のあるものになっている[19]。二〇二一年八月の時点で、シャークタンクのデータベースは、フェイスブックにアッ

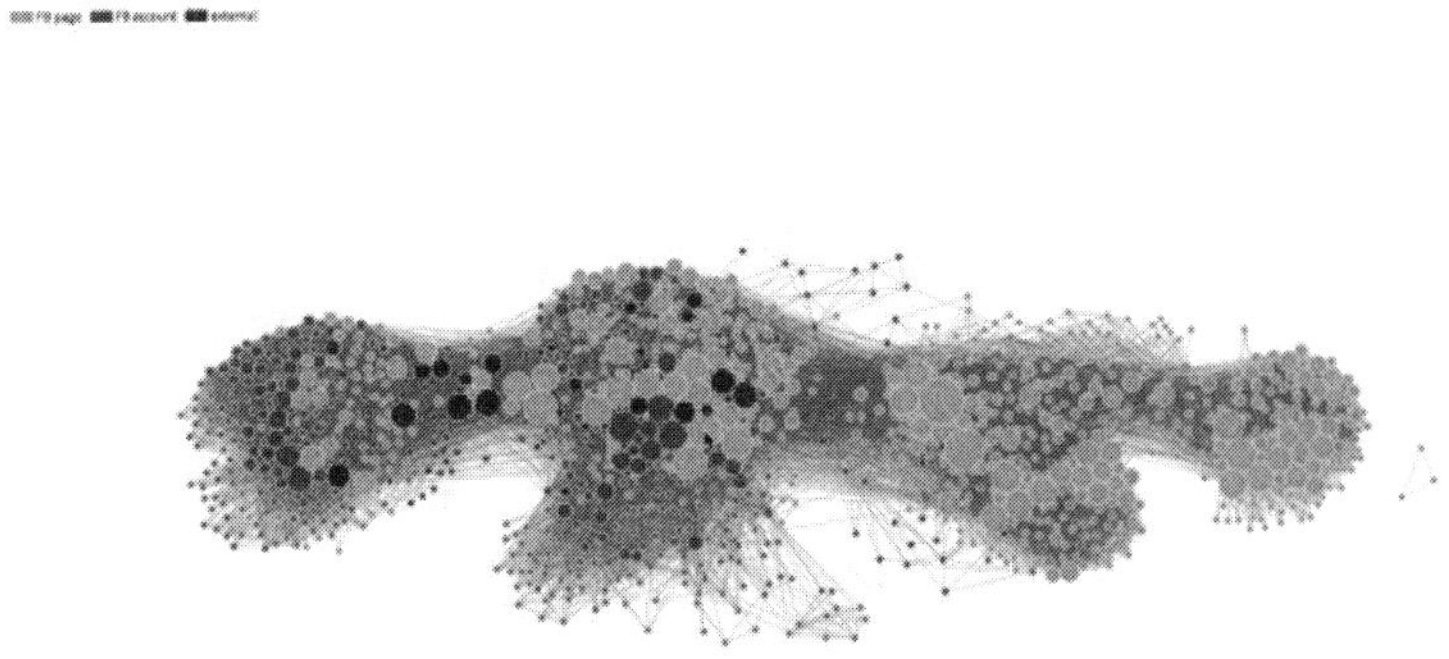

上に示すネットワーク地図は2018年10月から、2019年5月に実施された中間選挙直前までのもの。中央を占拠しているのは親ドゥテルテ派、親マルコス派、政府のアカウント。私がプロパガンダ・マシンと呼んだものは、真実を半分混ぜた嘘をまき散らしている。中央から左のほうに押しやられている円の一部が報道機関だ。右手に見えるふたつの塊は、そのほとんどが急速に増加するフェイスブックのミームのページで、選挙運動で展開するために準備され、2019年の選挙戦で実際に展開された。

プされ、公開された三億八二六三万三〇二一の投稿と、六万八〇九七の公開ページ・二万三七三六の公開グループ・四七五万九六七八人のユーザーから寄せられた四億四四七八万八九九四件のコメントを保存していた。また、二三万五二六五のウェブサイトからの一一四〇万二四一の固有のリンクも保存した。二〇二一年にフィリピンで、ユーチューブがフェイスブックを抜いて、もっとも利用されるソーシャルメディア・プラットフォームになってからは、公開チャンネルの監視を開始し、これまで三三万一四七一にのぼるユーチューブのチャンネルのコンテンツを把握している。

　図は、情報エコシステムをどのようにマッピングできるかの一例だ。それぞれの円はフェイスブックのページを、円のサイズは固有ベクトル中心性、すなわち配信力を表している。二〇一六年から一九年にかけて、伝統的なニュースグループが、中心から末端へ押しやられていく過程を、私たちは見ることができた。

すでにフェイスブックは、フィリピンで、国際的なファクトチェック・プログラムを開始していた。ラップラーと、ベラファイルズという小規模な非営利メディア組織が、フェイスブックの現地ファクトチェック・パートナーになった[20]。私は以前から、ファクトチェックはモグラ叩きのようなものだと主張していたが、実際にやってみたところ、読者を意図的に欺こうとしている投稿を特定することができた。ドゥテルテ政権はすかさず苦情を申し立てた[21]。

ファクトチェックでは、まず嘘を見つける。うまい嘘には、「ドゥテルテは最高の指導者だ」とか「ジャーナリストは犯罪者だ」といったメタナラティブを補強できるように、真実が半分混ぜてある。次の段階では、自然言語処理を利用して、すなわち、コンピュータを使って大量のテキストを処理して、偽情報ネットワークが一貫して唱えているメッセージを抽出する。最終段階では、こうしたネットワーク（そのなかには、企業から利益を得ているところもあった[22]）と関係しているウェブサイトやデジタル資産《アセット》を特定する。

ドゥテルテは、非対称戦争をたびたび利用して、権力基盤を固め、社会を二極化させた。親ドゥテルテ派と親マルコス派の偽情報ネットワークを行き来している偽情報から真実を守るために立ち上がろうとしたのは私たちのような小さな組織だった。

フィリピンの情報エコシステムが分裂しかけたことがあった。最初のうちの一回は、二〇一九年二月一三日に私が逮捕されたときだ。以下の図からわかるように、ほとんどのフィリピン人が、伝統的な報道機関の情報をシェアし、増幅したために、ニュースの固有ベクトル中心性が高まった。また、ドゥテルテ＝マルコス・ネットワークが、政府のアカウントと直接つながっていて、ＶＯＶＰｈのように、何度もファクトチェックを受け、情報操作に加担したり、これを煽ったりしていることが証明されているフェイスブックのグループの記事を積極的にシェアしていたこともわかる。

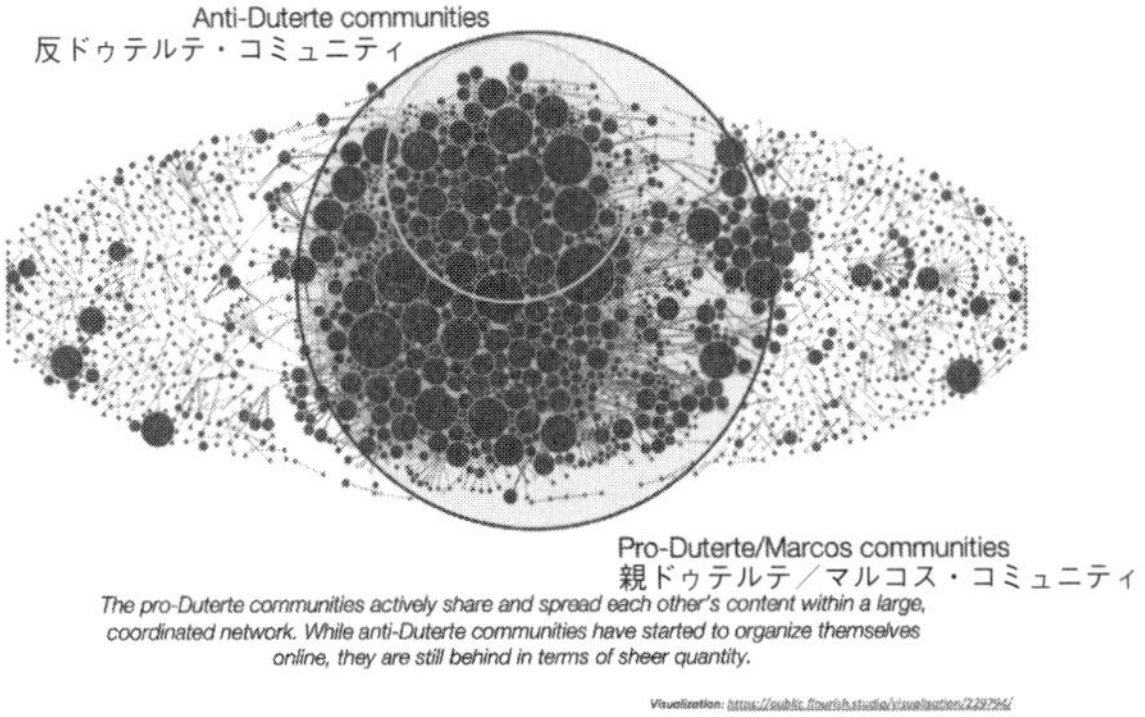
Anti-Duterte communities
反ドゥテルテ・コミュニティ
Pro-Duterte/Marcos communities
親ドゥテルテ／マルコス・コミュニティ
The pro-Duterte communities actively share and spread each other's content within a large, coordinated network. While anti-Duterte communities have started to organize themselves online, they are still behind in terms of sheer quantity.

親ドゥテルテ派のコミュニティは、連携する巨大なネットワークの内部で、互いのコンテンツをシェアし、拡散している。一方、反ドゥテルテ派のコミュニティはオンラインでまとまりはじめているものの、数の点ではまだ後れを取っている。Visualisation: https://public.flourish.studio/visualisation/229794/

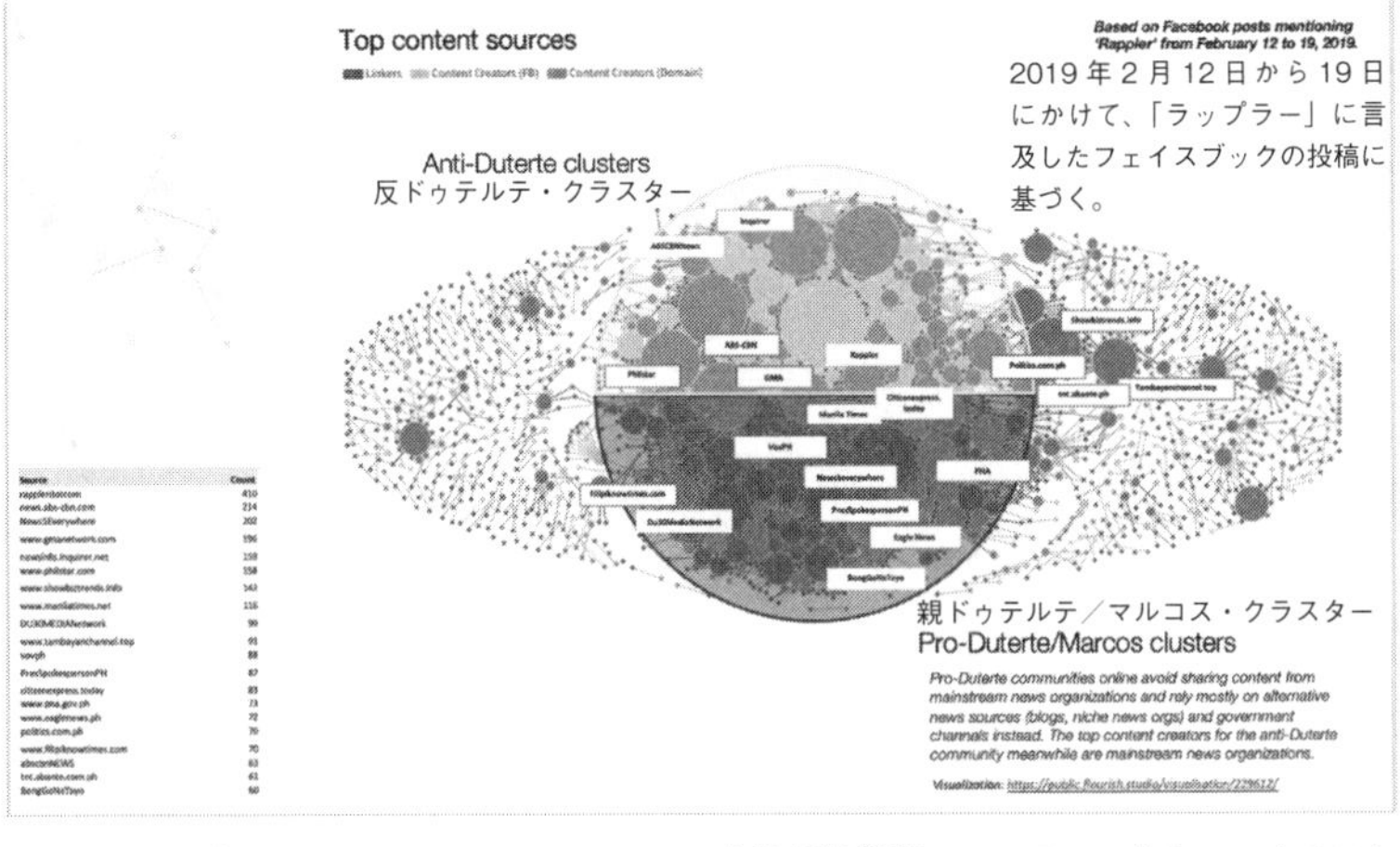
Top content sources
Based on Facebook posts mentioning 'Rappler' from February 12 to 19, 2019.
2019年2月12日から19日にかけて、「ラップラー」に言及したフェイスブックの投稿に基づく。
Anti-Duterte clusters
反ドゥテルテ・クラスター
親ドゥテルテ／マルコス・クラスター
Pro-Duterte/Marcos clusters
Pro-Duterte communities online avoid sharing content from mainstream news organizations and rely mostly on alternative news sources (blogs, niche news orgs) and government channels instead. The top content creators for the anti-Duterte community meanwhile are mainstream news organizations.

オンラインの親ドゥテルテのコミュニティは、主流報道機関のコンテンツをシェアすることを避け、別のニュースソース（ブログ、ニッチな報道機関）や政府のチャンネルにおもに頼っている。一方、反ドゥテルテ・コミュニティの上位コンテンツクリエイターは主流の報道機関だ。Visualisation: https://public.flourish.studio/visualisation/229612/

こうした政府のプロパガンダ工作をたびたび支援し、煽っていたのが、外国人関係者だった。二〇一八年一二月、ラップラー・リサーチ・チームは、フィリピンの「デイリー・セントリー」のフェイスブックのページから、ロシアの偽情報ネットワークに飛ぶ複数のリンクを発見した。[23]「デイリー・セントリー」は、またたくまにラップラーを攻撃するもっとも強力なアカウントになっていた。

二〇一九年一月、フェイスブックは「デイリー・セントリー」の該当ページを削除した。二〇二〇年九月、フェイスブックは中国が情報操作していた複数のページを削除した。そのなかには、私をターゲットにしているもの、マルコスのイメージを美化するもの、ドゥテルテ大統領の娘のサラ・ドゥテルテを支援するもの、アメリカの大統領選挙に備えてAIが生成した写真を使ってフェイクアカウントを作成しているものがあった。[24]また、ラップラーの報道もあって、いわゆる「レッドタギング」（人権活動家、ジャーナリスト、一部の政治家に「テロリスト」の烙印を押す行為）〔通常、レッドタギングは「共産主義者」に対して用いられる言葉〕を行なっている軍や警察のアカウントを削除した。[25]

二〇二一年、ラップラー・リサーチ・チームは、もっとも重要なプロジェクトのひとつに着手した。[26]ネット上の暴力を現実世界の暴力に変える符牒《ふちょう》は何か、徹底調査に乗り出したのだ。私たちの調査対象は「カラパタン」という人権団体で、ドゥテルテ政権が誕生してから、メンバーのうち一五人が殺害されていた。インターネット上で、組織の中心人物や組織そのものが攻撃されたことはあっても、犠牲者のアカウントが個別にターゲットにされていた事実はなかったことを私たちは発見した。それにもかかわらず、暴力的なメッセージを送り続けることで、カラパタンのメンバーが殺害される一定の環境が醸成されたらしい。犠牲者のひとりザラ・アルバレスは、[27]裁判所による保護を求めていたが、聞き入れられなかった。

ある日の夕方、アルバレスは友人と通りを歩いていた。夕食を買った直後に、何者かが背後から彼女を撃った。下手人は、確実に息の根を止めるために、道に倒れた彼女のうえに仁王立ちになって、さらに数発の銃弾を浴びせた。それは、政治的動機に基づいた残忍かつ恥知らずな殺人で、世間をおおいに憤慨させ、恐怖に陥れてしかるべきだった。ところがここでも、プロパガンダ・マシンの動きは速かった。フィリピン政府はたっぷりと予算を注ぎ込んで、軍が主導する「地方共産党による武力紛争を解決する国家タスクフォース（ＮＴＦ－ＥＬＣＡＣ）」なるものを創設し、「タスクフォース」はすみやかに、独自の極端な反共思想に基づいた聖戦を開始した。

以下に示した図は、カラパタンのフェイスブックのプレゼンスと、ＮＴＦ－ＥＬＣＡＣのそれを比較したものだ。人権団体（カラパタン）が、公共のハブに通じるデジタル回路を持たないために、情報の到達範囲《リーチ》がいちじるしく制限されているのがわかる。一方、ＮＴＦ－ＥＬＣＡＣは、国のアカウントを土台とした「レッドタギング」のネットワークや、同じく国の偽情報ネットワークを利用している。その結果、ターゲットにされて殺害された活動家たちに関するストーリーは、往々にして進歩的な団体や、この話を取り上げた少数の報道機関の戯言《ざれごと》として片付けられてしまった。

この事実は、フィリピンの情報エコシステムの進化と、ＮＴＦ－ＥＬＣＡＣが創設以来、なぜこれほど重要な役目を担ってきたのかをあきらかにしている。この図は、ＮＴＦ－ＥＬＣＡＣと政府機関が結託した力がどれほど強力かを示している。彼らは、麻薬撲滅戦争で試行錯誤を重ねた方法を使い、二〇一八年から二〇一九年にかけて、フェイスブックにより三回にわたって削除されたあと進化を遂げて、偽情報と誹謗中傷を増幅できるようになった。ドゥテルテ政権による暴力と恐怖の利用の第二波が訪れていた。これまで以上に現実世界の暴力を可能にする環境が作り出され、「私たち対彼ら」はあらたな段階に進んだ。

パンデミックがこれに追い打ちをかけた。ここでもまた、善意が地獄への足がかりとなった。保健省を優先させるフェイスブックの決定によって、政府の説明責任を追及するジャーナリストの力はいっそう弱まった。フェイスブックのおかげで、政府は自分たちのページ閲覧数を早く——報道機関の

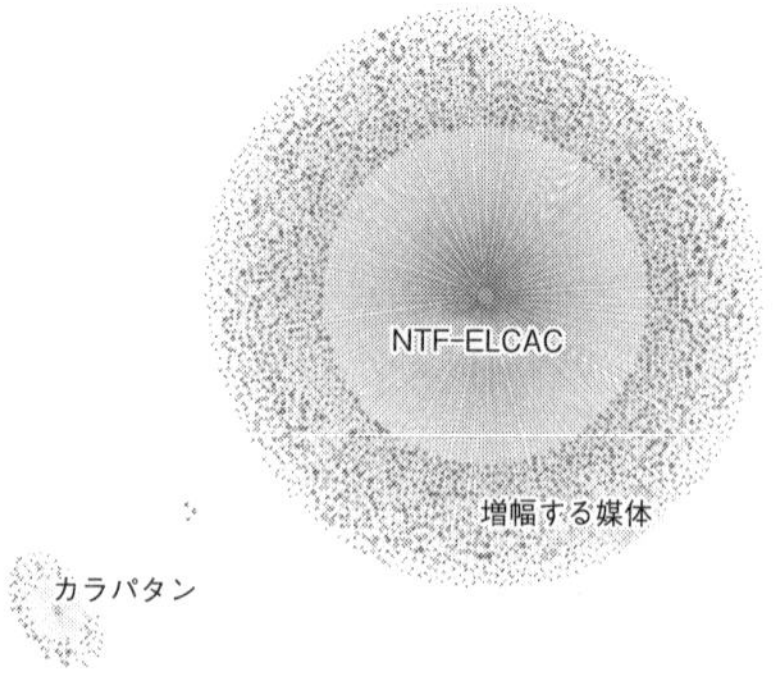

殺害された活動家についてフェイスブックで行なわれていた会話。

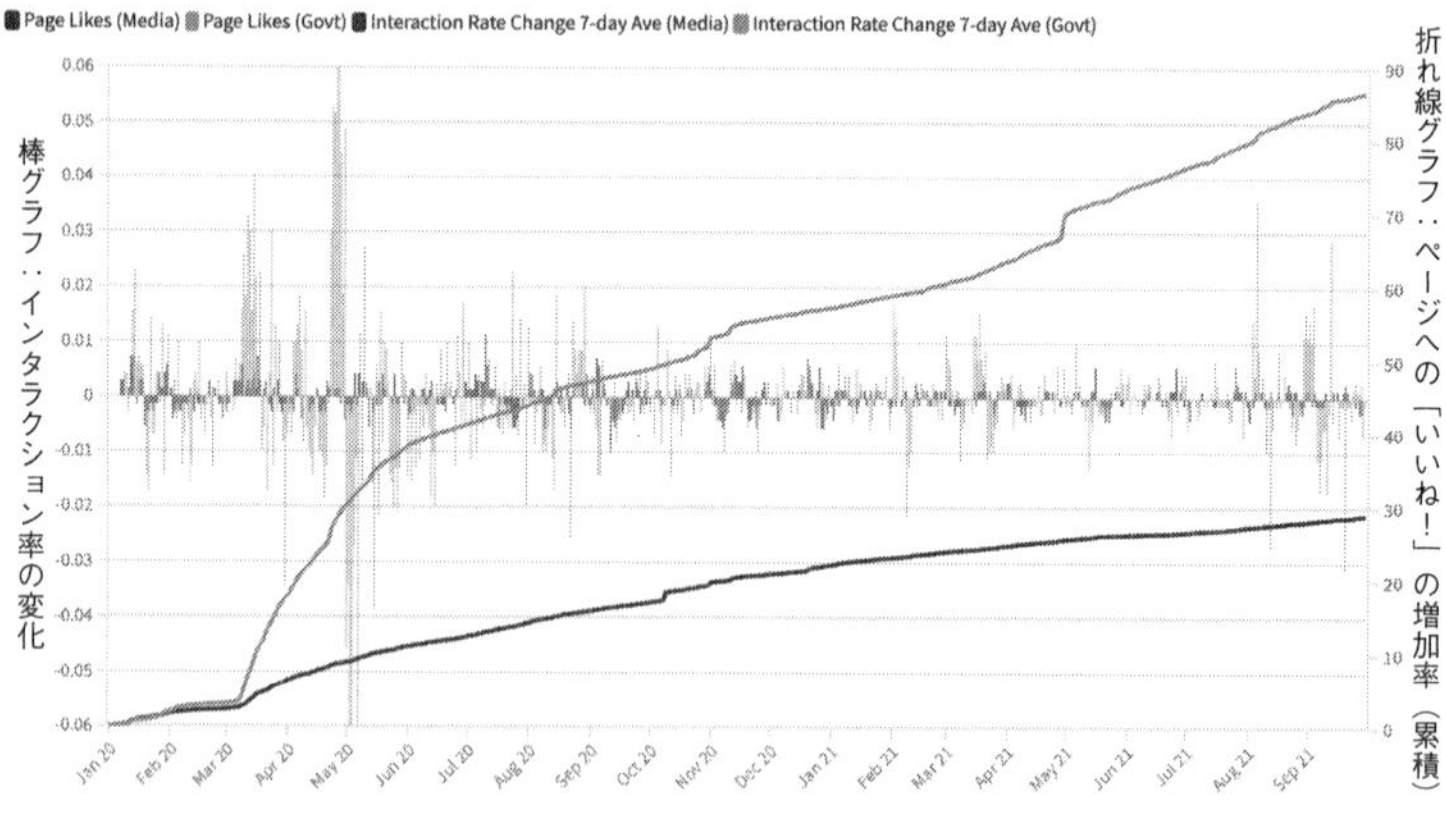

政府機関と報道機関のページの「いいね！」

上に示すのは、2020年1月1日から2021年9月30日にかけて、フィリピンにおける、抽出された政府機関と報道機関のフェイスブックのページ閲覧数の増加率。棒グラフが示すのは、毎日のインタラクションの割合の変化（7日間の移動平均）、折れ線グラフが示すのは、ページへの「いいね！」の累積する増加率（パーセントで表す）〔折れ線グラフの濃い線は報道機関のページへの「いいね！」、薄い線は政府のページへの「いいね！」を表す。棒グラフの濃い線は報道機関のページのインタラクション率の変化（7日間平均）、薄い線は政府のページのインタラクション率の変化（7日間平均）を表す〕。

ページよりずっと早く――増やせるようになったからだ。閲覧数がいちじるしく増えた政府のページのなかには、警察や軍が運営する、活動家やジャーナリストの「レッドタギング」に関係したページもあった。「当局」の情報源を優先することで、フェイスブックはジャーナリストを攻撃した。それは国の資産を使ったより効果的な攻撃で、反撃はいっそう困難になった。

何ができるだろう？　活動家もフェイクアカウントを作るか、同じ戦術を使ってみてはどうかと聞かれるたびに、私は決まってこう答えた。モンスターと戦うためにモンスターになるな。その答えは、私たちをふたたびプラットフォームそのものに引き戻す。プラットフォームの免責《インピュニティ》を止めなくてはならない。彼らに責任を負わせなければならない。

プラットフォームを悪用する政府および政治関係者たちに対して、私はさまざまな反撃方法を試した。無視する（成功するわけがない――戦う前から勝負はついたも同然）、まともに相手をする（敵が分散しすぎていて、途方もない時間の浪費になる）。結局、私は、ラップラーの理念とも言える自分自身の北極星〔正しい方角を知るための目印〕に頼ることにした。行動の共同体を構築するのだ。

それではどうすれば、社会が一丸となって、テクノロジー、データ、市民参画を使って反撃する仕組みを作り出せるだろうか。まさにそれが、二〇二二年五月に実施される選挙に向けて、私たちが取り組みはじめたことだった。

しかしまずは、ラップラーを存続させる方法を考えなければならなかった。絶え間なく続くオンライン攻撃は、ラップラーそのものにも、私たちの共同体にも影響を与え、会社の経営にも響いていた。二〇一六年一〇月にオンライン攻撃がはじまってから、ラップラーのページ閲覧数と広告収入は減る一方だった。しかし、文字どおり決定打となったのは、法律を武器にした攻撃だった。二〇一八年一月の操業停止命令に素直に従っていたら、ラップラーは一巻の終わりだっただろう。一部の主要な広告主には政府の高官から直接電話がかかってきた（広告を引き上げろという通知だった）。そしてラップラーは――かつて称賛と憧れの的だったラップラーは――破産の瀬戸際に追い込まれた。

その後、政府が私たちを相手取って訴訟を起こし、警察の捜査が入ると、四か月もしないうちに広告主の四九パーセントが撤退した。私たちの未来ははっきりしていた。このまま手をこまねいていれば、給料が支払えなくなる。あらたな、持続可能なビジネスモデルを作り出さなければ、会社はおしまいだった。

消耗戦に持ち込めば勝利は間違いなし、政府はそう考えているようだった。しばらくのあいだ、状況は絶望的に思えた。弁護士費用が膨らんで、毎月の経費の三分の一近くを占めるようになった。あらたなテクノロジー・プラットフォームを構築するために取り分けておいた資金を訴訟費用の一部に回さざるを得なくなり、会社の技術計画は数年先送りされることになった。

しかし、会社の存続が懸かったこの時こそ、最高のアイデアが生まれ、私たちの最高の一面が発揮された。ニュース編集室の運営につきもののゴタゴタが全部どっかにいっちゃったね、私は冗談でそう言ったものだ。みんなはひとりのために、ひとりはみんなのために汗を流した。社員全員がファイトに燃えているのが感じられた。攻撃の矢面に立たされていた編集チームを、グラフィックス部、動画制作部、技術部、データ部、そして、人事、財政、営業の管理部門が支えた(28)。

どこよりも目覚ましい活躍を見せたのが営業部門で、彼らは幹部と協力して、私たちが得意とする調査報道のなかに解決策を見出した。私たちが、ネット上の偽情報ネットワークを追跡するために開発したまさに同じ方法が、データと技術を土台としたビジネスモデルの基盤となり、そのビジネスモデルは二〇一八年から一九年にかけて一万二〇〇〇パーセント成長して、会社が大幅な黒字に転じた最初の年の原動力になった。

二〇一六年まで、私たちは財源をおもに広告に頼っていた。オンライン攻撃がはじまって広告収入が激減すると、私たちは別のテック系サービスに軸足を移した。そのため、パンデミックのロックダウンに対する備えができていた。

しばらくすると私たちの共同体にエンジンがかかってきた。私たちは、弁護士費用を支援してもらうためにクラウドファンディングを開始した。二〇一八年の暮れには「ラップラー＋（プラス）」を立ち上げた。フィリピンではじめての会員制ニュースプログラムだ。ラップラー＋の会員は、私たちの使命感と価値観に心から共感を寄せて、誰よりも熱心に支援してくれるユーザーたちだった。

「どうしたらあなたたちの力になれる？」彼らはいつもそう聞いてくれて、実際に力になってくれた。

成長の三年間。それが、政府の攻撃によって私たちが得たものだ。ただし、公正な取引だったとは思わない。広告収入を柱とするニュースのビジネスモデルは終わった。二〇一六年の政府の攻撃によって、私たちは否応なくその事実に向き合い、解決法を探し、革新性を取り入れ、未来に向けたビジネスモデルを構築しなければならなくなった。二〇一九年にラップラーは収支が釣り合うようになり(29)、これまでの四年間を、ピンチをチャンスに変えた歳月として振り返れるようになった。目標を達成したら、メッセンジャーからＣＥＯまで、社員全員に同じ金額のボーナスを支給しようと決めていた。少額でも、チーム全員の理想、創造性、勇気に感謝を表すには充分だった。

フリードリヒ・ニーチェは正しかった。なんであれ殺されないかぎり、あなたは強くなれる。

「全員、起立！」誰かの大声に、私たちは全員立ち上がった。

二〇二〇年六月一五日、私たちはマニラ地方裁判所第四六支部にいた。裁判所が入っている建物は、老朽化が進んで危険判定を受けた建物で、タイルは割れ、ペンキがところどころ剝がれ、壁に穴が開いていた。エレベーターはたいてい故障していたので、四階まで階段を昇らなくてはならなかった。ぼろぼろの吹き抜けには足場用の資材が散乱していた。どうやら建物を修理して、すべてをそっくり取っておこうとしているらしかった。

私たちがそこにいたのは訴訟のため、二〇一九年にサイバー名誉毀損罪の容疑で私が起訴されたためだった。(30)起訴の原因となった記事をラップラーが発表したのは二〇一二年五月、私たちが違反したことになっている法律は、その時点では存在してさえいなかった。その記事は、ある実業家と最高裁判所長官の癒着を暴いたもので、その後、長官は弾劾裁判にかけられ、辞任に追い込まれた。それは一般的な報道記事だった。そもそも起訴自体が無茶な曲芸じみたものであるとき、告発の内容を詳しく説明しても、ナンセンスの藪《やぶ》で迷子になるのがおちだ。告発も訴訟も、あまりにも不条理で、支離滅裂で、欺瞞《ぎまん》に満ちているので、それについて説明しようとすれば、そもそも起きるべきでなかったことを正当化するも同然になってしまう。(31)

状況が自分たちに不利であるのはわかっていた。政府はすでにサイバー名誉毀損罪、脱税、証券詐欺に関する八つの容疑で私を訴えていた。すべてに有罪判決が下されたら、最大一〇〇年以上の懲役を科されることになる。

裁判官が入廷した。ライネルダ・エスタシオ゠モンテサ、三七歳。部屋にいたほかのみんなと違って、マスクをつけていない。そのため殺風景な法廷のなかで、真っ赤な口紅と、つけたてのメイクがひときわ目立った。彼女が支配する、狭くてじめじめした、窓のない空間は、新型コロナウイルスのために改装され、かぎられた人数しか入ることを許されなかった。傍聴人は認められず、外国の要人も誰ひとり部屋に入れない。プラスチックの仕切りで区切られた空間は、以前よりも狭く、しかし以前よりも清潔に見えた。

裁判官の真正面には、私の弁護士で元最高裁判所報道官のセオドア（テッド）・テ、彼の隣には、司法省側の言い分を説明する検察官のジャネット・ダクパーノ（政府の金で、われらが裁判官と出張旅行に出かけた人物）がいた。(32)彼女のうしろには、政府の主張を補強するために雇われた検察官がずらりと座っていた。訴訟の審理では毎回かならず検察側の人数が、被告側を大幅に上回った。

検察官たちのうしろに、短いベンチがふたつ並べられていた。一列目のベンチには、ともに起訴された元同僚のレイナルド（レイ）・サントス・ジュニアと私が座った。レイは、ひょろりとした背格好の、もの静かで、穏やかな物腰の青年で、細いメタルフレームの眼鏡をかけていた。もともとラップラーで調査員をしていて、調査記事にたびたび協力し、その後記者になった。皮肉にも、いまは政府のために働いていた(33)。

こういうとき、私は何かに忙しくしないではいられない。そこで現場で起きていることをツイートしていた。お祈りが済んで、裁判所書記官が出席を確認するあいだ、私たちは着席していた。それから書記官が、裁定を読み上げるあいだ起立しているように呼びかけた。

私は立ち上がり、ノートをつかんでメモを取りはじめた。

「すべての人間の言論の自由に関する権利は、憲法によって保障された権利である」と書記官は述べた。「それは報復や復讐のおそれなしに自由に発言する権利である。報道機関が、不当な制約を受けることなく、ニュースや意見を自由に報道する権利も同じく保障されている」

私は一言一句ほぼ漏らさず書き留めていった。一縷の希望が見えてきたように思えた。

「これらの権利は、公共善を促進し、すべての人間が自由になれる社会の建設を願って、他者の心に変化と影響をもたらす厖大な力を帯びている。しかしながら、ひとたび悪用されれば、敵意の種をまき、分断と憤懣を生み出し、社会の混乱と混迷につながりかねない」

これを聞いて、私の希望は潰《つい》えはじめた。

私はノートを閉じて、ベンチに置いた。そして正面に視線を向けた。エスタシオ＝モンテサを、その赤い口紅をじっと見つめた。書記官が裁定を読み上げ続けるあいだ、エスタシオ＝モンテサと視線を合わせようとしたが、彼女は下を向いていた。「言論の自由、報道の自由の権利はいささかも制限されてはいない……社会が期待するのは、責任ある自由な報道だ。責任ある行動のなかにこそ、自由はその意味を与えられる。自由の行使は、他者の自由に充分配慮して用いられるべきであり、用いられなくてはならない。ネルソン・マンデラが言うように『自由であるとは、自分の鎖を振り払うだけでなく、他者の自由を尊重し、高める生き方をすることなのだから』」

マンデラもあの世でのたうっていたに違いない。私は、自分が書いていない、編集も監修もしていない記事のために、そしてその記事が発表された時点では存在すらしなかった罪状のために、有罪を宣告されようとしていた。私を有罪にするために、エスタシオ＝モンテサは、名誉毀損の時効期間を一年から一二年に変更し、さらに「文書再発行」という新説まで採用した。二〇一四年にラップラーの誰かが、スペルの間違っていた単語を訂正したために、ひとつの単語のひとつの文字を変更したために、私は刑務所に入れられてしまうかもしれないのだ。法廷は私とレイを「合理的な疑いの余地なく有罪」とみなし、それぞれに最大懲役六年の刑を言い渡した（誰かの法律の解釈によって、いままでは八年になっているかもしれない）。

エスタシオ＝モンテサは、自分の裁定に政府は影響していないとわざわざ断った。私は首を振った。控訴中は保釈金を支払えば自由のままでいられると言われたので――もちろん、そうすることにした。

私は大きく息を吐いた。その日の朝、私は鞄に荷物を詰めて車に積んでおいた。最悪の場合を想定したシナリオでは、裁判所から直接刑務所に送られることになっていた。そういう意味では、いくらかましだった。

それから彼女は、直接私に向かって、これからは控訴裁判所に渡航許可を申請しなくてはならないと告げた。そして、何か言うことはあるかと尋ねた。

私はその目をひたと見据えて、微笑んだ。

エスタシオ＝モンテサが小槌《こづち》を勢いよく振り下ろすと、みんなばたばたと動きはじめた。誰も私の

2020年6月15日、左からレイ・サントス、著者、テッド・テ。有罪判決のあと、プレスからの質問に答えているところ。（Rappler）

目を見ようとしない。私たちは、記者会見が予定されているマニラ市役所に向かった。口のなかに妙な味が広がり、胃がずきずきと痛んだ。自分を見失わずにいるのがやっとだった。

新型コロナウイルスのせいで、同業者のなかにも、自宅から出るのは三か月ぶりという人が大勢いた。記者たちがマイクとカメラをセットするあいだ、私は、マスクの上の目が泳いでいるレイに声をかけた。「心配要らないよ。上訴しよう。あなたの面倒はみる。弁護士費用もこちらでもつから」。彼の盾になろうと思った。私の右にいるテッドが、数人の記者と話していた。私の前にマイクがセットされた。

私は話しはじめた。声がホールにこだました。見覚えのある顔を探すあいだ、自分が空中にふわふわ浮かんでいるような錯覚に陥った。誰に話をしているのかわからなくなったので、みぞおちのあたりに意識を集中させた。

「この部屋にお集まりくださった記者のみなさん、私の話を聞いてくださっている国民のみなさん、みなさんにお願いします。どうか、自分の権利を守ってください」。私は訴えた。「私たちはみせしめにされているのです。みなさんを震え上がらせるために。違いますか?」　声が少しかすれた。「怖がらないでください。権利を行使しなければ、失ってしまいます」

私の背後で、フィリピンジャーナリスト全国組合の誰かが、「プレスに干渉するな」と書かれたプラカードを掲げた。

「報道の自由は、フィリピン市民としてあなたが所有するすべての権利の土台です」。私は言葉を継いだ。「政府に説明責任を取らせることができないなら、私たちは何もできないのと同じです。記者が自分の職務を果たすことができなければ、あなたがたの権利は失われるでしょう」

二〇二〇年三月にロックダウンがはじまる前、私たちの民主主義をウイルスに汚染させてはならない、と私は警告したが[34]、現実には危惧していたとおりになってしまった。政府は権力をいっそう強固にし、五月五日にはABS-CBNを閉鎖した[35]。そんな事態になったのは、ひとつには私たちが自粛生活を送っていたからだ。ドゥテルテは、一九七〇年代のマルコスのように戒厳令を宣言する必要はなかった。パンデミックが代わりにやってくれた。

二〇二〇年八月以降、私は渡航する権利を失った。海外の旅行先から三〇回以上帰国しているにもかかわらず、サイバー名誉毀損罪を担当する控訴裁判所は、裁定のなかで不当にも（そしてまったくあきれたことに）私をイメルダ・マルコスになぞらえて、逃亡のおそれありと見なした検事総長ホセ・カリダを支持する裁定を四回下した[36]。

控訴裁判所に却下されたうちの一回は、母親ががんと診断され、フロリダで手術を受けなければならなくなったときに申請したものだった。両親はすでに高齢で、子どもや孫たちから隔離されていることは、斟酌《しんしゃく》されなかった。私はフロリダに行って、手術の準備を手伝い、パンデミックの精神的影響を受けている両親の支えになりたいと思っていた。おまけにその日はクリスマスだった。

それはとりわけ残酷な展開だった。当時九件にのぼっていた起訴のうち、八件の訴訟を扱う裁判所からは渡航の許可が下りていた。ところが控訴裁判所は、私の予約した飛行機が離陸する前日の金曜日午後五時近くになって、申請を却下すると発表した。両親は私が過ごす部屋を準備して、私の到着をいまかいまかと待っていた。政府は嫌がらせのために、両親をぬか喜びさせておいて激しく落胆させた。罰金はなんとかなる。けれど私を利用して、高齢で病気の親を巻き込むなんて、非道なことをするものだ。

やりきれない思いを飲み込み、心配しないでと家族に言い、自分にわかっている最善の方法で対処した。仕事をしたのだ。

第12章 なぜファシズムが勝利をおさめつつあるのか——協力、協力、協力

二〇二一年一〇月八日、ラップラーはその週、翌年五月に控えた国政選挙の立候補者による証明書の提出状況を報道していた〔フィリピンでは、たとえば大統領選に立候補する者であれば、生まれながらのフィリピン人である、四〇歳以上であるなど、一定の要件を満たしていることを記した証明書を提出しなければならない〕。それは、フィリピンの命運を決する重要な選挙だった。その日、大統領を含む一万八〇〇〇以上の公職ポストが有権者の投票で決定されるのである。

ドゥテルテは、ほかの多くの専制君主と違って、最終的にみずから進んで権力を手放すことにしたらしい。フィリピンでは、大統領の任期は六年で再選は認められていないが、一時期、ドゥテルテは副大統領選への出馬をちらつかせていた。しかし一〇月のその前の週、彼は政界からの引退を表明した。ほとんどのフィリピン人が、ドゥテルテは後継者を準備しているはずだと考えていた。娘のサラ・ドゥテルテが大統領選に出馬するという噂もあったが、本人は、自分は副大統領に立候補して、大統領は別の人物に譲ると発表した。その人物とは、フェルディナンド・マルコス・ジュニア、愛称「ボンボン」、かつての独裁者の息子だった。

ピープルパワーの最中に家族が追放されてから、そして、父親が何千人もの国民を投獄、殺害して、国庫から一〇〇億ドルもの金を略奪してから三六年近くを経て、マルコスが帰ってこようとしていた。長らく、ドゥテルテ政府による連日の情報操作のターゲットにされてきた野党の党首レニー・ロブレ

ドも、大統領に立候補するために証明書を提出した。世論の支持の高まりには、レニー自身も驚いたようだった。

選挙管理委員会が閉まるまで三〇分を切ってから、私は、インドネシアとマレーシアの独立系ニュースグループのふたりの主幹とのオンラインセミナーに出席した。セミナーのタイトルは「窮地に立たされたプレス――独立系ジャーナリズムは東南アジアで生き残れるか？」。

マニラはまたしてもパンデミックによりロックダウンされていた。コロナ禍がはじまって一九か月、それが、ドゥテルテ政府が行なってきた唯一の疫病対策だった。政府はワクチン接種の遅れを挽回《ばんかい》しようとしていた。ワクチンの供給確保が約半年遅れたからだ。(1) そしてついに確保できたとき、政府が優先したのは、入手可能なワクチンのなかでもっとも有効性の低い、中国のシノバック製のワクチンだった。接触者追跡システムは待望されたまま実施には至らず、当時上院では、パンデミックをめぐる最大の取引の一部について、収賄容疑の調査が行なわれていた。それはドゥテルテと、中国籍の友人で経済顧問でもあったマイケル・ヤンが関係するうさんくさい企業とを結びつけるようだった。(2)

すでに私に対する訴訟のうち二件が取り下げられていた。絶え間ない法廷闘争は大きな代償を強いたが、社会に出て警鐘を鳴らすという使命を阻まれてなるものかと、私は決意していた。渡航は事実上禁止されたようだったにもかかわらず、三日前には、またしても裁判所に渡航申請を提出したところだった。今回は、ハーバード・ケネディスクールに、特別研究員《フェロー》としてひと月滞在する予定だった。正面からぶつかってやりたかった。

そのとき、携帯電話が点灯した。番号を見ると、ノルウェーからだ。(3)「もしもし、マリア・レッサさんですか？」

「はい、そうです」

「オスロの、ノルウェー・ノーベル研究所のオラブ・ニュルスタッドと申します。ノルウェー・ノーベル委員会を代表して電話しています。たいへん光栄です、マリア、あなたにお伝え……」

私は目を丸くして、のけぞった。まさか、そんなことが。

「――こちらオスロの現地時間で一一時に、二〇二一年のノーベル平和賞があなたに授与されることが発表されます……」

「うっそ」。私はそうつぶやいて、ペンに手を伸ばしたが、頭のなかは真っ白だった。

「フィリピンでの、表現の自由を求めるあなたの勇気ある戦いを称えて。もうひとりの候補者とのダブル受賞になる予定ですが、いまその方の名前を明かすことはできません。まずはその方に連絡しないと……」

「信じられません」

「委員会を代表してお祝いを申し上げるに留めます、詳しくはまたあらためて。ただ、いまの自然なお気持ちを伺えたら嬉しいのですが」

「な……な、なんて言っていいのか。じつはいま別のライブ・イベントに出演中で、でも、ああ、ああ、どうしよう。言葉が出てこない。ほんとうに、ありがとうございます」。私は呆然としていた。

心臓が激しく動悸していた。すぐに、マナンたちにSignalでメッセージを送った。「やったよ！」そして、深く息を吸って、そのまま固まっていた。心臓の鼓動がますます速くなった。私がノミネートされたのはみんな知っていたが、まさかほんとうに選ばれるとは、誰も思っていなかったのだ。マナンたちからはすぐに返事がきた。「ＯＭＧ（オー・マイ・ゴッド）！」「ＯＭＧＧ（オー・マイ・グッド・ゴッド）！」いつも雄弁なマナンたちにしてはやけに短い返信だった。

二〇分後にその知らせが公に発表されると、デスク上のすべてのデバイスが――二台の携帯電話と二台のコンピュータが――けたたましく鳴り出した。私は急いで全部の音を切った。出なくていいんですか？　司会者がそう言ってくれたので、私は音声のスイッチを入れて、話しはじめた。「これは私たち全員に贈られたものです」。考えるより先に、その言葉が口をついて出た。「ああ、ちょっと、驚いてしまって。つまりですね……」。声が裏返ったが、ごまかす代わりに、いったん言葉を切って、はじめからやり直した。「失礼しました。これは、いま現在ジャーナリストであることが、私たちがやっていることを続けていくことが、どれだけ困難であるかが認められたのだと思います……困難ではあるけれど、真実を懸けた戦いに、事実を懸けた戦いに、願わくはいずれ私たちが勝利する、そのためにやってきた方法が認められたのです。私たちはこの一線を守り抜きます[4]」

それは私ひとりの勝利ではなかった。ラップラーの勝利であり、ラップラーが正しかったことが証明されたのだ――自分たちだけになってから、私たちはともに、泣き、笑い、はじけた。それでも、こんな風に感情を一気に解放することに懐疑的な気持ちもあって、今回のことで、事態はますます悪くなるかもしれないと釘を刺さずにいられなかった。みんなが喜んではしゃいでいるときに水を差すのは嫌だったが、楽観的な気分になってほしくなかった。マナンのひとりから「祝わせてやろうよ」というメッセージが送られてきた。

その評価はラップラーだけに留まらなかった。私はその年、ノーベル賞を受賞したただひとりの女性で、同賞を受賞したはじめてのフィリピン人だった。私の賞は、私の国だけでなく、グローバル・サウスに光をあてた。

それは、どれほど状況が困難になっても前進を続けるために、希望と勇気を探し求めているフィリピン人ジャーナリストたちの勝利でもあった。セブ島支局長のライアン・マカセロは私たちに呼びかけた[5]。二三歳のフレンチー・メエ・クンピオが刑務所に拘束されてすでに一年以上が経ち[6]、レックス・コルネリオというジャーナリストが、二〇二〇年五月バイクで走行中に銃撃され、殺されたことを忘れてはならない、と。そのときバイクの後部座席に座っていた妻のコリーンは、こう語った[7]。

「善良な人たちがいるかぎり、希望はあります。権力者たちは永久に権力の座にあるわけではありま

ノルウェー・ノーベル委員会の審議室にて、委員会のメンバーおよび受賞者と。左から右に、アスラ・トーヤ、ドミトリー・ムラトフ（私のうしろに立っている）、デヴィッド・ビーズリー（2020年ノーベル平和賞受賞者、国連世界食糧計画を代表して）、ベリット・ライシュ＝アンデシェン、アンネ・エンガー、クリスティン・クレメト、ヨルゲン・ワトネ・フリドネス（© Nobel Prize Outreach. Photo: Geir Anders Rybakken Ørslien）

せん。彼らが犯した悪行はいずれすべて自分に返ってくるでしょう」

正義の追求こそ、私たちがジャーナリストを志す理由だ。そして善を信じる心が、私の世界観の土台になっている。『ノーヴァヤ・ガゼータ』紙のドミトリー・ムラトフと私を認めることによって、ノルウェー・ノーベル委員会は世界中すべてのジャーナリストに、「あなたたちの痛み、犠牲、苦しみを私たちは見ている」と告げたのだ。それは、現代の情報エコシステムで爆発した透明な原子爆弾がもたらした惨状を、ジャーナリスト以外の人々も、その目で見て、実感していることを物語っていた。

私たちはあなたたちとともにある。私たちは力を合わせることができる。ノーベル委員会はそう言っていた。

ノーベル賞が発表された直後、事

実上渡航は禁止されていたにもかかわらず、裁判所から、ボストンに赴き、ハーバード大学にひと月滞在する許可が下りた。ハーバード・ケネディスクール・センター・フォー・パブリック・リーダーシップ(8)のハウザーリーダーとして、また、ショーレンスタインセンター・オン・メディア、ポリティクス&パブリックポリシー(9)の特別研究員として過ごした日々は非常に充実していた。当時、次のような疑問がしだいに私の頭を占領するようになっていった。「テクノロジーとジャーナリズムは、政治および公共政策をどうやって形成しているのか。それは、共同体を導く者にとって何を意味しているのか？　悪行がかならずその報いを受けるのであれば、未来の指導者はどうやって自分たちの価値観を決めるだろう？　あらゆる価値観がひっくり返ったこの世界で、指導者の役割とはいったいどんなものだろう？」　私はこれらの疑問に集中して取り組んだ。

いっぺんにシジフォスとカッサンドラになったような生活を送りながら、つねにラップラーと訴訟のことが心に重くのしかかっていた。とはいえ、ノーベル平和賞を受賞したことで私は、自分の言葉に耳を傾けてくれる世界に何を伝えたいのか、あらためて考えを見つめ直し、整理する必要に迫られた。ハーバード大学での刺激的な会話と探究に没頭しつつも、あらたな文脈のなかで、いくつかの考えをもう一度見直した。とりわけ素晴らしかったのは、ショシャナ・ズボフと過ごした時間だ。かねてより私は彼女の著作に深い感銘を受けていた。これまでほぼ一年以上にわたって「真のフェイスブック監督委員会」などの場所で一緒に活動してきたのだが、今回ズボフは、メイン州にある絵画のように美しい湖を望む自宅に招待してくれた。一緒に散歩しながら、彼女は自分の世界観とこれまでの経験を詳しく教えてくれた。そのなかには、当時は男性優位だったハーバード・ビジネススクールで、女性としてははじめて終身雇用を保証された教授になったときのことなど、はじめて聞く話もたくさんあった。会ったときは名誉教授として、包括的なインターネットのヴィジョンを形成する――そして破壊する――パターンと傾向について、研究と講義を行なっていた。

ショシャナによれば、ほかのすべての問題は、「一次抽出」という原罪から生じた雑音と副産物に過ぎないのだという（これらの用語もすべて彼女が考案したものだ）。ショシャナはこれらの用語を使って、ソーシャルメディア企業が、機械学習と人工知能を使って、私たちの個人的な活動や生活を手に入れている仕組みを説明した。これらの企業は、私たちの個人データを収集・組織して、ひとりひとりのモデルを構築し、挙げ句の果てに、これは自分たち企業が所有する資産だと公然と言い放ち、こうした資産を使って、私たちをこっそり操作するアルゴリズムを開発して儲けているのだ、と。彼らは見返りをいっさい提供せず、私たちに許可を求める義務も負わない。一次抽出は、奴隷制にも匹敵する道徳的に言語道断な行ないだとショシャナは言う。彼女は一次抽出を法律で禁止するように訴えている。この原罪がただされれば、それが作り出しているほかのすべての問題にも、連鎖反応的に生じている安全・競争・プライバシーを含む不具合にも対処できるようになる。(10)

ショシャナと話していて、私は「最初のフォロワー理論」〔社会的運動には、リーダー以上に、リーダーに続く最初のフォロワーが重要だとする説〕と、リーダーをフォローする人たちは、往々にしてリーダーのリスクを引き受けるという事実を思い出した。多くの人が、すでに二〇一六年の段階で警鐘を鳴らしていたが、テクノロジーとビジネスを結びつけて、「監視資本主義」と命名し、権力と金を呼び込み、人を刺激して駆り立てるシステムであると解き明かしたのはショシャナだった。私たちはいま第三段階にいるとショシャナは感じていた。たしかに世論は、とりわけ、フェイスブックの内部告発者フランシス・ホーゲンが衝撃的な内部文書を公表したあとでは、かなり前進していた。それでも、最前線で戦っている私たちのような人間にとっては、まだ充分ではない。無為に終わった一日はすべて、私や、私と同じ境遇に置かれた人たちにとっては、正義が行なわれなかった一日なのだ。

ショシャナと私は、ああでもないこうでもないと絶えず活発に意見を出し合い、押したり引いたりした。大局を見るべきか、それとも、細かい経験に注目すべきか。重要なのは、いまか、それともこれからの一〇年か。最終日はテラスで、パチパチとはぜる炎を見つめながら一緒に過ごした。世界はいま何をするべきなのかという私の問いへの答えを考えながら。私は、フェイスブックやユーチューブのようなプラットフォームに、手っ取り早く実行に移させることが可能な方法を見つけようとした。ショシャナはあらゆる提案に耳を傾けたうえで、私が勧める方法のどこがまずいのか、ビジネスモデルそのものを直接攻撃する以外に、真の変化を実現することができないのはなぜかを説明してくれた。私も頑固だが、彼女も負けていなかった。

「制度としてのジャーナリズムは、二一世紀仕様に生まれ変わる必要がある」とショシャナは言った。「デジタル世界でジャーナリズムをどう実践する？ それは監視資本主義ではない――あなたたちは監視資本家たちと、監視による配当をめぐって競争しているのではないから。彼らがいまやっているのはそれだ。彼らはそのやり方しか知らない」

「そして私たちはいまそこに流れ込んでいる。彼らのシェアボタンを使って、自分たちのもっとも貴重な資源を、すなわち人との絆を彼らに与えている」。私は考えを声に出して言った。「それはジャーナリズムの質も低下させている」。ずっと前から私は言い続けてきた。ジャーナリズムをページ閲覧数に降格させることは、自分たちの仕事を商品化することにほかならない、と。私たちのジャーナリズムは、正反対のインセンティブに報いるソーシャルメディアで拡散されるようになってから、到達範囲《リーチ》が狭まってしまった。なぜなら私たちには、憤怒を利用して競争することはできなかったから。それは私たちの倫理規定マニュアルに反するから。

「ジャーナリズムは、ソーシャルメディアのために自己最適化を強いられている」。ショシャナが私の考えを引き取った。いまやソーシャルメディアがジャーナリズムを形成していた。たとえば、フェイスブックは広告主や出版社に、これからは動画がますます配信されるようになるので、世界中のニュースグループはすでに編集スタッフを解雇して動画チームを雇っている、広告主はフェイスブックに動画で広告を載せていると言った。ただしフェイスブックは嘘をついていた。フェイスブックは、動画の閲覧数を九〇〇パーセントも水増ししていた。(12)そして、内部文書によれば、その間違いについて嘘をつき、そのことを一年以上も隠していた。

「結局のところ、どのジャーナリズムが生き残るかを決めているのは監視資本主義なのだ」。ショシャナがぴしゃりと言った。

テック系企業は、民主主義を破壊するだけでは満足しない。放置しておけば、彼らはさらに多くを破壊できる。

私が自分の自由と安全を懸けて文字どおり戦っているあいだ、私の国の過去は、情報操作によってなし崩しにされ、作り替えられていった。白昼堂々と、歴史はなぶり殺しにされた。独裁者の息子の台頭において何より目覚ましい、あるいは気がかりな役割を果たしたのは、人々の心にまかれたメタナラティブの種と見え透いた嘘だった。

二〇二二年二月八日火曜日、ピープルパワーによってマルコス一家が亡命を余儀なくされてから三六周年の節目にあたる月に、フェルディナンド・マルコス・ジュニアが大統領の最有力候補として選挙活動を開始した。(13)彼の父親が圧政を敷いていた時代の言葉、スローガン、歌を使って。巨大なLEDスクリーンをバックにした広いステージに、マルコスの戒厳令を賛美する一九七〇年代の歌、「バゴン・リプナン（あらたな社会）」が、若者向けにヴァージョンアップされて響き渡った。(14)(15)「生まれ変わったあらたな命／あらたな国、あらたな道／あらたな社会で！」(16)父親は戒厳令を「立憲主義的権威主義」と呼び、改革のため、「あらたな社会」の建設のために必要な措置だと言った。こんにちにいたるまで、彼は「政府内最大の盗賊」(17)のギネス世界記録保持者だ。手の込んだ盗賊政治のあいだに国庫から吸い上げた一〇〇億ドルを何より象徴するのが、イメルダの靴コレクションだ。二〇二〇年末の時点で、マルコスが盗んだ金のうち返還されたのはわずか三四億ドル。人権に関しては、七万人が逮捕され、三万四〇〇〇人が拷問を受け、三二四〇人が殺害されている。

フェルディナンドとイメルダ・マルコスのひとり息子について、私の脳裏に焼きついている二枚の写真がある。どちらも家族が亡命する直前に撮影されたもので、一枚の写真では、戦闘服を着た若きボンボンが宮殿のバルコニーに立ち、銃を一丁、ズボンに突っ込んでいる。もう一枚の写真では、ボンボンは大統領専用ヨットでパーティを開いている。頬にはフィリピンの国旗がペイントされている。いま、ステージに立つ彼は六四歳。父親とそっくりの格好をしている。一九六〇年代風のシャツとパンツ、髪型もまったく同じだ。三時間近いイベントは、歴史を、過去と現在を歪めるものだった。マルコスは実のある話はほとんどしなかったが、「結束」を訴える基本的に非の打ちどころのない陳述を利用した。二〇分間の演説のあいだに、「結束」を意味するフィリピノ語が二一回出てきた。かつて彼の母親が言っていたのを聞いたことがある言葉も出てきた。過去のなかのいまこの時はおそろしい。それは情報工学がデジタル・ポピュリストの台頭を、とくに圧政的な過去に関係した人物の台頭をどうやったら後押しできるかを教えてくれる。

ボンボンに政治家としての適性はあるのだろうか？　彼の父親でさえ日記のなかで、息子の放蕩《ほうとう》ぶりと無軌道な生活を嘆いていた(18)。とはいえ父親は二三歳のボンボンを、自分の地盤である北イロコス州（マニラの約四四〇キロ北に位置する）の副知事に就任させた。姉のアイミー・マルコスは無職の弟について冗談めかしてぼやいていた(19)。たしかに、政治以外に、一四年間一度も仕事に就いたことがないようだ(20)。ボンボンは、一九九二年にはじめて下院議員に当選し、その後州知事になった。一九九五年には全国区の選挙に出馬して敗退したが、二〇一〇年に上院議員になった。

二〇一六年、ボンボンは副大統領に立候補して、三〇万票弱の差で敗れたが、それは大統領選に打って出るための理想的な布石になった。母親のイメルダは、大統領になることはボンボンの「運命」

なのだとずばり語っている。[21] フィリピンからけっして消えることのなかった利益誘導型の同盟関係を通じて、ボンボンの大統領への道は現場で入念に準備され、ソーシャルメディアが最後のひと押しをした。

二〇一九年、ラップラーがマルコスのプロパガンダ工作を特集したシリーズ三部作で暴露したデータがあるにもかかわらず、こんにちにいたるまで、マルコスは「ネットの荒らし」とのいっさいの関係を否定している。[22] ソーシャルメディアのアカウントを使ったメッセージは、もっとあからさまに、過去の改竄に着手した。はじめに、彼はオックスフォード大学やペンシルヴァニア大学ウォートン・スクールの学歴について繰り返し詐称した。ラップラーが単独でその嘘をすっぱ抜くと、[23] 彼の事務局は、上院のウェブサイトに掲載されていた履歴をこっそり変更したが、ボンボンはますます嘘をつくようになった。[24] ドナルド・トランプやマーク・ザッカーバーグを含む多くの人が学んできたように、ソーシャルメディアを使えば嘘をつくのは簡単だった。

彼の偽情報ネットワークは、コピー&ペーストしたコメントで人気のページやニュースグループを乗っ取ることもした。そうやって、かねてより宿敵と見なされていたアキノ家のレガシーを少しずつ解体し、反対にマルコス家のイメージと役割の回復に努めた。マルコスのネットワークは、複数のウェブサイト、フェイスブックのページやグループ、ユーチューブチャンネル、ソーシャルメディアのインフルエンサーを総動員して大々的にプロパガンダ活動を行ない、マルコス政権の乱暴狼藉《ろうぜき》の数々、盗賊政治、人権侵害については、数字を控えめに言ったり、真っ赤な嘘をつく一方で、業績については誇張し、批判者、ライバル、主流メディアを中傷した。

フェイスブックにマルコスのページを立ち上げる準備は、イメルダ・マルコスがマルコス家の誰かが大統領に返り咲くとほのめかした直後の二〇一四年にはじまっていた。[25] 同年、マルコス・ジュニアは、フィリピンで人気のある「ピノイ・ラップ・ラジオ」というフェイスブックのページに投稿して、マルコス一家が国の富を盗んだという証拠はいっさいない、自分の母親は「汚職を疑われたすべての訴訟に勝利した」と主張した。どちらの発言も嘘だった。

　にもかかわらず、二〇一八年一一月一五日にラップラーがその投稿を発見して、ファクトチェックにかけるまで、彼の発言は三三万一〇〇〇回シェアされ、三万八〇〇〇件のコメントが付けられ、三六万九〇〇〇件のリアクションを集めていた。その投稿は、エコーチェンバー（残響室という意味。閉鎖的なコミュニティで、価値観の似た者どうしが交流し、共感し合うことによって、特定の意見や思想が増幅される現象）と化したもののなかで四年間、何のチェックも受けないまま拡散されていた。エコーチェンバーの住人たちはいまもその嘘を信じている。ファクトチェックの到達範囲《リーチ》は悲惨なもので、三五〇〇回シェアされ、二一〇〇件のコメントが付けられるに留まった。

　このことから、プロパガンダのネットワークが、歴史の書き換えになぜこれほど有効なのかがわかる。嘘は、そのあとで行なわれるファクトチェックよりもはるかに拡散される。そして、嘘が暴かれるころには、嘘を信じる人々はたいてい自分の意見を変えようとしなくなっている。それは、世界のほかの国々でソーシャルメディアが人間の行為に与える影響と一致する[26]。

　マルコスのネットワークは、ドゥテルテの偽情報およびプロパガンダのネットワークと連携して、共通の目的を達成するために共通のテーマを利用した。二〇一八年を迎えるころには、フィリピンのフェイスブックの情報エコシステムの中心は、マルコス＝ドゥテルテ・ネットワークに支配され、報道機関は片隅に押しやられていた。これらのネットワークの主張の多くは、間違いであることがファクトチェッカーによって証明され、二〇一八年に、その一部は「組織的不正行為」としてフェイスブックによって削除された[27]。その年、フェイスブックで急成長したサイトのひとつが「デイリー・セントリー」だ。「デイリー・セントリー」はロシアの偽情報へのリンクをラップラーに暴かれて[28]（このサイトがラップラーの最大の攻撃者なのは偶然ではない）、削除された。二〇二〇年、マルコスのイメージを美化し私たちジャーナリストを攻撃していた中国の情報操作も、フェイスブックによって停止される。それにもかかわらず、マルコスのネットワークは成長を続け、フィリピンの主流メディアをはるかにしのぐ規模でコンテンツを製造し、増幅させている。(29)

二〇二一年、マルコスが大統領選への出馬を宣言したときにはすでに、マルコスのネットワークはソーシャルメディアを支配していた。マルコスが、当初、フェイスブックの広告にいっさい金をかけず、厄介な質問をすると思われるジャーナリストとの討論やインタビューを拒絶してきたのはそのためだろう。(30)誰にも勝利する必要などなかったのだ。すでに視聴者をがっちりつかまえていたのだから。三五年前の問題について話をする時代は終わりました、と彼は言った。選挙活動の幕開けとなる二〇分間のスピーチで、彼はいっさい綱領を示さず、出馬の経緯と理由にも触れず、もちろん、彼の父親の下で数千人が殺害され、数百万人が失業し、国が数兆ペソの借金を背負った事実、そうしたすべてに付随する汚職スキャンダルにもいっさい触れなかった。その代わりに、輝かしい未来を繰り返し描いてみせて、フィリピンをふたたび偉大な国にすると約束した。

いまや私たちの情報エコシステムが世界的問題を抱えているのはあきらかだった。私たちの世界をひっくり返しつつあるテクノロジーとどうやって戦えばいいのか、私は二〇二〇年を通じてほぼそのことばかり考えていた。そして、世界のほかの国の人々も、フィリピンのラップラーの経験にいま一度目を向ければ、自分たちが置かれている政治的文脈、状況、そして反撃の方法について考える手立てになると思い至った。

ほかの国にいる人々も、私たちが掲げる三本の柱、テクノロジー、ジャーナリズム、そして、反撃しながら前進する共同体について、同じように対処してくれることを願っている。

第一に、私たちはテクノロジーに説明責任を要求しなければならない。(31)それには、政府に腰を上げてもらう必要がある。ソーシャルメディアを運営する企業は、一般市民の圧力や激しい抗議の声など、無視してかまわないと考えているのだから。ただし、法律を整備する以外にテクノロジーと戦うには、テクノロジーを利用するしかない。その一環として、私たちがラップラーで構築し展開している「ライトハウス（灯台）」は、事実をめぐる公開討論を保存しようと努力するジャーナリストたちによって構築されたテクノロジー・プラットフォームだ。

第二の柱が、調査ジャーナリズムの保護と育成だ。その世界的取り組みのひとつが、私も設立に尽力した、「インターナショナル・ファンド・フォー・パブリック・インタレスト・メディア（公益メディアのための国際基金）」だ。世界中のニュースグループの広告収入の落ち込みに対して、即効性のある中短期的解決策となるだろう。あなたが民主主義を信奉する政府なら、重要だと思うものにお金をかけよう――そこが狙いだ。政府開発援助（ＯＤＡ）基金が〇・三パーセント増えれば、ジャーナリズムのためのあらたな資金が確保される[32]。

財的支援に次いで、ジャーナリストたちに必要なのは保護だ。まずは法律からはじめよう。「免責《インピュニティ》」を止めなくてはならない。アマル・クルーニー、キーリン・ギャラガー、コヴィントン法律事務所のチームと活動して、世界中のジャーナリストにとって、法律の保護がいかに脆弱であるかがわかった。多くの点で、弁護士たちもいたちごっこに終始している。民主主義国の公的な政府開発援助基金と同様、国際法を整備するための、足並みをそろえた組織的取り組みが必要だ。事実が得られなければ、必然的に、法律も、民主主義も得られないのだから。

身体的嫌がらせ、暴力、女性嫌悪、ヘイトスピーチ、こうした昔からある脅威には法律の力がおよばない。専制君主たちはテクノロジーを巧みに利用して、ジャーナリストや人権活動家の身辺を嗅ぎ回っても、罪に問われることはない。さらに、彼らは互いに学習して、独裁の戦略を洗練させ、欧米が道具箱から取り出してくる時代遅れの措置から互いを守っている[33]。ベラルーシ、ミャンマー、ベネズエラ、トルコなどの国々に経済制裁を科しても、ロシアや中国のような国が支援に駆けつければ、効果は半減する。民主主義的価値観を信奉する国々には、あらたな規範《パラダイム》が必要だ。非自由主義的な国々が力を結集して、国連やユネスコのような国際機関を弱体化させているのだから。

　第三の柱のために、私たちは、活動のための、どんどん大きくなっていく共同体の建設を続けている。合い言葉は、協力、協力、協力。まずは最前線にいるジャーナリストを守るために、世界中で協力しよう。そのために、ジャーナリスト保護委員会、ジャーナリストのための国際センター、国境なき記者団が、八〇を超える、報道の自由、メディア、市民社会団体を呼び集めた。「#HoldTheLine Coalition（「#一線を死守する」連合）」と呼ばれる活動[34]は、ラップラーを支援するために結成されたが、現在は世界中で支援を必要としているすべてのジャーナリストたちに手を差し伸べている。その後、活動の範囲はさらに広がり、人権活動家を狙った不正行為にも注目を呼びかけている。

　二〇二一年にも、私たちは連合組織を作り続けた。「#CourageON（#勇気をオンに）」は、オンライン攻撃が現実世界の暴力に発展する過程を実際に目にした多くの人権団体を結びつけた。八五を超える団体が結束したことによって、ともに立ち上がることには力があることを私たちは証明した。同年半ばに、私たちは「#PHVote Coalition（「#PH投票」連合）」を立ち上げて選挙に備えた。

　しかし一一月を迎えるころには、それだけでは足りないことがわかった。私たちには「緊急時対応」の手段が必要だった。そこで、自分たちが目にしているデータと調査結果、そして、これまでの経験を土台にして、社会が一丸となった取り組みができないかと考えるようになり、自分たちの共同体に活動を呼びかけてみた。ハッシュタグは「#FactsFirstPH（#事実ファーストPH）」[35]。

　私たちは事実からはじめている。二〇一六年以来、私は主要なニュースグループに、事実を守るために共同戦線を張ろうと呼びかけていた。しかしフィリピンでは、その構想は競争によって阻まれ、メディア全体が大打撃を被った。ドゥテルテ＝マルコスの偽情報ネットワークによって、情報操作は情報戦争と化し、報道機関は片隅に追いやられてしまった。私たちの目標は、自分たちのデジタルフットプリントをひとまとめにすることだ。

まずはラップラーの意識改革が必要だった。自社の利益のためだけに活動するのではなく、これまでに得た教訓を活かし、ライバルと共有した。自分たちの会社にとってはリスクだが、民主主義を懸けた戦いにおいては、正しい道徳的選択であるように思えた。そのなかには、私たちの視聴者の六四パーセント以上に、検索エンジンから到達する方法も入っている。[36] 私たちは、ソーシャルメディアが、実際にはジャーナリズムの質を低下させていると気づいた時点で、ソーシャルメディアから、検索エンジンに切り替えていた。

こうして私たちは、データのパイプラインによってつながった、連携する四つの層を作り出した。このシステムが機能すれば、より短時間で、嘘を訂正し、市民社会の活動を促し、法制度は「免責《インピュニティ》」を阻止できるようになるだろう。私は、規模、影響、抑止という三つの目標を定めた。

土台にあるのは、もはや風前の灯火も同然のジャーナリズムの核心、ファクトチェックだ。フィリピンの四大ニュースグループ、ABS－CBN、ニュース5、インタラクシオン、ラップラーがしっかりと連合を支え、そこに、フィリピン全土の農村や地方都市のニュースグループが加わる。ニュースグループがファクトチェックを終えると、私が「メッシュ（網）」と名づけた第二の層に移る。ここでは組織のメンバーひとりひとりが、ファクトチェックを終えた記事を受け取り、情報源がどのニュースグループかを明記したうえで、再投稿や転用を行なうことができる。ニュースグループの社会的な投稿もシェアされることになっている。それによってふたつの目標が達成される。互いのサイトにリンクを張ることでつながれば、グーグル検索の順位があがる。一方、記事をシェアすることが合図になって配信が行なわれる。

「#FactsFirstPH」プロセスの第二の層には、市民社会団体、人権団体、NGO、経済団体、教会が参

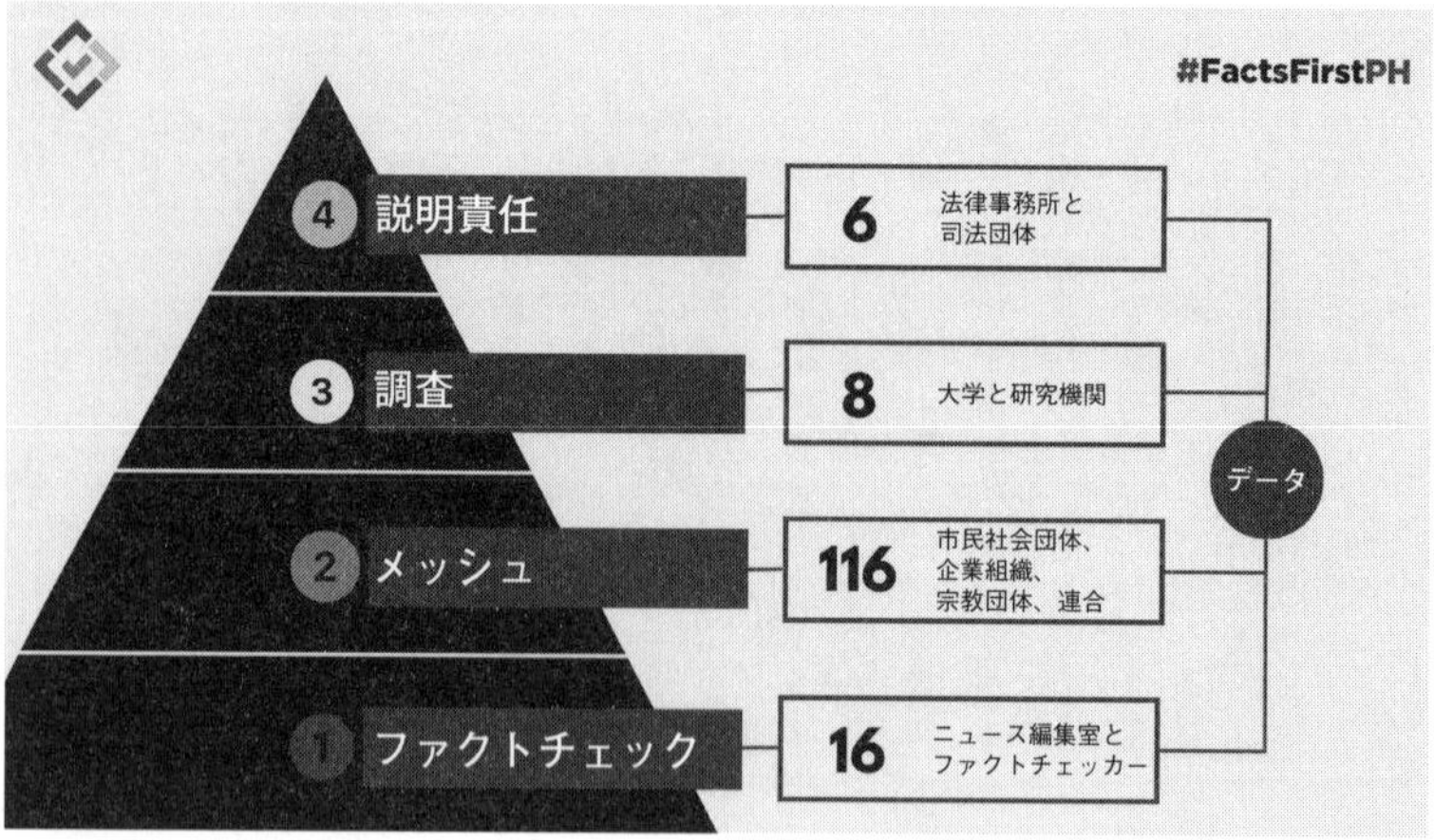

加している。全部で一〇〇以上にのぼるこれらの団体は、事実を受け取り、自分たちの共同体に、感情を込めてシェアするようにという指示をつけてその事実を増幅させる。連携するメッシュのおかげで、私たちはリアルタイムで議論したり、協力したりできる。それは、アルゴリズムによる増幅を強化させ、私たち全員がともに立ち上がり、ファクトチェックされた事実をより広い範囲に確実に拡散することを可能にする。

　第三層は少なくとも七つの偽情報調査グループによって構成される。これらの団体は、データを集め、内容を分析し、公共空間がどのように操作されているかをあきらかにした報告書を毎週発表する。このアイデアの源になったのは、二〇二〇年の大統領選挙に備えてアメリカで結成された「選挙のインテグリティを実現するプロジェクト」だ。[37] このグループを、第一、第二の層とつなぐことで、行動するまでの時間を短縮するだけでなく、さらなる協力を促し、さらに広範囲に配信することを可能にするはずだ。二〇二〇年三月から五月にかけて、調査団体は二一の週間報告を発表して、自分たちがどのように操作されているか、誰が利益を得て、誰が攻撃されているかをあきらかにした。

最後に、あまりにも長いあいだ沈黙していた重大な層があった。弁護士たちだ。法の支配を維持し、説明責任を追及することに邁進する団体である。「偽情報反対運動」、「フィリピン統合弁護士会」、「フィリピン弁護士協会」、「自由司法支援団体」、この法律的層は、攻撃にさらされている人々に保護を提供すると同時に、戦略的かつ巧妙な訴訟を起こして、プラットフォーム設計選択のための体系的な法律的解決方法を模索している。

このシステムはうまくいくだろうか？　わからない。しかし、二〇一一年八月に、フェイスブックの一ページとしてラップラーを立ち上げたときだって、うまくいくかどうかはわからなかった。テクノロジー・プラットフォームから現実的な解決策がいっさい示されていない以上、何の手立ても講じないまま降参するわけにはいかない。私たちの国の選挙のインテグリティが懸かっているのであれば、なおさらだ。魔法のようにぱっと解決策が現われるわけがないとはわかっていた。だから、自分たちにできる最善を尽くす。私たちは行動する。毎日このプロセスを繰り返す。それが、これまでのところ自分たちにできる唯一の集団防衛策であり、解決策を見つけるには行動あるのみ、なのだから。

私たちが活動に着手したときには、すでに大統領選の投票日まで残すところ約一〇〇日、そして嘘が事実より早く拡散することはあきらかだった。メディア、市民社会、教会、学術組織、経済界、法曹界の一四〇以上の団体が団結した。それは、偽情報と戦い、自分たちの選挙のインテグリティを確保するための社会が一丸となった取り組みだった。

準備に三か月近くかかったものの、それはわくわくする取り組みだった。私たちはもはやただの被害者ではなかったのだから。それは国を挙げて新規事業を立ち上げるのにも似ていた。私たちには協力者もいた。グーグルニュースイニシアティブ〔二〇一八年にグーグルが立ち上げたプロジェクト。フェイクニュース対策、メディア企業の収益増支援などに主眼を置く〕とサンフランシスコのスタートアップ企業ミダンだ。このふたつの組織は、ピラミッドの層と層をつなぐテクノロジーとデータ・プラットフォームを提供してくれた。[38] 取り組みがはじまったときは胸が躍った。みんながそこに参加していた。

成功の最初の兆しは、私が「アベンジャーズ、集結せよ《アッセンブル》」と呼びかけたときから二週間後に現われた。法律の武器化を進めてきた検事総長ホセ・カリダが、ラップラーと選挙管理委員会を相手取って、ラップラーは選挙を操作しているとして、ファクトチェックの「事前規制」を求める上申書を最高裁に提出した。[39] 私たちは、彼の申し立てを受けて立ち、自分たちの共同体をさらに拡大して、有機的な網《メッシュ》と事実の配信システムを作り上げることに成功した。

うまくいったか？　言うまでもない。データがその事実を証明している。

あなたの国でも遠からず国政選挙が控えているのであれば、一年前には「#FactsFirst」ピラミッドを組織することをお勧めする。最低でも半年は必要だ。

それから世界は劇的に変わった。二〇二二年二月二四日、ロシアがウクライナに侵攻した。その翌日、ピープルパワーの三六周年記念日、人々がマルコスを独裁者の座から追放したその日、レニー・ロブレドの決起大会には大勢の群衆が続々と詰めかけた。ウクライナもロブレドも、長いあいだ、偽情報のターゲットとされていた。しかしその後数週間のあいだに、生身の人間が集まって行動を起こしたことがきっかけで、潮の流れが変わり、ひと筋の希望と光が見えてきた。

ウラジーミル・プーチンは、二〇一四年にクリミアを侵略して、ウクライナの領土を併合したとき、のちに世界中で利用される二股作戦を用いた。それは、都合の悪い事実を隠蔽・抑圧し、そのあとで自分が望んでいるメタナラティブと置き換えるという作戦だ。そのとき彼が広めようとしたナラティブは、ロシアの敵は反ユダヤ主義のファシストで、クリミア人とウクライナ人の悲願であるロシアとの統一を阻んでいるというものだった。

八年後、プーチンは同じメタナラティブを使ってウクライナを侵略し、ロシア人とウクライナ人両方の現実を引き裂いた。プーチンにとって計算外だったのは、元俳優でコメディアンのウォロディーミル・ゼレンスキー大統領が、ウクライナを去ろうとせず、国民に戦うように呼びかけたことだった。たったひとりの男性の決断が、プーチンの計画を狂わせ、ウクライナのみならず全世界の人々を奮起させた。

フィリピンでは、各地の都市で開催されたレニー・ロブレドの選挙集会に数万から数十万の人々が集まり出し、わが国ではかつてなかったほどのボランティア精神が発揮された。[40] 偽情報と戦うために、人々は有権者の家を一戸一戸回りはじめた。

こうして三月は行動の月となった。私たちの「#FactsFirstPH」ピラミッドへの参加者も、ロブレドの選挙活動に参加するボランティアの人数と並行して増大した。

しかし、それだけでは足りなかった。

集票組織から封建的な利益誘導型の政治システムに根ざした同盟関係まで、数十年かけて準備された組織的実行力に立ち向かうには、情熱だけでは足りない。ウクライナの戦争は長期化し、厖大な数のウクライナ人が犠牲となり、国外に逃れている。そして、二〇一四年以降に作られた情報操作とオンラインネットワークは、副大統領候補のサラ・ドゥテルテと連携して、マルコスをフィリピンの政権の座に返り咲かせた。

二〇二二年五月九日、フィリピンで、避けられなかった事態が現実となった。

忘れないでほしい。私たちが向かう場所に、あなたたちも向かっていることを。

「権力に抗う人間の戦いとは、忘却に抗う記憶の戦いにほかならない」とミラン・クンデラは記した〔『笑いと忘却の書』〕。

私たちは、インターネットに出回る複製された記事や画像に大笑いして、自分たちの歴史を忘却していく。私たちの生物学的機能、脳や心臓さえも、ニュースを配信し、事実より嘘の配信を優先させるテクノロジーによって、知らず知らずのうちにまるごと攻撃されている——計画的に。

私は歴史の周期を幾度か生き延び、右に左に激しく揺れる振り子が、最終的には安定してあらたな平衡状態を見出す様子を記録してきた。ジャーナリストが公共の情報エコシステムの門番だった時代には、振り子の周期は数十年単位だった。テクノロジーがその役目を奪い、私たちの感情の安全装置を守る責任を放棄すると、歴史が数か月単位で変わる場合さえ出てきた。感情を通じて記憶はいとも簡単に書き換えられるようになった。

それが現実に起きたとき、権力に対して働いていた旧来の抑制《チェック》と均衡《バランス》は破壊され、世界は一変した。私たちが選挙で選んだ無能なポピュリストは、私たちの恐怖を煽り、私たちを分断して互いに敵対させ、おそれ、怒り、憎しみを焚きつけ、それらを糧にした。彼らは自分によく似た役人を重要なポストに就けた。彼らの目標はよい統治ではなく権力だった。シロアリが木材を食い荒らすあいだ、私たちは足下の床がいつ抜けてもおかしくない状態になっていることに気づかなかった。こうした指導者たちは権力闘争にしか関心がなかったので、地球規模の対応が必要な人類の存続に関わる問題は無視した。

テクノロジーがこうしたすべてを単独で行なったわけではない。テクノロジーは、自由主義的進歩がこの数十年のあいだに積み上げてきた薪を燃えあがらせる燃焼促進剤の役目を果たしたに過ぎない。つまるところ、あらゆる運動には、同じ大きさの、逆向きの力が働く。ニュートンの運動の第三法則。私たちが進歩的になればなるほど——女性の権利、同性婚、より多元的な社会が実現されればされるほど——現実に存在したためしのない単純素朴な社会を回顧する声が強まる。バラク・オバマの当選は、同じ大きさの、逆向きの力を生み出した。激しい嵐のなかからファシズムが、「グレート・リプレイスメント」というあらたな名前で甦った。それがどのようなものかは、二〇二一年一月六日に起きた連邦議会議事堂襲撃事件について調査する、下院特別委員会の聴聞会の様子を見ればわかる。

こんにち、次々と登場する右翼ポピュリストの指導者たちは、ソーシャルメディアを使って、現実に疑問を投げかけ、これを破壊し、途方もない数の嘘をばらまいた上で、人々の憤怒と猜疑心《さいぎしん》を煽る。こうして、いまやファシズムは日常化し、政治的憤怒はテロリズムと合流して、群衆暴力へと発展していく。

こうした考えは歴史上何度も繰り返され、そのたびに暴力的な結果をもたらした。ベニート・ムッソリーニ、クー・クラックス・クラン〔KKK。アメリカで南北戦争後に生まれた白人至上主義的秘密結社〕、『わが闘争』を書いたアドルフ・ヒトラー。『わが闘争』の一節を引用しよう。「こんにちユダヤ人によって、疫病のごとき血の不純化が組織的に行なわれているにもかかわらず、わが国の数十万の民はこれになんの注意も向けていない。われらの国体に寄生するこれらの黒色人種は、われらが無垢なる金髪の婦女子を組織的に堕落させ、そうやって、この世ではもはや取り返しのつかない何かを破壊している」

二〇二二年五月、まったく同じことをハンガリーの首相オルバン・ヴィクトルが繰り返した。その国家観には「グレート・リプレイスメント」が組み込まれている。「私に言わせれば、ヨーロッパの人口が大幅に入れ替わるのは、つまり、ヨーロッパ人の、キリスト教徒の子どもが足りないぶんをよその文明からやって来た大人で――移民で――埋め合わせようというのは、自殺行為に等しい」(41)

その同じ週に、オルバンは、ハンガリーではじめて開催されたアメリカ保守政治行動会議(CPAC)の主賓としてスピーチを行ない、大西洋両岸の極右を結びつけた。当時行なわれた世論調査では、共和党党員の五九パーセントが、共和党の予備選挙が現時点で実施されるなら、ドナルド・トランプに投票すると回答した(42)。

その前兆はあった。一連の銃乱射事件だ。インターネットで過激化しファシストを名乗るようになった、ノルウェーのオスロ、ニュージーランドのクライストチャーチ、ニューヨーク州バッファローの銃乱射事件の実行犯たちの犯行声明には「グレート・リプレイスメント」が組み込まれていた。

この傾向は今後しばらくますますひどくなっていくだろう。


それでは、独裁者に立ち向かうにはどうすればいいだろう。

これまでにあきらかにしてきた価値観を受け入れるのだ。それは本書各章のタイトルにもなっている。すなわち、正直になり、鎧を外し、相手の立場になり、感情に流されず、恐怖を受け入れ、善を信じるのだ。ひとりでは立ち向かえない。チームを作り、自分の影響力がおよぶ範囲の足固めをする必要がある。明るく輝く点と点をつないで、網を編んでいこう。

「私たち対彼ら」という考え方はやめて、相手の立場になろう。「人にしてもらいたいと思うことは何でも、あなたがたも人にしなさい」。テクノロジーによって、人間には相違点より共通点のほうがはるかに多いことが証明された。テクノロジー・プラットフォームは、国籍や文化に関わりなく、人間の生物学的機能をこっそり操作しているのだから。「グレート・リプレイスメント」と呼ばれるものであろうとなかろうと、ファシストのイデオロギーは均質性を重視する人々を国内の敵と、すなわち民主主義とその理想をつねに擁護する人々と戦わせる。それは欧米にかぎらず、インド、ミャンマー、スリランカ、フィリピンでも起きている現象だ。どの国にも例外なく、「私たち対彼ら」という考え方に基づいて集団暴力を奨励する「ポル・ポト」がいる。

二〇一八年にワシントンDCで、私は未来に、政府に、政治家たちに訴えた。「権力を手に入れるために、人間の本性の最悪な部分を操作しないでください。そんなことをすれば、次の世代にハンディを負わせることになるのですから」。彼らは耳を貸さなかった。権力に通じる確実な道をなぜあきらめなければならないのか、と。ソーシャルメディア・プラットフォームに私は訴えた。「あなたがたのビジネスモデルは社会を分断し、民主主義を弱体化させています。パーソナライゼーション〔インターネットを通じてユーザーの情報を取得・解析し、個々人に合った広告の配信、商品やサービス、コンテンツなどの紹介を行なうこと〕は、私の現実とあなたの現実は違うと言い、私たちみんなが自分の現実を持つことを可能にしています。しかし、これらの現実はすべて公共空間で共存するものでなくてはなりません。互いの事実に合意できなくなるまで、私たちを引き裂いてはなりません」。彼らは耳を貸さなかった。そしていま、状況はますますひどくなっている。私はジャーナリストと活動家に頼んだ。最後までこの道を貫こう、と。私たちはそうしている――多大な犠牲を払いながら(43)。

私はと言えば、苦労することもある。仕事を止めなかったので、渡航する自由を失った。いまも七つの訴訟を抱えていて、残りの人生を刑務所で送る可能性があるため、人生設計が立てられない。それでも、こんな世界で生きるのはごめんだ。世界はもっと良い場所でなくては。私たちには、もっと良い世界に生きる価値があるのだから。

ノーベル賞受賞記念講演で私は、私たちの民主主義を、自由を、平等を、ひとりひとりが守っていこうと訴えた。具体的にどうすればいいのか、それを説明しようとしたのがこの本だ。個人的な問題から政治的な問題、個人的な価値観から、集団で活動するためのピラミッドまで、反撃する方法を紹介した。解決策はある。長期的に見て、もっとも重要なのは教育だ。だからいますぐ取りかかろう。中期的には、ヴァーチャル世界に法の支配を回復するための法整備と政策が必要だ。私たちを引き裂くのではなく、私たちをつなぐインターネットのヴィジョンを作ろう。短期的には、いま、私たちが立ち上がるしかない。合い言葉は、協力、協力、協力。そして、協力は信頼からはじまる。

簡単にはいかないだろう。自棄《やけ》を起こして、現実から目を背けたくなるときもあるだろう。けれどあきらめてしまったら、私たちの世界の破滅に手を貸すことになる。あなたの子どもたちは操られ、彼らの価値観は破壊され、地球は荒廃するだろう。いまこのときに地球の未来が懸かっている。

自棄になりかけていたとき、トゥインク・マカライグのエッセイが私を目覚めさせてくれた。死期が近いと知りながら、トゥインクは戦うという選択をした。私のために、フィリピン人のために、より大きな善のために。自分を哀れんでなんかいられない。いまこそ、行動に移るときだ。

あなたを信じている。

私たちを信じている。

エピローグ

ときには人生をさっと通過しなければならないことがある。表面をさっと滑って通り過ぎる。じっくり味わうにはつらすぎるから。そうやって進み続ける。絶えず用事を詰め込んで、一日、一時間、一分を埋めていく。明けない夜はない、そう心に念じながら。立ち止まって、どうしてこんなことに？　なんて、考え出したら心の傷に塩を塗ることになる。思い出の町を訪れたら、トムズ・リヴァーに戻ってこないかという誘いに応じたら、少しは気も紛れるのではないかと思った。私たちの選挙と同じく、それは「バック・トゥ・ザ・フューチャー（未来に戻る旅）」だった。

じつに壮観な再会だった！　家族と友人たちは、一瞬、昔の顔に戻ってから、積もる話に花を咲かせるうちに少しずつ本来の自分に戻っていった。最後に一同が集まったのは四〇年前、一九八二年に私がトムズ・リヴァー北高校を卒業したときだった。二〇二二年五月二二日日曜日、私はトムズ・リヴァー地区学校の名誉の殿堂入りを果たした。月曜日の朝、私にもなじみ深い、改修されたばかりのホールの正面玄関入口に取りつけられた額の覆いを、学校の職員がさっと取り払った。巨大な青い額にはマリア・レッサ・ホールの文字。ホールには一〇〇〇以上の座席があった。

よく知るホールで、アメリカの国歌に続いてフィリピンの国歌が斉唱された。自分のふたつの世界がこうして結びつけられたことに、夢を見ている思いがした。最前列に両親と家族たちが、そのうしろに約三〇人の同級生が座っている。それから生徒たちに視線を向けた。エド・ケラー校長によれば、ホールに集まってくれた生徒たちのうち、六〇〇人以上が、トムズ・リヴァー北、南、東高校の生徒なのだという。人生の意味について話そうと決めていた。そして、なぜそれがソーシャルメディアでは見つからないのかについても。

「私たちの注意を引くものが、私たちの人生に意味を与えるのです」と、私は学生たちに語りかけた。「どこで時間を過ごすかによって、私たちが何を成し遂げるか、何が得意になるかが決まります。私たちの心を懸けた戦い――ここではあなたがたの心としましょう――その戦いを勝利へ導くのは、思考の助けになるものではなく、感情を操作するものです。怒りと憎しみが、私たちの人間としてのあり方を文字どおり決めるのです。それらは有毒なヘドロを体の隅々にまで送り込みます。ですから、怒りを感じたり、よその集団に憎しみを覚えたりしたら、一歩下がって、深呼吸してください」

トムズ・リヴァーで迎えた最初の夜、家族と囲んだ夕食の席で、私はこれとほぼ同じことを話した。テーブルにいた一〇人あまりの親族のうち、民主党支持者は三人だった。私たちはいとこのヴィニーの家にいた。かつて大きな自転車にまたがって、私道を行ったり来たりしていたヴィニーは、もう黒い巻き毛の子どもではなくて、マンチェスター警官隊の隊長だった。兄弟のピーターは海兵隊員、消防士、警察官を経て、いまは障害のために休職していた。

ふたりは警官隊のアファーマティブ・アクション〔差別撤廃措置〕について話していた。割り当てを達成するために賃金水準が三度も引き下げられた、まったく不公平な話だ。移民の話題になった。働く意欲のない連中のために、みんながどれだけ犠牲を払わなくちゃいけないんだ（私たちがイタリアとフィリピンからの移民の一族であることは完全に棚に上げて）。フロリダに住む私の両親は、クリントンに投票したが、オバマケア〔オバマ政権が推進した包括的な医療保険制度改革〕で医療費が値上がりしてからは、トランプを支持するようになった。きょうだいも私も、両親の怒りを煽るような何かがあったのだと感じていた。フェイスブックがロシアの偽情報操作を停止したとき、両親のアカウントも停止された。

　みんなの語気が荒くなり出したので、私は、憎しみには警戒が必要だと口を挟んだ。するとヴィニーが、一週間前に起きたバッファロー銃乱射事件の実行犯が書いた一八〇ページにおよぶ犯行声明文のなかに、人口九万五〇〇〇人の町トムズ・リヴァーの名前があったのは、ハシディズム〔敬虔主義的なユダヤ教超正統派〕のコミュニティが拡大しているせいだと言った。(1)警察はすでに地域周辺の警備を強化し、オーシャン郡の検察官は、住民の恐怖をなだめるために、「銃乱射事件の犯人が、オーシャン郡のどこかに来ようとしていた意図ないし意思を持っていたという証拠はいっさいないと断言できる」としたうえで、「犯行声明には、唾棄すべき反ユダヤ主義的な、白人至上主義者や過激人種差別主義者たちのミームや決まり文句が含まれており、『グレート・リプレイスメント』に繰り返し言及していた」と述べた。(2)

　ホールの生徒たちに目を向けた。場内は水を打ったように静まり返っている。私は準備していた原稿を置いて、アドリブで話し出した。あなたたちにとって、こんにち人生がはるかに困難なものになってしまったのは間違いない。自分はいったい何者なのか、それを発見するというただでさえ不安な作業を、白日の下で行なわなければならず、しかも暴徒たちがあなたに襲いかかろうと待ち構えているのだから。いまは、人生が発見ではなく演技になり、ささいなミスが致命的とみなされ、怒りと憎悪を浴びせられかねない時代だ。トムズ・リヴァー北高校と南高校はスポーツで競い合うことができるし、学生どうしは友達でいられるが、政治は不和の温床になってしまったため、その闘士たちは相手の息の根を止めるまで戦おうとする。私はそう指摘した。

「私の世代はしくじりました。私たちは、粉々に砕けた世界をあなたがたに手渡すことになるでしょう。ですから、あなたがたは私たちよりも強く、賢くならなければいけません」と私は言った。とはいえ、自分たちがいま住んでいる世界のいったい何が問題なのか、学生たちに答えられるのだろうか。

彼らはこの世界しか知らないのだから。どうか自分自身の頭で考えてください、と私は訴えた。ソーシャルメディアに懐疑的になり、他人の立場になってみることを忘れないで、と。スマートフォンは片付けて。だって、結局のところ大切なのは、あなたが愛する人たちではないですか。人生の貴重な時間をどこで過ごすかを選ぶことによって、意味は見つかるのです。「あなたの記憶に残るのは、その人生にじかに触れた人たちであり、その人生があなたを変えることになった人たちなのです」

除幕式の翌日、ラテン系アメリカ住民が多数を占めるテキサス州ユバルディ市で銃乱射事件が発生。教師ふたり、生徒一九人の計二一人が殺害された。[3] その晩、オーシャン郡は警備体制を強化し、私の母校である高校にも地元の警官を配備すると発表した。[4]

二〇二一年ノーベル平和賞受賞者マリア・レッサとドミトリー・ムラトフによる情報危機に対処するための一〇の提言

二〇二二年九月二日、ノルウェー、オスロ市ノーベル平和センターで開催された表現の自由会議において発表された。

私たちは、テクノロジーが人間性に奉仕するために構築された世界を、国際的な公共の広場が利益よりも人権を保護する世界を求める。権力を持つ者は、人間の権利、尊厳、安全を第一とする世界を建設するためにみずからの本分を果たさなくてはならない。科学の方法、報道の方法、精査を経た知識の保護も彼らの仕事には含まれる。

こうした世界を建設するために、私たちは、利益優先の監視型ビジネスモデルに終止符を打ち、テクノロジーの格差を解消し、あらゆる場所で人々を平等に処遇し、専制政治への対抗手段として独立したジャーナリズムを再建しなくてはならない。

私たちは、あらゆる権利を尊重する民主主義政府に以下を要求する。

1　テック系企業に対し、第三者機関による人権影響評価の実行と公表を求めること。同時に、コンテンツ・モデレーション、アルゴリズムの影響、データ処理、インテグリティ・ポリシーなど、事業のあらゆる面における透明性の徹底を要求すること。

2　確固としたデータ保護法によって市民のプライバシー権を保護すること。

3　政府のコントロールを受けていないプレスおよびジャーナリストに対する嫌がらせを公に非難し、攻撃にさらされている独立系メディアおよびジャーナリストへの財政的支援と援助を約束すること。

欧州連合に以下を要求する。

4　デジタルサービス法とデジタル市場法を意欲的に施行すること。そうすれば、これらの法律は、企業にとってたんなる「あたらしい書類仕事」ではなくなり、ビジネスモデルを変更させる強制力を伴うものとなる。それはたとえば、基本的権利を脅かし、偽情報や憎しみを拡散するアルゴリズムの増幅を止めるだろう。欧州連合域外で生じるリスクもこれらの法律の対象となる。

5　監視広告活動が人権と根本的に相容れないものであることを認識し、これを禁止する法律の制定を早急に提案すること。

6　欧州一般データ保護規則を適切に実施すること。そうすれば、人々が自分のデータをコントロールする権利がついに現実のものとなる。

7　現在準備段階にある欧州メディア自由法に、デジタル空間におけるジャーナリストの安全、メディアの持続可能性、民主主義の保障のための強力な安全措置を盛り込むこと。

8　偽情報のアップストリーム〔ネットワークで下流の通信機器から上流の通信機器にデータが流れること〕を遮断することで、メディアの自由を保護すること。それは、あらたなテクノロジーもしくはメディアに関するすべての法案において、いかなる組織や個人も、特別な例外や抜け道が許されないことを意味する。情報の流れのグローバル化に伴い、現状は、偽情報を産業規模で製造し、民主主義を傷つけ、あらゆる場所で社会を二極化させている政府および非国家的行為者のやりたい放題になっている。

9　大規模な組織的ロビー活動、偽草の根運動、巨大テック系企業と欧州の政府機関のあいだの頻繁な人材のやり取りに異議を申し立てること。

国連に以下を要求する。

10　ジャーナリストの安全に重点的に取り組む国連事務総長特使（ＳＥＳＪ）を創設すること。特使は、現状に異議申し立てを行ない、最終的には、ジャーナリストを狙った犯罪がやすやすと行なわれる事態を防止する。

謝辞

見ず知らずの他人のやさしさ。この数年のあいだに、何度この言葉を噛みしめただろう。まったく希望が見えない状況のなかでも、人が前進を続けられるのは、思いがけない寛容なふるまいがあるからだ。ちっぽけなラッパーが、ロドリゴ・ドゥテルテ政権の六年間を生き延びた。そのささやかな奇跡を成し遂げられたのは、フィリピンにいる非常に大勢の方々の支えがあったからだ。陰でおとなしくしていなさいと多くの人が言うなか、真っ先に駆けつけて、先頭に立って政府を非難する私たちを助けてくれた人たちもいた。何より驚いたのは、故国での私たちの戦いが世界中で大きな反響を呼び、あらゆる国の人々が支援してくれたことだ。私たちのストーリーを語るという選択をしてくれた、何百人ものジャーナリストと報道機関に感謝申し上げる。

私が存じ上げないみなさん、知らないあいだに私たちを支援してくださったみなさん、ありがとう！　私の楽観主義の原動力はあなたたちのエネルギーだ。あなたたちのやさしさとまなざしのおかげで、私たちは前進を続けられるのだから。どっと押し寄せる寛容な精神が、憎しみの炎を消し、より良い未来を求める私たちの希望を燃えたたせる。

それは、集合的人間性に私が寄せる信頼を強めてくれる。それはすべてを違うものにする。

ひっくり返った世界にあなたがいて、すべてを正しい向きに変えようともがいているなら、時間は稀少《きしょう》だ。だから、憎しみへの特効薬からはじめさせてほしい。それは愛だ。

ラップラーのみなさんに愛を送る。いまもこれまでもわが社で働いてくれたすべての人の足跡は、私たちひとりひとりの心に刻まれている。私たちはともにひとつの夢を持ち、創造の精神を受け入れたのだから。あなたたちの一部が現在の私たちのなかにある。

家族に。両親のピーターとエルメリーナ、妹のメアリー・ジェーン、ミシェル、ニコール、弟のピーター・エイムズ、姪《めい》と甥《おい》たち――ヒア、ミゲル、ディエゴ、ヘリ、アントニー、マイケル、ジェシカ。あなたたちを充分に愛することができているとは言わない。私が四六時中仕事をしているせいで、いつも我慢させているね、ありがとう。

私たちをけっして見捨てなかった人たちに。ベンジャミン・ビタンガ、私たちの本物の天使であるベンジャミンとジェナリン・ソー、マニー・アヤラ、わが社の株主たち、重役、パートナー、あなたがたは、私たちの「#FactsFirstPH」ピラミッド、「#CourageON」、「#PHVote」連合に、危険を顧みずにずっと参加してくれている。「一線を死守する（#HoldTheLine）」私たちを助けてくれて、ありがとう。

スティーヴン・キング、ニシャント・ラルワニ、マーカス・ブロクリ、スチュアート・カール、サシャ・ヴチニッチに。私たちがラップラーで実現したアイデアを信じてくださっていることに感謝申し上げる。プレス・フリーダム・ディフェンス・ファンド（報道の自由を擁護する基金）のジム・ライゼンに、あなたの知恵、そしてあなたが親身になってくれたおかげで、思いがけない問題が降って湧いたときも私は立ち上がることができた。

国際「#HoldTheLine」連合の世話役と、この活動に参加してくださっている八〇以上の組織に――連合を組織してくださっていること、それ以外のすべての活動について、ジャーナリスト保護委員会、国境なき記者団、国際ジャーナリストセンターに感謝する。

オリヴィア・ハーロックと、大学時代から私の執筆の相棒であるレスリー・タッカーをはじめとするプリンストン大学の友人たちに。彼女たちは、「ゴーファンドミー（GoFoundMe）」で寄付を募り、食費を援助してくれた。太平洋の向こう側から手を差し伸べてくれたおかげで、私たちはひとりぼっちではないこと、ロックダウンのあいだでさえ、一緒にワインを飲みながら食事できることがわかった。キャシー・キーリーに。どこからともなく現われて、先頭に立って非難の声をあげるプリンストンのジャーナリストたちとともに、私たちを支援するキャンペーンを次々と組織してくれた。八六年度卒の偉大な同窓生たちとクラス委員長のエリザベス・ロジャースに。そして、私たちのうしろで声をあげ励ましてくれる、あらゆる年代にまたがる何百人ものプリンストン大出身のみなさんに。

ラモーナ・ディアス、リア・マリノ、そしてラニー・アロンソン率いる「フロントライン」チームのみなさんに。私たちが経験してきたすべてを映像に記録してくれた。私たちに光があたるのを助けてくださったことに感謝する。ドキュメンタリー『一〇〇〇の傷（*A thousand cuts*）』は、彼女たちが私たちと一緒に過ごした八〇〇時間以上の一部に過ぎない。

テック系企業（グーグル、フェイスブック（現在はメタ）、ツイッター、ティックトック）で働く私の友人たちに。なかでも、リチャード・ジングラス、ケイト・ベドー、マーダヴ・チナッパ、アイリーン・ジェイ・リウ、キャスリーン・リーン、ナサニエル・グライシャー、ブリッタン・ヘラー、そして、助けの手を差し伸べてくれようとした多くの方々に。

いつも頼りになる国連およびユネスコの友人たちに。「表現の自由」国連特別報告者デヴィッド・ケイとその後任のアイリーン・カーンに。

本書の出版を叶えてくださった方々に。ハナ・テライ＝ウッドの冷静なメールと意見のおかげで、私は、執筆を続けるべきであることに思いあたった。こうして私は、ラフェ・セーガリンにもう一度連絡を取り、アマンダ・アーバンと仕事をするようになった。スージー・ハンセンに感謝する。どこをどう修正すべきかについて、何時間も徹底的に議論してくださった。ジョナサン・ジャオ、あなたのすぐれた編集技術に。そして、この企画を現実に変えてくださった、ハーパーコリンズとペンギン・ランダムハウスのみなさんに感謝申し上げる。

　つねに予想を上回る働きをしてくださる弁護士のみなさんに。フィリピンでは、ジョン・モロとモスヴェルト、フィリピン証券取引所元社長フランシス・リム率いる、われらが優秀なアクラ法律事務所のみなさん、エリック・R・レカルデ、ジャクリーン・タン、パトリシア・ティスマンス゠クレメンテ、グレース・サロンガ、元最高裁判所報道官セオドア・テ、そして自由司法支援団体と、重大な場面で救いの手を差し伸べてくださったさらに多くの方々にお世話になった。

　アマルとジョージ・クルーニー夫妻に。私たちの戦いに巨大なスポットライトをあててくれた。そして、思いがけなくも、私をご自宅に招いて、心を開いてくださった。アマルは、錚々たるダウティ・ストリートの同僚たちをはじめ超一流弁護士たちを、私たちの国際司法チーム――キーリン・ギャラガー勅選弁護士、キャン・イェギンス、クレア・オーヴァーマン――に引き入れてくださった。数歩先を見据えたみなさんの気遣いと忠告のおかげで、私は自分の仕事に専念することができた。プリンストン大学の同級生で、コヴィントン&バーリング法律事務所に所属するピーター・リヒテンバウムは、無償で協力を申し出てくれた。ダン・フェルドマン、ブラッド・マコーミク、故カート・ウィマーも連れてきてくださった。

　私をノーベル平和賞に推薦してくれたヨーナス゠ガール・ストーレに。これぞ見ず知らずの人のやさしさだ！　ドミトリー・ムラトフと私の受賞が発表されたあとで、彼はノルウェーの首相になった。そして、ノルウェー・ノーベル委員会とベリット・ライシュ゠アンデシェン委員長に。情報の自由が民主主義に与える影響についての、あなたがたの先見の明ある分析は、世界中のジャーナリストに、自分たちがひとりではないことを思い出させてくれた。

　マナンたち、グレンダ、チャイ、ベスに。痛みを分かち合ってくれたこと、あなたたちがいなければ知り得なかった教訓を教えてくれたことに。ずっとそばにいてくれたことに。私たちは信じられるという信念を強めてくれることに。私たちは一線を死守する。おびえているときも。暗闇のなかでも、おぼつかない足取りで、私たちは前進する。ひとりではないから。自分たちのあとに続く者がいると知っているから。

二〇二二年八月、ラップラーの頼れる同志、写真家で活動家のメルヴィン・カルデロンのウェイクで私はこうした愛を感じていた。メルヴィンはグレンダのパートナーで、レオナの父親でもある。レオナは、父親が火葬された日の翌日に大学生活のスタートを切った。父親のマルコスの時代に投獄された経験があるメルヴィンは、私たちが最悪の攻撃を受けているあいだ、用心棒のようにみんなを守ってくれた。そしてパンデミックによるロックダウンが明けたとき、私たちを残して逝ってしまった。人生は短い。彼の死は私たちにそのことを思い出させた。

死はあらゆるものを圧倒する。私たちはあまりにも大きな喪失に向き合わなくてはならない。けれども、私たちは進むべき道を見つける。状況がおそろしくなればなるほど、ますます愛に目を向ける。

圧倒的に不利な戦いにおいて、愛が私たちを支えている。

訳者あとがき

本書は、フィリピンのジャーナリスト、マリア・レッサによる、*How to Stand Up to a Dictator: the Fight for Our Future* (HarperCollins, 2022) の全訳である。

著者のマリア・レッサは一九六三年にフィリピンで生まれ、一〇歳のときに渡米。アメリカで教育を受けてプリンストン大学を卒業したのちにフィリピンに帰国した。米国ＣＮＮのマニラ支局、ジャカルタ支局の開設・運営などを経て、二〇一二年にインターネットを媒体とするニュースサイト「ラップラー」を立ち上げる。二〇一八年、米国『タイム』誌「パーソン・オブ・ザ・イヤー」、二〇一九年には英国ＢＢＣ「１００人の女性」に選出。そして二〇二一年、ロシアの独立系新聞『ノーバヤ・ガゼータ』の編集長ドミトリー・ムラトフとともにノーベル平和賞を受賞した。独裁的支配者が権力を振るうロシアとフィリピンで、民主主義と恒久平和の前提条件である表現の自由を守るために孤軍奮闘するふたりの活動が評価されたのだった。同賞がジャーナリストに贈られるのは一九三五年以来八六年ぶりのことで、著者はそれについて、現代が、ナチスが台頭しつつあった一九三五年と同じ、民主主義の存亡が懸かった歴史的瞬間にあるということを、ノーベル委員会が全世界に発信したのだと述べている。

マリア・レッサはふたつの戦場で戦っている。ひとつは、強権的な手腕で知られる元フィリピン大統領ドゥテルテとの戦い。もうひとつは、デジタル独裁、具体的にはフェイスブックとの戦いだ。非情な麻薬撲滅戦争で知られるドゥテルテは、ソーシャルメディアを巧みに利用して、大統領の座を手に入れ、独裁体制を強化した。フェイスブックは、フェイクアカウントによる偽情報の拡散、恣意的な世論操作、さらには、インターネットで煽られた怒りと憎しみが、現実世界のヘイトスピーチや暴力行為に姿を変えていく状況を許容して、世界中で独裁者が台頭し、権力を強化する後押しをしている。

ソーシャルメディアが独裁体制の強化を後押ししているという著者の主張に驚かれた方もいるかもしれない。二〇一〇年から二〇一二年にかけて、中東および北アフリカで発生した「アラブの春」に象徴されているように、カメラ付き携帯電話とソーシャルメディアは、一般市民が独裁者に反対の声をあげ、民主化運動を成功に導くためのツールではなかったのか、と。しかし、状況は大きく変わった。それが顕在化したのが、二〇一六年のアメリカ大統領選挙、イギリスのEU離脱を問う国民投票、そしてフィリピンの大統領選挙だ。これらの出来事をきっかけに、ソーシャルメディアを利用して、ロシアや企業が世論操作を行なっていた実態があきらかにされた。

本書は、一般市民に力を与えるはずのソーシャルメディアが、一般市民を弾圧する独裁者の武器にいつのまにか変わっていった過程を、緊迫感あふれる筆致で克明に描き出している。いまやソーシャルメディアは独裁者やポピュリストの政治の道具となり、人種差別、ヘイトスピーチ、陰謀論、偽情報の拡散と、それらがもたらす社会の分断に貢献している。その一方で、ミャンマーにおける軍事政権の樹立、アフガニスタンにおけるタリバンの権力奪還が示しているように、民主主義は世界的に大きく後退している（アメリカのフリーダムハウスというNGOによれば、同団体の定義する「自由な国」に住むのは世界人口のわずか二割に過ぎない）。

著者は、マルコスの独裁政権を倒したピープルパワー革命からおよそ四〇年を経て、ふたたび独裁制に傾きつつあるフィリピンの現状を嘆きながら、「私の国で起きていることは、いずれ世界のほかの国でも起きる」と警告する。なぜならフィリピンは、インターネットの普及率、国民がソーシャルメディアに費やしている時間、フェイスブックの登録者数、どれを取っても他国を圧倒するモバイル先進国で、かつ、インターネットに関する法的規制が緩く、先進国の大手テック系企業が新製品や新技術がどんな効果をあげるかを試行錯誤する実験場になっているのだから。

こうした状況を、フェイスブックはどのように後押ししていたのか。著者の分析を少々補足しながらまとめると次のようになる。フェイスブックが開発した「ニュースフィード（フェイスブックのホーム画面上で、自分自身や友達が投稿した近況や写真、それに対するコメントが表示される画面）」は、個々人の「現実」を作り出した。それは、ユーザー本人が関心を抱いていることが優先的に表示され、関心のないこと、耳に入れたくないことはシャットアウトできるシステムで、ユーザーがフェイスブックに滞在する時間ができるだけ長くなるように、刺激的で扇情的なストーリーや広告が上位になるように設計されていた。ストーリーや広告が事実か嘘かは問題ではない。こうした個別の「現実」は社会の分断を招いた。さらに、フェイスブックのネットワークを利用して、途方もない数のユーザーとつながったフェイクアカウントが偽情報をばらまいた。嘘は事実よりも速く、遠く、広範囲に拡散する。感情が詰め込まれた、次から次へと押し寄せる大量のストーリーは、ユーザーの心を刺激すると同時に合理的な意思決定能力を麻痺させる。情報の拡散にもっとも有効な感情は怒りと憎しみだ。こうしてフェイスブックは、怒りと憎しみを原動力として、広範囲に偽情報をばらまいた。ネット世界の暴力は現実世界の暴力に発展した。たとえばミャンマーでは、国軍や一部の仏教徒がフェイスブックを通じてロヒンギャに対する憎悪を煽り、その結果、少なくとも一万人のロヒンギャが殺害されたことがわかっている。そしてこうした状況が生まれていると知りながら、フェイスブックの首脳陣は効率と利益を優先して、早い段階での対策を怠った。

社会をより良い場所にすることに関心のないテック系企業によって、私たちの情報エコシステムは荒廃し、民主主義の根幹は揺らいでいる。本書には、デジタル空間に適切な秩序を取り戻し、民主主義を立て直すために必要な提言も盛り込まれている。国やEUなどの機関には迅速な法整備を行なうように呼びかける一方、私たち一般市民がただちに取り組むことのできる試みも紹介されている。

新型コロナウイルス感染症の流行といった危機に見舞われると、民主主義的政体より独裁的指導者のほうが効率的に問題を解決できるのではないか、そんな声が社会で高まる。しかし、ロシアのプーチン政権を見ればあきらかなように、独裁的な政治によって社会に秩序と繁栄が一時的にもたらされたとしても、長期的には、ひとりの恣意的な支配によって人々の生命が脅かされる結果を招くことになる。本書は、著者自身の半生の記録でもある。家庭、学校、また、記者として働いたフィリピンやインドネシアでの著者の経験は、なぜ独裁者は許されないのかという問いへの洞察を深めていく過程でもある。本書では独裁者と戦う上で鍵となるいくつかの価値観が紹介されている。しかし、何よりも著者が訴えていたのは、自分で選択することの重要性ではないだろうか。つまるところ、自分を理解して最善の選択ができるのは自分だけだ。そして、自分や自分を取り巻く環境を左右する選択に自分は関われないと人々が感じる社会では、個人は無力感に囚われ、社会からは活力が失われていく。「自分はいったい何者なのか――人生を何に捧げるか、誰を愛するか、どんな価値観を大切にするか」――たった一度の人生で、誰もが自分自身に投げかける問いに真摯に向き合いながら、第三者に心を操作されることも、人間にとってもっとも大切な、人との絆を明け渡して利用されてしまうこともない、真に民主的な社会をこれからどう再建していくか、本書はひとつの指針を示している。

二〇二三年一月、著者が脱税容疑に問われていた四件の裁判で、無罪の判決が下された。一日も早く、すべての裁判について著者の無実が証明されるように、また、この本を通じてひとりでも多くの人に、次世代のために命懸けで戦っている著者のメッセージが届くようにと祈っている。

最後になるが、本文中の〔　〕は訳者による注記・補足である。また、本書の引用は、先達の訳業をできるかぎり参照させていただきながらも、原則として、訳者があらたに訳出したものであることをお断りしておく。訳者あとがきを書くにあたっては『偽情報戦争――あなたの頭の中で起こる戦い』（小泉悠・桒原響子・小宮山功一朗著、ウェッジ、二〇二三年）、『フェイスブックの失墜』（シーラ・フレンケル、セシリア・カン著、長尾莉紗・北川蒼訳、早川書房、二〇二二年）、『民主主義とは何か』（宇野重規著、講談社現代新書、二〇二〇年）を参照した。ここに記して感謝申し上げる。

本書を翻訳する機会を与えてくださり、拙い原稿に丁寧に目を通して終始適切に導いてくださった河出書房新社の渡辺和貴さんと、河出書房新社のみなさまにこの場を借りて心より感謝申し上げます。ありがとうございました。

竹田　円

二〇二三年三月

原注

序章　透明な原子爆弾

（1）　Howard Johnson and Christopher Giles, "Philippines Drug War: Do We Know How Many Have Died?," BBC, November 12, 2019, https://www.bbc.com/news/world-asia-50236481

（2）　Kyle Chua, "PH Remains Top in Social Media, Internet Usage Worldwide—Report," Rappler, January 28, 2021, https://www.rappler.com/technology/internet-culture/hootsuite-we-are-social-2021-philippines-top-social-media-internet-usage　世界全体の年次報告はこちらで閲覧可能。https://wearesocial.com/digital-2021　フィリピンのみ取り上げたものについてもこちらで閲覧可能。https://wearesocial.com/digital-2021

（3）　Craig Silverman, "The Philippines Was a Test of Facebook's New Approach to Countering Disinformation. Things Got Worse." Buzzfeed, August 7, 2019, https://www.buzzfeednews.com/article/craigsilverman/2020-philippines-disinformation

（4）　Peter Dizikes, "Study: On Twitter, False News Travels Faster Than True Stories," MIT News, March 8, 2018, https://news.mit.edu/2018/study-twitter-false-news-travels-faster-true-stories-0308

（5）　"Maria Ressa, Nobel lecture," https://www.nobelprize.org/prizes/peace/2021/ressa/lecture/

（6）　トップダウンで、政府高官が捏造された現実をどうやって強固にできたか、その具体例を挙げよう。2014年5月3日、ロシアの外相セルゲイ・ラブロフは国連理事会で演説を行ない、「私たちは全員把握している。ウクライナで誰が危機を作り出し、どのように実行したかを……ウクライナ西部の都市は、武装した過激ナショナリストに占領された。彼らは過激派の、反ロシア的、反ユダヤ主義的スローガンを利用した……ロシア語の使用を制限もしくは禁止する要請があったと聞いている」と語った。

彼が言わなかったのは、わずか1日前、あるフェイクアカウントが、これとまったく同じナラティブをまいていたことだ（ナラティブは、アカウントのネットワークによって増幅された）。ひとりのフォロワーも友達もいないフェイスブックのアカウントは、2014年5月2日、親ロシア派の分離主義者と独立ウクライナ支持者のあいだで暴力的な衝突が起きた日に作られ、ロシアの外相が国連で1日後に発言する内容を、一字一句ほぼ忠実になぞっていた。イゴール・ロゾフスキー医師によるその記事は、ウクライナのナショナリストたちが、負傷した男性の治療を妨害し、「オデッサのユダヤ人たちは同じ運命に遭う」と言って脅す様子を描写したものだった。その記事はまたたくまに広がり、奇跡的にもほかの複数の言語に翻訳された。さらにその医師は、「ファシストに占領されていたときでさえ、私の町でこんなことは起きなかった」と記していた。世界中の人々が、捏造されたアカウントによるこの偽の投稿を信じた。ラブロフの演説と合わせれば、世界規模で現実を形成するボトムアップとトップダウンの効果の影響はあきらかだ。

（7）　"2022 National Results," Rappler, https://ph.rappler.com/elections/2022/races/president-vice-president/results

（8）　Ben Nimmo, C. Shawn Eib, Léa Ronzaud, "Operation Naval Gazing," *Graphika,* September 22, 2020, https://graphika.com/reports/operation-naval-gazing

第1章　黄金律

（1）　フィリピンの米軍基地は、1992年にナショナリストたちが延長を認めなかったため、条件を再交

渉した。1999 年には、アメリカ議会図書館は「反乱」を「フィリピン＝アメリカ戦争」に変更した。

(2) Stanley Karnow, *In Our Image: America's Empire in the Philippines* (New York: Ballantine, 1990), 18.

(3) Marge C. Enriquez, "Remembering Conchita Sunico: The Philippine Society's First 'It Girl' and Grand Dame," Tatler, September 22, 2020, https://www.tatlerasia.com/the-scene/people-parties/conchita-sunico-philippine-societys-first-it-girl-and-grand-dame

(4) "Raul M. Sunico: Pianist," https://raulsunico.com

(5) ノーベル平和賞受賞者が発表された直後、著者はアグランド先生からのメールで目を覚ました。先生は現在ノルウェーに住んでおられる。

(6) 著者たちがポップコンサートに毎回出演していたホールは、「マリア・レッサ」ホールに改名されることが 2021 年に発表された。

第２章　倫理規定

(1) Alice Miller, *The Drama of the Gifted Child: The Search for the True Self,* 3rd ed. (New York: Basic Books, 1997), Kindle ed., 5.〔アリス・ミラー『才能ある子のドラマ――真の自己を求めて』(新版)、山下公子訳、新曜社、1996 年〕

(2) Ibid., 6.

(3) 著者の世界宗教の講座で課題図書になっていたヤンウィレム・ヴァン・デ・ウェテリンクの『空っぽの鏡』(*The Empty Mirror*) からの引用。

(4) "Apartheid Protesters Arrested at Princeton," *New York Times,* May 24, 1985.

(5) Artemio V. Panganiban, *Philippine Daily Inquirer,* August 26, 2018, https://opinion.inquirer.net/115635/masterminded-ninoys-murder

(6) "How Filipino People Power Toppled Dictator Marcos," BBC, February 16, 2016, https://www.bbc.com/news/av/magazine-35526200

(7) Mark R. Thompson, "Philippine 'People Power' Thirty Years On," The Diplomat, February 9, 2016, https://thediplomat.com/2016/02/philippine-people-power-thirty-years-on/ "Czech President Ends Philippine Visit," UPI Archives, April 7, 1995, https://www.upi.com/Archives/1995/04/07/Czech-president-ends-Philippine-visit/9128797227200/

第３章　信頼の速度

(1) 若いときの仲間のなかには、素晴らしい才能の持ち主がいて、彼らはのちに業界を牽引する存在となった。たとえば、アニメーターで監督も務めるマイク・アルカザレン、芸能マネージャーになったジョリー・ディンコン。

(2) "Secretary Delfin L. Lazaro," Republic of the Philippines Department of Energy, https://www.doe.gov.ph/secretary-delfin-l-lazaro?ckattempt=1

第４章　ジャーナリズムの使命

(1) 2021 年 5 月 13 日、著者がイーソン・ジョーダン (Eason Jordan) に行なったインタビュー。

(2) Piers Robinson, "The CNN Effect: Can the News Media Drive Foreign Policy?," *Review of International Studies* 25, no. 2 (1999): 301–9, http://www.jstor.org/stable/20097596

(3) 以下に記したことの大半を、著者はアメリカ同時多発テロ事件のすぐあとに記事、もしくは口頭で発表した。続くアイデアのいくつかは、2011 年 5 月 11 日に香港で開催された世界空港警備会議で著者自身が行なった講演からの引用。

(4) Maria Ressa, "The Quest for SE Asia's Islamic, 'Super' State," CNN, August 29, 2002, http://edition.cnn.com/2002/WORLD/asiapcf/southeast/07/30/seasia.state/

(5) 著者の最初の著作である *Seeds of Terror: An Eyewitness Account of AlQaeda's Newest Center of Operations in Southeast Asia*〔『恐怖の種――ある目撃者による、東南アジアにおけるアルカイダ最新活動拠点の報告』〕(New York: Free Press, 2003)、および、著者がABS-CBNのために、取材し、台本を書き、プロデュースした2005年の *9/11 : The Philippine Connection*〔『9/11――フィリピン・コネクション』〕というドキュメンタリーに記録されている。番組はこちらで視聴可能。https://www.youtube.com/watch?v=BX7ySYJXel8&t=209s

(6) "Plane Terror Suspects Convicted on All Counts," CNN, September 5, 1996, http://edition.cnn.com/US/9609/05/terror.plot/index.html

(7) Maria Ressa, "U.S. Warned in 1995 of Plot to Hijack Planes, Attack Buildings," CNN, September 18, 2001, https://edition.cnn.com/2001/US/09/18/inv.hijacking.philippines/

(8) 著者は、1995年の事件の関係者全員を数年間追跡していた。著者が最初の著作で取り上げた、エイダ・ファリスカルという警官は、ムラードから賄賂を受け取ろうとせず、頑なに拒否した。そのためにムラードは計画を断念した。2004年4月にファリスカルが亡くなる前に、著者は彼女に何度か会ったことがある。Maria A. Ressa, "How a Filipino Woman Saved the Pope," Rappler, January 15, 2015, https://www.rappler.com/newsbreak/80902-filipino-woman-save-pope/ を参照。

(9) 著者が追跡した紙の記録と、少なくとも3つの国の捜査官へのインタビューが、CNNの番組で著者が発表した幾多のスクープにつながった。その報告の多くは、2004年7月22日に発表された『9/11レポート』に収録された。"The 9/11 Commission Report: Final Report of the National Commission on Terrorist Attacks upon the United States: Executive Summary," 9/11 Commission, https://www.9-11commission.gov/report/911Report_Exec.pdf を参照。

(10) 2005年、ABS-CBN報道部門の責任者としてフィリピンに帰国した年、著者はこれまでに入手した情報をまとめて、あるドキュメンタリー番組を制作し、その番組は同年にABS-CBNで放送された。それは、フィリピンとテロの結びつきを詳細に説明するもので、フィリピン人にとって重要なことを強調していた。こうした切り口は、『9/11――フィリピン・コネクション』では不可能だった。

(11) ケリー・アリーナと著者が一緒に手がけた数多くの記事の一例が、2002年7月27日にCNNで放送された *Singapore Bomb Plot Suspect Held*〔『シンガポール爆弾計画容疑者拘束』〕、http://edition.cnn.com/2002/WORLD/asiapcf/southeast/07/26/us.alqaeda.arrest/index.html である。彼女は、2014年にラップラーが開催したソーシャルグッド・サミットの講演者としてフィリピンを訪れた。Jee Y. Geronimo, "PH+SocialGood: Good Journalism, and the Power of the Crowd," Rappler, September 16, 2014, https://www.rappler.com/moveph/69241-good-journalism-crowdsourcing/ を参照。当時は、道筋はとても単純に見えた。

(12) 記者時代の教訓から、著者たちはラップラー独自のデータベースを作り、ソーシャルメディアが誕生する前の時代には考えられなかった規模のデジタル攻撃を追跡した。

(13) 部屋のなかに、自分以外に6人の人間がいるところを想像しよう。研究者が、あなたに1枚のカードを見せる。カードには線が1本引かれている。続いて長さの異なる3本の線（それぞれにA、B、Cと記されている）が引かれたカードを見せる。あなたは2枚のカードを見比べて、最初のカードの線の長さにいちばん近いのは2枚目のカードのどの線か、選ぶように言われる。あなたは正解はCと確信するが、驚いたことに、あなたの前に回答する人たちは全員順ぐりにBと回答していく。最後にあなたの順番になり、研究者に答えを求められる。すると、最初の確信にもかかわらず、自信が揺らぎはじめる。あなたは仲間たちと同じ答えを言いたい衝動に駆られる。最初の答えを貫くか、それとも仲間に従うか。アッシュは自分が雇った役者たちに、被験者を誘導するように指導した。する

と、75パーセントが集団の圧力に屈した。ひとりでいた場合、同じ被験者はほぼ100パーセントの確率で正解した。ただしアッシュの実験には救いがあった。4分の1、すなわち25パーセントの人は他人の意見に惑わされなかった。彼らはけっして同調しなかった。

(14) ミルグラムの実験では、被験者は、他者の学習を助けるとされた実験で電気ショックを与える権限を与えられる。衝立で姿を隠された「学習者」が、ペアになった単語を充分早く記憶できないと、「助手」(被験者)は電気ショックを与え、学習者が間違えるたびに電圧をあげていく。ミルグラムは、ほとんどの人が指示に従い、「学習者」が悲鳴を上げたり、もうやめてくれと懇願したりしても、相手の命に危険がおよびかねないショックを与えることを発見した。

(15) スタンフォード大学の学生たちは、2週間予定されていた実験で囚人か看守のどちらかになるように頼まれた。看守たちが加虐的になったため、実験は1週間以内に打ち切られた。

(16) Nicholas Christakis and James Fowler, "Links," Connected, 2011, http://connectedthebook.com/pages/links.html

(17) 2011年の関連したホームページを参照。http://connectedthebook.com

(18) John T. Cacioppo, James H. Fowler, and Nicholas A. Christakis, "Alone in the Crowd: The Structure and Spread of Loneliness in a Large Social Network," *Journal of Personality and Social Psychology* 97, no. 6 (December 2009): 997–91, https://www.ncbi.nlm.nih.gov/pmc/articles/PMC2792572/

(19) James H. Fowler and Nicholas A. Christakis, "Dynamic Spread of Happiness in a Large Social Network: Longitudinal Analysis over 20 Years in the Framingham Heart Study," *British Medical Journal* 337 (2008): a2338, https://www.bmj.com/content/337/bmj.a2338　喫煙 Nicholas A. Christakis and James H. Fowler, "The Collective Dynamics of Smoking in a Large Social Network," *New England Journal of Medicine* 358 (2008): 2249–58, https://www.nejm.org/doi/full/10.1056/nejmsa0706154　性病 Elizabeth Landau, "Obesity, STDs Flow in Social Networks," CNN, October 24, 2009, https://edition.cnn.com/2009/TECH/10/24/tech.networks.connected/index.html　肥満 Nicholas A. Christakis and James H. Fowler, "The Spread of Obesity in a Large Social Network over 32 Years," *New England Journal of Medicine* 375 (2007): 370–79, https://www.nejm.org/doi/full/10.1056/nejmsa066082

(20) 著者はこれについてニコラス・クリスタキスとメールで議論した。クリスタキスは、このテーゼはうまくいくはずだが、「3次の影響説」を定式化するためにジェイムズ・ファウラーと使ったもののような、これを証明する決定的なデータ・セットがないと言っていた。

(21) 2011年、著者は、海軍大学院コア・ラボの東南アジア客員研究員だった。著者の研究課題は、ほかの研究者と協力して、東南アジアにおけるテロリストの人物相関図を作ることだった。

(22) Maria Ressa, "Spreading Terror: From bin Laden to Facebook in Southeast Asia," CNN, May 4, 2011, https://edition.cnn.com/2011/OPINION/05/03/bin.laden.southeast.asia/

(23) "Threat Report: The State of Influence Operations 2017–2020," Facebook, https://about.fb.com/wp-content/uploads/2021/05/IO-Threat-Report-May-20-2021.pdf

第5章　ネットワーク効果

(1) マニラにいたCNNの2軍チームとは、カメラ担当のボーイング・パリレオ、技術編集担当のアルマンド・ソル、プロデューサーのジュディス・トレスのことだ。ニュース編集部のシステムとワークフローを改善するために、著者は、CNNアトランタのリン・フェルトンといって、長年相談相手だった人物にマニラに来てもらい、ワークショップを開いてもらうことにして、創設まもないアルジャジーラ・イングリッシュとの協定を取り消した。アルジャジーラ・イングリッシュは、同社の記者マルガ・オルティガス(プローブの元記者でもある)が、著者と一緒に社員用研修を行なう見返りと

して、ABS-CBNの社屋にオフィススペースが借りられることになっていた。著者たちには、アルジャジーラのプログラムを毎月どれだけ放送するか決める権限も与えられていた。ニュース・プロデューサー、および、ABS-CBNニュースチャンネル（ANC）の24時間のサイクルについては、CNN HK（香港）の元同僚ホープ・ゴーに頼んで、チームの改造と訓練を行なってもらった。

(2) Carlos H. Conde, "Arroyo Admits to 'Lapse' During Election," *New York Times,* June 28, 2005, https://www.nytimes.com/2005/06/28/world/asia/arroyo-admits-to-lapse-during-election.html

(3) Pauline Macaraeg, "Look Back: The 'Hello, Garci' Scandal," Rappler, January 5, 2021, https://www.rappler.com/newsbreak/iq/look-back-gloria-arroyo-hello-garci-scandal/

(4) "Proclamation No. 1017 s. 2006," *Official Gazette,* February 24, 2006, https://www.officialgazette.gov.ph/2006/02/24/proclamation-no-1017-s-2006/

(5) "States of Rebellion, Emergency Under Arroyo Administration," *Philippine Daily Inquirer,* September 4, 2016, https://newsinfo.inquirer.net/812626/states-of-rebellion-emergency-under-arroyo-administration

(6) Raissa Robles, "Coronavirus: Is Covid-19 Task Force Duterte's 'Rolex 12' in Plan for Marcos-Style Martial Law in the Philippines?," *South China Morning Post,* April 28, 2020, https://www.scmp.com/week-asia/politics/article/3081939/coronavirus-covid-19-task-force-dutertes-rolex-12-plan-marcos

(7) 「バンディラ」の初代キャスターは、コリーナ・サンチェス、ヘンリー・オマガ＝ディアス、セス・オレニャ＝ドリロン。

(8) 著者たちはふたつの重要なアイデアを採用した。*The Wisdom of Crowds*〔『群衆の智慧』（角川EPUB選書）、小高尚子訳、KADOKAWA、2014年〕を著したジェームズ・スロウィッキーが提唱するクラウドソーシングと、マルコム・グラッドウェルによって10年以上前に書かれた*The Tipping Point*〔『ティッピング・ポイント――いかにして「小さな変化」が「大きな変化」を生み出すか』、高橋啓訳、飛鳥新社、2000年〕のティッピング・ポイントだ。

(9) Armand Sol, "Ako ang Simula," YouTube, October 20, 2009, https://www.youtube.com/watch?v=Kbm1HfW9HYs

(10) 神話の力について、ジョーゼフ・キャンベル〔アメリカの神話学者〕は正しかった。著者たちはフィリピン人の心に響く普遍的真実について考えた。

(11) 活動を呼びかける動画はこちらで視聴可能。bravenewworldressa, "Boto Mo, iPatrol Mo Maria Ressa Stand Up and Say AKO ANG SIMULA!," YouTube, January 6, 2011, https://www.youtube.com/watch?v=D13Q23BXpZg

(12) この特別なイベントに関するフィリピノ語の記事は"Boto Patrollers Rock with Famous Artists, Bands." タイトルの "Himig ng Pagbabago" は、"変化の音（もしくはメロディ／音楽）" という意味。"Boto Patrollers Rock with Famous Artists, Bands," ABS-CBN News, February 20, 2010, https://news.abs-cbn.com/video/entertainment/02/20/10/boto-patrollers-rock-famous-artists-bands

(13) Alia Ahmed, "CPJ's Press Freedom Awards Remember Maguindanao," Committee to Protect Journalists, November 24, 2010, https://cpj.org/2010/11/cpjs-press-freedom-awards-remember-maguindanao/; Elisabeth Witchel, "Ten Years for Justice in Maguindanao Case Is Too Long: We Can Do Better," Committee to Protect Journalists, December 19, 2019, https://cpj.org/2019/12/ten-years-justice-maguindanao-massacre-impunity-journalists/

(14) 2009年11月23日、市民ジャーナリストからABS-CBNに送られたメッセージ。

(15) 2010年、フェイスブックは創設からまだ日が浅く、これは当時入手できた同社の基準に基づく唯一の指標だった。

(16) Maria Ressa, "#MovePH: How Social Media and Technology Are Changing You," Rappler, August 10, 2014,

https://www.rappler.com/moveph/65802-moveph-how-social-media-and-technology-are-changing-you/

(17) これは適切な人事だった。というのも、当時北米支局長だったジン・レイエスは、ニュース担当責任者として著者のオフィスにはじめて乗り込んできた人物だったからだ。ゴールデンタイムのニュース番組の元プロデューサーで、元々 ABS-CBN の社員だったレイエスと著者は、1987 年に廊下で鉢合わせることがよくあった。彼女はいまも、10 年以上にわたってニュース部門の責任者を務めている。

(18) Maria Ressa, "Maria Ressa's Letter to ABS-CBN News and Current Affairs," ABS-CBN News, October 11, 2010, https://news.abs-cbn.com/insights/10/11/10/maria-ressas-letter-abs-cbn-news-and-current-affairs-team

第６章 変化の波を起こす

(1) 作家、プロデューサー、写真家、映像監督、そしてニュース番組の制作者でもあるベス・フロンドソは、フィリピン大学ディリマン校で政治学を学び、ABS-CBN では、ニュースおよび時事問題部門の監督プロデューサーを務めていた。彼女は現在、ラップラーでマルチメディア戦略および成長部門の責任者を担当している。

ベスのやり方は軍の参謀に似ている。情報を集め、人員の配置を決め、作戦を展開する。それもそのはず、制作部門は、私たちのソーシャルメディア・プラットフォーム上を行き交うトラフィックの原動力なのだから。つまり彼女のチームは、絶えず視聴者を惹きつけておく動画の生産体制と、私たちに数々の賞をもたらした、質の高い報道とドキュメントを生み出す創造性を両立させなければならない。さらにあらたな手法を採り入れた作品も作らなくてはならない（そう、そしてこちらの実験的な番組も賞を受賞した）。

ラップラーの編集を統括するのは、上級編集員で創設者でもあるチャイ・ホフィレーニャだ。以前は、ラップラーの調査報道部門――ニュースブレイク――の責任者で、スタッフの教育係でもあった。ラップラーを一緒に立ち上げる前は、『ニュースブレイク』誌に記事を寄稿しており、2001 年に同誌を興した編集者のひとりでもあった。2010 年の選挙に関するミリアム・グレース・ゴーとの共著 *Ambition, Destiny, Victory: Stories from a Presidential Election*〔『野望、運命、勝利――大統領選挙の物語』〕(2011) がある。

メディアの問題を取り上げた *News for Sale: The Corruption and Commercialization of the Philippine Media*〔『商品としてのニュース――フィリピンメディアの腐敗と商業化』〕(2004 edition, the Philippine Center for Investigative Journalism 刊）という著書もある。ニューヨークにあるコロンビア大学ジャーナリズム大学院で学位を取得し、現在はアテネオ・デ・マニラ大学で教鞭を執っている。すぐれたジャーナリストに贈られるハイメ・V・オンピン賞の受賞者でもある。

アテネオ・デ・マニラ大学にあるアジア・センター・フォー・ジャーナリズムの元センター長で、現在はニュース記事の書き方と調査報道に関する学部生向けの授業を行なっている。ジャーナリズムに興味を持ったのは、世の中を変える力を持つストーリーを書くことができると思ったからだという。

チャイは生まれながらの教師で、ラップラーのスタッフがめきめきと成長するのは、そのおかげもあるだろう。私たちは全員で資源と分析を分かち合っている。そうすることでラップラー以外の場所に、すなわち、食うか食われるかの秘密主義の報道機関にこれまでなかった、共有するという文化を浸透させている。チャイが、自分のクラスで目をつけた優秀な学生を引き抜いてくることもある。私たちが求めていたのは、疑問を持ち、エゴよりも使命を優先できる人材だった。

2011 年７月、ともにラップラーを立ち上げたグレンダは、2020 年 11 月 16 日まで編集長を務め、同日、編集責任者に昇格した。彼女は、マルコスの独裁政権が終わる１年前の 1985 年にジャーナリズム学科を卒業した。その後、『フィリピン・デイリー・インクワイアラー』、『マニラ・タイムズ』、

フィリピン調査報道センター、および複数の国際通信社で働いた。エストラーダ政権末期に、フィリピンで最高の調査報道誌『ニュースブレイク』を仲間たちと立ち上げた。同誌は当初週刊誌だった〔現在はラップラーの調査部門となっている〕。

2008年から2011年1月まで、ABS-CBNのニュースチャンネルであるANCの最高執行責任者(COO)を務めた。

グレンダは、マニラにあるサント・トーマス大学でジャーナリズムの学位を取得し、イギリスが提供するチーヴニング奨学金を得て、ロンドン・スクール・オブ・エコノミクス・アンド・ポリティカル・サイエンスの修士号を修めた(1999年)。2018年には、ジャーナリズムを対象とするハーバード大学ニーマン財団の特別研究員プログラム(フェローシップ)を修了した〔同財団は毎年世界中から30人のジャーナリストをフェローとして受け入れ、報道の未来の模索を後押ししている〕。

マリテス・ダンギラン・ヴィトゥグとの *Under the Crescent Moon: Rebellion in Mindanao*〔『三日月の下で――ミンダナオ島の反乱』〕など複数の共著がある。同書は、ミンダナオ島の紛争を取り上げた画期的な作品で、フィリピン国民図書賞を受賞した。2011年には故アリエス・ルフォ、ジェマ・バガヤウア=メンドーサと *The Enemy Within: An Inside Story on Military Corruption*〔『内部の敵――フィリピン軍腐敗の内部情報』〕を発表した。

グレンダとは文字どおり二人三脚で組織を構築してきた。邪眼の主、ラップラーの守り神、いまこの文章を書きながらも顔がほころんでしまう。私が飴なら彼女は鞭で、規律には厳格、誰であれ期待を裏切る者には容赦しない。記者とニュースサイトの柱を成す記事で、毎日何をテーマにするか、中長期的な計画のバランスを考えているのがグレンダだ。

(2) 創設時の役員には、元プローブの記者で、その後ハーバード大学でMBAを取得して投資銀行家になったマニー・アヤラ、インターネット企業家のニックス・ノレド、メディアの元寵児レイモンド・ミランダもいた(ミランダはNBCユニバーサル・アジア太平洋地域担当責任者としてシンガポールで働いていたが、その仕事を辞めて、フィリピンに帰郷してきたばかりだった)。マニーともレイモンドとも、全員がまだ20代のころ一緒に働いたことがあった。ニックスのおかげで創設時の役員会に厚みが出た。このメンバーは、ビジネスとインターネット方面の顧問団だった。ニックス以外は全員巨大企業メディアで働いた経験があったので、ニュースと芸能に理解があった。2014年、役員会にあらたに3人が加わった。フェリシア・アティエンサは、メリルリンチ・フィリピンのレバレッジド・バイアウト(LBO)を管理していた元投資銀行家で、その後、自分の子どもたちに中国語を学ばせるために、中国のインターナショナルスクールの世話係になった。ジェームズ・ベラスケスは元IBM地域部長、ジェームズ・ビタンガは弁護士で、ベンチャー・キャピタル企業家だった。

(3) "MovePH," Facebook, https://www.facebook.com/move.ph

(4) その日、ライブ配信用の2台のカメラを操作していたのは、マルチメディアで記者として活躍するパトリシア・エバンヘリスタとキャサリン・ビスコンティだった。講演を視聴していた学生たちは、彼女たちについて質問をした(彼女たちに問題はないのかという質問もあった)。というのも、こうした仕事をする女性が存在することによって、三脚のうしろにいるのは男性という性の固定観念をふたりは打ち破ったからだ。

(5) Simon Kemp, "Digital 2011: The Philippines," Datareportal, December 30, 2011, https://datareportal.com/reports/digital-2011-philippines

(6) 講演の内容の一部は、2011年9月に著者が「政治的暴力とテロリズム研究国際センター」に提出した論文にはじめて掲載された。バギオと、その1週間前にシンガポールで開催された「共同体参画に関する国際会議」で著者が発表した講演を利用している。Maria A. Ressa, "The Internet and New Media: Tools for Countering Extremism and Building Community Resilience," May 1, 2013, https://doi.

org/10.1142/9781908977540_0010 を参照。

(7)　これに関する数多くの記述や発言については、たとえば、以下を参照。William Saletan, "Springtime for Twitter: Is the Internet Driving the Revolutions of the Arab Spring?," Slate, July 18, 2011, http://www.slate.com/articles/technology/future_tense/2011/07/springtime_for_twitter.html; また、D. Hill, "Op-Ed: The Arab Spring Is Not the Facebook Revolution," *Ottawa Citizen,* November 16, 2011.

(8)　Marshall McLuhan, "The Medium Is the Message," 1964, https://web.mit.edu/allanmc/www/mcluhan.mediummessage.pdf

(9)　Suw Charman Anderson, "The Role of Dopamine in Social Media," ComputerWeekly.Com, November 26, 2009.

(10)　Jack Fuller, *What Is Happening to News: The Information Explosion and the Crisis in Journalism* (London: University of Chicago Press, 2010), 46.

(11)　Suzanne Choney, "Facebook Use Can Lower Grades by 20%, Study Says," NBC News, September 7, 2010, https://www.nbcnews.com/id/wbna39038581

(12)　フェイスブック・ライブは2015年8月にアメリカで一部のユーザーを対象に展開され、2016年4月に全世界で展開された。

(13)　"Rappler Is PH's 3rd Top News Site," Rappler, September 6, 2013, https://www.rappler.com/nation/rappler-third-top-news-site-alexa/

(14)　ラップラーはどこよりも早く、2011年にムード・メーターとムード・ナビゲーターを展開した。以下に挙げるのは、気分とバイラリティ〔SNSや口コミを通じてまたたくまに人気が爆発すること〕の関係について行なわれた学術的分析の1例。Marco Guerini and Jacopo Staiano, "Deep Feelings: A Massive Cross-Lingual Study on the Relation Between Emotions and Virality," arXiv, March 16, 2015, https://arxiv.org/pdf/1503.04723.pdf　フェイスブックが絵文字を展開したのは、2015年第4四半期。Nathan McAlone, "There Is a Specific Sociological Reason Why Facebook Introduced Its New Emoji 'Reactions,'" Insider, October 9, 2015, https://www.businessinsider.com/the-reason-facebook-introduced-emoji-reactions-2015-10 を参照。

(15)　Edmund T. Rolls, "A Theory of Emotion and Consciousness, and Its Application to Understanding the Neural Basis of Emotion," in *The Cognitive Neurosciences,* edited by Michael S. Gazzaniga (Cambridge, MA: MIT Press, 1995), 1091–1106.

(16)　Christine Ma-Kellams and Jennifer Lerner, "Trust Your Gut or Think Carefully? Examining Whether an Intuitive, Versus a Systematic, Mode of Thought Produces Greater Empathic Accuracy," *Journal of Personality and Social Psychology* 111, no. 5 (2016): 674–85, https://www.apa.org/pubs/journals/releases/psp-pspi0000063.pdf; Jennifer S. Lerner, Ye Li, Piercarlo Valdesolo, and Karim Kassam, "Emotions and Decision Making," *Annual Review of Psychology,* June 16, 2014, https://scholar.harvard.edu/files/jenniferlerner/files/annual_review_manuscript_june_16_final.final_.pdf

(17)　著者たちは年に1度のレビューに、その年のムードをまとめた。"2012 in Moods," YouTube, December 31, 2012, https://www.youtube.com/watch?v=dRXYP7zZTtE; "2013 in Moods," YouTube, December 28, 2013, https://www.youtube.com/watch?v=-PTjYFldhes; "2014 in Moods," YouTube, December 29, 2014, https://www.youtube.com/watch?v=9kDW72xbCEo&t=76s; "2015 in Moods," YouTube, December 26, 2015, https://www.youtube.com/watch?v=UJXNzwXh0_Q&t=197s

(18)　フィリピンで、ラップラーはニュースにおいて感情が果たす役割をあきらかにしようとした。以下に挙げるマルコ・グエリーニ（Marco Guerini）とヤコポ・スタイアノ（Jacopo Staiano）が行なったふたつの学術的研究は、ラップラーのムード・メーターのデータを利用している。Guerini and

Staiano, "Deep Feelings" を参照。"Study Uses Rappler to See Relationship Between Emotion, Virality," Rappler, March 30, 2015, https://www.rappler.com/science/88391-rappler-corriere-guerini-staiano-study/　こちらは、のちにアメリカの研究者によって行なわれた研究。Jessica Gall Myrick and Bartosz W. Wojdynski, "Moody News: The Impact of Collective Emotion Ratings on Online News Consumers' Attitudes, Memory, and Behavioral Intentions," *New Media & Society* 18, no. 11 (2016): 2576–94 も参照。

(19)　"Vice Ganda Gets Flak for 'Rape' Joke," Rappler, May 28, 2013, https://www.rappler.com/entertainment/30116-vice-ganda-jessica-soho-rape-joke/

(20)　#BudgetWatch, Rappler, https://www.rappler.com/topic/budget-watch/

(21)　"Slides and Ladders: Understand the Budget Process," Rappler, July 20, 2013, https://r3.rappler.com/move-ph/issues/budget-watch/27897-slides-ladders-philippine-budget-process

(22)　"[Budget Game] Did Congressmen Favor Your Budget Priorities?," Rappler, June 11, 2015, https://r3.rappler.com/move-ph/issues/budget-watch/33857-national-budget-game

(23)　#ProjectAgos, Rappler, https://r3.rappler.com/move-ph/issues/disasters

(24)　Rappler, "How to Use the Project Agos Alert Map," YouTube, October 15, 2014, https://www.youtube.com/watch?v=TfD47KXaFMc&t=79s

(25)　"Checklist: What Cities and Municipalities Should Prepare for an Earthquake," Rappler, https://r3.rappler.com/move-ph/issues/disasters/knowledge-base

(26)　Rappler, "Agos: Make #ZeroCasualty a Reality," YouTube, May 18, 2015, https://www.youtube.com/watch?v=Dvrubwbeypk

(27)　"#HungerProject," Rappler, https://r3.rappler.com/move-ph/issues/hunger

(28)　David Lozada, "#HungerProject: Collaboration Key to Ending Hunger in the PH," Rappler, March 4, 2014, https://www.rappler.com/moveph/52036-hunger-project-launch-collaboration-ph-hunger/

(29)　"#WhipIt," Rappler, https://r3.rappler.com/brandrap/whipit

(30)　Bea Cupin, "#WHIPIT: Can Women Have It All?," Rappler, December 12, 2013, https://www.rappler.com/brandrap/44663-whip-it-ncr-survey-women-issues/

(31)　Libay Linsangan Cantor, "#WHIPIT: The (En)gendered Numbers Crunch," Rappler, January 16, 2014, https://www.rappler.com/brandrap/profiles-and-advocacies/47950-whip-it-engendered-numbers-crunch/

(32)　Libay Linsangan Cantor, "#WHIPIT: A Filipino Campaign Goes Global and Viral," Rappler, March 18, 2016, https://www.rappler.com/brandrap/profiles-and-advocacies/46129-whipit-gets-international-mileage/

(33)　Smartmatic, *Automated Elections in the Philippines,* 2008–2013, https://www.parliament.uk/globalassets/documents/speaker/digital-democracy/CS_The_Philippine_Elections_2008-2013_v.9_ING_A4.pdf; and Business Wire, "Philippine Votes Transmitted in Record Time in Largest Ever Electronic Vote Count," May 9, 2016, https://www.businesswire.com/news/home/20160509006516/en/Philippine-Votes-Transmitted-in-Record-Time-in-Largest-Ever-Electronic-Vote-Count

(34)　(35) の注を参照。

(35)　リーダー不在の抗議活動の写真と動画については、Bea Cupin, "Scrap Pork Barrel! Punish the Corrupt," Rappler, August 26, 2013, https://www.rappler.com/nation/37282-pork-barrel-protests-nationwide/; Ted Regencia, "'Pork-Barrel Protests' Rock the Philippines," Al Jazeera, August 27, 2013, https://www.aljazeera.com/features/2013/8/27/pork-barrel-protests-rock-the-philippines を参照。

(36)　Dominic Gabriel Go, "#MillionPeopleMarch: Online and Offline Success," Rappler, September 11, 2013, https://www.rappler.com/nation/37360-million-people-march -social-media-protest-success

(37)　リーダー不在の抗議活動の写真と動画については、Cupin, "Scrap Pork Barrel! Punish the Corrupt";

Regencia, "'Pork-Barrel Protests' Rock the Philippines" を参照。

(38) "#NotOnMyWatch," Rappler, https://ph.rappler.com/campaigns/fight-corruption#know-nomy

(39) Michael Bueza, "#NotOnMyWatch: Reporting Corruption Made Easier," Rappler, September 26, 2016, https://www.rappler.com/moveph/147340-notonmywatch-chat-bot-report-corruption-commend-good-public-service/

(40) インドの『私は賄賂を支払っていた』は、ラップラーに先行するクラウドソーシング型の汚職告発レポートだったが、報道を現実の活動に変えることを可能にする政府との連携がなかった。もちろんこの活動は、ナレンドラ・モディ首相がソーシャルメディアを武器化したあと消滅した。

(41) "WATCH: Duterte: Say 'No' to Corruption," Rappler, January 2, 2017, https://www.rappler.com/moveph/157170-not-on-my-watch-fighting-corruption-rodrigo-duterte-call/

(42) "#TheLeaderIWant: Leadership, Duterte-style," Rappler, October 29, 2015, https://www.rappler.com/nation/elections/111096-leadership-duterte-style/ YouTube, October 29, 2015, https://www.youtube.com/watch?v=ow9FUAHCclk

(43) Maria Ressa, "Duterte, His 6 Contradictions and Planned Dictatorship," Rappler, October 26, 2015, https://www.rappler.com/nation/elections/110679-duterte-contradictions-dictatorship/

(44) Euan McKirdy, "Philippines President Likens Himself to Hitler," CNN, September 30, 2016, https://www.cnn.com/2016/09/30/asia/duterte-hitler-comparison

(45) "Philippines Presidential Candidate Attacked over Rape Remarks," Guardian.com, April 17, 2016, https://www.theguardian.com/world/2016/apr/17/philippines-presidential-candidate-attacked-over-remarks

(46) "Philippines President Rodrigo Duterte in Quotes," BBC.com, September 30, 2016, https://www.bbc.com/news/world-asia-36251094

第７章　友達の友達が民主主義を駄目にした

(1) Terence Lee, "Philippines' Rappler Fuses Online Journalism with Counter-terrorism Tactics, Social Network Theory," Tech in Asia, May 21, 2013, https://www.techinasia.com/how-rappler-is-applying-counter-terrorism-tactics-into-an-online-news-startup

(2) "Leveraging Innovative Solutions to Create Economic Dividends: Case Studies from the Asia Pacific Region," National Center for Asia-Pacific Economic Cooperation, 2014, https://trpc.biz/old_archive/wp-content/uploads/NCAPEC2013_StoriesOfInnovationAndEnablementFromAPEC_14Mar2014.pdf

(3) "Free Basics Partner Stories: Rappler," Facebook, April 12, 2016, https://developers.facebook.com/videos/f8-2016/free-basics-partner-stories-rappler/

(4) David Cohen, "Facebook Opens Philippines Office," Adweek, April 22, 2018, https://www.adweek.com/performance-marketing/facebook-philippines/

(5) Mong Palatino, "Free Basics in Philippines," Global Voices, March-April 2017, https://advox.globalvoices.org/wp-content/uploads/2017/07/PHILIPPINES.pdf

(6) Globe Telecom, Inc., "Facebook CEO Mark Zuckerberg: Philippines a Successful Test Bed for Internet.org Initiative with Globe Telecom Partnership," Cision, February 24, 2014, https://www.prnewswire.com/news-releases/facebook-ceo-mark-zuckerberg-philippines-a-successful-test-bed-for-internetorg-initiative-with-globe-telecom-partnership-247184981.html

(7) Miguel R. Camus, "MVP Admits PLDT Losing to Globe in Market Share," Inquirer.net, January 13, 2017, https://business.inquirer.net/222861/mvp-admits-pldt-losing-globe-market-share

(8) "Value of Connectivity," Deloitte, https://www2.deloitte.com/ch/en/pages/technology-media-and-

telecommunications/articles/value-of-connectivity.html

(9) こちらの動画を視聴されたい。Free Basics Partner Stories: Rappler, https://developers.facebook.com/videos/f8-2016/free-basics-partner-stories-rappler/

(10) 2022年7月3日の時点でフィリピンの人口は1億1257万9898人。最新の国連のデータに基づく。"Philippines Population (Live)," Worldometer, https://www.worldometers.info/world-population/philippines-population/ を参照。

(11) David Dizon, "Why Philippines Has Overtaken India as World's Call Center Capital," ABS-CBN News, December 2, 2010, https://news.abs-cbn.com/nation/12/02/10/why-philippines-has-overtaken-india-worlds-call-center-capital

(12) キム・ドットコムや彼のファイル・シェアリングサイト、メガアップロード(Megaupload)を含むこれらのビジネスは、FBIおよびアメリカの裁判所の文書によれば、一部はフィリピンで運営されていた。MegauploadDavid Fisher, "Free but $266 Million in Debt: The Deal That Gave the FBI an Inside Man Who Could Testify Against Kim Dotcom," *New Zealand Herald,* November 27, 2015, https://www.nzherald.co.nz/business/news/article.cfm?c_id=3&objectid=11551882 を参照。

(13) Doug Bock Clark, "The Bot Bubble: How Click Farms Have Inflated Social Media Currency," *New Republic,* April 21, 2015, https://newrepublic.com/article/121551/bot-bubble-click-farms-have-inflated-social-media-currency

(14) Chris Francescani, "The Men Behind QAnon," ABC News, September 22, 2020, https://abcnews.go.com/Politics/men-qanon/story?id=73046374

(15) Clark, "The Bot Bubble."

(16) Ibid.

(17) Jennings Brown, "There's Something Odd About Donald Trump's Facebook Page," Insider, June 18, 2015, https://www.businessinsider.com/donald-trumps-facebook-followers-2015-6

(18) Nicholas Confessore, Gabriel J. X. Dance, Richard Harris, and Mark Hansen, "The Follower Factory," *New York Times,* January 27, 2018, https://www.nytimes.com/interactive/2018/01/27/technology/social-media-bots.html

(19) Jonathan Corpus Ong and Jason Vincent A. Cabañes, "Architects of Networked Disinformation: Behind the Scenes of Troll Accounts and Fake News Production in the Philippines," Newton Tech4Dev Network, February 5, 2018, http://newtontechfordev.com/wp-content/uploads/2018/02/ARCHITECTS-OF-NETWORKED-DISINFORMATION-FULL-REPORT.pdf

(20) Glen Arrowsmith, "Arkose Labs Presents the Q3 Fraud and Abuse Report," Arkose Labs, September 18, 2019, https://www.arkoselabs.com/blog/arkose-labs-presents-the-q3-fraud-and-abuse-report/

(21) "Software Management: Security Imperative, Business Opportunity: BSA Global Software Survey," BSA, June 2018, https://gss.bsa.org/wp-content/uploads/2018/05/2018_BSA_GSS_Report_en.pdf

(22) Heather Chen, "'AlDub': A Social Media Phenomenon About Love and Lip-Synching," BBC, October 28, 2015, https://www.bbc.com/news/world-asia-34645078

(23) Pia Ranada, "ULPB Students to Duterte: Give Us Direct Answers," Rappler, March 12, 2016, https://www.rappler.com/nation/elections/125520-up-los-banos-students-duterte-forum/

(24) "#AnimatED: Online Mob Creates Social Media Wasteland," Rappler, March 14, 2016, https://www.rappler.com/voices/editorials/125615-online-mob-social-media-wasteland/

(25) "Duterte to Supporters: Be Civil, Intelligent, Decent, Compassionate," Rappler, March 13, 2016, https://www.rappler.com/nation/elections/125701-duterte-supporters-death-threats-uplb-student/

(26) Gemma B. Mendoza, "Networked Propaganda: How the Marcoses Are Using Social Media to Reclaim Malacañang," Rappler, November 20, 2019, https://www.rappler.com/newsbreak/investigative/245290-marcos-

networked-propaganda-social-media

(27) "#SmartFREEInternet: Anatomy of a Black Ops Campaign on Twitter," Rappler, October 8, 2014, https://www.rappler.com/technology/social-media/71115-anatomy-of-a-twitter-black-ops-campaign/

(28) たったひとつのフェイクアカウントが放送局並みの到達範囲を持つ。フェイスブック・ユーザーのムーチャ・バウティスタは、100を超えるフェイスブックのグループに参加しており、誤情報を数百万の人に拡散することができた。

(29) Chay F. Hofileña, "Fake Accounts, Manufactured Reality on Social Media," Rappler, October 9, 2016, https://www.rappler.com/newsbreak/investigative/148347-fake-accounts-manufactured-reality-social-media/

(30) 人口統計に合わせてコンテンツを作っていた3つの主要なフェイスブックのページとは、高学歴層を対象にしたサス・サソット、中産階級を対象にした「考えるフィリピン人」、圧倒的多数を占める最下層を対象にしたモカ・ウソンである。

(31) "Twitter Map: No Real Party System," Rappler, February 25, 2013, https://www.rappler.com/nation/elections/22454-twitter-map-of-political-coalitions-at-start-of-national-campaigns/

(32) Rappler Research, "Volume of Groups Tracked by Sharktank," Flourish, October 3, 2019, https://public.flourish.studio/visualisation/590897/

(33) Catherine Tsalikis, "Maria Ressa: 'Facebook Broke Democracy in Many Countries Around the World, Including in Mine,'" Centre for International Governance Innovation, September 18, 2019, https://www.cigionline.org/articles/maria-ressa-facebook-broke-democracy-many-countries-around-world-including-mine/

(34) "Explosion Hits Davao Night Market," Rappler, September 2, 2016, https://www.rappler.com/nation/145033-explosion-roxas-night-market-davao-city/

(35) "Duterte Declares State of Lawlessness in PH," Rappler, September 3, 2016, https://www.rappler.com/nation/145043-duterte-declares-state-of-lawlessness-ph/

(36) Editha Caduaya, "Man with Bomb Nabbed at Davao Checkpoint," Rappler, March 26, 2016, https://www.rappler.com/nation/127132-man-bomb-nabbed-davao-checkpoint/

(37) 人々の誤解を招くような形でラップラーの記事を使い回したウェブサイトの具体例。http://ww1.pinoytribune.com/2016/09/man-with-high-quality-of-bomb-nabbed-at.html; http://www.socialnewsph.com/2016/09/look-man-with-high-quality-of-bomb.html; http://www.newstrendph.com/2016/09/man-with-high-quality-of-bomb-nabbed-at.html

(38) Rappler Research, "Davao Bombing," Flourish, July 8, 2019, https://public.flourish.studio/visualisation/230850/

(39) Ralf Rivas, "Gambling-Dependent Philippines Allows POGOs to Resume Operations," Rappler, May 1, 2020, https://www.rappler.com/business/259599-gambling-dependent-philippines-allows-pogos-resume-operations-coronavirus/

(40) これは、削除されたためにもはや存在しない、ラップラーのフェイスブックの記事へのリンク。https://www.facebook.com/rapplerdotcom/posts/1312782435409203

(41) John Naughton, "The Goal Is to Automate Us: Welcome to the Age of Surveillance Capitalism," Guardian, January 20, 2019, https://www.theguardian.com/technology/2019/jan/20/shoshana-zuboff-age-of-surveillance-capitalism-google-facebook

(42) 著者がお勧めするフェイスブックをテーマにした4冊。David Kirkpatrick, *The Facebook Effect: The Inside Story of the Company That Is Connecting the World* (New York: Simon & Schuster, 2010)〔デビッド・カークパトリック『フェイスブック　若き天才の野望——5億人をつなぐソーシャルネットワークはこう生まれた』、小林弘人解説、滑川海彦・高橋信夫訳、日経BP、2011年〕は、マーク・ザッカーバー

グの起業から成功までの道筋をたどる。〔原書の〕出版は 2010 年で、この時点でこの本が出版されたことは奇跡と言えよう。フェイスブックのビジネスモデルについて、ショシャナ・ズボフは 2019 年に「監視資本主義」という言葉を作った。Shoshana Zuboff, *The Age of Surveillance Capitalism: The Fight for a Human Future at the New Frontier of Power* (New York: Public Affairs, 2019)〔ショシャナ・ズボフ『監視資本主義——人類の未来を賭けた闘い』、野中香方子訳、東洋経済新報社、2021 年〕を参照。Steven Levy, *Facebook: The Inside Story* (New York: Blue Rider Press, 2020) は、同社の転落を時系列に記している。最後に挙げる Sinan Aral, *The Hype Machine: How Social Media Disrupts Our Elections, Our Economy, and Our Health-and How We Must Adapt* (New York: Currency, 2020)〔シナン・アラル『デマの影響力——なぜデマは真実よりも速く、広く、力強く伝わるのか？』、夏目大訳、ダイヤモンド社、2022 年〕は、危険の一部を詳らかにしつつも、救いの可能性にも触れて、この巨大企業について好意的な立場を保っている。

(43) Naughton, "The Goal Is to Automate Us.".

(44) James Bridle, "*The Age of Surveillance Capitalism* by Shoshana Zuboff Review—We Are the Pawns," *Guardian,* February 2, 2019, https://www.theguardian.com/books/2019/feb/02/age-of-surveillance-capitalism-shoshana-zuboff-review

(45) ショシャナ・ズボフは、私たちの行動データを売買する奴隷貿易にも似た市場を廃止させたいと考えている。ズボフと著者、そしてロジャー・マクナミーらフェイスブックの批判者たちは、2018 年にケンブリッジ・アナリティカ事件をスクープしたジャーナリスト、キャロル・キャドウォラダーによって創設された「真のフェイスブック監督委員会」のメンバーとして会っている。そのとき著者たちはグループを立ち上げた。Olivia Solon, "While Facebook Works to Create an Oversight Board, Industry Experts Formed Their Own," NBC News, September 25, 2020, https://www.nbcnews.com/tech/tech-news/facebook-real-oversight-board-n1240958 を参照。

(46) Ryan Mac and Craig Silverman, "'Mark Changed the Rules': How Facebook Went Easy on Alex Jones and Other Right-Wing Figures," BuzzFeed News, February 22, 2021, https://www.buzzfeednews.com/article/ryanmac/mark-zuckerberg-joel-kaplan-facebook-alex-jones; Sheera Frenkel et al., "Delay, Deny and Deflect: How Facebook's Leaders Fought Through Crisis," *New York Times,* November 14, 2018, https://www.nytimes.com/2018/11/14/technology/facebook-data-russia-election-racism.html

(47) Maria A. Ressa, "[ANALYSIS] As Democracy Dies, We Build a Global Future," Rappler, October 13, 2020, https://www.rappler.com/voices/thought-leaders/analysis-as-democracy-dies-we-build-global-future/

(48) Maya Yang, "More Than 40% in US Do Not Believe Biden Legitimately Won Election- Poll," Guardian, January 5, 2022, https://www.theguardian.com/us-news/2022/jan/05/america-biden-election-2020-poll-victory アメリカ人の 40 パーセント弱、民主党党員の 10 パーセントという数字は、著者も参加した民間の世論調査によるもの。

(49) "Is Facebook Putting Company over Country? New Book Explores Its Role in Misinformation," *PBS NewsHour,* July 22, 2021, https://www.pbs.org/newshour/show/is-facebook-putting-company-over-country-new-book-explores-its-role-in-misinformation

(50) Lora Kolodny, "Zuckerberg Claims 99% of Facebook Posts 'Authentic,' Denies Fake News There Influenced Election," TechCrunch, November 12, 2016, https://techcrunch.com/2016/11/13/zuckerberg-claims-99-of-facebook-posts-authentic-denies-fake-news-there-influenced-election/

(51) その人物とはアレックス・ステイモスだった。彼は、ユーザーの保護を含むさまざまな問題の責任者だったシェリル・サンドバーグに技術的問題について報告した。

(52) Sheera Frenkel and Cecilia Kang, *An Ugly Truth: Inside Facebook's Battle for Domination* (New York: Harper,

2021).〔シーラ・フレンケル、セシリア・カン『フェイスブックの失墜』、長尾莉紗・北川蒼訳、早川書房、2022年〕。

(53) Ibid. 同書の著者、『ニューヨーク・タイムズ』の記者である、シーラ・フレンケルとセシリア・カンによれば、こうした行為が発覚したら従業員を解雇する、というのがフェイスブックの方針だった。ステイモスは、会社には、そもそもこうしたことが起きないようにする責任があると主張していた。

(54) Daniela Hernandez and Parmy Olson, "Isolation and Social Media Combine to Radicalize Violent Offenders," *Wall Street Journal,* August 5, 2019, https://www.wsj.com/articles/isolation-and-social-media-combine-to-radicalize-violent-offenders-11565041473 "The Use of Social Media by United States Extremists," National Consortium for the Study of Terrorism and Responses to Terrorism, https://www.start.umd.edu/pubs/START_PIRUS_UseOfSocialMediaByUSExtremists_ResearchBrief_July2018.pdf 政治については、たとえば、Robin L. Thompson, "Radicalization and the Use of Social Media," *Journal of Strategic Security* 4, no. 4 (2011), https://digitalcommons.usf.edu/cgi/viewcontent.cgi?article=1146&context=jss 極右のテロについては、たとえば、Farah Pandith and Jacob Ware, "Teen Terrorism Inspired by Social Media Is on the Rise. Here's What We Need to Do." NBC News, March 22, 2021, https://www.nbcnews.com/think/opinion/teen-terrorism-inspired-social-media-rise-here-s-what-we-ncna1261307 などのテロリズムに関する研究も参照。

(55) Kyle Chua, "8Chan Founder Says Current Site Owner Jim Watkins Behind QAnon- Report," Rappler, September 29, 2020, https://www.rappler.com/technology/8chan-founder-fredrick-brennan-jim-watkins-behind-qanon/

(56) Jim Holt, "Two Brains Running," *New York Times,* November 25, 2011, https://www.nytimes.com/2011/11/27/books/review/thinking-fast-and-slow-by-daniel-kahneman-book-review.html

(57) Peter Dizikes, "Study: On Twitter, False News Travels Faster Than True Stories," MIT News, March 8, 2018, https://news.mit.edu/2018/study-twitter-false-news-travels-faster-true-stories-0308

(58) "#NoPlaceForHate: Change Comes to Rappler's Comments Thread," Twitter, August 26, 2016, https://twitter.com/rapplerdotcom/status/769085047915810816

(59) "#NoPlaceForHate: Change Comes to Rappler's Comments Thread," Rappler, August 26, 2016, https://www.rappler.com/voices/143975-no-place-for-hate-change-comes-to-rappler-comments-thread/

(60) 「議論を通じて嘘や誤謬を暴露し、教育という過程を通じて悪を回避する時間があるのなら、用いられるべき解決策は、沈黙を強いることではなく、より多くの言論を促すことだ」*Whitney v. People of State of California,* 274 U.S. 357 (1927).

(61) Raisa Serafica, "Collateral Damage: 5-Yr-Old Girl Latest Fatality in War on Drugs," Rappler, August 25, 2016, https://www.rappler.com/nation/144138-five-year-old-killed-pangasinan-war-drugs/

(62) Maria Ressa, "Propaganda War: Weaponizing the Internet," Rappler, October 3, 2016, https://www.rappler.com/nation/148007-propaganda-war-weaponizing-internet/; Maria Ressa, "How Facebook Algorithms Impact Democracy," Rappler, October 8, 2016, https://www.rappler.com/newsbreak/148536-facebook-algorithms-impact-democracy/

(63) Chay F. Hofileña, "Fake Accounts, Manufactured Reality on Social Media," Rappler, October 9, 2016, https://www.rappler.com/newsbreak/investigative/148347-fake-accounts-manufactured-reality-social-media/

第8章　法の支配が内部から崩れる仕組み

(1) Maria Ressa, "Propaganda War: Weaponizing the Internet," Rappler, October 3, 2016, https://www.rappler.com/nation/148007-propaganda-war-weaponizing-internet/

(2) 「キーボード戦士」とは、ドゥテルテ陣営が彼らの「ボランティア」たちにつけた呼び名である。

(3) "Aquino: 'I Hope I Showed Best Face of PH to the World,'" Rappler, June 8, 2016, https://www.rappler.com/nation/135685-aquino-best-face-philippines-world/

(4) Jodesz Gavilan, "Duterte's P10M Social Media Campaign: Organic, Volunteer-Driven," Rappler, June 1, 2016, https://www.rappler.com/newsbreak/134979-rodrigo-duterte-social-media-campaign-nic-gabunada/

(5) Gelo Gonzales, "Facebook Takes Down Fake Account Network of Duterte Campaign Social Media Manager," Rappler, March 29, 2019, https://www.rappler.com/technology/226932-facebook-takes-down-fake-account-network-duterte-campaign-social-media-manager-march-2019/

(6) Maria A. Ressa, "How Facebook Algorithms Impact Democracy," Rappler, October 8, 2016, https://www.rappler.com/newsbreak/148536-facebook-algorithms-impact-democracy/

(7) Chay F. Hofileña, "Fake Accounts, Manufactured Reality on Social Media," Rappler, October 9, 2016, https://www.rappler.com/newsbreak/investigative/148347-fake-accounts-manufactured-reality-social-media/

(8) Rambo Talabong, "At Least 33 Killed Daily in the Philippines Since Duterte Assumed Office," Rappler, June 15, 2018, https://www.rappler.com/newsbreak/in-depth/204949-pnp-number-deaths-daily-duterte-administration/

(9) "The Kill List," Inquirer.net, July 7, 2016, https://newsinfo.inquirer.net/794598/kill-list-drugs-duterte

(10) "Map, Charts: The Death Toll of the War on Drugs," ABS-CBN News, July 13, 2016, https://news.abs-cbn.com/specials/map-charts-the-death-toll-of-the-war-on-drugs

(11) Patricia Evangelista, "The Impunity Series," Rappler, July 25, 2017, https://r3.rappler.com/newsbreak/investigative/168712-impunity-series-drug-war-duterte-administration

(12) Amnesty International, "Philippines: Duterte's 'War on Drugs' Is a War on the Poor," February 4, 2017, https://www.amnesty.org/en/latest/news/2017/02/war-on-drugs-war-on-poor/

(13) "Philippines President Rodrigo Duterte in Quotes," BBC, September 30, 2016, https://www.bbc.com/news/world-asia-36251094

(14) まったく同じ言葉が、アメリカ、インド、ブラジル、南アフリカほか、世界中の国々でメディアを攻撃するために使われた。Chryselle D'Silva Dias, "Female Journalists, Called 'Presstitutes,' Face Extreme Harassment in India," Vice, May 9, 2016, https://www.vice.com/en/article/53n78d/female-journalists-called-presstitutes-face-extreme-harassment-in-india 参照。

(15) "Atty. Bruce Rivera's Open Letter to the Biased Media Went Viral," PhilNews.XYZ, April 9, 2016, https://www.philnews.xyz/2016/04/atty-rivera-open-letter-bias-media.html

(16) モカ・ウソンはフィリピノ語で話した。現在、この動画は視聴できない。https://web.facebook.com/Mochablogger/videos/10154651959381522/

(17) https://www.facebook.com/media/set/?set=a.10209891686836139&type=3 を参照。

(18) "Corrupt, Coerce, Co-opt: Democratic Freedoms Hit Hard as Filipino Journalist Silenced by Authoritarian President," LittleLaw, July 11, 2020, https://www.littlelaw.co.uk/2020/07/11/corrupt-coerce-co-opt-demoratic-freedoms-hit-hard-as-filipino-journalist-silenced-by-authoritarian-president/

(19) Pia Ranada, "Duterte Tags Roberto Ongpin as 'Oligarch' He Wants to Destroy," Rappler, August 3, 2016, https://www.rappler.com/nation/141861-duterte-roberto-ongpin-oligarch/

(20) Sofia Tomacruz, "Big Business Winners, Losers in Duterte's 1st Year," Rappler, July 24, 2017, https://www.rappler.com/business/176500-sona-2017-philippines-big-business-winners-losers-in-dutertes-1st-year/

(21) Ralf Rivas, "Dennis Uy's Growing Empire (and Debt)," Rappler, January 4, 2019, https://www.rappler.com/newsbreak/in-depth/219039-dennis-uy-growing-business-empire-debt-year-opener-2019/; Cliff Venzon, "Philippine Tycoon Dennis Uy Eyes Asset Sale to Cut Debt," Nikkei Asia, March 23, 2021, https://asia.nikkei.com/Business/

Business-deals/Philippine-tycoon-Dennis-Uy-eyes-asset-sale-to-cut-debt

(22) Bea Cupin, "Duterte Attacks 'Politicking, Posturing' De Lima," Rappler, August 17, 2016, https://www.rappler.com/nation/143353-duterte-hits-leila-de-lima/

(23) "De Lima Admits Past Relationship with Driver Bodyguard—Report," Rappler, November 14, 2016, https://www.rappler.com/nation/152373-de-lima-admits-relationship-ronnie-dayan/

(24) "De Lima Denies Starring in 'Sex Video,' Says Ex-Driver Under Threat," ABS-CBN News, August 20, 2016, https://news.abs-cbn.com/news/08/20/16/de-lima-denies-starring-in-sex-video-says-ex-driver-under-threat

(25) "Senate Ends Probe: Neither Duterte nor State Sponsored Killings," Rappler, October 13, 2016, https://www.rappler.com/nation/149086-senate-ends-extrajudicial-killings-investigation-gordon-duterte/

(26) Jodesz Gavilan, "The House's 'Climax' Congressmen: Who Are They?," Rappler, November 26, 2016, https://www.rappler.com/newsbreak/iq/153652-profiles-lawmakers-climax-ronnie-dayan-de-lima/

(27) "'Kailan kayo nag-climax?': Nonsense Questions at the Bilibid Drugs Hearing," Rappler, November 25, 2016, https://www.rappler.com/nation/153547-nonsense-questions-ronnie-dayan-house-probe-drugs/

(28) "'Sen. De Lima Teases Jaybee Sebastian in a Pole Inside His Kubol' Witness Says," Pinoy Trending News, http://pinoytrending.altervista.org/sen-de-lima-teases-jaybee-sebastian-pole-inside-kubol-witness-says/ (2016 年 10 月 7 日にアクセス。ただし、2021 年 8 月 19 日の時点では存在しなかった)

(29) Pauline Macaraeg, "Premeditated Murder: The Character Assassination of Leila de Lima," Rappler, December 6, 2019, https://www.rappler.com/newsbreak/investigative/246329-premeditated-murder-character-assassination-leila-de-lima/

(30) ノース・ベース・メディアの創設者は、マーカス・ブロクリ、スチュアート・カール、サシャ・ヴチニッチ。カールは『ウォールストリート・ジャーナル』の元相談役で、ロイターの COO だった。ヴチニッチは、メディア・デベロップメント・インベストメント・ファンドを共同創設し、16 年間にわたり運営していた。Natashya Gutierrez, "Top Journalists' Independent Media Fund Invests in Rappler," Rappler, May 31, 2015, https://www.rappler.com/nation/94379-top-journalists-independent-media-fund-invests-rappler/ および、Jum Balea, "Rappler Gets Funding from Top Media Veterans Led by Marcus Brauchli," Tech in Asia, May 14, 2015, https://www.techinasia.com/rappler-funding-marcus-brauchli-sasa-vucinic を参照。

(31) "Omidyar Network Invests in Rappler," Rappler, November 5, 2015, https://www.rappler.com/nation/109992-omidyar-network-invests-rappler/

(32) Kara Swisher, "A Journalist Trolled by Her Own Government," *New York Times,* February 22, 2019, https://www.nytimes.com/2019/02/22/opinion/maria-ressa-facebook-philippines-.html

(33) Natashya Gutierrez, "State-Sponsored Hate: The Rise of the Pro-Duterte Bloggers," Rappler, August 18, 2017, https://www.rappler.com/newsbreak/in-depth/178709-duterte-die-hard-supporters-bloggers-propaganda-pcoo/; Maria Ressa, "Americans, Look to the Philippines to See a Dystopian Future Created by Social Media," *Los Angeles Times,* September 25, 2019, https://www.latimes.com/opinion/story/2019-09-24/philippines-facebook-cambridge-analytica-duterte-elections

(34) Rachel Hatzipanagos, "How Online Hate Turns into Real-Life Violence," Washington Post, November 30, 2018, https://www.washingtonpost.com/nation/2018/11/30/how-online-hate-speech-is-fueling-real-life-violence/; "From Digital Hate to Real World Violence" (video), The Aspen Institute, June 16, 2021, https://www.aspeninstitute.org/events/from-digital-hate-to-real-world-violence/; and Morgan Meaker, "When Social Media Inspires Real Life Violence," DW, November 11, 2018, https://www.dw.com/en/when-social-media-inspires-real-life-violence/a-46225672 も参照。

(35) Hatzipanagos, "How Online Hate Turns into Real-Life Violence."

(36) Natashya Gutierrez, "State-Sponsored Hate: the Rise of the Pro-Duterte Bloggers" を参照。

(37) こちらの動画を視聴されたい。"Free Basics Partner Stories: Rappler," April 12, 2016, https://developers.facebook.com/videos/f8-2016/free-basics-partner-stories-rappler/

(38) Michael Scharff, "Building Trust and Promoting Accountability: Jesse Robredo and Naga City, Philippines, 1988–1998," Innovations for Successful Societies, Woodrow Wilson School of Public and International Affairs, Princeton University (successfulsocieties.princeton.edu), July 2011, https://successfulsocieties.princeton.edu/publications/building-trust-and-promoting-accountability-jesse-robredo-and-naga-city-philippines; and transcript and audio of interview with Jesse Robredo, March 8, 2011, https://successfulsocieties.princeton.edu/interviews/jesse-robredo

(39) "#LeniLeaks: Speculations Based on Fragmented Emails," Rappler, January 9, 2017, https://www.rappler.com/newsbreak/inside-track/157697-leni-leaks-speculations-robredo-duterte-ouster/

(40) Natashya Gutierrez, "Blogger-Propagandists, the New Crisis Managers," Rappler, August 20, 2017, https://www.rappler.com/newsbreak/in-depth/178972-blogger-diehard-duterte-supporters-crisis-manager/

(41) Pia Ranada, "COA Hits PCOO for 'Massive, Unrestricted' Hiring of Contractual Workers," Rappler, July 7, 2021, https://www.rappler.com/nation/pcoo-massive-unrestricted-hiring-contractual-workers-coa-report-2020/

(42) "Gender in Focus: Tackling Sexism in the News Business—On and Offline," WAN–IFRA, November 12, 2014, https://wan-ifra.org/2014/11/gender-in-focus-tackling-sexism-in-the-news-business-on-and-offline/

(43) "Demos: Male Celebrities Receive More Abuse on Twitter Than Women," Demos, August 26, 2014, https://demos.co.uk/press-release/demos-male-celebrities-receive-more-abuse-on-twitter-than-women-2/

(44) Julie Posetti, "Fighting Back Against Prolific Online Harassment: Maria Ressa," in *An Attack on One Is an Attack on All,* edited by Larry Kilman (Paris: UNESCO, 2017), 37–40, https://unesdoc.unesco.org/ark:/48223/pf0000250430

(45) David Maas, "New Research Details Ferocity of Online Violence Against Maria Ressa," International Center for Journalists, March 8, 2021, https://ijnet.org/en/story/new-research-details-ferocity-online-violence-against-maria-ressa

(46) 2019年11月、ついに著者は、ナビーラー・シャビル（Nabeelah Shabbir）とフェリックス・サイモン（Felix Simon）にロンドンのフロントライン・クラブで会うことができた。"Democracy's Dystopian Future—with Rappler's Maria Ressa," Frontline Club, November 12, 2019, https://www.frontlineclub.com/democracys-dystopian-future-with-rapplers-maria-ressa/ を参照。

(47) Julie Posetti, Felix Simon, and Nabeelah Shabbir, "What If Scale Breaks Community? Rebooting Audience Engagement When Journalism Is Under Fire," Reuters Institute for the Study of Journalism, October 2019, https://reutersinstitute.politics.ox.ac.uk/sites/default/files/2019-10/Posetti%20What%20if%20FINAL.pdf

(48) Pia Ranada, "Duterte Claims Rappler 'Fully Owned by Americans,'" Rappler, July 24, 2017, https://www.rappler.com/nation/176565-sona-2017-duterte-rappler-ownership/

(49) Bea Cupin, "Duterte Threatens 'Exposé' vs Inquirer," Rappler, July 1, 2017, https://www.rappler.com/nation/174445-duterte-prieto-inquirer-mile-long/

(50) Pia Ranada, "Duterte to Block Renewal of ABS–CBN Franchise," Rappler, April 27, 2017, https://www.rappler.com/nation/168137-duterte-block-abs-cbn-franchise-renewal/

(51) Leloy Claudio, Facebook, October 8, 2021, https://www.facebook.com/leloy/posts/10160062758639258 を参照。

(52) Maria Ressa, Twitter, July 24, 2017, https://twitter.com/mariaressa/status/889408648799076352?s=20

(53) Carly Nyst, "Patriotic Trolling: How Governments Endorse Hate Campaigns Against Critics," Guardian, July

12, 2017, https://www.theguardian.com/commentisfree/2017/jul/13/patriotic-trolling-how-governments-endorse-hate-campaigns-against-critics

(54) "Lauren Etter, Projects and Investigations," Bloomberg, https://www.bloomberg.com/authors/ASFjLS119J4/lauren-etter

(55) Lauren Etter, "What Happens When the Government Uses Facebook as a Weapon?," Bloomberg, December 7, 2017, https://www.bloomberg.com/news/features/2017-12-07/how-rodrigo-duterte-turned-facebook-into-a-weapon-with-a-little-help-from-facebook

第9章　無数の傷を生き延びて

(1) ドゥテルテ政権下の初代司法長官は政治任用官のビタリアノ・アギレ2世だった。彼は早々に生え抜き官僚のメナルド・ゲバラと交代した。2020年に反テロ法が可決されると、ゲバラはドゥテルテ政府のなかでもっとも力のある人物のひとりになった。

(2) Carmela Fonbuena, "SEC Revokes Rappler's Registration," Rappler, January 15, 2018, https://www.rappler.com/nation/193687-rappler-registration-revoked/

(3) "SEC Order Meant to Silence Us, Muzzle Free Expression—Rappler," Rappler, January 29, 2018, https://www.rappler.com/nation/194752-sec-case-press-freedom-free-expression/

(4) このときの写真を見ていると、みんなの笑顔にうっとりしてしまう。本書には掲載しなかったが、こちらで見られる。https://www.bqprime.com/opinion/nobel-winner-maria-ressa-on-embracing-fear-and-standing-up-to-strongmen

(5) "Stand with Rappler, Defend Press Freedom," Rappler, December 3, 2018, https://r3.rappler.com/about-rappler/about-us/193650-defend-press-freedom

(6) Fonbuena, "SEC Revokes Rappler's Registration."

(7) 緊急記者会見の要約と動画はこちら。https://www.rappler.com/nation/193687-rappler-registration-revoked/

(8) "Fear for Democracy After Top Philippine Judge and Government Critic Removed," Guardian, May 11, 2018, https://www.theguardian.com/world/2018/may/12/fear-for-democracy-after-top-philippine-judge-and-government-critic-removed

(9) "Rappler's Pia Ranada Barred from Entering Malacañang Palace," Rappler, February 20, 2018, https://www.rappler.com/nation/pia-ranada-barred-malacanang-palace/; "Everything You Need to Know About Rappler's Malacañang Coverage Ban," Rappler, February 22, 2018, https://www.rappler.com/nation/196569-rappler-malacanang-ban-pia-ranada-faq/

(10) "Duterte Himself Banned Rappler Reporter from Malacañang Coverage," Rappler, February 20, 2018, https://www.rappler.com/nation/196474-duterte-orders-psg-stop-rappler-reporter-malacanang/

(11) Pia Ranada, "Duterte Admits Role in Navy-Bong Go Frigates Issue," Rappler, October 19, 2018, https://www.rappler.com/nation/214676-duterte-admits-role-philippine-navy-bong-go-frigates-issue/

(12) Miriam Grace A Go, "'We're Not Scared of These Things': Rappler News Editor on How the Newsroom Continues Despite the Increasing Threats, Alongside Words from Their CEO Maria Ressa," Index on Censorship 47, no. 2 (July 2018): 48–51, https://journals.sagepub.com/doi/10.1177/0306422018784531

(13) Lian Buan, "SC Allows Other Journalists to Join Rappler Petition vs Duterte Coverage Ban," Rappler, August 15, 2019, https://www.rappler.com/nation/237722-supreme-court-allows-other-journalists-join-rappler-petition-vs-duterte-coverage-ban

(14) Mark Zuckerberg, Facebook, January 11, 2018, https://www.facebook.com/zuck/posts/one-of-our-big-focus-areas-for-2018-is-making-sure-the-time-we-all-spend-on-face/10104413015393571/

(15) Mike Isaac, "Facebook Overhauls News Feed to Focus on What Friends and Family Share," *New York Times*, January 11, 2018, https://www.nytimes.com/2018/01/11/technology/facebook-news-feed.html

(16) Alex Hern, "Facebook Moving Non-promoted Posts Out of News Feed in Trial," Guardian, October 23, 2017, https://www.theguardian.com/technology/2017/oct/23/facebook-non-promoted-posts-news-feed-new-trial-publishers

(17) Filip Struhárik, "Biggest Drop in Facebook Organic Reach We Have Ever Seen," Medium, October 21, 2017, https://medium.com/@filip_struharik/biggest-drop-in-organic-reach-weve-ever-seen-b2239323413

(18) Steve Kovach, "Facebook Is Trying to Prove It's Not a Media Company by Dropping the Guillotine on a Bunch of Media Companies," Insider, January 13, 2018, https://www.businessinsider.com/facebooks-updated-news-feed-algorithm-nightmare-for-publishers-2018-1

(19) Adam Mosseri, "Facebook Recently Announced a Major Update to News Feed; Here's What's Changing," Meta, April 18, 2018, https://about.fb.com/news/2018/04/inside-feed-meaningful-interactions/

(20) Sheera Frenkel, Nicholas Casey, and Paul Mozur, "In Some Countries, Facebook's Fiddling Has Magnified Fake News," New York Times, January 4, 2018, https://www.nytimes.com/2018/01/14/technology/facebook-news-feed-changes.html

(21) Mariella Mostof, "'The Great Hack' Features the Journalist Who Broke the Cambridge Analytica Story," Romper, July 24, 2019, https://www.romper.com/p/who-is-carole-cadwalladr-the-great-hack-tells-the-investigative-journalists-explosive-story-18227928

(22) "Philippines' Watchdog Probes Facebook over Cambridge Analytica Data Breach," Reuters, April 13, 2018, https://www.reuters.com/article/us-facebook-privacy-philippines-idUSKBN1HK0QC

(23) ケンブリッジ・アナリティカとその親会社であるSCLは、早くも2013年からフィリピンで活動していた。以下の記事が背景を教えてくれる。Natashya Gutierrez, "Did Cambridge Analytica Use Filipinos' Facebook Data to Help Duterte Win?," Rappler, April 5, 2018, https://www.rappler.com/nation/199599-facebook-data-scandal-cambridge-analytica-help-duterte-win-philippine-elections/ ; Natashya Gutierrez, "Cambridge Analytica's Parent Company Claims Ties with Duterte Friend," Rappler, April 9, 2018, https://www.rappler.com/newsbreak/investigative/199847-cambridge-analytica-uk-istratehiya-philippines/

(24) Gelo Gonzales, "The Information and Democracy Commission: Defending Free Flow of Truthful Info," Rappler, September 18, 2018, https://www.rappler.com/technology/features/212240-information-democracy-commission-rsf-information-operations/

(25) "Forum Names 'Infodemics' Working Group's 17-Member Steering Committee," Forum on Information & Democracy, July 6, 2020, https://informationdemocracy.org/2020/07/06/forum-names-infodemics-working-groups-17-member-steering-committee/ ; Camille Elemia, "How to Solve Information Chaos Online? Experts Cite These Structural Solutions," Rappler, November 14, 2020, https://www.rappler.com/technology/features/experts-cite-structural-solutions-online-information-chaos/

(26) "Maria Ressa Receives Journalism Award, Appeals to Tech Giants, Government Officials," Rappler, November 9, 2018, https://www.rappler.com/nation/216300-maria-ressa-acceptance-speech-knight-international-journalism-awards-2018/

(27) Paige Occeñola, "Exclusive: PH Was Cambridge Analytica's 'Petri Dish'—Whistle-Blower Christopher Wylie," Rappler, September 10, 2019, https://www.rappler.com/technology/social-media/239606-cambridge-analytica-philippines-online-propaganda-christopher-wylie/

(28) "Maria Ressa Receives Journalism Award, Appeals to Tech Giants, Government Officials."

(29) Alexandra Stevenson, "Philippines Says It Will Charge Veteran Journalist Critical of Duterte," *New York Times*,

November 9, 2018, https://www.nytimes.com/2018/11/09/business/duterte-critic-rappler-charges-in-philippines.html?smid=url-share
(30) Lian Buan, "DOJ Indicts Rappler Holdings, Maria Ressa for Tax Evasion," Rappler, November 9, 2018, https://www.rappler.com/nation/216337-doj-indicts-rappler-holdings-tax-evasion-november-9-2018/
(31) Rappler, "Maria Ressa at Champs-Élysées During 'Yellow Vest' Protest," YouTube, December 18, 2018, https://www.youtube.com/watch?v=393JVj-oL-E
(32) "Maria Ressa Arrives in Manila amid Arrest Fears," Facebook, Rappler, December 2, 2018, https://www.facebook.com/watch/?v=1786538544788973
(33) Rambo Talabong, "Maria Ressa Back in PH: Don't Let the Gov't Cross the Line," Rappler, December 3, 2006, https://www.rappler.com/nation/218066-maria-ressa-back-philippines-arrest-fears/
(34) Carlos Conde, "A New Weapon Against Press Freedom in the Philippines," Globe and Mail, December 5, 2018, https://www.theglobeandmail.com/opinion/article-a-new-weapon-against-press-freedom-in-the-philippines/
(35) Lian Buan, "Rappler to Pasig Court: Tax Charges 'Clear Case of Persecution,'" Rappler, December 6, 2018, https://www.rappler.com/nation/218340-rhc-maria-ressa-motion-quash-tax-evasion-case-pasig-rtc-branch-265/
(36) Rappler, "Pasig Court Postpones Rappler, Maria Ressa Arraignment," YouTube, December 6, 2018, https://www.youtube.com/watch?v=4_hPBu0FXXw
(37) Karl Vick, "Person of the Year 2018," Time, December 11, 2018, https://time.com/person-of-the-year-2018-the-guardians/
(38) "TIME Names 'the Guardians' as Person of the Year 2018," CNN, https://edition.cnn.com/videos/tv/2018/12/11/news-stream-stout-ressa-time-person-of-the-year-2018-guardians.cnn
(39) Paul Mozur, "A Genocide Incited on Facebook, with Posts from Myanmar's Military," *New York Times,* October 15, 2018, https://www.nytimes.com/2018/10/15/technology/myanmar-facebook-genocide.html; Alexandra Stevenson, "Facebook Admits It Was Used to Incite Violence in Myanmar," New York Times, November 6, 2018, https://www.nytimes.com/2018/11/06/technology/myanmar-facebook.html を参照。

第10章 モンスターと戦うためにモンスターになるな

(1) Lian Buan, "'We'll Go After You': DOJ Probes Threat of NBI Agent vs Rappler Reporter," Rappler, February 14, 2019, https://www.rappler.com/nation/223489-doj-probes-nbi-agent-verbal-threat-vs-reporter-during-ressa-arrest/ アイカ・レイのツイッターへの投稿、「たったいまラップラー本社で、マリア・レッサに対する逮捕状が読み上げられている。逮捕状を持ってきた刑事たちのひとりは、NBIの職員だと名乗り、私が動画を撮影するのを妨害しようとした——これは私の仕事だ」。2019年2月13日、ツイッター。https://twitter.com/reyaika/status/1095615339721834496 も参照。
(2) フィリピン大学マニラ校医学部精神行動医学科教授パガドゥアン＝ロペス医師は、2012年から2016年まで、「拷問およびその他残虐な非人道的侮辱的待遇もしくは処罰防止国連小委員会（SPT)」のメンバーだった。2021年11月20日に逝去された。
(3) "UP Fair: More Than Just a Concert," Rappler, February 11, 2019, https://www.rappler.com/moveph/221524-up-fair-2019-more-than-just-concert/
(4) Patricia Evangelista, "The Impunity Series," Rappler, July 25, 2017, https://r3.rappler.com/newsbreak/investigative/168712-impunity-series-drug-war-duterte-administration
(5) Rappler, "WATCH: Patricia Evangelista Reads the Statement of Rappler in UP Fair," Facebook, February 13, 2019, https://www.facebook.com/watch/?v=740 171123044662; "Rappler's Statement on Maria Ressa's Arrest: 'We Will Continue to Tell the Truth,'" Rappler, February 13, 2019, https://www.rappler.com/nation/223423-rappler-

statement-maria-ressa-arrest-cyber-libel-february-2019/
(6) Rappler, "Students, Journalists, Civil Society Groups Protest Ressa Arrest," Facebook, February 13, 2019, https://www.facebook.com/watch/?v=2085260034888511
(7) CNN Philippines Staff, "Rappler CEO Calls Arrest 'Abuse of Power,'" CNN, February 14, 2019, https://www.cnnphilippines.com/news/2019/02/14/Rappler-CEO-Maria-Ressa-abuse-of-power.html
(8) TrialWatch: Freedom for the Persecuted, the Clooney Foundation for Justice, https://cfj.org/project/trialwatch/
(9) Agence France-Presse, "Al Jazeera Reporter Renounces Egypt Citizenship in Bid for Release," Rappler, February 3, 2015, https://www.rappler.com/world/82809-mohamed-fahmy-renounces-egypt-citizenship/; "Rappler, The Investigative Journal to Partner on Investigative Reporting," Rappler, July 9, 2019, https://www.rappler.com/nation/234921-partnership-with-the-investigative-journal-reporting/
(10) Jason Rezaian, "Reporter Jason Rezaian on 544 Days in Iranian Jail: 'They Never Touched Me, but I Was Tortured,'" Guardian, February 18, 2019, https://www.theguardian.com/media/2019/feb/18/reporter-jason-rezaian-on-544-days-in-iranian-jail-they-never-touched-me-but-i-was-tortured
(11) "Amal Clooney," Committee to Protect Journalists, 2020, https://cpj.org/awards/amal-clooney/
(12) 勅選弁護士キーリン・ギャラガー、キャン・イェギンス、クレア・オーヴァーマン。著者は彼らに、プリンストン大学の同級生で、現在は一流法律事務所で、著者に無償でサービスを提供してくれているコヴィントン＆バーリングに勤めるピーター・リヒテンバウムを紹介した。"Caoilfhionn Gallagher QC," Doughty Street Chambers, https://www.doughtystreet.co.uk/barristers/caoilfhionn-gallagher-qc; "Advisors," Daphne Caruana Galizia Foundation, https://www.daphne.foundation/en/about/the-foundation/advisors
(13) "'Anger Drives a Lot of What I Do': Amal Clooney on Why She Fights for Press Freedom," Rappler, November 20, 2020, https://www.rappler.com/world/global-affairs/reason-amal-clooney-fights-for-press-freedom/
(14) "Rodrigo Duterte's Persecution of Maria Ressa Is Dangerous," Daphne Caruana Galizia Foundation, June 16, 2020, https://www.daphne.foundation/en/2020/06/16/maria-ressa
(15) Malou Mangahas, "The Duterte Wealth: Unregistered Law Firm, Undisclosed Biz Interests, Rice Import Deal for Creditor," Rappler, April 3, 2019, https://www.rappler.com/newsbreak/investigative/pcij-report-rodrigo-sara-paolo-duterte-wealth/
(16) Terry Gross, "Philippine Journalist Says Rodrigo Duterte's Presidency Is Based on 'Fear, Violence,'" NPR, January 6, 2021, https://www.npr.org/2021/01/06/953902894/philippine-journalist-says-rodrigo-dutertes-presidency-is-based-on-fear-violence
(17) Twink Macaraig, "When the Big C Sneaks Back," Philippine Star, June 28, 2016, https://www.philstar.com/lifestyle/health-and-family/2016/06/28/1597196/when-big-c-sneaks-back
(18) Twink Macaraig, "Why I Fight," Philippine Star, March 24, 2019, https://www.philstar.com/lifestyle/sunday-life/2019/03/24/1903779/why-i-fight

第11章　一線を死守する

(1) David Pegg, "Judge Makes Preliminary Ruling in Carole Cadwalladr Libel Case," *Guardian,* December 12, 2019, https://www.theguardian.com/law/2019/dec/12/judge-makes-preliminary-ruling-in-carole-cadwalladr-libel-case
(2) Nico Hines, "Award-Winning Reporter to Counter-sue Man Who Bankrolled Brexit for 'Harassment,'" Daily Beast, July 15, 2019, https://www.thedailybeast.com/carole-cadwalladr-award-winning-reporter-to-counter-sue-man-who-bankrolled-brexit-for-harassment

(3) Ben Judah, "Britain's Most Polarizing Journalist," *Atlantic,* September 19, 2019, https://www.theatlantic.com/international/archive/2019/09/carole-cadwalladr-guardian-facebook-cambridge-analytica/597664/

(4) 著者がキャロル・キャドウォラダー（Carole Cadwalladr）に行なったインタビュー。"#HoldTheLine: Maria Ressa Talks to Journalist Carole Cadwalladr," Rappler, May 10, 2021, https://www.rappler.com/video/hold-the-line-maria-ressa-interview/carole-cadwalladr-may-2021

(5) "Maria Ressa Future-Proofs Rappler for Digital Changes, Names Glenda Gloria Executive Editor," Rappler, November 11, 2020, https://www.rappler.com/about/maria-ressa-future-proofs-rappler-for-digital-challenges-names-glenda-gloria-executive-editor/

(6) Olivia Solon, "While Facebook Works to Create an Oversight Board, Industry Experts Formed Their Own," NBC News, September 25, 2020, https://www.nbcnews.com/tech/tech-news/facebook-real-oversight-board-n1240958

(7) Roger McNamee and Maria Ressa, "Facebook's 'Oversight Board' Is a Sham. The Answer to the Capitol Riot Is Regulating Social Media," Time, January 28, 2021, https://time.com/5933989/facebook-oversight-regulating-social-media/

(8) Rob Pegoraro, "Facebook's 'Real Oversight Board': Just Fix These Three Things Before the Election," Forbes, September 30, 2020, https://www.forbes.com/sites/robpegoraro/2020/09/30/facebooks-real-oversight-board-just-fix-these-three-things-before-the-election/?sh=2cb2cb3c1e6c

(9) "Is Big Tech the New Empire?," Studio B: Unscripted, Al Jazeera, March 27, 2020, https://www.youtube.com/watch?v=7OLUfA6QJlE

(10) Christopher Wylie, *Mindf*ck: Cambridge Analytica and the Plot to Break America* (New York: Random House, 2019).〔クリストファー・ワイリー『マインドハッキング――あなたの感情を支配し行動を操るソーシャルメディア』、牧野洋訳、新潮社、2020年〕。

(11) "EXCLUSIVE: Interview with Cambridge Analytica Whistle-Blower Christopher Wylie," Rappler, September 12, 2019, https://www.rappler.com/technology/social-media/239972-cambridge-analytica-interview-christopher-wylie/

(12) Ibid.

(13) Raissa Robles, "Cambridge Analytica Boss Alexander Nix Dined with Two of Rodrigo Duterte's Campaign Advisers in 2015," *South China Morning Post,* April 8, 2018, https://www.scmp.com/news/asia/southeast-asia/article/2140782/cambridge-analytica-boss-alexander-nix-dined-two-rodrigo

(14) "EXCLUSIVE: Interview with Cambridge Analytica Whistle-Blower Christopher Wylie."

(15) Meghan Bobrowsky, "Facebook Disables Access for NYU Research into Political-Ad Targeting," *Wall Street Journal,* August 4, 2021, https://www.wsj.com/articles/facebook-cuts-off-access-for-nyu-research-into-political-ad-targeting-11628052204

(16) Jeff Horwitz and Deepa Seetharaman, "Facebook Executive Shut Down Efforts to Make the Site Less Divisive," *Wall Street Journal,* May 26, 2020, https://www.wsj.com/articles/facebook-knows-it-encourages-division-top-executives-nixed-solutions-11590507499

(17) Mike Isaac and Sheera Frenkel, "Facebook Braces Itself for Trump to Cast Doubt on Election Results," New York Times, August 21, 2020, https://www.nytimes.com/2020/08/21/technology/facebook-trump-election.html

(18) Kevin Roose, Mike Isaac, and Sheera Frenkel, "Facebook Struggles to Balance Civility and Growth," New York Times, November 24, 2020, https://www.nytimes.com/2020/11/24/technology/facebook-election-misinformation.html

(19) 2020年、ラップラーはMITのシナン・アラル（Sinan Aral）と彼のチーム、またフィリピン国内

外の複数の大学の研究者たちと共同研究を開始した。

(20) Bonz Magsambol, "Facebook Partners with Rappler, Vera Files for Fact-Checking Program," Rappler, April 12, 2018, https://www.rappler.com/technology/social-media/200060-facebook-partnership-fact-checking-program/

(21) Manuel Mogato, "Philippines Complains Facebook Fact-Checkers Are Biased," Reuters, April 16, 2018, https://www.reuters.com/article/us-philippines-facebook-idUSKBN1HN1EN

(22) Jordan Robertson, "Fake News Hub from 2016 Election Thriving Again, Report Finds," Bloomberg, October 13, 2010, https://www.bloomberg.com/news/articles/2020-10-13/fake-news-hub-from-2016-election-thriving-again-report-finds#xj4y7vzkg

(23) "EXCLUSIVE: Russian Disinformation System Influences PH Social Media," Rappler, January 22, 2019, https://www.rappler.com/newsbreak/investigative/221470-russian-disinformation-system-influences-philippine-social-media/

(24) Craig Timberg, "Facebook Deletes Several Fake Chinese Accounts Targeting Trump and Biden, in First Takedown of Its Kind," Washington Post, September 22, 2020, https://www.washingtonpost.com/technology/2020/09/22/facebook-deletes-several-fake-chinese-accounts-targeting-trump-biden-first-takedown-its-kind/; Ben Nimmo, C. Shawn Elb, and Léa Ronzaud, "Facebook Takes Down Inauthentic Chinese Network," Graphika, September 22, 2020, https://graphika.com/reports/operation-naval-gazing/

(25) "With Anti-terror Law, Police-Sponsored Hate and Disinformation Even More Dangerous," Rappler, August 13, 2020, https://www.rappler.com/newsbreak/investigative/anti-terror-law-state-sponsored-hate-disinformation-more-dangerous/

(26) Ibid.

(27) Nicole-Anne C. Lagrimas, "Tagged, You're Dead," GMA News Online, October 13, 2020, https://www.gmanetwork.com/news/specials/content/170/zara-alvarez-tagged-you-re-dead/

(28) このとき著者はラップラーの社員全員の回復力と勇気を目にした。また、ラップラーのCFO（最高財務責任者）フェル・ダラフが、ずっとジャーナリストになりたいと思っていたのだが、もっと先の見える安定したものを専攻しなさいと両親に言われていたことを知った。そこで彼女は会計士になり、ABS-CBNニュースに就職して著者と働くようになった。ラップラーに対する攻撃がはじまったとき、彼女は、「最高のジャーナリストたちが自分たちの仕事ができる」ように自分は働いているのだと胸を張って宣言した。フェルの勇気がなければ、著者たちは、自分たちの仕事ができなかっただろう。彼女が完璧な資金管理をしてくれたおかげで、著者たちは政府の地雷原を乗り越えることができた。ラップラーが最悪の事態につねにしっかり備えることができたのも、フェルのおかげである。

(29) "Rappler Ends 2019 with Income: A Comeback Year," Rappler, June 30, 2020, https://www.rappler.com/about/rappler-income-2019-comeback-year/ を参照。

(30) 起訴状は2019年1月10日に提出され、著者は1か月後に逮捕された（起訴状は薄っぺらなものだった。先の起訴を無効とする判決を覆しただけだったからだ）。"Despite NBI Flip-Flop, DOJ to Indict Rappler for Cyber Libel," Rappler, February 4, 2019, https://www.rappler.com/nation/222691-doj-to-indict-rappler-cyber-libel-despite-nbi-flip-flop/ を参照。

(31) Sheila Coronel, "This Is How Democracy Dies," *Atlantic,* June 16, 2020, https://www.theatlantic.com/international/archive/2020/06/maria-ressa-rappler-philippines-democracy/613102/

(32) Marc Jayson Cayabyab, "Cybercrime Expert? Who Is Manila RTC Judge Rainelda Estacio-Montesa?," OneNews, June 17, 2020, https://www.onenews.ph/articles/cybercrime-expert-who-is-manila-rtc-judge-rainelda-estacio-montesa

(33)　レイ・サントスは本書が出版される数か月前に政府を去った。

(34)　Maria Ressa, "We Can't Let the Coronavirus Infect Democracy," Time, April 14, 2020, https://time.com/5820620/maria-ressa-coronavirus-democracy/

(35)　Ralf Rivas, "ABS-CBN Goes Off-Air After NTC Order," Rappler, May 5, 2020, https://www.rappler.com/nation/abs-cbn-goes-off-air-ntc-order-may-5-2020/

(36)　Ruben Carranza, Facebook, August 19, 2020, https://www.facebook.com/ruben.carranza.14/posts/10157883975069671

第12章　なぜファシズムが勝利をおさめつつあるのか

(1)　Sofia Tomacruz, "What Prevents Swift COVID-19 Vaccine Deliveries to Philippines' Provinces?," Rappler, February 1, 2022, https://www.rappler.com/newsbreak/investigative/what-prevents-swift-deliveries-provinces-analysis-philippines-covid-19-vaccination-drive-2022-part-2/

(2)　"Senate Halts Search for Yang, Lao, Pharmally-Linked Officials Due to COVID-19 Surge," Rappler, January 18, 2022, https://www.rappler.com/nation/senate-halts-search-michael-yang-christopher-lao-pharmally-officials-due-covid-19-surge/

(3)　著者が電話番号に気づいたまさにその瞬間が、著者の反応も含めて、フリーダム・フィルム・フェストによるこちらの動画におさめられている。"Live Reaction: Maria Ressa Wins Nobel Peace Prize," Facebook, December 9, 2021, https://www.facebook.com/freedomfilmfest/posts/10160060586766908

(4)　Guardian News, "Moment Maria Ressa Learns of Nobel Peace Prize Win During Zoom Call," YouTube, October 8, 2021, https://www.youtube.com/watch?v=UtjFwNiHUbY

(5)　Ryan Macasero, "[OPINION] Maria Ressa's Nobel Peace Prize Is About All of Us," Rappler, October 12, 2021, https://www.rappler.com/voices/rappler-blogs/maria-ressa-nobel-peace-prize-about-all-filipinos-media/

(6)　Lorraine Ecarma, "Tacloban Journalist Frenchie Mae Cumpio Still Hopeful a Year After Arrest," Rappler, February 9, 2021, https://www.rappler.com/newsbreak/in-depth/tacloban-journalist-frenchie-mae-cumpio-still-hopeful-year-after-arrest-2021/

(7)　Ryan Macasero, "Remembering Dumaguete Radio Reporter Rex Cornelio," Rappler, February 13, 2021, https://www.rappler.com/newsbreak/in-depth/remembering-dumaguete-city-radio-reporter-rex-cornelio/

(8)　"Announcing Harvard Kennedy School's Center for Public Leadership Fall 2021 Hauser Leaders," Harvard Kennedy School Center for Public Leadership, August 30, 2021, https://cpl.hks.harvard.edu/news/announcing-harvard-kennedy-school's-center-public-leadership-fall-2021-hauser-leaders

(9)　"Maria Ressa and Sadhana Udapa Named Fall 2021 Joan Shorenstein Fellows," Harvard Kennedy School Shorenstein Center on Media, Politics and Public Policy, September 3, 2021, https://shorensteincenter.org/maria-ressa-sahana-udupa-named-fall-2021-joan-shorenstein-fellows/

(10)　著者は最初にこの話をシリコンバレーの投資家で、フェイスブックの初期の投資家のひとりロジャー・マクナミー（Roger McNamee）から聞いた。彼は、安全・競争・プライバシーの点でフェイスブックに改善を要求する本を出版した。McNamee, "Facebook Will Not Fix Itself," *Time,* October 7, 2021, https://time.com/6104863/facebook-regulation-roger-mcnamee/ を参照。

(11)　Chris Welch, "Facebook May Have Knowingly Inflated Its Video Metrics for Over a Year," The Verge, October 17, 2018, https://www.theverge.com/2018/10/17/17989712/facebook-inaccurate-video-metrics-inflation-lawsuit

(12)　"Facebook Lied About Video Metrics and It Killed Profitable Businesses," CCN, September 23, 2020, https://www.ccn.com/facebook-lied-about-video-metrics/

(13)　Lian Guan, "In Chilling Nostalgia, Marcos Loyalists Show Up Big for the Son of Dictator," Rappler, February

8, 2022, https://www.rappler.com/nation/elections/loyalists-show-up-big-dictator-son-ferdinand-bongbong-marcos-jr-campaign-launch/

(14) Lenarson Music & Vlogs, "The Original Version of Båğöňğ Ľîpůňåń 1973-Lyrics (President Ferdinand Marcos Era 1965–1986)," YouTube, November 25, 2021, https://www.youtube.com/watch?v=KssVXnAgW0Q

(15) Plethora, "BBM-Bagong Lipunan (New Version)," YouTube, November 7, 2021, https://www.youtube.com/watch?v=2-8lbAbGGww

(16) "Martsa ng Bagong Lipunan (English Translation)," Lyrics Translate, https://lyricstranslate.com/en/bagong-lipunan-new-society.html

(17) Christa Escudero, "Marcos' 'Greatest Robbery of a Government' Guinness Record Suddenly Inaccessible," Rappler, March 11, 2022, https://www.rappler.com/nation/guinness-record-ferdinand-marcos-greatest-robbery-of-government-suddenly-inaccessible-march-2022/

(18) Antonio J. Montalván II, "The Marcos Diary: A Dictator's Honest, Candid Description of His Only Son," Vera Files, January 27, 2022, https://verafiles.org/articles/marcos-diary-dictators-honest-candid-description-his-only-so

(19) ANC 24/7, "Sen. Imee Marcos: Bongbong Marcos to Run in 2022, but Position Undecided Yet," YouTube, August 25, 2021, https://www.youtube.com/watch?v=w4hO4RzNBxA

(20) Marites Dañguilan Vitug, "Holes in Marcos Jr's Work Experience," Rappler, February 7, 2022, https://www.rappler.com/plus-membership-program/holes-ferdinand-bongbong-marcos-jr-work-experience/

(21) Patricio Abinales, "The Curse That Is Imelda Marcos: A Review of Lauren Greenfield's 'Kingmaker' Film," Rappler, November 14, 2019, https://www.rappler.com/entertainment/movies/kingmaker-movie-review/

(22) Lian Buan, "Marcos Insists He Has No Trolls, Says Fake News 'Dangerous,'" Rappler, February 7, 2022, https://www.rappler.com/nation/elections/ferdinand-bongbong-marcos-jr-claims-has-no-trolls-fake-news-dangerous/

(23) Marites Dañguilan Vitug, "EXCLUSIVE: Did Bongbong Marcos Lie About Oxford, Wharton?," Rappler, February 24, 2015, https://www.rappler.com/newsbreak/investigative/84397-bongbong-marcos-degrees-oxford-wharton/

(24) "Bongbong Marcos: Oxford, Wharton Educational Record 'Accurate,'" Rappler, February 24, 2015, https://www.rappler.com/nation/84959-bongbong-marcos-statement-oxford-wharton/; Cathrine Gonzales, "Bongbong Marcos Maintains He's a Graduate of Oxford," Inquirer.net, February 5, 2022, https://newsinfo.inquirer.net/1550308/bongbong-marcos-maintains-he-graduated-from-oxford

(25) "Imelda Marcos, Son Plot to Reclaim PH Presidency," Rappler, July 2, 2014, https://www.rappler.com/nation/62215-imelda-marcos-son-philippines-presidency

(26) Jianing Li and Michael W. Wagner, "When Are Readers Likely to Believe a Fact-Check?," Brookings, May 27, 2020, https://www.brookings.edu/techstream/when-are-readers-likely-to-believe-a-fact-check/

(27) "Tip of the Iceberg: Tracing the Network of Spammy Pages in Facebook Takedown," Rappler, October 27, 2018, https://www.rappler.com/newsbreak/investigative/215256-tracing-spammy-pages-network-facebook-takedown

(28) "EXCLUSIVE: Russian Disinformation System Influences PH Social Media," Rappler, January 22, 2019, https://www.rappler.com/newsbreak/investigative/221470-russian-disinformation-system-influences-philippine-social-media/

(29) Gemma B. Mendoza, "Networked Propaganda: How the Marcoses Are Using Social Media to Reclaim Malacañang," Rappler, November 20, 2019, https://www.rappler.com/newsbreak/investigative/245290-marcos-networked-propaganda-social-media

(30) Cherry Salazar, "Robredo Leads, Marcos Snubs Advertising on Facebook," Rappler, January 16, 2022, https://www.rappler.com/nation/elections/robredo-leads-marcos-snubs-facebook-advertising-as-of-december-31-2021/; "After Skipping Jessica Soho Interview, Marcos Accuses Award-Winning Journo of Bias," *Philippine Star,* January 22, 2022, https://www.philstar.com/headlines/2022/01/22/2155660/after-skipping-jessica-soho-interview-marcos-accuses-award-winning-journo-bias

(31) *Working Group on Infodemics Policy Framework,* Forum on Information & Democracy, November 2020, https://informationdemocracy.org/wp-content/uploads/2020/11/ForumID_Report-on-infodemics_101120.pdf

(32) International Fund for Public Interest Media, "Maria Ressa and Mark Thompson to Spearhead Global Effort to Save Public Interest Media," September 30, 2021, https://ifpim.org/resources/maria-ressa-and-mark-thompson-to-spearhead-global-effort-to-save-public-interest-media/; Maria Ressa, "As Democracy Dies, We Build a Global Future," Rappler, October 13, 2020, https://www.rappler.com/voices/thought-leaders/analysis-as-democracy-dies-we-build-global-future/

(33) Anne Applebaum, "The Bad Guys Are Winning," *Atlantic,* November 15, 2021, https://www.theatlantic.com/magazine/archive/2021/12/the-autocrats-are-winning/620526/

(34) "Defend Maria Ressa and Independent Media in the Philippines," Committee to Protect Journalists, https://cpj.org/campaigns/holdtheline/

(35) Bea Cupin, "#FactsFirstPH: 'Groundbreaking Effort Against Discrimination,'" Rappler, January 26, 2022, https://www.rappler.com/nation/philippine-media-civic-society-groups-launch-facts-first-philippines-initiative/

(36) Isabel Martinez, "Maria Ressa Brings the Readers. But Here's How Rappler Makes Them Stay," The Ken, January 27, 2022, https://the-ken.com/sea/story/maria-ressa-brings-the-readers-but-heres-how-rappler-makes-them-stay/

(37) "Election Integrity Partnership," https://www.eipartnership.net を参照いただきたい。

(38) 種明かし、著者はミダンの役員である。

(39) Dwight De Leon. "Rappler Asks SC to Junk Calida Petition vs Fact-Checking Deal with Comelec," Rappler, April 12, 2022, https://www.rappler.com/nation/elections/comment-supreme-court-junk-calida-petition-vs-fact-checking-deal-comelec/

(40) Michelle Abad, "The Pink Wave: Robredo's Volunteer Movement Defies Traditional Campaigns," Rappler, May 4, 2022, https://www.rappler.com/nation/elections/leni-robredo-volunteer-movement-defies-traditional-campaigns/; Sui-Lee Wee, "'We Want a Change': In the Philippines, Young People Aim to Upend an Election," *New York Times,* May 1, 2022, https://www.nytimes.com/2022/05/01/world/asia/philippines-election-marcos-robredo.html

(41) Robert Tait and Flora Garamvolgyi, "Viktor Orbán Wins Fourth Consecutive Term as Hungary's Prime Minister," *Guardian,* April 3, 2022, https://www.theguardian.com/world/2022/apr/03/viktor-orban-expected-to-win-big-majority-in-hungarian-general-election; Flora Garamvolgyi and Julian Borger, "Orbán and US Right to Bond at CPAC in Hungary over 'Great Replacement' Ideology," *Guardian,* May 18, 2022, https://www.theguardian.com/world/2022/may/18/cpac-conference-budapest-hungary-viktor-orban-speaker

(42) Zeeshan Aleem, "Trump's CPAC Straw Poll Shows He's Clinging On to Dominance of the GOP," MSNBC, February 28, 2022, https://www.msnbc.com/opinion/msnbc-opinion/trumps-s-cpac-straw-poll-shows-he-s-clinging-dominance-n1290274

(43) "Maria Ressa Receives Journalism Award, Appeals to Tech Giants, Government Officials," Rappler, November 9, 2018, https://www.rappler.com/nation/216300-maria-ressa-acceptance-speech-knight-international-journalism-awards-2018/

エピローグ

(1) Anthony Johnson, "Buffalo Mass Shooting Suspect Mentioned 3 New Jersey Towns in 180-Page Document," ABC7 New York, May 17, 2022, https://abc7ny.com/buffalo-mass-shooting-shooter-new-jersey/11861690/

(2) Vin Ebenau, "Ocean County Prosecutor: 'No Implied or Explicit Threat' Following Buffalo, NY Shooter's Mention of Lakewood, NJ and Toms River, NJ," Beach Radio, May 17, 2022, https://mybeachradio.com/ocean-county-prosecutor-no-implied-or-explicit-threat-following-buffalo-ny-shooters-mention-of-lakewood-nj-and-toms-river-nj/

(3) "'She Was My Sweet Girl': Remembering the Victims of the Uvalde Shooting," *New York Times,* June 16, 2022, https://www.nytimes.com/2022/06/05/us/uvalde-shooting-victims.html

(4) Karen Wall, "Ocean County Schools' Police Presence Increasing After Texas Shooting," Patch, May 24, 2020, https://patch.com/new-jersey/tomsriver/ocean-county-schools-police-presence-incresasing-after-texas-shooting

本書に掲載された図版はすべて、とくに断りのないかぎり、著者の厚意により提供されたものである。

マリア・レッサ（Maria Ressa）
フィリピンのジャーナリスト。米国CNNのマニラ支局とジャカルタ支局の開設・運営などを経て、2012年にニュースサイト「ラップラー」を共同で創設。ロドリゴ・ドゥテルテ政権（当時）の強権政治に対して調査報道にもとづいた批判を行い、弾圧にも屈しない姿勢を貫いたことで世界的に注目される。2018年の米国『タイム』誌「パーソン・オブ・ザ・イヤー」、2019年の英国BBC「100人の女性」などに選出。2021年、ユネスコ／ギレルモ・カノ世界報道自由賞、ノーベル平和賞を受賞。

竹田円（たけだ・まどか）
翻訳家。東京大学大学院人文社会系研究科修士課程修了。訳書に、J・グリーン『モラル・トライブズ――共存の道徳哲学へ』（岩波書店）、E・ラトリフ『魔王――奸智と暴力のサイバー犯罪帝国を築いた男』（早川書房）、V・ベヴィンス『ジャカルタ・メソッド――反共産主義十字軍と世界をつくりかえた虐殺作戦』（河出書房新社）、P・ポメランツェフ『嘘と拡散の世紀――「われわれ」と「彼ら」の情報戦争』（共訳、原書房）ほか。

偽情報《にせじょうほう》と独裁者《どくさいしゃ》
——SNS時代《じだい》の危機《きき》に立《た》ち向《む》かう

2023年4月20日　初版印刷
2023年4月30日　初版発行

著　者　マリア・レッサ
訳　者　竹田円
装　幀　水戸部功
発行者　小野寺優
発行所　株式会社河出書房新社
〒151-0051　東京都渋谷区千駄ヶ谷2-32-2
電話 03-3404-1201［営業］　03-3404-8611［編集］
https://www.kawade.co.jp/
印　刷　株式会社亨有堂印刷所
製　本　加藤製本株式会社
Printed in Japan
ISBN978-4-309-23129-7